国家社会科学基金重大项目"中国政府职责体系建设研究"
（编号：17ZDA101）

中国政府发展研究报告

（2022 — 2023）

朱光磊◎主编　王雪丽　宋林霖◎副主编

国家行政学院出版社
NATIONAL ACADEMY OF GOVERNANCE PRESS

图书在版编目（CIP）数据

中国政府发展研究报告. 2022—2023 / 朱光磊主编；王雪丽，宋林霖副主编. —北京：国家行政学院出版社，2024.5

ISBN 978-7-5150-2840-8

Ⅰ.①中… Ⅱ.①朱… ②王… ③宋… Ⅲ.①国家行政机关—研究报告—中国—2022—2023 Ⅳ.①D630

中国国家版本馆 CIP 数据核字（2024）第 092814 号

书　　名	中国政府发展研究报告（2022—2023）
	ZHONGGUO ZHENGFU FAZHAN YANJIU BAOGAO（2022—2023）
主　　编	朱光磊
副 主 编	王雪丽　宋林霖
统筹策划	王　莹
责任编辑	马文涛　马　跃
责任校对	许海利
责任印制	吴　霞
出版发行	国家行政学院出版社
	（北京市海淀区长春桥路 6 号　100089）
综 合 办	（010）68928887
发 行 部	（010）68928866
经　　销	新华书店
印　　刷	北京九州迅驰传媒文化有限公司
版　　次	2024 年 5 月北京第 1 版
印　　次	2024 年 5 月北京第 1 次印刷
开　　本	185 毫米×260 毫米　16 开
印　　张	26.5
字　　数	428 千字
定　　价	85.00 元

本书如有印装问题，可联系调换，联系电话：（010）68929022

目录
CONTENTS

专稿 "双线合一"：论服务型政府的建设逻辑

朱光磊　候绪杰

摘要：建设服务型政府是转变政府职能的新阶段，是现阶段对中国政府发展方向的定位。对于服务型政府建设路径的研究，多以职责结构与履责方式这两条主线分析政府职能转变的轨迹。前者的角度大多是认为已经或正在经历政治型政府、发展型政府和服务型政府三个阶段，而后者则认为已经或正在经历管制型政府、管理型政府和服务型政府三个阶段。这大体符合实际情况，但对两条线索之间的关系则缺乏系统的认知，而且这"双线"在时间上也确实存在一定的交错。总体上看，政府职能转变工作始终是以"双线并行"的方式推进的。从发展上看，建设服务型政府，需要实现从"双线并行"到"逐步合一"，即实现职责结构与履责方式均向服务型政府的转变。在深入分析"双线合一"的过程中，探讨"双线"之间的内在关系及相关问题，有助于廓清服务型政府的建设逻辑。

关键词：服务型政府；政府职能转变；职责结构；履责方式

一、问题的提出

在 21 世纪之交，中国学术界就表现出了对服务型政府建设问题的强烈关注，只是当时多数情况下，使用的是"公共服务型政府"[①] 一词。自 2004 年中央正式肯定"建设服务型政府"的概念和目标以来，事实上已经成为现阶段对中国政府发展

---

① 迟福林：《适时推进公共服务型政府建设》，《领导决策信息》2003 年第 27 期，第 20 页；赵春丽：《公共服务型政府——政府职能转变的基本趋向》，《行政论坛》2004 年第 6 期，第 16 页；李军鹏：《公共服务型政府》，北京大学出版社 2004 年版，第 25 页。

方向的定位，政府作了积极的探索，学术界也作了相当充分的研究，积累了不少很有价值或很有特点的研究成果。

习近平总书记在党的十九大报告中再次强调，"转变政府职能，深化简政放权，创新监管方式，增强政府公信力和执行力，建设人民满意的服务型政府"①。这是对服务型政府建设认识深化和进一步系统化的重要标志，学术界的相关研究工作也与此相呼应。发展和建设的目标是确定的，但是，对于如何达成这一目标，即服务型政府的实现路径，既有的研究有多种分析角度。一类研究以人类社会发展进程作为大背景，提出政府类型的更替与农业社会、工业社会、后工业社会的发展顺序相对应，分别经历统治型政府、管理型政府和服务型政府；② 另一类研究则从政府职能演进的角度出发，不同学者分别提出了从管制型政府到服务型政府的转变、③ 从管制型政府到发展型政府再到服务型政府的转变、④ 从政治统治型政府到经济建设型政府再到公共服务型政府的转变⑤等多种判断；还有一类研究认为不同的政府类型之间并非是互相替代的关系，比如，有学者提出管理型政府与服务型政府是辩证统一、相辅相成的关系，⑥ 发展型政府与服务型政府是吸纳与共进的关系⑦等。

然而，现有较为丰富的理论研究观点，并未形成对服务型政府建设路径的清晰统一认识。特别是关于服务型政府建设逻辑问题的研究，在已有文献中并没有得到充分的显现。一方面，为政府的各种类型冠名在理论上缺乏足够的清晰度和辨识度，且对不同类型之间关系的认识存在较大分歧，比如，在发展型政府与服务型政府之间就存在着对立、超越、共存等多种说法；另一方面，由于未能对政府职能转变的相关概念作进一步的细致划分，大部分研究对服务型政府建设路径的处理过于简单化，对不同路径之间的逻辑关系缺乏系统认知。这些研究虽然从不同层面对政

---

① 中共中央党史和文献研究院编《十九大以来重要文献选编》（上），中央文献出版社 2019 年版，第 28 页。

② 施雪华：《"服务型政府"的基本涵义、理论基础和建构条件》，《社会科学》2010 年第 2 期，第 9 页；张康之：《我们为什么要建设服务型政府》，《行政论坛》2012 年第 1 期，第 5 页。

③ 李景鹏：《从管制型政府向服务型政府的转变》，《新视野》2004 年第 5 期，第 40 页。

④ 傅耕石：《服务型政府：我国政府发展的理性选择——关于服务型政府的内涵与合理性的思考》，《社会科学战线》2007 年第 3 期，第 216 页。

⑤ 刘厚金：《我国政府转型中的公共服务》，中央编译出版社 2008 年版，第 32 页。

⑥ 唐代望、唐晓阳：《"管理型政府"与"服务型政府"相斥吗》，《党政论坛》2005 年第 2 期，第 19 页。

⑦ 吴金群、刘花花：《超越抑或共进：服务型政府与发展型政府的关系反思》，《浙江大学学报》（人文社会科学版）2021 年第 5 期，第 170 页。

府职能的转变过程作出了一定有价值的理论概括，但在总体上尚未能形成一个框架清晰、逻辑严密的服务型政府建设理论体系。

对理论问题认识的不到位，导致一些现实问题难以得到合理的解释。比如，如何理解当前服务型政府建设的阶段性。在官方话语体系中，一方面，强调要坚持以经济建设为中心不动摇。另一方面，强调要建设服务型政府。在地方治理实践中，尽管服务型政府建设已经推行经年，但发展型政府却迟迟不肯退场，[①] 重视经济职能而轻视其他职能的情况也并未发生根本变化。[②] 这些矛盾背后隐藏的问题是，当前阶段政府的主要职能究竟是什么？如何认识服务型政府建设的长期性？服务型政府推行之初，部分地市提出了"一年构建框架，三年初步完成，五年形成规范""一年重点突破，三年基本到位，五年规范完善"的建设规划。[③] 但是，20 年过去了，服务型政府建设依然"在路上"。正确的目标为何不能"一步到位"？建成服务型政府应当要经历哪些阶段？

深入分析这些问题，进而探究服务型政府建设的内在逻辑，有着重要的理论和实践价值。这是一个"从哪里来""到哪里去"层面的问题，对它的探讨既涉及如何清晰检视改革开放以来政府职能转变工作的成果与不足，又涉及如何妥善处理当前阶段政府各个职能之间的关系，还涉及如何准确把握未来推进服务型政府建设的方向与节奏。本文将政府职能转变的过程划分为职责结构转变与履责方式转变两条线，提出服务型政府建设是一个"双线并行、逐步合一"的过程，尝试为新时代背景下建设人民满意的服务型政府提供新思路。

二、划分"双线"：政府职能转变的两条进路

作为一个极具中国特色的实践命题，政府职能转变是经济发展和政治发展的"结合部"，是撬动政治体制改革与经济体制改革的重要支点，是调整政府与市场、社会关系的有力抓手，也是在 21 世纪初一体推进国家治理体系与治理能力现代化

---

① 郁建兴、高翔：《中国服务型政府建设的基本经验与未来》，《中国行政管理》2012 年第 8 期，第 24 页。

② 陈天祥、李倩婷：《从行政审批制度改革透视中国政府职能转变》，《中山大学学报》（社会科学版）2015 年第 2 期，第 149 页。

③ 高小平、王立武：《服务型政府导论》，人民出版社 2009 年版，第 28 页。

的关键环节。相应地，在学术界围绕政府职能转变这个议题，也产生了十分丰富的成果。能否切实转变政府职能，是检验服务型政府建设是否取得了实质性进展的重要指标。因此，有必要进一步拓展和深化对政府职能转变的认识，进而做到既主动又稳健地推动相关实践进程，同时也逐步改变对政府职能概念的处理偏于泛化，对"转变"的认识不够全面等学术问题。

（一）"双线"的提出：政府职能的两种转变

对中国政府职能转变问题的探讨，应当从对相关概念的认识过程开始。在 20世纪 80 年代之前，"政府职能"的提法尚未出现。当时使用较多的概念是"国家基本职能"，并将其简单区分成"阶级职能"和"社会职能"。1982 年后，在企业改革的推动下，学界和政界开始逐渐关注政府职能问题；1986 年的《政府工作报告》提出了"政府机构转变管理职能"[1] 的思路；1987 年，党的十三大报告正式提出了"转变职能"[2] 的概念。及至 20 世纪末，在建立和完善社会主义市场经济体制的时代背景下，对政府职能转变的认识主要围绕着对职能定位基本逻辑的探索，对于政府应当做什么、不应当做什么有了基本清楚的理解，但总体上仍停留在抽象原则的层次上。2002 年，党的十六大提出"经济调节、市场监管、社会管理和公共服务"[3] 作为政府的四项基本职能。但从发展的角度看，"四项基本职能"的提法仍然是比较基础和宏观的，是一种过渡性的处理方式。2013 年，《中共中央关于全面深化改革若干重大问题的决定》中对于"加强中央政府宏观调控职责和能力，加强地方政府公共服务、市场监管、社会管理、环境保护等职责"[4] 的表述，是对政府职能转变理论和工作思路的新发展。这一论断第一次区分了职能与职责、第一次区分了中央与地方政府的不同职责、第一次将"公共服务"提到了地方职责的首位。[5] 2018 年，《中共中央关于深化党和国家机构改革的决定》提出要"加强和完善政府

---

① 中共中央文献研究室编《十二大以来重要文献选编》（中），人民出版社 1986 年版，第 958 页。
② 中共中央文献研究室编《十三大以来重要文献选编》（上），人民出版社 1991 年版，第 39 页。
③ 中共中央文献研究室编《十六大以来重要文献选编》（上），中央文献出版社 2005 年版，第 21 页。
④ 《中共中央关于全面深化改革若干重大问题的决定》，人民出版社 2013 年版，第 18 页。
⑤ 朱光磊：《全面深化改革进程中的中国新治理观》，《中国社会科学》2017 年第 4 期，第 29 页。

经济调节、市场监管、社会管理、公共服务、生态环境保护职能"①，又正式将生态环境保护列为政府的一项基本职能。

从"国家职能"到"政府职能"再到"两层次职责"，政府职能转变问题的认识过程与中国经济社会发展的阶段性特征相契合，逐步从原则性探讨迈向结构性认知的更深层次。由此可以看出，转变政府职能的基本含义是职能、职责调整。但是，转变职能只解决结构性问题还达不到目标，还有一系列程序性、过程性的问题需要解决。实际上，对于政府职能转变而言，如果做细化处理的话，就应当将其划分为"两条线"，一条线是职责结构的转变，另一条线就是履责方式的转变。前者涉及的是政府做什么、不做什么、重点做什么的问题，后者涉及的是由谁做、怎么做、怎么做好做到位的问题。这些年的工作也大体上是这么做的，学术研究也从不同角度涉猎了这两条路径，但显然不够清晰。

划分"双线"的必要性很明显。改革开放初期的政府职能转变主要是为了配合经济体制改革，重点在于明确市场经济条件下政府的作用。随着经济的高速发展，市场化、城市化、信息化和全球化的高度叠加提升了社会的复杂性、异质性和多元性，对政府改革提出更高的要求。在新形势下，政府职能转变工作逐渐突破职责重心的结构性转变，更加注重实际效能。② 政府不仅要审慎把握自身的职责边界和重心，而且要以更高效、更准确的方式履行职责，以实现政府职责从目标向实效的转化。因此，对政府职能转变的认识不能局限在政府应该做什么、不应该做什么、重点做什么的层面，而应进一步拓展到由谁做、怎么做的层面，这就涉及要区分职责结构和履责方式的"双线"。既有研究更多地关注职责结构的调整，较少探讨履责方式的转变。历史地看，政府职能转变始终是以"双线"的方式推进的，只是由于改革任务的先后顺序造成了履责方式问题被有意无意地忽视了。事实上，历次的政府改革都包含对职责履行方面的规划与设计。③ 特别是近年来，在互联网、大数据

---

① 中共中央党史和文献研究院编《十九大以来重要文献选编》（上），中央文献出版社 2019 年版，第 260 页。

② 何颖、李思然：《"放管服"改革：政府职能转变的创新》，《中国行政管理》2022 年第 2 期，第 10 页。

③ 郑家昊：《政府职能叙事的转向与政府合作履职的兴起》，《探索》2021 年第 3 期，第 145 页。

等数字信息技术迅猛发展的背景下，职责履行问题在政府改革中的重要性愈加凸显。[①] 从整体的视角出发重新审视政府职能转变的内涵结构，合理划分职责结构与履责方式这"双线"，统筹研究、推动政府职能转变和"放管服"改革、数字政府建设等重要问题，有助于更全面、更深刻、更清晰地理解政府职能转变过程所呈现的复杂面向。

（二）"双线"的内涵：政府的职责结构与履责方式

将政府职能转变划分为职责结构转变与履责方式转变的"双线"，需要进一步考察"双线"各自的内涵及"双线"之间的关系。职责结构指的是由政府主要工作任务所构成的系统的外部及内部关系。它可以区分为两个层面：一个层面是职责结构的范围，涉及政府能做什么、不能做什么的问题；另一个层面是职责结构的重心，涉及政府主要做什么、次要做什么的问题。履责方式指的是政府为完成各项主要工作任务所采取的方式。也可以区分为两个层面：一个层面是履责方式的主体选择，涉及特定职责由哪一层级政府、哪一些部门来履行，即由谁做的问题；另一个层面是履责方式的工具选择，涉及特定职责以什么样的手段来履行，即怎么做的问题。职责结构是选择履责方式的前提和基础，履责方式是实现职责结构的具体途径。它们相辅相成、互为补充，共同构成了政府职责实现的完整过程。

转变职责结构的重点是调整关系，既包括调整职责结构的外部关系（即政府与市场、社会的关系），也包括调整职责结构的内部关系（即不同职责之间的位次关系）。转变履责方式的重点是优化过程，通过理念、流程、技术等方面的提升，为不同的职责适配相应的履责方式，从而更好地实现政府职责。只有将二者结合起来，才能使职责的转变具备可操作性。职责结构的调整会催生履责方式的变化，履责方式的创新也会带动职责结构的优化。政府职能转变的过程就是政府在与市场、社会的互动关系中不断修正职责边界、调整职责次序，并选择更合适的履责主体，以更高效的手段全面、正确地履行职责，逐步达到职责目标与履责结果相统一的过程。衡量政府的职能转变是否到位，不仅取决于职责结构是否调整到位，也取决于

[①] 郁建兴、朱心怡：《"互联网＋"时代政府的市场监管职能及其履行》，《中国行政管理》2017 年第 6 期，第 11 页。

履责方式能否配合到位。

需要注意的是，划分职责结构和履责方式的"双线"并不是要将二者割裂开来，而是一种逻辑层次上的处理方式。在实际的政府过程中，职责的实现是一个整体的、连续的过程；职责的转变也是协同联动的，不存在一方转变而另一方停滞的情况，只是在不同时期的侧重点会有所不同。划分"双线"是为更好地观察政府职能的转变过程提供两个维度，加深对相关问题的认识。

三、"双线并行"：政府职能的转变轨迹

虽然对政府职能转变问题的认识起步较晚，但相关实践则是自新中国成立便已开始。"某种意义上，新中国成立以来的发展史就可以被解读为政府职能转变史。"[①]在不同时期，由于社会结构、主要矛盾、工作重心等方面的差异，政府承担的相应职责也会有所不同。从职责结构和履责方式的"双线"视角审视政府职能的转变轨迹，考察不同时期的阶段性特征，并分析"双线"推进过程中的相互关系，有助于清晰地理解服务型政府"从哪里来"的问题，从而为进一步探讨如何建设服务型政府提供历史参照。

（一）职责结构：从政治型政府到发展型政府再到发展-服务型政府

1. 政治型政府：1949—1977 年

从新中国成立至党的十一届三中全会召开之前，这段时期的政府职责结构模式可以被称为政治型政府。其主要特点：政治活动是政府职责的核心与统领，各项职责边界不明，政府可以干预一切社会事务。这一时期，"阶级斗争"成为党和国家的工作重心，统领了政府各个方面的工作。"党政不分、以党代政"的领导体制与程度极高的"行政导向"的政府体制相结合，使得行政权力覆盖社会的各个角落。在经济领域，计划经济体制下的生产、分配、交换、消费等活动均由政府计划决定；在社会领域，人民公社制与单位制配合城乡二元户籍制度将社会成员全部整合进政府的控制范围。这造成了政府既在很多领域存在职责越位，"管了很多不该管、

---

① 吕同舟：《新中国成立以来政府职能的历史变迁与路径依赖》，《学术界》2017 年第 12 期，第 71 页。

管不好、管不了的事"[1]；又在部分领域存在职责缺位，经济建设、公共服务等重要职责位次均要低于政治活动。由于当时特殊的历史背景和严峻的经济社会环境，政府着力于政治活动，通过强化阶级斗争的方式来巩固政权，有其客观性。但是，在剥削阶级已经基本被消灭的条件下，政治型政府的负面效应开始显现。党的八大提出的关于社会主义建设的正确路线未能坚持下去，"以阶级斗争为纲"一直是政府一切活动的指导纲领。这一局面直至党的十一届三中全会之后才有所转变。

2. 发展型政府：1978—2003 年

1978 年后，发展型政府逐渐取代政治型政府成为这一阶段的职责结构模式，政府的职责重心转移到经济建设上来，主导经济发展成为政府的主要任务，对社会经济活动的控制范围有所收缩。邓小平指出，"经济工作是当前最大的政治，经济问题是压倒一切的政治问题"[2]。在此基础上，形成了政府经济建设职责当先、追求效率发展主义的偏态发展态势，相对忽视了其他职责的履行。[3] 2002 年，党的十六大提出"完善政府的经济调节、市场监管、社会管理和公共服务的职能"[4]，但在这一阶段，经济建设依然是政府职责的重心，职能转变工作也一直围绕探索政府与市场的关系展开。通过政企分开等一系列改革措施，政府进一步减少对具体经济活动的干预，逐渐为市场经济作用让渡出更大的空间。此外，随着政府经济职责的调整，政权集中控制的范围缩小、控制力度减弱、控制方式改变，社会成员的联系开始松散化，一个"体制外"的社会领域开始形成。此时，已初步形成了政府、市场、社会的区分，但彼此边界尚不清晰，政府始终发挥着很强的主导作用。职能转变也是一个国家的重大结构性调整，即使是合理和必要的变化，也确实需要较长的时间。

3. 发展-服务型政府：2004 年至今

2004 年，中央正式提出"努力建设服务型政府"[5]，标志着政府的职责结构模

---

[1] 《邓小平文选》（第二卷），人民出版社 1994 年版，第 328 页。

[2] 《邓小平文选》（第二卷），人民出版社 1994 年版，第 194 页。

[3] 邓雪琳：《改革开放以来中国政府职能转变的测量——基于国务院政府工作报告（1978—2015）的文本分析》，《中国行政管理》2015 年第 8 期，第 34 页。

[4] 中共中央文献研究室编《十六大以来重要文献选编》（上），中央文献出版社 2008 年版，第 21 页。

[5] 中共中央文献研究室编《十六大以来重要文献选编》（上），中央文献出版社 2008 年版，第 774 页。

式从发展型政府开始向服务型政府转变。一方面，经济建设依然是政府的职责重心。在党的十八大之后习近平总书记指出，"我们要坚持党的基本路线，把以经济建设为中心同坚持四项基本原则、坚持改革开放这两个基本点统一于新时代中国特色社会主义伟大实践，长期坚持，决不动摇"①，明确了经济建设长期处于党和政府工作的核心地位。另一方面，公共服务在政府职责中的重要性不断提升。2003 年之前，中国政策语境中的"公共服务"主要是指为企业和市场服务，实质还是为经济建设服务；2003 年，非典疫情引发了各界对社会事务类公共服务的高度关注，"公共服务"的内涵开始明确至为全体公民提供公共服务。② 2004 年的《政府工作报告》提出"在继续搞好经济调节、加强市场监管的同时，更加注重履行社会管理和公共服务职能"③，微妙地表明政府在履行好经济建设职责之外，开始将关注的重心转向其他职责，并要致力于各个职责之间的协调发展；2013 年，党的十八届三中全会提出"政府的职责和作用主要是保持宏观经济稳定，加强和优化公共服务"④，将公共服务提升至仅次于经济建设的位置；2017 年，党的十九大提出"完善公共服务体系，保障群众基本生活，不断满足人民日益增长的美好需要"⑤，把更好地履行公共服务职责作为解决新时代社会基本矛盾的主要方式；2022 年，党的二十大报告将"健全公共服务体系，提高公共服务水平"⑥ 作为增进民生福祉、推进共同富裕的重要方式。这都是非常值得政学两界关注的。

在这一阶段，政府主动地将部分职责向市场和社会转移。2004 年，国务院提出"凡是公民、法人和其他组织能够自主解决的，市场竞争机制能够调节的，行业组织或者中介机构通过自律能够解决的事项，除法律另有规定的外，行政机关不要通过行政管理去解决"⑦。这显然是在进一步明确划定政府的职责边界。2013 年，

---

① 习近平：《在庆祝改革开放 40 周年大会上的讲话》，人民出版社 2018 年版，第 28 页。
② 朱光磊：《服务型政府建设规律研究》，经济科学出版社 2013 年版，第 102 页。
③ 中共中央文献研究室编《十六大以来重要文献选编》(上)，中央文献出版社 2008 年版，第 844 页。
④ 《中共中央关于全面深化改革若干重大问题的决定》，人民出版社 2013 年版，第 6 页。
⑤ 中共中央党史和文献研究院编《十九大以来重要文献选编》(上)，中央文献出版社 2019 年版，第 32 页。
⑥ 习近平：《高举中国特色社会主义伟大旗帜 为全面建设社会主义现代化国家而团结奋斗——在中国共产党第二十次全国代表大会上的报告》，人民出版社 2022 年版，第 46 页。
⑦ 中共中央文献研究室编《十六大以来重要文献选编》(中)，中央文献出版社 2006 年版，第 7 页。

党的十八届三中全会提出"使市场在资源配置中起决定性作用和更好发挥政府作用"①,市场在资源配置中的作用从"基础性"向"决定性"转变;2015年,通过启动"放管服"改革,继续向市场和社会放权,并通过实行"权责清单"等制度进一步厘清政府与市场、社会的关系。同时,政府开始承担更多的公共服务职责,不断加大在教育、文化、卫生、社保等领域的财政支出,逐步建立更加完善的公共服务体系,大力推进基本公共服务均等化。2018年补充了"生态环境保护"作为政府的基本职责,实际也属于广义上的公共服务职责,进一步拓展了政府在公共服务方面的职责。

之所以将这一阶段称为发展-服务型政府,是由于受经济发展水平所限,财政资源尚不足以支撑政府建立完善的公共服务体系、提供高水平的公共服务,难以全面达到服务型政府的内在要求。发展-服务型政府,在学术上是一个过渡性的提法,在实践上这是一种以经济发展为职责相对重心,同时注重加强公共服务的职责结构模式,是向服务型政府转变必然要经历的过渡阶段。

(二) 履责方式:从管制型政府到管理型政府再到管理-服务型政府

1. 管制型政府:1949—1981年

以履责方式观之,从新中国成立到1982年机构改革之前可以被称为管制型政府时期。在这一阶段,极大的职责范围衍生出了大量的政府机构,特别是经济管理机构。计划经济体制下,政府按产品、行业设立各专业部门,再通过增设归口机构解决协调问题,结果就是机构数量又多、层次又繁。② 这样的机构设置和职责配置在不同层级的政府间逐级复制,形成了"职责同构"的政府间纵向关系特征。③ 同时,以政治活动为重心的职责结构需要依靠强大的行政权力来实现,加之当时法制建设比较落后,命令、审批、处罚等行政手段就成为政府履责的主要工具。由此,政府依靠庞大的机构,通过行政手段自上而下地对经济社会事务进行直接管理。这种管制型政府的模式可以在短时间内整合资源、集中力量,但弊端也非常明显。它

---

① 《中共中央关于全面深化改革若干重大问题的决定》,人民出版社2013年版,第5页。
② 中国行政管理学会:《新中国行政管理简史 (1949—2000)》,人民出版社2002年版,第385页。
③ 朱光磊、张志红:《"职责同构"批判》,《北京大学学报》(哲学社会科学版) 2005年第1期,第101页。

的履责主体特征造成了横向的职责交叉与纵向的职责不清同时存在，行政手段的泛滥也不利于市场和社会的成长，人民群众所感受到的压力也自然是比较大的。在改革和开放的条件下，这一模式已经不适应于市场经济下的政府职责结构，亟须进行转变。

2. 管理型政府：1982—2007 年

从 1982 年改革开放后的第一次政府机构改革开始，政府的履责方式开始从管制型政府模式转向管理型政府模式，并持续至 2008 年政府机构改革之前。这一时期的履责方式调整主要是为了配合职责结构重心向经济建设的转变，以提升履责效率为主要内容，注重政府管理的灵活性和适应性，从而更好地服务于"一心一意搞建设"① 的目标。履责主体方面，建立起适应社会主义市场经济的横向履责主体结构。改革开放后的前四次机构改革主要聚焦改革计划经济体制相关的经济管理部门，1998 年撤销了煤炭、冶金、机械等按产品设立的工业专业经济部门，实现了宏观调控部门与专业经济部门的职责分工。这一过程还是比较顺利的，横向上基本明确了经济建设相关履责主体的职责配置，但涉及公共服务相关履责主体的改革内容比较少；纵向上政府间职责配置的调整进展不大，"职责同构"特征依然明显。履责工具方面，随着市场经济的发展和社会主义法治的初步建立，经济手段和法律手段开始成为政府履责的主要选择。1996 年的《政府工作报告》提出"中央政府主要运用经济手段和法律手段，并辅之以必要的行政手段，对国民经济实行宏观调控"②。此外，2001 年启动的行政审批制度改革为引入新的工具创造了条件，③ 政府履责不再局限于传统的以审批为主的直接管理，行政手段的工具选择开始丰富起来。

3. 管理-服务型政府：2008 年至今

以 2008 年的机构改革为标志，政府的履责方式开始向服务型政府转变。这一时期，服务于经济建设、提升履责效率依然是政府履责的核心关切，保持了管理型

---

① 《邓小平文选》（第三卷），人民出版社 1993 年版，第 9 页。
② 中共中央文献研究室编《十四大以来重要文献选编》（中），人民出版社 1997 年版，第 1768 页。
③ 陈振明：《政府工具研究与政府管理方式改进——论作为公共管理学新分支的政府工具研究的兴起、主题和意义》，《中国行政管理》2004 年第 6 期，第 47 页。

政府的主要特征。同时，政府也开始重视通过调整履责方式来更好地履行公共服务职责，服务型政府的特征逐渐显现。一方面，优化经济管理部门机构设置、理顺部门间职责关系是这一时期履责主体调整的主线。2008 年，通过调整国家发展改革委、财政部、人民银行等部门的职责，形成了更加完善的宏观调控体系；2013 年，撤销了铁道部，实行铁路政企分开；2018 年，组建了国家市场监督管理总局、中国银行保险监督管理委员会等部门，以更好地履行金融和市场监管等方面的职责。另一方面，开始针对公共服务职责进行履责主体改革。2008 年的机构改革提出"以改善民生为重点加强和整合社会管理和公共服务部门"[1]，首次明确将公共服务部门列为机构改革的主要对象，组建了环境保护部、住房和城乡建设部等相关部门；2013 年，《中共中央关于全面深化改革若干重大问题的决定》将公共服务职责列为地方政府的首要职责，首次在纵向上明确区分了中央与地方的履责主体差异；2018 年，组建生态环境部、应急管理部、退役军人事务部、国家医疗保障局等部门，以进一步优化公共服务相关部门的职责配置。

履责工具方面，除延续了经济手段与法律手段为主、行政手段为辅的工具选择模式之外，行政手段开始更加注重优化服务。2015 年，行政审批制度改革从单一的简政放权提升至简政放权、放管结合、优化服务，"放管服"改革全面启动。这表明政府对履责工具认识的逐渐深化。政府开始意识到，行政审批本质上是对公民、法人或其他组织的一种服务，而不是运用这一权力来显示政府的权威。[2] 一方面，持续推进审批事项的取消和下放，事前审批开始向事中和事后监管转变。另一方面，通过创新履责工具不断优化政府的服务方式，"一站式"服务大厅、"一网通办"、"最多跑一次"等实践进一步丰富了行政手段的工具选择，提升了政府履行公共服务职责的质量与效率。

将这一阶段称为管理-服务型政府，是由于受到"重统治、轻管理""以统治代管理"等治理传统的影响，当前政府的管理水平依然不高，特别是在政府职责的纵向配置、公务员的能力和素质、公共管理的技能和经验等方面都有较大的提升空

---

① 中共中央文献研究室编《十七大以来重要文献选编》（上），中央文献出版社 2009 年版，第 355 页。
② 竺乾威：《行政审批制度改革：回顾与展望》，《理论探讨》2015 年第 6 期，第 7 页。

间，距离服务型政府的要求还有一定差距。政府的服务，在很大程度上是以规范的政府管理为基础来安排和进行的，没有精良规范的管理就谈不上优质的服务。[①] 因此，提高政府管理的质量和效率依然是管理-服务型政府阶段的主要任务，也是实现服务型政府转型的前提条件。

（三）"双线交错"：职责结构与履责方式的对应与错配

通过历史梳理可以看出，政府职能转变始终是以"双线并行"的方式推进的。然而，这个"双线"的推进过程并非同步，而是在时间上存在一定的交错。总的来看，履责方式的转变还是要落后于职责结构的转变，并且制约着职责结构的发展。

1978 年后，发展型政府时期的职责重心开始向经济建设转移，但管理型政府的履责方式未能及时配套。1982 年的机构改革并未从职责角度切入，而是以精简机构和人员为主；1988 年和 1993 年的机构改革虽然对"转变政府职能"有了初步的认识，开始针对经济管理部门进行改革，但总体上依然是"精兵简政"的延续；直至 1998 年的机构改革，才在横向上基本明确了符合发展型政府的履责主体结构。在进入发展-服务型政府时期后，相应的履责方式也未能及时跟进。2003 年正式确立了政府"经济调节、市场监管、社会管理、公共服务"的四项基本职能，但针对公共服务的履责方式调整并未体现在当年的机构改革中，而是到 2008 年的机构改革才有所显现，相关机构的数量开始明显增加。[②] 到 2013 年，才开始在纵向上区分公共服务职责的履责主体。

可以看到，在职能转变的过程中，"双线"始终未能很好地结合，职责结构与履责方式的错配成为一种常态。事实上，履责方式转变的相对滞后是符合逻辑上的先后顺序的，总是要在认识上先到位，确定了职责结构之后，才能匹配相应的履责方式，并且需要一定的调适时间。特别是在改革开放之初，发展市场经济的需求迫使转变政府职能这一客观任务的出现，然而政府该做什么、不该做什么的基本问题尚未明确，因此只能先着眼于职责结构的转变。随着改革的不断深入，履责方式转

---

① 朱光磊、孙涛：《"规制-服务型"地方政府：定位、内涵与建设》，《中国人民大学学报》2005 年第 1 期，第 107 页。

② 何艳玲、李丹：《机构改革的限度及原因分析》，《政治学研究》2014 年第 3 期，第 95 页。

变的滞后已经成为制约政府职能继续转变的主要因素。以公共服务职责为例，由于很长一段时间未能区分履责主体的层次性，造成了公共服务的履责困难，延缓了职责重心转换的节奏。时至今日，职责结构中涉及的基本问题已经比较清楚。解决履责方式错配的问题，根据每一项具体职责的性质确定履责主体、适配履责工具，从而优化履责过程、提升履责实效，就成为下一步政府职能转变的重点，也是建设服务型政府的必经之路。

四、"双线合一"：服务型政府的建设逻辑

自中央正式提出"建设服务型政府"，至今已有 20 年的时间。关于服务型政府建设的一些总体认识已经明确了，但对其中的逻辑和一些具体问题，还缺乏足够的理论积累。"建设服务型政府是转变政府职能的新阶段"[①]，从职责结构与履责方式的"双线"出发探讨服务型政府的建设逻辑，有助于厘清服务型政府建设的理论路径，回答服务型政府"到哪里去"的问题。

（一）从"双线并行"到"逐步合一"：职责结构的正位与履责方式的对位

中国目前正处于发展-服务型政府与管理-服务型政府"双线并行"的阶段，在未来较长的一段时间内也还会处于这一阶段，这是由经济社会发展的状况决定的。当前，中国处于"两化叠加"的历史时期，现代化与后现代化要在近乎同一个时间内完成，既要面对现代化的问题，又要面对后现代化的问题。[②] 改革开放以来，中国经济发展较快，但由于起点低，历史遗留问题较多，现代化过程还没有完全完成。同时，在经济全球化的示范作用下，公众将目光聚焦于最发达国家而产生了对后现代化很高的期望值。此外，超大的治理规模带来了区域发展不均衡，部分发达地区的政府已经开始处理后现代化问题，而欠发达地区政府则依然在努力实现现代化的过程中。这些矛盾叠加在一起，造成了空前复杂的治理难题。政府面临着完成"双重历史任务"的压力，现代化的主要任务是发展经济、强化管理，后现代化的主要任务则是扩大服务。这就要求政府只能在客观把握当前经济社会发展阶段性特

---

① 朱光磊、于丹：《建设服务型政府是转变政府职能的新阶段》，《政治学研究》2008 年第 6 期，第 67 页。
② 朱光磊：《"两化叠加"：中国治理面临的大难题》，《中国经贸导刊》2016 年第 31 期，第 43 页。

征的前提下，积极稳妥地推进服务型政府建设。既不能轻言从发展型政府和管理型政府完全转向服务型政府，这是理念的错位，也不具备现实条件；也不能忽视人民日益增长的对高质量公共服务的需求，否则就会激化社会矛盾。当前阶段，应当将重点放在建设高水平的发展-服务型政府和管理-服务型政府上。较高的经济发展水平和政府管理水平是服务型政府建设的"两个平台"，前者可以为公共服务体系的构建和有效运转提供足够的财力支撑，后者则可以让政府在向全体成员提供公共服务的过程中保持必要的效能。① 政府既要继续推动经济发展，又要避免"唯GDP论"，兼顾履行公共服务职责；既要继续加强管理，又要避免"唯效率论"，注重提升服务能力。这是需要将高度的政治智慧与高超的治理技巧相结合才能完成好的任务，也是建成服务型政府的必要准备阶段。

在经济社会发展各方面条件均已成熟，高水平的发展-服务型政府和管理-服务型政府已经建成之后，就可以从"双线并行"走向"逐步合一"，即实现职责结构和履责方式向服务型政府的转变。要完成这一过程，一方面，需要实现职责结构的正位。发展-服务型政府的职责重心是以经济建设为主、公共服务为辅，服务型政府意味着政府的职责重心要逐步转移到公共服务上来，政府的主要工作是为社会提供范围更广、质量更高的公共服务，建立起相当完善的公共服务体系。另一方面，需要实现履责方式的对位。要配合职责重心向公共服务的转移，形成各级政府间合理、明确的公共服务职责配置，优化公共服务履责工具，中央政府重点做好宏观调控，地方政府重点做好资源配置，将提高政府机关和公务员的服务水平作为政府履责的主要考量。通过职责结构的正位与履责方式的对位，实现"双线"向服务型政府的"合一"，最终建成一个目标与手段相统一、体制与机制相协调的服务型政府。

（二）"双线合一"的阻力：政府职能转变尚未到位的原因

改革开放以来，关于转变政府职能的问题进行了多轮实践探索和理论反思，相关认识虽不断深化，但实际工作的推进速度和"到位率"依然不够理想。除这一结构调整工作本身就需要相当长的时间以外，以下几个方面的因素可能阻碍了"双线

---

① 赵聚军：《两个平台、四个支柱：略论构建服务型政府的前提条件》，《上海行政学院学报》2011年第3期，第42页。

合一"的进程。

第一，社会组织不够发达。转变政府职能意味着要收缩政府的职责范围，将一部分政府不该管、管不好的职责转移出去。社会组织具有公益性、多样性、灵活性等特点，成为承接这些部分职责的重要载体。社会组织也是公共服务供给的主体之一，是协助政府履行公共服务职责的重要力量。改革开放以来，社会组织数量迅速增加，但总体的成熟度不高。相当多的社会组织存在资金不足、趋利意愿明显、专业人才短缺、自主性较低等问题，不具备全面承接政府转移职责的能力。此外，政府部门倾向于支持与自己有历史渊源的社会组织的发展，许多职责在形式上转移出去了，但实际上依然掌握在这些具有"官方色彩"的社会组织手中。这些问题造成社会组织难以真正发挥作用，不利于职责的进一步转变。

第二，没有区分执行主体。理想的情况下，五级政府应当差异化地承担职责，中央政府和地方各级政府应当有各自明确的分工。现实情况是，虽然经历了多轮改革，但思路所限，政府间的纵向职责划分依然不够清晰，"职责同构"现象始终存在，不利于各级政府有效地履行职责。从改革设计的角度看，相关方案中职能转变的具体措施全部用"加强""改进""完善""减少"等措辞，这些实际上是重点工作和努力方向的宣示，目标的具体性和进程的精细化程度不足。[1] 特别是没有针对不同层级政府的职责划分提出具体要求，导致职责的转变缺乏可操作性。

第三，没有划分职能的内部结构。长期以来，理论界与实务界对"政府职能"概念的内在逻辑认识不清。最典型的一个现象是，把有关国家机器的一切活动、行动、功能、职责、权力等都解释为政府职能，使其变成了一个无所不包的"筐"。概念的泛化，降低了政府职能作为分析工具的精确性和有效性。政府职能是作为包含若干方面、若干层次的一个整体性结构而存在的，至少应当划分为"政府的功能"和"政府的职责"两个层次，前者如需要政府处理的社会关系，后者如政府必须履行的具体职责，对后者的调整是转变政府职能的重点。[2] 目前的情况是，笼统

---

① 周志忍、徐艳晴：《基于变革管理视角对三十年来机构改革的审视》，《中国社会科学》2014年第7期，第78页。

② 朱光磊：《中国政府职能转变问题研究论纲》，《中国高校社会科学》2013年第1期，第151页。

地谈论政府的功能的多，具体地分析政府的职责的少，这种认知的局限是政府职能转变工作始终"不到位"的重要原因。

改革的推进往往是先易后难、由浅入深，越到后期阻力越大。当前，涉及政府职能的改革已经逐渐迈入"深水区"，上述提到的问题涉及复杂的利益关系、强大的历史惯性和顽固的思维定式，确非一朝一夕能够解决。需要强调的是，转变政府职能的工作应当是一个闭环，不能总留着这样那样的"口子"，对这些短板的处理要陆续到位。只有将方方面面的工作都做好、做充分，才能不断加快政府职能转变的步伐，早日实现"双线合一"的目标。

（三）推进"双线合一"：服务型政府的建设思路

中国社会完成现代化转型，并不意味着服务型政府会自然而然地实现。相应地，经济社会发展阶段是服务型政府建成的前提条件，此外还需要主动不断地进行政府创新。以推进"双线合一"的角度探索服务型政府的建设思路，分别从职责结构与履责方式两条线提出以下几个要点。

职责结构方面，应当做到以下几点。第一，全面履行职责。长期以来，中国政府名义上承担着非常广泛的职责，却在实际的职责履行中存在缺位和不足。发展型政府时期偏重于履行经济建设方面的职责，相对忽视了对公共服务等职责的关注。进入发展-服务型政府后，政府开始有意识地加强对公共服务职责的履行，但由于缺乏基础和经验，很多应当由政府承担的责任还没有真正担负起来。建设服务型政府，在合理确定了职责结构的范围之后，应当全面地履行各方面的职责，把政府该管的事管住、管好，不能存在职责"空白点"。第二，转换主要职责。服务型政府是以公共服务为主要职责的政府。将政府的职责重心逐渐转移到公共服务上来，是建设服务型政府的内在要求。要不断优化政府组成，使公共服务、财税等部门成为政府中使用公务员最多的部门；要加快调整财政支出结构，让公共服务支出成为财政的主要支出，特别是要使医保、养老等过去投入明显不足方面占政府总支出的份额有一个较快的扩张。要将建设高质量的公共服务体系作为政府工作的核心内容，满足社会多方面、多层次的公共服务需求。第三，调减不必要职责。由于政治型政府和管制型政府时期形成的历史惯性，人民群众习惯于"有事找政府"，政府也习惯于"大包大揽"。政府长期承担了太多不必要的工作，削弱了政府在应有的范围内履行职责的能力。建设服务型政府，要认识到政府职责范围的有限性，做到"有所为有所不为"。要明确划分政府与市场、社会的边界，勇于对一些不应由政府承担的职责说"不"，开出职责"负面清单"，把职责总量做小、做精。

履责方式方面，应当做到以下几点。第一，明确履责主体。传统的"职责同构"模式对纵向的履责主体不做区分，造成了管"政府"的政府多，做"二传手"的政府部门多，具体管"事"的政府少。建设服务型政府，不同层级的政府要有所分工，应当根据公共服务的内容选择合适的履责主体。比如，社会保障、高等教育等由中央政府管理，环境保护、医疗卫生、基础教育等由中间层次政府负责，环境卫生、养老幼教、社区服务等由基层政府提供。通过明确划分履责主体，实现职责的分层次合理配置，最大限度地提升政府效能。第二，优化履责工具。法律手段、经济手段和行政手段各有其优势与局限，分别从不同的角度起作用。法律手段可以在政府履责过程中保护公众的权益，经济手段可以充分调动市场的资源和力量来解决公共问题，行政手段可以提升履责的效率和效能。[1] 建设服务型政府，要在党组织的统筹下综合运用三种手段，以法律手段、经济手段为主，行政手段为辅。同时，要根据不同职责的性质匹配相应的履责工具，借助技术进步不断提升履责工具的有效性，强化政府提供公共服务的能力。第三，规范履责程序。履责程序是履责主体和履责工具有效衔接的关键，是政府职能实现的"最后一公里"。长期以来，法律、法规对政府的履责程序缺乏细节性和流程性的规定，导致依法履责难以落实。建设服务型政府，"必须建立和完善政府职能履行的正当化程序，将公务人员的行政行为严格限制在法律、法规的制度框架下"[2]。近年来，"权责清单"等制度的建立开始强化对政府履责程序的约束，针对履责程序的各个环节提出具体要求，是对规范履责程序的有益尝试。

（四）推进"双线合一"要处理好的几对重要关系

建设服务型政府，推进职责结构与履责方式的"双线合一"，不是修修补补或

---

[1] 联合课题组：《政府履行职能方式的改革和创新》，《中国行政管理》2012 年第 7 期，第 10 页。

[2] 薛澜、李宇环：《走向国家治理现代化的政府职能转变：系统思维与改革取向》，《政治学研究》2014 年第 5 期，第 69 页。

单向推进、平行推进就可以做到的，应当思考和理顺以下几对关系。

第一，处理好整体性与局部性的关系。建设服务型政府是涉及政府方方面面的整体性变革，单一推进某一方面的改革不足以完成这一过程。比如，机构改革如果没有与调整职责结构的范围和重心相结合，就走不出"精简—膨胀—再精简"的怪圈，改了的也会"退回去"。要把握好整体性与局部性的辩证关系，既不能以整体取代局部，只着眼于顶层设计而忽略了微观层面的改革行动；也不能以局部取代整体，误认为建了几个"服务大厅"就标志着服务型政府已经建成。建设服务型政府是一个系统性工程，既要整体性地把握改革的方向与节奏，又要针对现实中的具体问题进行局部性的制度创新。只有将二者结合起来，在推进职责结构与履责方式实现"双线合一"的总体方向下，统筹安排各个方面的改革举措，才能更好地实现建设目标。

第二，处理好阶段性与长期性的关系。建设服务型政府是一项长期任务，不可能"一步到位"。服务型政府的建成是需要一定前提条件的，比如，现代化要达到一定水平，以及高度发育的市场、发达的第三部门、法治国家、积极成熟的公众等，这些方面我们的准备尚不充分。[①] 从政府职能转变的轨迹来看，在不同的经济社会发展阶段，职能转变的重点有所不同。这是由于每一次改革所能调动的资源和力量是有限的，必须集中力量攻克各个阶段的重点问题，通过不断实现阶段性的目标，最终建成服务型政府。妥善处理阶段性与长期性的关系，既要充分认识服务型政府建设的阶段性，完成当前阶段发展-服务型政府与管理-服务型政府的历史任务；又要深刻理解服务型政府建设的长期性，围绕"双线合一"的目标对相关改革任务进行周期性布局。

第三，处理好统一性与差异性的关系。理论上讲，各地区服务型政府建设的标准应该是统一的。但现实上看，不同地区的改革步调存在一定差异。这种差异来自两方面：一方面是城乡差异，财政资源长期向城市倾斜造成了城乡公共服务供给的悬殊差别，城市居民显然享受着更高水平的公共服务。另一方面是地区差异，东、

---

① 朱光磊、薛立强：《服务型政府建设的六大关键问题》，《南开学报》（哲学社会科学版）2008 年第 1 期，第 51 页。

中、西三大地区经济发展水平的差距导致了地区间公共服务供给水平的失衡，东部地区的公共服务供给水平明显高于其他地区。处理好统一性与差异性的关系，要在尽可能推动服务型政府建设水平协调统一的基础上，既鼓励先行先试，也容忍必要的差异性。如在垃圾分类方面，东部城市就可以也应当先行一步。

"双线合一"是对服务型政府建设路径的基本判断，也是为开展相关学术研究和实际工作提供一个整体性、背景性思路的理论尝试。建设服务型政府是一项十分艰巨的历史任务，任重而道远。既急不得，要在尊重客观规律和基本常识的基础上正确看待政府的改革和发展进程，急了就要犯错误；也拖不得，让公共服务逐渐成为政府的主要工作是大势所趋，拖了就不符合人民群众对于政府变革的期待。相信在党的二十大精神的指引下，在改革开放不断深入和社会主义现代化建设不断推进的时代背景下，只要能够厘清思路、实事求是、与时俱进，就一定能开创服务型政府建设工作的新局面。

（作者单位：南开大学周恩来政府管理学院，南开大学中国政府发展联合研究中心）

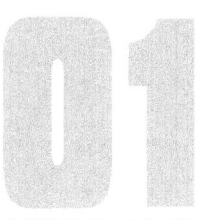

PART　第一部分

政府职责体系与公共服务体系建设

数字政府建设中的政府职责体系建设研究报告

张志红　　李紫硕

数字政府建设以数字化转型推动深化行政体制改革，是数字时代政府治理方式变革和治理能力提升的重要手段。近年来，数字政府建设已经脱离简单的信息化和电子化建设，走向高阶的政府职责体系重塑阶段。本报告尝试从实践维度和理论维度，对数字政府建设中的政府职责体系建设情况进行梳理，以推进体制机制改革与数字技术应用深度融合，健全完善与数字化发展相适应的政府职责体系。

一、2021—2022 年数字政府职责体系建设现状综述

（一）中央政府以顶层设计指引方向

1. 数字政府建设是在党领导下采取了顶层设计引领的新型发展之路

党的十八大以来，以习近平同志为核心的党中央抓住全球数字化发展与数字化转型的重大历史机遇，系统谋划、统筹推进数字中国建设。习近平总书记强调，加快数字中国建设，就是要适应我国发展新的历史方位，全面贯彻新发展理念，以信息化培育新动能，用新动能推动新发展，以新发展创造新辉煌。党的十九大报告明确提出建设"网络强国、数字中国、智慧社会"，数字中国首次写入党和国家纲领性文件。2021 年，"加快数字化发展建设数字中国"成为"十四五"规划的重要战略导向，《"十四五"国家信息化规划》《"十四五"数字经济发展规划》等重大战略规划相继出台，擘画"十四五"时期数字中国建设的美好蓝图。党的二十大报告指出，要加快建设网络强国、数字中国。建设数字中国是数字时代推进中国式现代化的重要引擎，是构筑国家竞争新优势的有力支撑。

2. 数字政府的基础设施建设得到高度重视

数字政府建设是构建数字中国的核心要义，是推动经济高质量发展、增进人民福祉的有力抓手。党的十九大报告将建设"数字中国"上升为国家战略；国务院有关部门制定的《"十四五"推进国家政务信息化规划》提出，"到2025年，政务信息化建设总体迈入以数据赋能、协同治理、智慧决策、优质服务为主要特征的融慧治理新阶段"，并"逐步形成平台化协同、在线化服务、数据化决策、智能化监管的新型数字政府治理模式"。2022年，中央政府更是印发多项政策和指导性意见（如表1-1所示），加快数字技术在政府管理服务中的广泛深入应用，推进政府数字化、智能化转型；进一步推进政务服务运行标准化、服务供给规范化、企业和群众办事便利化。

表1-1 2021—2022年国家层面数字政府主要政策文件汇总

发文机关	标题	发布日期
国家发展和改革委员会	《"十四五"推进国家政务信息化规划》	2021年12月24日
中央网络安全和信息化委员会	《"十四五"国家信息化规划》	2021年12月27日
中共中央　国务院	《"十四五"数字经济发展规划》	2022年1月12日
中共中央　国务院	《关于加快推进政务服务标准化规范化便利化的指导意见》	2022年3月01日
中共中央　国务院	《关于加强数字政府建设的指导意见》	2022年6月23日
国家互联网信息办公室	《数字中国发展报告（2021年）》	2022年8月02日

3. 数字化的政务服务平台以技术的方式促进了政府履责水平的全面提升

国家互联网信息办公室发布的《数字中国发展报告（2021年）》显示，2021年以来，全国一体化政务服务平台功能不断优化，以国家政务服务平台为总枢纽，构建国家、省、市、县多级覆盖的政务服务体系。我国数字政务加快向线上线下相协同、标准规范更统一的方向发展，"一网通办""跨省通办"服务体系持续优化，有力提升企业和群众的满意度、获得感。截至2021年底，国家政务服务平台共计提供321项跨省通办事项，全国31个省（自治区、直辖市）和新疆生产建设兵团一体化政务服务平台均设置跨省通办专区，开通京津冀、长三角、川渝等6个区域通办和 41 个"点对点"省际通办服务。[①] 国家互联网信息办公室发布的《数字中国发展报告（2022 年）》指出，2022 年，国家电子政务外网覆盖范围持续扩大，已连接 31 个省（自治区、直辖市）和新疆生产建设兵团，实现地市、县级全覆盖，乡镇覆盖率达到 96.1%。在线服务标准化、规范化、便利化水平稳步提升。大批高频政务服务事项实现"一网通办""跨省通办"，有效解决市场主体和群众办事难、办事慢、办事繁等问题。政务公开践行全过程人民民主，社会各界借助网络媒体平台积极为党中央、国务院重要工作建言献策。2022 年，70% 以上的政府网站已迁入集约化平台运行，为企业和群众提供统一便捷的交流访问渠道。[②] 如图 1-1 所示。

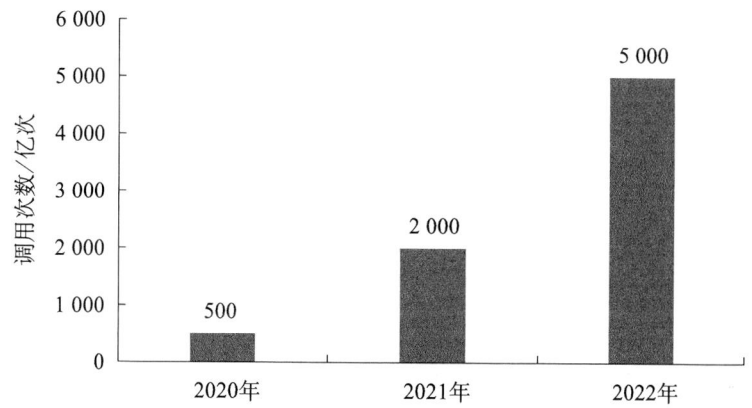

图 1-1　2020—2022 年国家政务服务平台累计数据共享调用次数

资料来源：国务院办公厅电子政务办公室、中国互联网络信息中心

（二）经济发达地区"需求导向"引领创新发展

在中央层面的顶层设计引领下，各地积极结合本地发展需求，将数字政府建设与数字经济发展、智能化治理技术发展等全面结合，推进数字技术应用与政府职能转变协调配套，探索打造"线上＋线下"协调管理模式。

根据国家互联网信息办公室组织开展的 2021 年数字中国发展水平评估和 2022 年数字中国发展评估结果：浙江、北京、上海、广东、江苏等地区数字化综合发展水平位居全国前 5 名。这些地区在夯实基础、赋能全局、强化能力、优化环境以及

---

① 国家互联网信息办公室：《数字中国发展报告（2021 年）》，中华人民共和国国家互联网信息办公室官网，http://www.cac.gov.cn/2022-08/02/c_1661066515613920.htm。

② 国家互联网信息办公室：《数字中国发展报告（2022 年）》，中华人民共和国国家互联网信息办公室官网，http://www.cac.gov.cn/2023-05/22/c_1686402318492248.htm。

组织保障等方面的进展成效显著。为此，本报告梳理了典型省（直辖市）的数字政府领域相关政策文件，如表1-2所示。

表1-2 典型省份数字政府领域相关政策汇总

省份	政策名称	发布日期
浙江	《浙江省数字政府建设"十四五"规划》	2021年6月18日
北京	《北京市"十四五"时期智慧城市发展行动纲要》	2021年3月23日
上海	《上海市全面推进城市数字化转型"十四五"规划》	2021年10月27日
广东	《广东省数字政府改革建设"十四五"规划》	2021年7月14日
江苏	《江苏省"十四五"数字政府建设规划》	2021年8月31日

1. 浙江："整体智治，唯实唯先"

为进一步加快"整体智治、唯实唯先"的现代政府建设，浙江省政府办公厅于2021年6月18日印发了《浙江省数字政府建设"十四五"规划》。该规划中有关政府职责体系建设的相关举措主要包括：一是以高效管理促进体制机制变革，"以事定责"的特征更加明显。在深化机关内部的"一件事"集成改革中，加快政府履职方式系统性、数字化重塑，整合政府机关职能，形成各级政府部门核心业务全覆盖、横向纵向全贯通的数字化工作体系，通过数字流量不断提升跨层级、跨地域、跨部门、跨系统、跨业务的协同管理和服务水平。二是积极关注数字政府建设中的"技术＋职责＋编制"新节点边界建设。加快构建现代化政府机关职能体系和机构编制配置管理体系，推进编制动态绩效管理、科学统筹调配。探索建立"首席数据官"。健全各级数字政府专家委员会制度。建立政府信息化项目立项审批、预算执行、运行监测、绩效评价等环节制度与机制，明确省市县各级部门责任边界，完善试点创新及复制推广机制。

2. 北京：借助区块链，依托政民互动提升城市治理水平

《北京市"十四五"时期智慧城市发展行动纲要》明确指出，到2025年，将北京建设成为全球新型智慧城市的标杆城市。北京在数字政府职责体系建设中的创新主要包括以下几个方面：其一，以区块链再造政府间职责配置。区块链技术可有效破解中心化数据孤岛结构，推动行政权力重构。[①] 在建设过程中，政府部门不断完

---

① 张楠迪扬：《区块链政务服务：技术赋能与行政权力重构》，《中国行政管理》2020年第1期，第69页。

善市、区、街（乡镇）三级目录链管理体系，将全市各部门、区的职责、目录和系统"上链"锁定，完成"上户口"，形成现有法治体制下的政府职责体系，形成可信的高安全度的数字政府基础设施平台。某种意义上讲，这将形成具有中国技术烙印的城市智慧治理的大系统，也将促进技术对于政府改革的硬塑造。其二，数字化的"接诉即办"成为首都样板。北京市在社会治理改革中，坚持以群众需求为导向，积极完善"互联网＋12345"市民精准服务体系，倾听群众心声，解决群众诉求，实现"接诉即办"。在此基础上，北京将"一网通办""一网统管"与"接诉即办"高度嵌套起来，打造超大城市治理的"北京实践"。其中，北京"接诉即办"的高阶运行，在区块链的支持下，在回应性增强的过程中，政府从业务应用上按照主题事项标准，通过区块链实现多个事项按主题的"串联"与"并联"，提高主题事项的全流程办理效率，是数据共享交换的升级版应用，最终实现"通办"和"统管"。

3. 上海：精细化治理下的"一网通办，一网统管"

精细化治理是上海数字政府建设的重要特征。在上海的治理实践中，重视"一件事"，关注社区服务，尤其是结合上海深度老龄化的特征，搭建上海市综合为老服务平台，按照"三级平台、五级应用"逻辑架构，建立市、区、街镇三级城运中心，实现"高效处置一件事"，数字公共服务体系不断完善。智慧城市的各种场景进一步优化，推行政务服务"一网通办"，"观管防"一体化的城运总平台，接入了50个部门的185个系统、730个应用，数字赋能城市治理成效显著。着力探索公共数据资源开发利用，发布《上海市公共数据开放暂行办法》，强化数据共享，打通国家、市、区三级交换通道，实现跨部门、跨层级数据交换超过240亿条，数据资源利用效率明显提升。

《上海市全面推进城市数字化转型"十四五"规划》中关于数字政府职责体系的成效体现在：上海力推的"一网通办"，首次打通了央地关键数据共享，如企业纳税缴费一件事，实现了央地之间一个系统，全网通办。在"一业一证"改革中，用技术的力量将多张证照整合为一张行业综合许可证，实现了"一表一证"，实现了横向部门的协同治理。此外，增强丰富的"随申码"应用场景，将个人、企业等多种场景需求便捷化，提升服务科技性。

4. 广东："智领粤政，善治为民"

庞大的人口规模和较大的贫富差距一直是广东实现高质量与均衡化发展的难点议题，数字政府的全面建设，有利于结合政府调控和对口帮扶机制等方式提高社会治理的精准性。广东省致力于全省一体化的政务数据智能云平台搭建，例如，统一政务大数据中心，完成五大基础数据库的建设，统一政府各层级间的数据共享标准，深度完成政务服务事项"十统一"的标准化工程，为跨层级、跨部门的信息流动提供标准化的数据条件，有力破解信息孤岛问题，推动了整体性政府建设。2021年7月14日，广东省人民政府印发了《广东省数字政府改革建设"十四五"规划》，明确到2025年全面建成"智领粤政、善治为民"的"广东数字政府2.0"，让改革发展成果更多更公平惠及全体人民。

广东省数字政府职责体系建设的特色主要体现在以下三个方面。一是省级政府主动承担全省数字基座建设，同时利用不同的数字赋权给予不同层级政府不同的数字建设权限。从统一化的数字政府基础设施均衡发展入手是广东特色，实质上为今后数字广东的均衡发展奠定了坚实的物质基础。二是构建政务云"1＋N＋M"总体架构，实现"条块兼顾，先后照顾"的发展格局。既有统一的省级平台，同时还有N个业务的条条平台，以及M个地市平台；允许先行发展的经济发达地区按标准自建平台，同时还为粤东西北地市及所属县（市、区）由省统一购买政务云相关服务，实现了数字建设的区域平衡和特色兼顾。三是在数字政府的央地关系构建中，广东省高度重视与国家和其他省市间的信息共享和业务系统。按照全国一体化在线政务服务平台建设要求，实现省一体化在线政务服务平台与国家政务服务平台对接。这些措施充分体现了广东作为全国经济社会发展强省在数字政府建设中的"领头羊"作用。

二、2021—2022年数字政府职责体系研究现状综述

纵观2021—2022年的学界研究，学者们对数字化转型过程中，政府职责体系的演变规律、机制路径、治理逻辑等内容进行了深入的探索研究，贡献了丰富的理

论成果。

（一）数字政府职责体系的逻辑特征概览

李晓方以政策文本为素材，对政务服务数字化转型过程中政府职责体系的演变规律和特征进行分析，发现如下四个趋势。一是从职责分配的角度看，数字技术驱动的政府职责体系调整是以科层为工具推动结构缓慢变动的过程，既改变了权力和责任在政府、市场和社会间的初次分配边界，也改变了在政府层级和部门间的再分配边界，职责配置呈现向市场、社会延伸及集中化、复合化的特征。二是从价值目标角度来看，数字技术的角色逐渐从强化职责运行的工具向赋能和再造转变，普惠公平和新发展作为目标越来越引起政府重视。三是从职责体系的运行过程角度看，政务服务领域数字技术的影响体现为"多元参与、整体协同和过程优化"。四是从数字技术驱动政府职责体系演进的整体历程来看，以科层化的方式推动组织结构的"去科层化"是政府职责体系变革的一个突出特征。[①]

江小娟强调数字政府建设不能替代政府自身改革与职能转变。只有不断深化"放管服"改革，转变政府职能、健全政府职责体系、优化组织结构，数字政府建设才有可靠基础。作为数字政府建设中的堵点难点之一，政府自身职责体系与数字治理的要求还不够匹配的问题，主要表现为以下三点。一是业务部门与数据管理部门的权责和协调关系不顺。采集者、管理者及使用者之间的权责尚未明晰，激励和监督问责机制还不健全；数据管理部门与业务部门间的协调机制有待进一步完善；部门的"数据职责"尚未实现清单化管理，数据采集生成、更新维护、共享使用没得到规范化界定。二是线上与线下流程和业务的协同程度有待提高，线上平台和线下业务在流程融合方面还存在一些结构性障碍。三是线上服务全网通办诉求与条块管理体制不匹配，条强块弱和多头共治问题比较突出。[②]

翟云等指出数字政府建设是当下坚持和完善中国特色社会主义行政体制，构建职责明确、依法行政的政府治理体系的主线。就数字化履职而言，要强化协同化治

---

① 李晓方：《政务服务数字转型过程中的职责体系演进：基于政策文本的回溯分析》，《中国行政管理》2022 年第 10 期，第 46 页。

② 江小娟：《加强顶层设计解决突出问题 协调推进数字政府建设与行政体制改革》，《中国行政管理》2021 年第 12 期，第 9 页。

理能力。通过规范数字行政，从政府职能调整和机构优化的内在动力上寻求突破，提升政府施政的科学化、法治化、透明化和开放化能力。一方面，要加强跨层级、跨地域、跨系统、跨部门、跨业务的协同式履职，提升政府"放管服"改革、行政审批制度改革和优化营商环境的治理能力。另一方面，要以权力透明化、法治化运行为着眼点，进一步推动清权、减权、确权、晒权、制权，以权责清单制引领数字政府改革。① 就优化政府职能体系而言，要加快捋顺政府部门关系，探索设立大数据管理机构，聚焦"互联网与政务服务深度融合"和"推进政府数字化转型和数字政府建设"。②

（二）数字政府职责体系的纵向调整逻辑

数字政府建设涉及不同层级的政府部门，不可避免地要受"上下级政府关系"的影响，而纵向间政府职责配置对于数字政府建设也至关重要。赵娟等聚焦数字政府职责体系的内部层级结构，探究数字政府纵向治理的分层体系与协同治理逻辑，指出从中央到基层政府，由于治理功能、治理资源和治理工具的不同，在数字政府发展过程中，承担着"战略型""枢纽型""回应型"等不同角色，数字政府纵向治理的分层体系可为政府内部关系及政府-社会、政府-市场关系的有效协同提供解决方案，如图1-2所示。其中，省域政府自上而下推动中央政策的执行落实，鼓励自下而上的探索创新，发挥"战略＋枢纽"双重作用，推进省域数字政府协同体系建设。市域政府是通过数字政府建设打造现代化城市治理体系的合理单元，发挥"承上启下""枢纽＋回应"的重要作用。基层政府则依托上级政府的平台和资源，打通联系群众、服务群众的"最后一公里"。③

除了理论的总结与凝练，现实社会中的丰富实践也为数字政府职责体系优化的探索提供了丰厚土壤，上海的"一网统管"、北京的"接诉即办"、广东的基层数字创新等实践内容值得关注。陈水生通过分析上海城市运行"一网统管"背后整体流

---

① 翟云、程主：《论数字政府的"大问题"：理论辨析、逻辑建构和践行路向》，《党政研究》2022年第1期，第107页。

② 翟云、蒋敏娟、王伟玲：《中国数字化转型的理论阐释与运行机制》，《电子政务》2021年第6期，第67页。

③ 赵娟、孟天广：《数字政府的纵向治理逻辑：分层体系与协同治理》，《学海》2021年第2期，第90页。

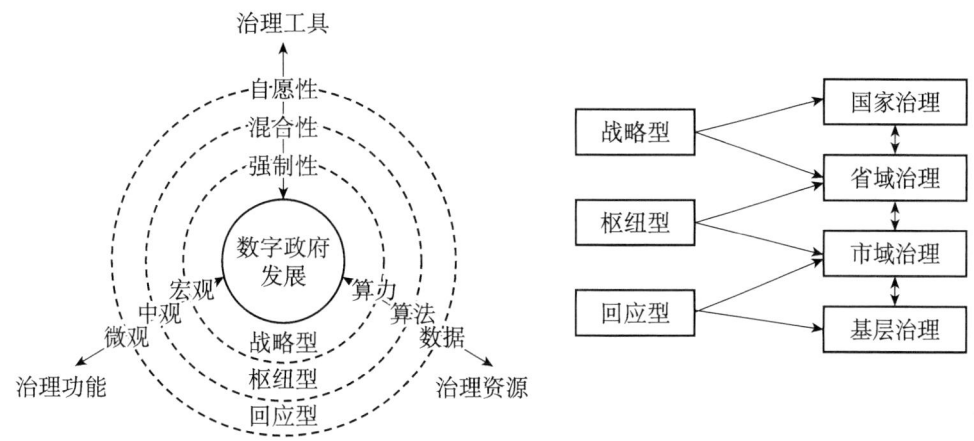

图 1 - 2 数字政府治理的分层与协同框架

程再造的运行逻辑，指出"一网统管"不仅是技术手段创新，更是管理模式创新、行政方式重塑和体制机制变革。"一网统管"通过对跨部门、跨层级和跨区域的办事流程进行整体性重构，以线上信息流、数据流倒逼线下业务流程优化创新。在跨层级之间的协调分工和相互配合下，上海城市运行管理服务平台建立了"三级平台、五级应用"的运作体系，市级设"大脑"支撑，区里有"中脑"，街镇有"小脑"，村居也有"微脑"。其中市级平台为全市提供统一规范和标准，区级发挥枢纽和支撑功能，强化本区域个性化应用的开发和叠加能力，街镇则妥善处理本辖区的具体治理问题。而"五级应用"则是在市级、区级、街镇应用的基础上，进一步细化覆盖到网格应用、小区楼宇应用等领域。[①]

江文路等聚焦北京治理实践，指出面对科层制政府治理的内在局限，数字政府建设是驱动政府治理现代化的关键举措，也是构建职责明确、依法行政、高效顺畅政府治理体系的有效手段。北京市在以"党建引领，街乡吹哨，接诉即办"为代表的政府治理改革中，通过将大数据治理技术融入基层社会治理，解决现代城市治理中民意诉求、政治回应、资源配置、统筹协同等一系列难点问题，探索出适应新时期城市治理需求变化的一系列治理体制机制，有效提升了政府的服务能力与回应效率，强化了党政干部与人民群众之间的情感联系，是新时代加强数字政府建设的代

---

① 陈水生：《数字时代平台治理的运作逻辑：以上海"一网统管"为例》，《电子政务》2021 年第 8 期，第 2 页。

表性实践。①

陈天祥等结合广州市越秀区"越秀越有数"数字政府创新模式,将数字赋能基层治理的核心机制界定为"双向激活",即利用数字技术对发现社会问题和解决社会问题两个中心环节分别赋能:一方面,通过基层治理前后端的需求牵引,数字技术将公务人员、企业和公众的多元需求成功"灌注"到全链条的基层治理过程中,将基层治理全过程组织起来,由此激活政府对基层治理的精准和高效。另一方面,通过组织内外部资源重组,数字技术将党建、群团、行政和市场等分散的社会力量和闲置社会资源再组织化,激活社会自身活力。具体而言,越秀区依托省市数字政府建设成果,创新打造了包括"越秀智库""越秀人家""越秀商家""越秀先锋"的"一中心三板块"数字政府体系,联通越秀区 46 个职能部门、18 条街道、222个社区,工作任务即达对口部门。②

(三) 数字政府职责体系的横向调整逻辑

数字技术的嵌入在推动政府内部纵向职责优化的同时,也在重塑不同政府部门之间的横向边界,并对职责及权力在政府、市场、社会之间的再分配构成影响。而作为整体的政府职责体系的调整,最终也必然要落实到横向职责体系调整与纵向职责体系调整的协同上。

孟天广从政府-市场-社会关系角度指出,政府数字化转型不仅促使数字技术嵌入政府科层制以推进治理结构再造、业务流程重塑和服务方式变革,还构建着新型政府-社会关系、政府-市场关系,以支撑数字社会建构及数字经济发展。从元治理意义上,国家治理现代化迫切需要构建全新治理模式以适应时代变革,未来要从理念创新、体系变革、机构调整和职能优化四大维度着手,厘清数字时代的政府、市场和社会间关系。③

马亮聚集数字政府建设中政商关系的理顺,指出政府与企业之间的关系重塑,

---

① 江文路、张小劲:《以数字政府突围科层制政府——比较视野下的数字政府建设与演化图景》,《经济社会体制比较》2021 年第 6 期,第 102 页。
② 陈天祥、徐雅倩、宋锴业等:《双向激活:基层治理中的数字赋能——"越秀越有数"数字政府建设的经验启示》,《华南师范大学学报》(社会科学版)2021 年第 4 期,第 87 页。
③ 孟天广:《政府数字化转型的要素、机制与路径——兼论"技术赋能"与"技术赋权"的双向驱动》,《治理研究》2021 年第 1 期,第 5 页。

不仅意味着政府和企业的关系重构，更意味着政府内部如何统筹协调数字政府建设。未来要推进横向政府部门之间关系的协调，特别是在政府信息化建设项目收归大数据管理局的背景下，推动职能部门融入整体数字政府建设。[①]

在职责归类、统筹协同和府际差异的原则性设计下，组建数据管理机构成为大数据背景下地方机构的改革亮点。张会平和叶晴琳从结构赋权和资源赋能的视角出发，运用2012—2018年286个地级市的平衡面板数据，实证检验组建数据管理机构对政府治理绩效的影响。研究发现组建数据管理机构提升了政府治理绩效，其中重组新部门影响最大，下设事业单位影响次之，原有部门挂牌并不显著。为此，政府需要积极组建数据管理机构，高效设置部门职权并有效配置数据资源，以提升政府治理绩效。[②]

李鑫以83个地方政府为研究样本，基于扎根理论分析地方政府数据机构的职能协同关系。研究发现，在横向协同上，地方大数据治理机构不仅与市政府办公厅、发展改革委、网信办等政务管理部门存在协同关系，也和包含工信局、经信局、统计局、市场监督管理局在内的行业管理类部门存在职能分工。而在纵向联动上，主要特点表现为：省级机构对地市级机构职能建设的示范性作用较强，各地市下设的区县级大数据治理机构逐渐成立，初步形成省、市、区三级联动治理新局面。[③]

在组建数据管理机构之外，设立政府首席数据官是政府数据治理组织性方法的具体实践，契合"联合式治理"的基本特征。通过引入政府首席数据官制度，明确政府首席数据官的权责配置、管理制度、治理目标、治理路线等内容，有助于完善我国政府数据治理体制，为政府数据治理提供有效的组织保障。[④]蒋敏娟研究发现，各试点部门的首席数据官制度有两个基本目标。一是试图通过"权责到人"强化数据管理队伍统筹协调机制，实现政务数据开放共享，以推动跨部门协同应用的实

---

① 马亮：《政商关系对数字政府建设的影响机制与理论进路》，《党政研究》2022年第3期，第107页。

② 张会平、叶晴琳：《组建数据管理机构何以提升政府治理绩效？——基于结构赋权与资源赋能的视角》，《公共管理评论》2022年第3期，第99页。

③ 李鑫：《地方政府数据治理机构的职能设置与协同关系研究》，硕士学位论文，电子科技大学，2021年。

④ 张涛：《数据治理的组织法构造：以政府首席数据官制度为视角》，《电子政务》2021年第9期，第58页。

现。二是加快建立统一协调的公共数据法治环境和管理体系，促进数据要素市场培育和数字资源开发，推进数据要素交易流通，赋能数字经济发展。未来需要进一步明确首席数据官的职能定位与权责配置，明确不同类型数据管理职位之间的职能边界。要赋予政府首席数据官法定的权威性，以及相应的组织地位和资源配置的权力，建构"纵横交错"的责任体系。①

三、展望与分析：数字政府建设中的政府职责体系优化方向

数字政府建设不仅仅是一项信息化工程或一场技术管理变革，而是行政管理改革和制度体系创新，涉及机构优化、职能划分、业务重组、流程再造、工程建构等政府过程的全过程。② 在这一过程中，数字政府建设和政府职责体系建设处于一种"双向互动"的状态，二者是互促互进，甚至在一些领域是互嵌的关系。相较而言，后者的发展明显滞后，制约数字政府建设的进一步深入。

（一）总体分析

1. 顶层设计日趋完善，但依然存在着职责模糊、定位不清等问题

现代信息技术的迅猛发展，给各国经济社会发展、国家管理、社会治理、人民生活带来了重大且深远的影响。党中央从顶层设计的高度进行了战略谋划，逐步明确了数字政府建设的工作目标、重点任务、治理模式等内容，在制度供给方面提供了整体遵循，希望将其作为政府自身革新的切入点和引领经济社会全面发展的突破口。值得关注的是，在近两年的实践中，各级政府正逐渐关注数字政府建设同政府职责体系建设的内在关联，开始从职责配置的视角来推动数字政府建设工作，并取得了一定成效。总体而言，这项工作的体制机制还不够清晰，顶层设计的相对缺位，仍制约着改革的进一步深入。

从中央层面的分工来看，该职责主要分散在中央网信办、国家发展改革委和工信部等部委。然而，由于这项工作包含了大数据、一体化在线政务服务等多项内

---

① 蒋敏娟：《迈向数据驱动的政府：大数据时代的首席数据官——内涵、价值与推进策略》，《行政管理改革》2022年第5期，第31页。

② 贾开、高乐、曾宇航：《数字政府建设与国家治理现代化——2021中国国际大数据产业博览会专业论坛及第五届数字政府治理高峰论坛会议综述》，《中国行政管理》2021年第9期，第157页。

容，中央分别成立了不同领导小组以会商机制推进相关工作，缺乏一个主管部门来统筹协调，面临着职能不清、多头管理的问题。① 在地方层面，各省级行政区普遍建立了业务部门与数据管理部门分工协作的治理模式。然而，一方面部门的"数据职责"尚未实现清单化管理和规范化界定，使得部门数据底数不清，在数据汇聚和共享过程中产生信息孤岛等问题。② 另一方面，数据管理部门缺乏高规格的权限和规格，协调业务部门难度比较大。截至 2022 年 12 月底，中央层面专门的数据管理部门尚未建立，纵向间政府在协调和交流的过程中存在沟通不畅、上下不对应的问题。

2. 地方探索亮点频出，并逐步拓展到整体性的政府职责体系建设

数字政府建设并不局限于面向数据的治理，同样包含运用数字技术进行治理，即从技术上改进治理方式、治理手段和治理机制。③ 一些发达地区开始大力推进职能优化协同高效的改革探索，以政务服务和大数据统筹管理为核心的数字平台建设取得了重要进展，优化了政府运行的流程。例如，上海市"一网统管"建设赋予城市运行管理机构派单调度、督办核查的权力。其实质是整合条块关系，实现流程再造，由属地块受理问题需求，并通过数字平台传给集成部门。可见，"一网统管"构成了贯通政府运转与城市运行之中介，跨越了层级、地域、系统、部门及业务边界，促成了城市管理的精细化、智能化和整体性。④ 但是，数字政府建设在不同地域存在发展不均衡的现象。在很多地区，技术治理反倒引发了数字悬浮、数字留痕等形式主义问题，其根源在于唯上负责和公民导向之间的冲突。

明确职责体系是数字政府建设和数字治理的先导条件。然而从各地实践来看，普遍存在"重流程、轻职责"的现象，忽视权责清单建设，只是照章办事，缺乏改革精神，极少能够触及职责体系建设。值得一提的是，在深圳市坪山区，区委编办

---

① 王伟玲：《我国数字政府顶层设计的理念辨析与实践指向》，《行政管理改革》2021 年第 6 期，第 40 页。

② 江小涓：《加强顶层设计 解决突出问题 协调推进数字政府建设与行政体制改革》，《中国行政管理》2021 年第 12 期，第 9 页。

③ 孟天广：《政府数字化转型的要素、机制与路径——兼论"技术赋能"与"技术赋权"的双向驱动》，《治理研究》2021 年第 1 期，第 5 页。

④ 孙志建：《平台化运作的整体性政府——基于城市运行"一网统管"的个案研究》，《政治学研究》2022 年第 5 期，第 39 页。

和政务服务数据管理局花费 4 个月时间与各部门"吵架",形成了涵盖 5 级、末级分类 1659 项的"一网统管"职责清单,均明确了主管部门和执行层级。[①] 这改变了传统的以部门为单位编制职责的理念,而是以事件类型进行编制,将分散在若干部门的事项,按照类别、流程串联起来,形成了对"三定"方案的补充和细化。可见,这场改革已经超越了明确分工和提高效率的原始目标,而是深入到确权和确责层面。

3. 政企合作程度加深,数字政府建设内在赋权机制尚需完善

数字政府建设不能光靠政府单打独斗,而是要激发全社会的合力,尤其要充分发挥市场力量。市场不但可以提供技术和资金支持,还可以通过市场竞争促进资源优化配置。在各地的实践中,越来越多的企业开始涌入数字政府建设生态圈,运营主体由事业单位逐渐向公司演变的端倪渐显,形成了以政府信息化为主导、政府下属事业单位和公司共同实施的发展格局。[②] 值得关注的是,市场主体在其中发挥的作用和功能愈发重要,逐步从服务平台的搭建者演进为公共事务的治理方,甚至承担起增益公共价值的责任,即从项目外包模式发展为政企合作模式。概言之,企业不再是简单的支持者,而是真正成为合作主体。这在一定程度上拓展了双方的共同利益空间,有助于实现利益的均衡和政企的共赢。

不过,数字政府建设的最终目标并不在于政企的合作共赢,而是要更好、更高效地满足公众对公共服务的需求。然而,当前的建设方向似乎与目标存在部分偏离,一系列基本关系尚未理顺。其一,数据权归属没有明确的标准。基于自身的资源优势,数字政府建设中产生的海量数据主要由政府部门和企业掌握。然而,如何保护好社会主体的数据权利,怎样打破算法黑箱和算法歧视,如何细分社会数据、商业数据和政务数据的归属,这些问题还未得到回答。其二,政府与市场主体的边界不明,权责不清。由于缺乏一定的制度规范和行为遵循,政府的过度主导可能会引发合作模式的行政化,使得数字政府建设最终成为服务政府自身的工具。其三,

---

[①] 数据来源:2023 年 2 月深圳实地访谈调研。
[②] 王张华、周梦婷、颜佳华:《互联网企业参与数字政府建设:角色定位与制度安排——基于角色理论的分析》,《电子政务》2021 年第 11 期,第 45 页。

市场主体存在技术滥用和数据泄露的风险。它们掌握的数据将逐渐超过任何单一政府部门所掌握的信息，可能会非法获取信息数据用以谋利，甚至会危及国家安全。

（二）未来展望

1. 进一步完善数字政府建设的职责分工与协调机制

伴随数字政府建设在国家治理体系与治理能力建设中的重要性不断提升，需要优先从职责配置入手，重点解决"谁来统管、谁来协调、谁来执行"的问题。中央层面要不断完善顶层设计，明晰各部门、各单位、各层级的职责及其关系。一是要明确数字政府建设的职责定位。引导各级政府突破传统的技术引进和系统建设层面，突出其与转变政府职能工作的内在关联。二是可以考虑设立专门机构，适度整合被各部门分散的职责，专职统筹相关工作。这样一来，中央和地方的机构不但可以实现上下对口，还可以为地方的机构设置提供基本遵循。三是要树立整体性理念。积极推进协调机制建设，加强上下左右之间的战略对接与层级联动。重点推动各级各类平台整合，实现应联尽联、信息共享。可以通过党建引领，加强党对数字政府建设工作的集中统一领导，做好统筹协调。

2. 更好发挥中央和地方两个积极性

数字政府建设既有赖于不同政府部门间的协作，也离不开不同层级政府间的协同共治。由于各级政府的治理功能、资源和工具存在差异，不同层级政府所扮演的角色和所起到的作用不尽相同，做好层级分工，才能更好地发挥中央和地方的两个积极性。首先，中央政府应着力优化纵向职责配置，有意识地区分并明确各级政府的职责重心，适度打破传统的职责同构模式。在具体工作中，中央要扮演好宏观层面的统筹协调者角色，提供好制度规范即可，不宜过分强调可复制性。地方则要充分结合财政资源、信息基础设施、组织文化等因素，因地制宜地分步骤推进，找准数字政府建设的"时空坐标"。在省域内部，既要加强省级在平台建设的统管力度，做好业务指导、绩效管理、督促检查等工作，也要尊重市及市以下在应用开发与管理上的自主性。各级政府各负其责，最终实现中央统一性和地方多样性的有机衔接。

3. 构建多元主体共建共治共享的数字治理体系

在数字政府建设中，政府、市场和社会主体既存在相互依赖性，也面临着冲突，需要通过积极主动的制度供给来实现合作。一是要推进政事分开，明确市场参与的合法性地位。在明确市场主体承担数据建设运维职责的基础上，进一步明确各参与主体的责权划分，并通过权责清单明晰彼此的行为规范。二是要打造政企之间开放透明的伙伴关系。在不同的合作场景下，政企间的责任边界是不同的。因此，除了制度建设，也要着力优化政企关系。作为主导方的政府主体既要审慎规范，在监管上做到张弛有度，也要包容信任，搭建利益共享、风险共担的合作平台，激发市场参与的内源性动力。三是要强化公众参与。一方面，需要畅通民众的反馈渠道，确保政社之间的有效沟通。另一方面，政府必须有意识地缩减"数字鸿沟"，通过"数字扫盲"工程、完善数字基础设施等方式，助力数字时代的基本公共服务和社会福利均等化。总之，这是一项长期且系统的工作，只有将涉及政府内部、以及政府同市场和社会主体的职责体系真正建立起来，才能从体制层面为数字政府建设提供根本保障。

四、报告要点

本报告对2021—2022年度中国数字政府职责体系建设的实践进展与理论研究情况进行了系统性的回顾梳理，并在此基础上对数字政府职责体系构建的现状与未来发展进行了一定的分析与展望，提供了相关的方向性思考。具体要点总结如下。

第一，要坚持党建引领，始终坚持和加强党对数字政府建设的全面领导。加快推进数字政府建设，是深入贯彻落实习近平新时代中国特色社会主义思想、建设数字中国与网络强国的重要抓手，也是全面推进国家治理体系和治理能力现代化、建设人民满意的服务型政府的重要引擎。在实践中，党委政府在数字治理生态中始终处于主导地位，从转变治理理念、重塑治理结构、创新治理技术等维度发挥引领作用。中国特色党政体制一方面通过党建引领在体制内凝聚政府数字化转型共识；另一方面借由政治统领行政破解政府内跨层级、跨部门协同难题，实现体制内主体的有效协同和治理资源的整合。[①] 最终达成数字政府领域的"以党建促共建"的效果。

---

① 孟天广：《数字治理生态：数字政府的理论迭代与模型演化》，《政治学研究》2022年第5期，第13页。

第二，数字政府职责体系建设并不是现实政府的数字孪生描摹，需要实体化改革支撑。数字政府归根结底是治理现代化的"刻面"之一，或者说数字化是治理现代化的重要表征，其核心仍然是政府在面对经济快速增长、生态环境恶化、价值结构变化、突发事件涌现、技术更新加速、传媒方式变革等所必需也必然作出的治理创新与治道转型。一个好的数字政府聚焦和关切的不仅是数字技术本身，而是现代化的政府如何更好地完善履责体系以应对不断涌现的治理挑战，两者步调协调、相向而行。数字政府可以为现代政府应对治理挑战提供新的能力，但其只能成为改革的推动力而非改革本身。数字政府为改革创造良好条件，而数字化协同则是这一改革在当前和下一阶段的主要目标之一，有待各方参与和共同推进。①

第三，要充分发挥中央和地方等各个方面的积极性，坚持顶层设计与统筹，鼓励实践探索与创新。数字政府建设是一项全局性要求和战略性举措，是推动政府行政运行从条块分割、封闭的架构迈向开放、协同、合作的系统工程。以数字化改革助力政府职能转变，必须要坚持整体布局，从顶层设计上打破地域与部门藩篱，坚持"一张图规划、一体化部署、一盘棋推进"，形成各方联动的工作合力。要在全面深化改革的总体方向的指引下综合考量各级政府的数字职权划分，建立高效而灵便的政府职责体系。中央和地方各级政府应当实现高效廉洁、简政放权，从而最大限度地激发市场主体和社会主体的活力，实现数字政府的持续优化、数字经济的持续发展和数字社会的持续进步。

第四，数字政府的建设和职责体系的优化，应始终坚持"以人民为中心"。把满足人民对美好生活的向往作为数字政府建设的出发点和落脚点，打造泛在可及、智慧便捷、公平普惠的数字化服务体系，让百姓少跑腿、数据多跑路。坚持问题导向，抓住民生领域的突出矛盾和问题，深度开发各类便民应用，不断提升公共服务均等化、普惠化、便捷化水平。要清醒地认识到数字政府建设不是"炫技"，数字技术是手段而不是目标，不能为了数字化而数字化，导致数字政府建设本末倒置。要将数字技术广泛应用于政府管理服务，推进政府治理流程优化、模式创新和履职

---

① 黄璜、谢思娴、姚清晨等：《数字化赋能治理协同：数字政府建设的"下一步行动"》，《电子政务》2022年第4期，第2页。

能力提升，构建数字化、智能化的政府运行新形态。以此不断增强人民群众获得感、幸福感、安全感，着力破解企业和群众反映强烈的办事难、办事慢、办事繁问题，坚持数字普惠，消除"数字鸿沟"，让数字政府建设成果更多更公平惠及全体人民。更为重要的是，数字政府的改革将以技术的力量促进实体政府改革的全面提升。

（作者单位：南开大学周恩来政府管理学院，南开大学中国政府发展联合研究中心）

政务服务改革与优化营商环境研究报告

宋林霖

    2021—2022 年，我国宏观经济尚处在突发新冠疫情等严重冲击后的恢复发展过程中，面对复杂严峻的国内外形势和诸多风险挑战，党中央、国务院统筹疫情防控和经济社会发展，扎实做好"六稳"、"六保"工作，注重宏观政策跨周期和逆周期调节，有效应对各种风险挑战，深化改革扩大开放，围绕"加强市场体系基础制度建设，推进要素市场化配置等改革"，"继续压减涉企审批手续和办理时限，更多政务服务事项实现一网通办"，"推广一批地方改革经验，开展营商环境创新试点"，"加强和创新监管，反垄断和防止资本无序扩张，维护公平竞争"等方面持续发力，通过深化"放管服"改革优化营商环境，推动了改革内容由"单兵突破"到"系统集成"的变化，跨地区、跨部门的横向纵向联动加强，有效推动了政府治理体系和治理能力现代化进程。

一、2021—2022 年政务服务改革与营商环境建设实践现状

（一）稳步推进政务服务标准化规范化便利化水平

    2022 年，国务院发布《国务院关于加快推进政务服务标准化规范化便利化的指导意见》，为政务服务向标准化规范化便利化迈进提出明确要求。

    一是"一站式"政务服务体系基本形成。各地区基本形成省、市、县、乡镇（街道）、村（社区）五级政务服务体系，以实现企业和群众办事"只进一扇门"为目标，推进政务服务事项"三集中三到位"。例如，湖南省政务服务大厅集中 32 个省直部门的 1440 个审批服务事项，实现企业、群众办事"只进一扇门"；雄安新区

深入开展以深化"三集中三到位"、加强政务服务中心建设为主要内容的新区行政审批体制机制优化改革;江苏省通过开展政务服务中心和分中心达标创建工程,率先在基层建成"15分钟＋24小时"便民服务圈;江苏省南京都市圈各城市的政务服务管理部门通力合作,先后推出两批共99项"通办"事项;济南市企业服务中心"一口受理"企业诉求,按照"直办转办、分类办理、全程督办"模式,实现企业诉求第一时间分级响应。同时,政务服务中心服务功能不断拓展,整合行政审批、便民服务、政务公开、政策咨询、公共资源交易、公共事业、政企会商、政务监督等诸多职能,在简化办事流程、规范政府行为、推动政务公开、改善政府形象、提高政府绩效等方面发挥了重要作用,已成为新时代政府联系企业、服务群众的重要窗口。

二是政务服务供给机制创新实现多点突破。按照"前台综合受理,后台分类审批,窗口统一出件"的"集成服务"模式,通过建立受审分离、衔接有序、协同联动、信息共享和实时监督的政务服务机制,把涉及多窗口办理的服务事项进行流程优化再造,实现企业开办、投资项目审批、不动产登记等事项的"一窗受理"。2022年,国务院办公厅出台专门文件对"一件事一次办"涉及的多个政务服务事项的申请材料和表单提出明确要求,通过归并、数据共享等方式进行精简、优化,推行共享数据自动调用、个性信息自行填报、申请表单自动生成,实现"多表合一、一表申请""一套材料、一次提交"。打破多部门串联申办的传统模式,按照"一件事"业务流程进行跨部门、跨层级重构再造,打造"一次告知、一表申请、一套材料、一窗受理、联合办理、一窗发证"服务模式。例如,浙江省把各部门行政审批过程的受理环节分离出来,将原来按部门设置的窗口分类整合,再按职责分工由业务部门后台分别审批,从而使群众只需进行政服务中心"一个门"、到综合窗口"一个窗"就能把"一件事"办成,实现群众办事从"找部门"到"找政府"转变。

三是着力提升市场主体满意度获得感。2022年9月,国务院办公厅发布《关于进一步优化营商环境降低市场主体制度性交易成本的意见》,指出各政府部门应进一步破除隐性门槛,推动降低市场主体准入成本;进一步规范涉企收费,推动减轻市场主体经营负担；进一步优化涉企服务，推动降低市场主体办事成本；进一步加强公正监管，切实保护市场主体合法权益；进一步规范行政权力，切实稳定市场主体政策预期。同时，各地区积极开展政务服务"好差评"，因地制宜建设政务服务"好差评"平台，建立健全评价指标体系，通过多种评价方式推动对各类政务服务事项、服务机构和人员、服务渠道进行综合评价；建立"差评"核实整改闭环管理机制，以评促改，倒逼提升政务服务质量和服务水平。

（二）持续深化营商环境组织机构改革

一是深化地方政务服务管理体制改革。完善组织制度设计是深化"放管服"改革优化营商环境的有力保障。以省级为例，机构设置模式包括多种情形：政府直属机构，包括政务服务管理办公室（河北省、江苏省、天津市、安徽省）、政务服务管理局（北京市）、行政审批服务管理局（山西省）和营商环境建设局（辽宁省）；政府部门（省政府办公厅）管理机构，如政务服务（数据）管理局（广东省、湖南省、湖北省、云南省、青海省、内蒙古自治区）；政府办公厅内设机构牵头政务服务管理工作，如上海市、山东省、甘肃省、宁夏回族自治区、新疆维吾尔自治区；其他机构，如浙江省委改革办（省最多跑一次改革办公室）、福建省发展和改革委员会、黑龙江省营商环境建设监督局牵头协调省域范围内政务服务改革。

二是深化政务数据管理体制改革。随着现代信息技术在政府治理过程的深度嵌入，各省级地方政府逐渐设立了大数据管理局，各部门之间的信息互通随之更加便捷。截至 2022 年 12 月 31 日，我国 29 个省级行政区（不包含香港特别行政区、澳门特别行政区与台湾省）成立了 24 个大数据管理机构。其中，辽宁省、江苏省、山西省与甘肃省于 2021 年，湖南省与西藏自治区于 2022 组建了省级大数据管理机构。值得一提的是，2022 年 4 月经中央编办批复同意，河南省大数据管理局更名为河南省行政审批和政务信息管理局；2022 年 9 月，上海数据集团有限公司正式揭牌成立，由国资委牵头，整合承担上海市公共数据和国企数据的授权运营，与大数据中心和数据交易所形成上海数据要素三驾马车，将承担上海市公共数据和国企数据的授权运营，作为上海一体化城市大数据资源基础治理的支撑主体，围绕数字产业化、产业数字化及数据生态领域开展布局，致力于成为国内数据要素交汇、供给、配置及市场化开发利用的领军企业。我国省级大数据管理机构情况如表 1 - 3 所示。

表 1 - 3　我国省级大数据管理机构汇总

序号	名称	成立时间
1	贵州省大数据发展局	2017 年 4 月
2	江西省大数据中心	2018 年 1 月
3	上海市大数据中心	2018 年 4 月
4	天津市大数据管理中心	2018 年 7 月
5	吉林省政务服务和数字化建设管理局	2018 年 10 月
6	浙江省大数据发展管理局	2018 年 10 月
7	山东省大数据局	2018 年 10 月
8	广东省政务服务数据管理局	2018 年 10 月
9	北京市大数据中心	2018 年 11 月
10	福建省大数据管理局	2018 年 11 月
11	河南省大数据管理局	2018 年 11 月
12	广西壮族自治区大数据发展局	2018 年 11 月
13	重庆市大数据应用发展管理局	2018 年 11 月
14	安徽省数据资源管理局	2018 年 12 月
15	黑龙江省政务大数据中心	2019 年 5 月
16	海南省大数据管理局	2019 年 5 月
17	四川省大数据中心	2019 年 7 月
18	内蒙古自治区大数据中心	2019 年 12 月
19	辽宁省大数据管理局	2021 年 5 月
20	江苏省大数据管理中心	2021 年 5 月
21	山西省政务大数据局、山西省政务大数据服务中心	2021 年 7 月
22	甘肃省大数据中心	2021 年 12 月
23	湖南省政务服务和大数据中心	2022 年 6 月
24	西藏自治区大数据中心	2022 年 10 月

（三）营商环境跨区域合作与区域一体化发展水平有效提升

2022 年 10 月 5 日，国务院办公厅发布《关于扩大政务服务"跨省通办"范围进一步提升服务效能的意见》，旨在扩大"跨省通办"事项范围、提升"跨省通办"服务效能、加强"跨省通办"服务支撑，粤港澳大湾区、成渝地区双城经济圈、京津冀地区等跨域合作取得良好进展。例如，北京市会同天津市、河北省、雄安新区在"首都之窗"网站开设政务服务"跨省通办"专区，上线政务服务事项和自贸试验区"同事同标"事项；河北省推进京津冀政务服务平台二期项目建设，配合国家"点对点跨省通办"试点工作，已上线 20 类 108 项京津冀通办事项。京津冀三地的 14 个国家级经开区成立优化营商环境改革创新合作联盟，建立政务服务互通互办、产业协同共建共享、"放管服"改革互学互鉴、人才干部互派交流四大机制。

继长三角城市群、京津冀地区和成渝地区双城经济圈在区域经济一体化发展框架内加速推进政务服务"跨省通办"后，2021 年 3 月，长沙、贵阳、合肥、南昌、宁波、武汉、湘潭、郑州、株洲等七省九市举行政务服务"跨省通办"线上签约仪式。七省九市各级政务服务大厅将充分依托"互联网＋政务服务"技术革新，整合各地政务服务优质资源，积极推动相关城市政务服务一体化。2021 年 4 月 21 日，四川省、重庆市、云南省、贵州省、西藏自治区签署政务服务"跨省通办"合作协议，梳理出 148 项，涉及户籍证明、电子监控违法处理、基本养老保险关系转移等。根据合作协议，五省（自治区、直辖市）将围绕建立省级协作机制、建立市县互信机制、统一政务服务标准、推进线上"一网通办"、推行线下异地办理、加强数据共享和业务协同开展合作。

（四）营商环境治理的创新扩散程度逐渐增强

一是开展营商环境创新试点。2021 年 11 月，国务院发布《关于开展营商环境创新试点工作的意见》，明确在北京、上海、重庆、杭州、广州与深圳六个城市开展营商环境创新试点，在规范市场准入和退出机制、严格监管建立规范市场环境、维护市场公平竞争秩序、支持市场主体创新发展方面取得了实效。例如，北京市以北京证券交易所为契机，推动企业融资，在全国率先出台中小微企业帮扶"新 6 条"措施，涵盖减税降费、援企稳岗、金融支持、精准助企等方面；上海市聚焦数字政府建设，优化升级"一网通办"，实现从"精准推送"转向"精准兑现"，开展了"证照分离"改革全覆盖，企业设立变更注销等 13 项业务实现"跨省通办"；重庆探索了沙盒监管、触发式监管等新型监管模式，发布了全国首个网络社区团购合规经营指南，探索"交地即交证"审批服务模式，在全国率先实现企业所得税（预缴)、房产税、城镇土地使用税等 11 个税种合并申报,开通运行了全国首批省级知识产权综合业务窗口;杭州市上线全国首个区块链电子印章应用平台,实现与实体印章"同模同轨",首创"政策性信保＋银行授信＋政策风险担保"模式,持续加大对中小微企业金融支持力度;广州市首创企业"e 证通"专属名片,开办企业和 14 项跨部门涉企许可事项实现证照联办;深圳市在全国率先开展商事登记行政确认制、率先放宽部分领域市场准入、独立公平竞争审查等十大改革试点。这些做法,为更大范围营商环境创新提供了有益经验。2022 年 9 月 28 日,国务院办公厅发布《关于复制推广营商环境创新试点改革举措的通知》,对典型经验在全国进行复制推广。

二是数字营商环境建设取得重大进展。经济体营商环境的数字化、法治化水平已成为营商环境国际评价体系的重点评价指标。近年来,我国将实现营商环境的市场化、法治化和国际化作为建设目标,新近数字领域的国家立法为数字营商环境提供了良好的法治保障。我国从数字经济细分领域入手,对涉及数字用户权益、网络行为、数字市场监管等问题进行专项立法,更好发挥出各领域立法在营商环境数字化转型中的规则效用。2021 年 3 月发布的《中华人民共和国国民经济和社会发展第十四个五年规划和 2035 年远景目标纲要》和 2022 年 1 月发布的《"十四五"数字经济发展规划》再次强调数字领域的机制体制改革,指出要加强重点领域与新兴领域的立法工作,通过立"改废释纂"并举的方式完善中国数字法律体系,促进数字经济规范发展,在国家层面对数字经济相关立法与制度改革工作作出全面部署,数字营商环境法治化建设成为新发展阶段法治建设重点工作之一,数字法治发展进入"快车道"。

三是强化营商环境政策供给质量。从国家层面来看,2021 年 3 月 1 日起施行《企业名称登记管理规定》、同年 9 月 1 日起施行《中华人民共和国数据安全法》、2022 年 1 月 30 日国务院办公厅印发《关于全面实行行政许可事项清单管理的通知》、2022 年 3 月 1 日起施行《中华人民共和国市场主体登记管理条例》,推动政策创新程度及政策创新扩散速度加快。以 2022 年为例,十余个省级行政单位在国家政策指导下纷纷出台营商环境优化政策,如表 1－4 所示。

表 1-4 2022 年省级政府出台营商环境优化政策

序号	省份	文件名	主要内容	发布日期
1	内蒙古自治区	《以更优营商环境服务市场主体行动方案》	明确了 181 项重点任务,更加注重数字政府建设、企业全生命周期服务、公平竞争环境建设和市场主体实际感受,对优化营商环境提出了更高标准和更严要求	2022 年 2 月 1 日
2	江西省	《2022 年江西省优化营商环境对标提升方案》	围绕服务企业全生命周期,江西省聚焦企业开办及注销、获得信贷、政务服务等 18 个领域,提出了 228 条改革举措	2022 年 2 月 11 日
3	安徽省	《关于进一步创优营商环境发展壮大市场主体的若干措施》	措施着眼推进改革,提高市场主体进出和电子身份应用的获得感,提出 6 条举措。立足精准帮扶,确保各类市场主体进一步增强生存能力,提出 8 条措施。从促发展角度,进一步强化知识产权保护和质量品牌服务,提出 7 条举措从维护公平公正的市场环境、提升监管效能方面,提出 6 条举措	2022 年 2 月 14 日
4	江苏省	《江苏省优化营商环境行动计划》	出台"1+5+13"系列政策,围绕政策、市场、政务、法治、人文 5 个环境,推出一批具有江苏特色、含金量高的政策举措,增强市场主体获得感和满意度,以高质量的政策供给为营商环境提供制度支撑	2022 年 2 月 15 日
5	湖南省	《湖南省 2022 年纵深推进"放管服"改革全面优化营商环境重点任务分工方案》	围绕"三大支撑八项重点",聚力推动优化营商环境十大行动;围绕推进政府职能深刻转变,持续深化简政放权;围绕加强规范事中事后监管,不断提升政府监管效能;围绕推进政务服务标准化规范化便利化,全面提升政务服务水平	2022 年 3 月 17 日
6	四川省	《四川省深化"放管服"改革优化营商环境 2022 年工作要点》	聚售 5 个部分、从 20 个方面部署任务要求。以持续深化"一网通办"前提下的"最多跑一次"改革为突破口,深入推进政务服务标准化规范化便利化营商环境对标创新、成渝地区双城经济圈"放管服"改革等重点工作	2022 年 4 月 2 日

续表

序号	省份	文件名	主要内容	发布日期
7	陕西省	《2022 年第一批优化营商环境典型经验做法的通知》	总结提炼开办企业、办理建筑许可、惠企政策兑现等20个方面、36项优化营商环境典型经验做法。其中，西安市17项（含西咸新区1项）、咸阳市4项、汉中市3项、铜川市3项、商洛市2项，其余市（区）均为1项	2022 年 4 月 12 日
8	宁夏回族自治区	《2022 年全区持续优化营商环境工作要点》	从破除区域分割和地方保护等不合理限制、健全新型市场准营和退出机制、提升投资和建设便利度、强化要素市场协同配置、降低企业生产经营成本、推动外商投资和贸易便利化、更好支持企业创新发展、加强和创新监管、依法保护企业合法权益、优化经常性涉企服务十个方面，列出80项任务清单	2022 年 4 月 27 日
9	重庆市	《重庆市 2022 年优化营商环境激发市场主体活力重点任务清单》	聚焦企业生产经营全生命周期，从市场环境、法治环境、开放环境、政务环境、政商环境5个方面探索提出110条具有重庆特色的改革举措	2022 年 6 月 11 日
10	广东省	《广东省优化营商环境条例》	分总则、市场和要素环境、政务服务、法治环境、监督保障、附则六章，共66条	2022 年 6 月 1 日
11	北京市	《北京市助企纾困优化营商环境若干措施》	重点围绕涉企服务、网上办事、准入准营、扩大经营等方面，提出了34条改革举措	2022 年 8 月 17 日
12	云南省	《云南省优化营商环境条例》	将营商环境细化为政务环境、创新环境、市场环境、法治环境、人文环境，"五大环境"分别单设一章作出专门规定，体例结构与外省（自治区、直辖市）有关优化营商环境的地方性法规有明显不同	2022 年 9 月 28 日
13	海南省	《海南自由贸易港进一步优化营商环境行动方案（2022—2025 年）》	提出7大项共35分项措施，明确要开展政务服务"零跑动""准入即准营""信用审批"及国土空间智慧治理，工程建设项目审批制度改革，跨境贸易自由便利，投资自由便利，知识产权创造	2022 年 6 月 1 日

二、2021—2022 年政务服务改革与优化营商环境建设研究综述

2021—2022 年，以中国期刊全文数据库 CNKI 为样本框，在篇名字段中检索"政务服务"，文献来源类别选取"全部期刊"，检索出 3634 篇文献，其中，文献来源类别选取各类核心期刊，涉及"中文核心期刊""CSSCI 来源期刊"，检索出 472篇；检索"营商环境"，文献来源类别选取"全部期刊"，检索出 4348 篇文献，其中，文献来源类别选取各类核心期刊，涉及"中文核心期刊""CSSCI 来源期刊"，检索出 565 篇。从研究内容与观点来看，2021—2022 年的相关研究对我国政务服务的理论与实际问题进行了较有成效的梳理和分析，研究突出问题导向，理论与实证并重，在政务服务与营商环境关系、体制机制、技术应用、文化价值导向、跨学科融合等方面进行了深入研究，为指导各级政府的相关实践起到了积极作用。对相关文献，主要是对核心期刊论文的分析显示，学者相关研究主要是围绕以下主题展开。

（一）关于政务服务、营商环境及二者间关系的学理研究

在全面深化"放管服"改革的背景下，放管结合和优化服务是重要的改革措施，政务服务不局限于基本公共服务，也是营商环境的组成部分。持续推进"放管服"改革理念革新是政府职能转变的内生动力，需要促进政府改革与改革政府的并进。[①] 有学者通过对政务服务的内涵进行厘定，明确了政务服务与营商环境等概念的异同，并深入考察政务服务治理的理论框架；[②] 聚焦政府与民众互动的行政负担研究，政务服务有必要考虑个体层面的差异及其对行政负担的影响，民众可积极运用自我调适、资本调用和博弈三类主要机制减少行政负担体验，为开展诸多城市政务服务改革的研究提供基础性思考；[③] 行政负担转移是"放管服"改革发挥作用的核心机制，是理解国家治理能力现代化的核心变量，消解行政负担的核心推动力体

[①] 朱光磊、锁利铭、宋林霖等：《构建中国特色社会主义政府职责体系 推进政府治理现代化》，《探索》2022 年第 1 期，第 49 页。

[②] 马亮：《政务服务治理：一个理论框架》，《西北师大学报》（社会科学版）2021 年第 3 期，第 94 页。

[③] 何艳玲、王铮：《回归民本性：行政负担研究反思及其对城市政务服务改革的启示》，《同济大学学报》（社会科学版）2022 年第 5 期，第 63 页。

现为简政放权、放管结合及优化服务三个方面，因此简政放权消解行政负担的政策执行是否到位、放管结合消解行政负担的政策组合是否有效、政务服务消解行政负担的政策组合是否到位，是营商环境优化的关键所在。① 从对政策的启示来看，"放管服"改革要有效转移基于筛查机制的行政负担，进而优化营商环境。通过一系列"政策组合拳"，朝多个面向持续发力，促进行政负担转移。②

有学者基于互动治理视角，探究政务服务与营商环境关系的内在机理，将营商环境变量嵌入"互联网＋政务服务"平台之中，在新技术革命背景下，通过数字政府打造营商软环境高地是时代的必然趋势，数字赋能可以弥补其与东部地区的营商环境差距，政府主体和市场主体利用"互联网＋政务服务"平台，通过互动意向、互动工具、互动行动有效实现互动治理是优化营商环境的关键所在，互动治理三要素不仅存在递进影响机理，要素间的互补性、平衡性特征对营商环境也会产生影响。③

（二）关于政务服务体制机制的研究

研究侧重于政务服务评价的制度逻辑分析，探究地方政务服务管理标准化创新影响机制，有助于进一步推动和优化政务服务标准化创新。政务服务"好差评"制度以新公共服务理论为基础，具有协同性、精准性、开放性等特征。政务服务机构依托各层级政务平台和"好差评"管理体系，将各类政务服务的评价信息进行整合分析，打破政府与公众的信息壁垒，最大限度地实现服务需求与有限公共资源相对应。徐自强在以政务服务"好差评"制度为例的创新研究中发现，政务服务评价可以提升政府行政效能，概括为"制度吸纳评价"的制度系统逻辑："好差评"制度系统在基于"制度吸纳服务"、"制度吸纳主体"和"制度吸纳技术"三重吸纳的制度设计吸纳层、基于行政技术与信息技术混合适配的技术适配化归层、基于好评子系统与差评子系统双轨运转的系统集成交互层及基于考核激励与主动改进达成规范

---

① 廖福崇：《消解行政负担："放管服"改革推进机制的案例研究》，《中国行政管理》2022 年第 7 期，第 102 页。

② 廖福崇：《"放管服"改革过程中畅通政企沟通渠道的实证研究》，《中南大学学报》（社会科学版）2021 年第 2 期，第 183 页。

③ 范合君、吴婷、何思锦：《"互联网＋政务服务"平台如何优化城市营商环境？——基于互动治理的视角》，《管理世界》2022 年第 10 期，第 126 页。

秩序的能量释放反馈层 4 个层次的动态运转下释放出规范秩序能量，通过分析该逻辑的反馈作用完成了对行政效能的持续提升。[①] 米加宁、商容轩、张斌以情绪认知评价理论作为基础，研究发现扩展了情绪认知评价理论在移动政务领域的应用，并为用户持续使用时间的提升与移动政务工作的改进提出了对策建议。[②]

程波辉将 19 个城市政务服务"好差评"的政策文本进行质性分析，认为当前政务服务"好差评"制度实施效果总体较为显著，其针对地方创新不足、制度内容单一等突出问题，从提升政务服务"好差评"制度实施效果的视角，提出几点对策建议：统一政务服务"好差评"制度的标准及具体细节、加强制度实施的地方自主性及公众参与性、保障制度实施的灵活性及容错空间、均衡和保障评价主客体的权利与义务、建立与完善政务服务的责任体系及回应机制、健全评估奖惩考核体系及第三方评估机制。[③] 王学军认为"好差评"制度具有诊断性评价的评价目标和尊重"测不准"的评价特点，应坚持"以人民为中心"的评价取向，以政民互动为前提，以政务服务管理过程和公共价值创造与实现过程为主线，在设计、提供、评价、反馈与改进的全过程设计中引入公众参与机制和效果评价机制，将政务服务"好差评"打造为促进公共价值创造和实现的载体；[④] 从省级政务客户端评价数据来看，用户评论是评测移动政务服务质量的有益补充，基于渗透性、活跃度、客观性等 6 个维度测评发现，各手机平台用户评论信息质量差异较大，iOS 平台在各维度的表现最好，其评分评论数据可用于绩效评价，而部分 Android 平台的用户评论数据可用作借鉴参考。[⑤] 李利文基于深圳市福田区信用审批创新案例分析发现：政务服务办事难、慢、繁的重要原因是其下沉通道狭窄。政务服务下沉通道拓宽是一个结构流程重塑、条线关系优化和潜在冲突内化相互衔接、层层递进的过程。决定政务服

① 徐自强：《制度吸纳评价：政务服务评价提升政府行政效能的理论逻辑——以政务服务"好差评"制度为例》，《河海大学学报（哲学社会科学版）》2022 年第 6 期，第 68 页。

② 米加宁、商容轩、张斌：《情绪认知影响移动政务用户的持续使用研究》，《治理研究》2022 年第 5 期，第 45 页。

③ 程波辉：《制度可实施性：政务服务"好差评"的元评估框架——基于 19 个城市的政策文本分析》，《行政论坛》2022 年第 4 期，第 48 页。

④ 王学军：《"好差评"提升政务服务绩效的公共价值逻辑》，《西北师大学报》（社会科学版）2021 年第 3 期，第 102 页。

⑤ 冀翠萍、马亮：《如何评价移动政务服务质量？——基于省级政务客户端用户评论的探索性研究》，《湖北社会科学》2021 年第 11 期，第 44 页。

务下沉通道拓宽的核心是信用背书支撑下的制度韧性，其主要表现为结构流程包容力、潜在冲突化解力和条线利益协调力。制度韧性越强则韧性空间越大，韧性空间越大政务服务下沉通道则越宽。[①]

（三）关于营商环境组织机构的研究

一些研究聚焦政府组织机构变革研究，旨在转变传统管理方法，提高政务服务效率。传统官僚制组织的有界性管理方式导致其背离了组织设计的初衷，进而抑制组织整合资源的能力。打破政府内部权力等级、业务部门和区域管辖等边界，实现政府组织从"有界"走向"跨界"的组织变革，推进政府组织决策权下放，打造开放、共享与信任的合作治理机制，[②] 2018 年党和国家机构改革以来，政务服务管理机构多以其横向-功能型组织结构担负着政务服务综合管理职责。[③]

从顶层设计出发，健全完善政府数字化职责与机构配置，通过规则化法制化的手段，明确数据治理责任的关系和分工、责任链条的分界点与衔接点等，设置更科学合理的机构，并对各部门及其内设机构的履职情况进行评估，科学调整职能、机构和人员。[④] 依托探索性案例研究方法，为完善数字政府的建设和顶层设计提供方向性参考。通过对传统科层制组织中存在的政府决策与执行之间的紧密耦合关系进一步梳理后发现，这种关系导致了下层政府组织更多依赖上层政府组织，现有政府组织结构转型是在传统科层制基础上的删减与修补，不能彻底转变传统科层制组织的运行逻辑。唯有上层政府组织与下层政府组织实现解耦，才能充分发挥数字政府科层制组织模式与扁平化组织模式在政府决策和政府执行中的优势，进而实现政府决策与执行能力的最大化提升。这一逻辑表现为：从组织功能来看，组织决策与组织执行之间通过标准化改造实现解耦。组织先通过决策确定任务目标、任务流程、评价标准等对组织执行过程进行监督，同时组织执行过程中依托组织决策制定的标

---

① 李利文：《政务服务下沉通道何以拓宽？——以深圳福田信用审批模式为研究对象》，《公共管理学报》2022 年第 4 期，第 1 页。

② 朱美宁、石慧荣：《从有界到跨界：数字时代政府组织变革新趋向》，《学海》2022 年第 3 期，第 85 页。

③ 宋林霖、李广文：《地方政务服务管理机构改革：从刚性嵌入到结构耦合》，《新视野》2022 年第 5 期，第 87 页。

④ 江小涓：《加强顶层设计 解决突出问题 协调推进数字政府建设与行政体制改革》，《中国行政管理》2021 年第 12 期，第 9 页。

准对执行过程进行反馈，最终实现目标任务。[①]

（四）关于政务服务技术应用的研究

在政务服务技术领域里，学者关注程度聚焦于"异地可办""跨省通办"电子政务建设等问题。范梓腾、王雪纯基于广东省内 21 个城市间的改革实践，构建适用于"异地可办"城市政府双边合作场景的分析框架，深入质性分析揭示核心要素的微观作用机理，明确群众需求、区域需求，提高专业化管理能力，进而助力城市促成合作，将政策的需求侧和供给侧要素纳入统一考量，推动政务服务改革的深入开展。[②] 同时，在政务服务"跨省通办"的改革进程中，刘旭然认为，当前在政务服务"跨省通办"的改革进程中，仍面临区域经济社会发展环境、府际协作水平和政务服务能力等一系列差距带来的发展障碍。因此，未来应通过完善顶层设计、优化服务模式、推动治理创新、加快技术赋能等途径，持续深化政务服务"跨省通办"改革，为构建统一大市场持续释放效能。[③] 依据电子政务发展指数，我国数字政府建设应从技术驱动、需求导向、人才赋能三个关键维度加以推进，具体包括：持续提升人力资本，加强数字人才战略储备；坚持需求导向，持续创新服务模式；把握新基建机遇，促进城乡新基建及技术应用。[④] 基于赋权-增能分析框架，李春根、罗家为对浙江、江西、贵州三省进行案例分析，提出要统筹做好信息政府治理改革与网络技术的融合，推动"互联网＋政务服务"的赋权与增能持续深入，赋予企业和社会公众更加广泛的行动权。[⑤] 朱锐勋对上海、浙江和云南推出的"随申办""浙里办""办事通"移动政务服务的实践进行比较分析，提出应定期发布移动电子政务服务事项升级版，构建办事服务评价跟踪响应机制，设计优化用户交互界面，进一步梳理规范公共服务事项清单、审批流程办事指南和申请表单，以公众和企业

[①] 姜宝、曹太鑫、康伟：《数字政府驱动的基层政府组织结构变革研究——基于佛山市南海区政府的案例》，《公共管理学报》2022 年第 2 期，第 72 页。

[②] 范梓腾、王雪纯：《政务服务"异地可办"中的地方政府合作逻辑：来自广东省的证据》，《中国行政管理》2022 年第 12 期，第 15 页。

[③] 刘旭然：《数字化转型视角下政务服务跨域治理的特征、模式和路径——以"跨省通办"为例》，《电子政务》2022 年第 9 期，第 112 页。

[④] 王炜、蔡羽茜：《技术驱动、人才赋能与需求导向：中国数字政府建设的三个关键维度——基于电子政务发展指数的分析》，《行政论坛》2022 年第 6 期，第 58 页。

[⑤] 李春根、罗家为：《赋权与增能："互联网＋政务服务"何以打造地方发展软环境》，《中国行政管理》2021 年第 5 期，第 47 页。

全生命周期需求服务为导向编制主题办事服务事项清单。[①] 徐绪堪等以上海为例，从群众留言文本中获取民众关注的热点问题，并以此为研究对象，进而对群众反馈的问题能够敏捷回应并予以快速处理，选择 BERT 模型构建群众留言热点追踪框架，针对热点追踪的结果提出针对性建议。[②] 时舜英以解析大象新闻获客路径为切口，探讨"新闻＋政务服务商务"运营模式之于媒体深度融合发展的意义和可行性。[③] 刘小榕以中山广播电视台"泛"内容生产、技术创新实践为例，探讨区域内主流媒体在媒体融合环境下，"新闻＋政务服务商务"运营模式的发展路径。[④]

（五）关于政务服务改革与营商环境治理的价值导向研究

政务服务改革与营商环境治理，是回应实现政府治理体系和治理能力现代化的现实命题。[⑤] 从公共价值视角看，政务服务具有共识主导的公共价值和整合结果主导的公共价值的属性，转变政府职能、建设服务型政府是我国政府建设的目标导向，政务服务也应当遵循服务型的文化价值取向。中国营商环境治理的思路要寻求技术逻辑与制度逻辑的平衡，[⑥] 大数据时代的政务服务建设要着眼于社会公众需求，秉持以人为本的理念，以提升公众政务办理满意度为宗旨，强调政务服务的人本性与服务性。颜佳华、肖迪对数字政务文化的内涵、功能与构建进行了梳理，指出要实现数字政务的顺利转型，不仅需关注技术层面落地过程中面临的挑战难点，也需重视精神层面数字政务服务文化建设过程中的"软件"挑战，唯有二者相互耦合，才能使数字政务的强劲势能得到最大释放。数字政务文化在数字政务活动中发挥着观念变革、行为规范、价值导向等功能，是行政文化的新分支。因此，要从物质根

① 朱锐勋：《政府数字化转型与电子政务深化发展面临的挑战与对策》，《行政管理改革》2022 年第 2 期，第 61 页。

② 徐绪堪、印家伟、王晓娇：《基于 BERT 模型的"互联网＋政务"群众留言文本热点追踪研究》，《情报杂志》2022 年第 9 期，第 136 页。

③ 时舜英：《"大象新闻"获客路径解析——兼论媒体客户端"新闻＋政务服务商务"模式的可行性》，《新闻爱好者》2022 年第 9 期，第 94 页。

④ 刘小榕：《地方媒体"新闻＋政务服务商务"运营探索——以中山广播电视台为例》，《电视研究》2022 年第 7 期，第 81 页。

⑤ 宋林霖、李广文：《"放管服"改革的治理意蕴及其走向》，《中国行政管理》2022 年第 8 期，第 6 页。

⑥ 宋林霖、陈志超：《中国营商环境治理：寻求技术逻辑与制度逻辑的平衡》，《行政论坛》2022 年第 5 期，第 44 页。

基、思想引领、理念支撑等方面推进数字政务文化构建。[①]

综上所述，2021—2022 年，学术界对于营商环境、政务服务问题的研究，仍遵循了对理论型问题的思考，并且围绕政务服务的体制机制、组织机构、技术应用、文化价值导向等角度进行系统梳理。值得注意的是，2021—2022 年，学者对于数字技术、信息技术政务服务的改革问题研究的持续关注程度未减。同时，我们可以看到学界对于政务服务研究及其实践过程中的一种扩散的行为，也得到了很多学者的关注。此外，政务服务的改革从注重效率逐渐向效果和效率并重，特别是对于政务服务水平的提升，从政务服务评价影响等视角，作了理论上的研究探索。我们也欣喜地看到，跨学科的视角在这两年得以应用，如公共管理学向行为科学的转变，为我们更好地理解政务服务改革的方向提供了有益思路。

政务服务改革是转变政府职能和推进行政体制改革的主要内容，也是深化经济体制改革、不断突破体制机制障碍、持续优化营商环境的重要举措。未来研究中应持续关注技术逻辑与制度逻辑的整合程度，如区块链作为数字时代的底层支撑和关键技术，不仅能为营商政务服务提质增效，在营商治理上也有助于推动信任模式与管理机制的重构与优化。多智能体技术的运用，可以在跨地区、跨部门、跨层级、跨应用环境下，通过各个智能体之间的按需协作，开展跨域业务协同。另外，学者要聚焦政务服务理论研究的互动关系，鼓励多视角、跨学科的观察与探索，为政务服务改革提供更新颖、更有益的思路和指导。通过实证研究分析，总结地方和区域层面积累的局部性创新经验，并将其逐步纳入原有的治理框架中渐进调适，推动全域性政务服务改革有序推进，不断迭代优化治理手段和方式。

三、展望与分析：政务服务改革与优化营商环境的未来发展方向

党的二十大报告提出，"营造市场化、法治化、国际化一流营商环境"。营商环境作为影响国家或地区经济软实力的重要因素，内涵丰富且外延广泛，既涉及市场主体准入、运营与退出等企业全生命周期的体制机制，又涵盖政治、经济、社会、

---

① 颜佳华、肖迪：《数字政务文化的内涵、功能与构建》，《湖南科技大学学报》（社会科学版）2022 年第 4 期，第 81 页。

生态等市场经济活动所涉及的环境，是建设现代化经济体系和持续深化市场经济体制改革的关键内容。

（一）聚焦民营经济，提高公共政策制定的科学性与执行的有效性

近年来，我国政府颁布《中华人民共和国中小企业促进法》《优化营商环境条例》《促进个体工商户发展条例》等法律法规，31 个省（自治区、直辖市）也制定出台促进支持中小企业发展的地方性法律规章或行政规范性文件。但经济运行仍面临一些突出矛盾和问题，中小微企业、个体工商户生产经营困难较多，地方政府需在现有政策法规的基础上，着力出台符合市场主体情况的支持性政策，作出切合实际的制度性安排，使合理有效的政策设计为稳定经济增长注入强劲动力，推动经济实现质的有效提升和量的合理增长。一是要强化营商环境等政策协调协同，落实好推动经济持续回升向好的政策措施，建立完善营商环境领导小组、会商、联席会议等议事协调机制，既有专业分工又有协同合作，使各项制度设计具体细化，根据形势变化及时分批出台具有针对性的政策措施，为企业发展营造良好的政策环境。二是持续关注民营经济发展的政策导向，推动破解民营经济发展中的突出问题，修订出台新版市场准入负面清单、建立涉企行政许可相关中介服务事项清单管理制度、加大对拖欠民营企业账款的清理力度、普惠金融支持力度。三是支持各地区充分利用数字化手段提升惠企政策和服务效能，持续开展万家民营企业评营商环境工作，充分听取企业家对涉企政策制定完善的意见建议，发挥企业家先进标杆的示范引领作用，多措并举促进实现民营经济发展。

（二）促进营商环境协同发展，提升跨区域、跨层级政府协同合作治理水平

一是以城市群为切入点，强化地方政府间营商环境治理合作。推进城市群一体化建设，发挥核心城市示范引领作用，引领周围城市不断改革并释放经济活力，顶层营商环境政策制定应综合考虑区域协调发展，实现生产要素在不同区域之间流动，实现"先优带后优"。二是加大力度全面优化乡村营商环境，促进城乡营商环境同频发展。完善乡村产权制度改革，提高信息对称化、市场化程度，增强乡村要素市场供给能力，提升基层政务服务效能，建立全民覆盖、城乡一体的基本公共服务体系。三是基于全国统一大市场明确产业发展定位，为区域协调发展提供产业支

撑。在全国统一大市场建设过程中，应避免区际产业同构，立足地区比较优势，明确各地产业发展的差异化定位。在培育产业竞争优势的过程中要特别注重产业区际合作和创新发展，充分利用区域之间产业结构、市场需求的互补性，加快形成优势互补、互动合作的区域协调发展格局。

（三）寻求营商环境治理技术逻辑与制度逻辑之间的平衡

当前，人工智能、大数据等技术在政府治理中已有不同程度的应用且受到广泛关注，治理工具逐渐多样化、多元化、智能化，并通过重构政务服务的思维理念、治理结构与运行方式，助推政府全方位变革。现代化的信息技术在不同行业、不同地区等的广泛应用与创新是理论界与实务界持续关注的重要议题，但当前仍面临由数据协同、共享融合、场景开放带来的如何推进数字技术改革与政府体制创新有效衔接等一系列问题。营商环境的优化改善是一项涉及众多领域制度改革的系统工程，需要寻求治理技术逻辑与制度逻辑间的平衡，为完善营商环境提供治理对策。一是要抓住技术逻辑，推动各级政府部门业务系统与政务服务平台深度对接融合，促进政务数据有序共享、合理有效利用，推动电子证照扩大应用和全国互通互认，推进跨部门、跨层级政务服务事项集成化办理，实现政务服务"网上办""掌上办""一次办"，通过场景创新促进人工智能关键技术和系统平台优化升级，形成政府、产业界、科技界协同合作的人工智能场景创新体系。二是以数字政府建设为重点，加强有效的制度供给，强化数据治理的制度保障，优化地方政务服务平台运行机制，做好数据信息的全流程监督评价。三是加快形成场景开放政策措施和制度成果，将数字技术变革、智慧政务服务与现代政府创新有效衔接，构建包括市场主体保护制度、市场环境制度、政务服务制度、市场监管制度在内的综合制度体系中，寻求技术逻辑与制度逻辑的平衡，使各项治理工具在提升服务质量、打造服务型政府中发挥重要作用。

（四）推进营商环境制度创新，打造国际一流营商环境

一是持续完善营商环境顶层制度体系。大力推进制度协同配套，通盘考虑基本民事法律制度和基本商事法律制度改革，慎重平衡利弊得失。分类制定营商环境强制性政策指标和激励性政策指标，确保各地区"规定动作"不走样，"自选动作"

有特色。消除营商环境政策在不同层级、不同领域和不同部门之间的障碍，提高政策连贯性、一致性和协同性。鼓励各地区建立营商环境改革效益监测机制及动态调整机制，设定调整阈值，实现营商环境领域改革措施能及时响应企业需求变化，根据改革进展及时调整优化。二是充分调动各地区营商环境改革创新积极性。发挥营商环境改革试点所具有的先行先试功能，以试点经验积累丰富营商环境政策工具选择，《国务院办公厅关于复制推广营商环境创新试点改革举措的通知》已列出可复制推广的具体改革举措，要探索建立营商环境创新领跑者制度，创新扩散渠道。完善和细化营商环境领域容错纠错机制，强化问责与容错的制度建设和机制衔接，明晰职责边界、推进规则协同，增强问责与容错评价标准的清晰性。三是加强同国际规则与国际惯例对接。逐步建立与国际接轨的经济运行方式、国际通用的行业规范标准、开放型的新兴产业体系和高度开放的人文环境等。加强对新出台政策的公平竞争审查，确保市场经济相关政策合乎规范程序、科学标准，防止排除和限制市场竞争的情形发生。积极参与国际营商环境交流，努力获得更多经贸规则制定权、商业议程设置权及舆论传播主导权，提升我国参与全球经济治理的话语权。

四、报告要点

本报告全面梳理总结 2021—2022 年政务服务与营商环境建设过程的理论和实践进展，并以此为基础，对政务服务建设与优化营商环境进行了展望，对以高质量发展营造一流营商环境进行了思考。具体要点总结如下。

第一，政务服务改革和营商环境建设顺应时代发展要求，将推进高质量发展作为全面建设社会主义现代化国家的首要任务。2021—2022 年，我国经济发展遭遇新冠疫情等国内外多重超预期因素冲击，在党中央坚强领导下，各级党委政府高效统筹疫情防控和经济社会发展，面对经济新的下行压力，果断应对、及时调控，运用近年储备的政策工具，靠前实施既定政策举措，坚定不移推进供给侧结构性改革，出台实施稳经济一揽子政策和接续措施，部署稳住经济大盘工作。通过深化"放管服"改革优化营商环境，推动了改革内容由"单兵突破"到"系统集成"的变化，跨地区、跨部门的横向纵向联动加强，有效推动了政府治理体系和治理能力现代化进程，促进经济社会高质量发展。

第二，政务服务改革和营商环境建设的研究聚焦技术逻辑和制度逻辑，呈现较强的跨学科色彩。本报告对我国 2021—2022 年政务服务的理论与实际问题进行了梳理，分析可知，国内学者对于政务服务问题、营商环境的研究坚持理论与实证并重，主要围绕政务服务与营商环境二者之间的关系、体制机制、组织机构、技术应用、文化价值导向、跨学科融合等主题，并从政务服务评价视角，进行了理论上的研究探索，从注重效率转向效果与效率并重，提升了政务服务水平，为指导各级政府的相关实践起到了积极作用。此外，数字技术、信息政务服务改革的问题引起了诸多学者关注，政务服务改革理论研究多样化得以显现。政务服务改革关乎政府职能转变、经济体制改革、营商环境优化等问题，未来理论研究应持续关注技术逻辑与制度逻辑的整合程度、聚焦政务服务理论研究的互动关系，以多视角、跨学科的观察与探索，为政务服务改革提供更新颖、更有益的思路和指导，并通过实证研究分析，总结地方性创新经验，逐步纳入原有的治理框架中渐进调适，进而优化治理手段和方式，推进全域性政务服务改革正向发展。

第三，结合顶层改革思路，加快构建与社会主义现代化国家相适应的营商环境治理体系。党的二十大报告指出，"在新中国成立特别是改革开放以来长期探索和实践基础上，经过十八大以来在理论和实践上的创新突破，我们党成功推进和拓展了中国式现代化"。营商环境治理现代化是中国式现代化的重要组成及经济体制改革的重要抓手，要持续遵循市场化、法治化、国际化营商环境治理逻辑。要在经济高质量发展的实现过程中坚持党的领导，党的领导作为核心因素作用于政府与市场的关系之中，形成一种特殊的资源配置和经济协调机制，通过与市场的有机结合坚持并完善了中国特色社会主义市场经济制度，使得"有为政府""有效市场"得到双重实现；要聚焦民营经济，提高公共政策制定的科学性与执行的有效性；要促进营商环境协同发展，提升跨区域、跨层级政府协同合作治理水平；要寻求营商环境治理技术逻辑与制度逻辑之间的平衡；要推进营商环境制度创新，打造国际一流营商环境。

（作者单位：天津师范大学国家治理研究院）

医疗保障制度体系建设研究报告

高连欢

2021—2022 年，全国各级医疗保障部门坚持以习近平新时代中国特色社会主义思想为指导，坚决贯彻落实党中央、国务院决策部署，统筹疫情防控和医疗保障事业高质量发展，推动医保改革继续深化，群众待遇巩固完善，管理服务精细高效，医保基金运行安全平稳。

一、2021—2022 年医疗保障制度体系建设与运行情况

（一）2021—2022 年医疗保障工作概述①

2021—2022 年，全国医疗保障系统坚决贯彻落实习近平总书记重要指示批示精神和党中央、国务院决策部署，始终坚持以人民为中心，统筹疫情防控和医保发展，完善中国特色医疗保障制度，推动医保改革走向纵深。

2021 年 1 月 15 日，全国医疗保障领域首部行政法规《医疗保障基金使用监督管理条例》颁布实施。该条例明确了医保基金使用相关主体的职责，并对构建形成政府监管、社会监督、行业自律相结合的监管体制作出规定，同时对建立医保、卫生健康、中医药、市场监督等部门的监管合作机制作出安排，改变了我国医疗保障领域缺乏专门法律的状况，为更加有效地实施医保基金使用监管、切实维护医保基金安全提供了法律保障。

---

① 《全国医疗保障工作会议在京召开》，国家医疗保障局官网，http://www.nhsa.gov.cn/art/2022/1/14/art_14_7780.html。

2021 年 1 月 19 日，国家医保局、财政部印发《关于建立医疗保障待遇清单制度的意见》，旨在确定基本保障内涵，明确待遇支付边界和政策调整权限，规范决策流程，全面构建权责明确、保障适度、可持续的多层次医疗保障体系。同年 6 月，国家医保局办公室印发《贯彻落实医疗保障待遇清单制度三年行动方案（2021—2023 年）》，对落实医疗保障待遇清单制度进行了部署，这也标志着全国医疗保障领域首个待遇清单正式发布。

2021 年 1 月 22 日，国务院办公厅发布《关于推动药品集中带量采购工作常态化制度化开展的意见》，明确了医保集采的药品范围、企业范围和医疗机构范围，要求合理确定采购量，完善竞争规则，优化中选规则，严格遵守协议，为解决我国医药领域长期存在的价格虚高、流通不规范等问题提供了指导意见。

2021 年 4 月，国务院办公厅印发《关于建立健全职工基本医疗保险门诊共济保障机制的指导意见》，旨在通过将普通门诊费用纳入统筹基金报销，增强医保基金的保障功能，推动职工医保门诊保障由个人积累式保障模式转向社会互助共济保障模式，由此拉开了全面建立健全职工基本医疗保险门诊共济保障机制的序幕。

2021 年 9 月 23 日，国务院办公厅印发全国首部专门的医疗保障事业发展规划——《"十四五"全民医疗保障规划》，该规划提出健全多层次医疗保障制度体系、优化医疗保障协同治理体系、构筑坚实的医疗保障服务支撑体系等重点任务，这是未来五年我国医疗保障事业的发展蓝图，对推动医疗保障高质量发展、更好满足人民群众对美好生活的向往具有重要战略意义。

2021 年 11 月 19 日，国务院办公厅印发《关于健全重特大疾病医疗保险和救助制度的意见》，该意见聚焦减轻困难群众重大疾病医疗费用负担问题，在规范统一制度建设、优化救助托底保障方案、系统强化综合保障等方面作出安排，有助于推动城乡医疗保障制度统筹发展，整体提升农村居民健康保障水平，精准帮扶中低收入人群，发挥医保制度互助共济和托底保障功能，扎实促进共同富裕。

2022 年，医保信息平台在全国 31 个省（自治区、直辖市）和新疆生产建设兵团全域上线，全国统一医保信息平台全面建成，[①] 14 个业务子系统陆续落地应用，

---

① 中央纪委国家监委：《深度关注｜全国统一医保信息平台将带来什么》，中央纪委国家监委官网，https://www.ccdi.gov.cn/toutiaon/202205/t20220527_195296.html。

有效覆盖约 40 万家定点医疗机构、约 40 万家定点零售药店，为 13.6 亿参保人提供优质医保服务。医保电子凭证激活人数超 9 亿人。

2022 年，全国医保用药范围基本统一。从 2020 年开始，各地按照国家医保局的要求，在三年以内，按照第一年 40%、第二年 40%、第三年 20% 的比例逐步调出原省级药品目录内按规定调增的药品，确保在 2022 年底实现全国医保用药范围基本统一。

2022 年是 DRG/DIP 付费国家试点地区全面进入实际付费的第一年，也是我国医保支付方式改革稳妥有序推进的一年。各试点地区已全面进入实际付费，按照《关于印发 DRG/DIP 支付方式改革三年行动计划的通知》中提出的"抓扩面、建机制、打基础、推协同"四项工作任务积极推进各项工作，部分进度较快的省份已经实现全程启动改革全覆盖。

2022 年是门诊跨省异地就医直接结算工作取得显著进展的一年。一是实现了普通门诊费用跨省直接结算县域可及，全国实现每个县至少有一家定点医疗机构能够直接报销包括门诊费用在内的医疗费用。二是实现了门诊慢特病跨省直接结算统筹地区全覆盖，截至 2022 年 11 月底，全国所有统筹地区均已启动高血压、糖尿病、恶性肿瘤门诊放化疗、尿毒症透析、器官移植术后抗排异治疗 5 种门诊慢特病相关治疗费用跨省直接结算工作。2022 年 7 月，国家医保局会同财政部共同印发《关于进一步做好基本医疗保险跨省异地就医直接结算工作的通知》，统一了全国跨省异地就医直接结算的有关政策，并且提出了到"十四五"时期末相关工作的目标任务。

2022 年，医疗保障基金监管更加法制化、规范化。2022 年 4 月，发布了《医疗保障基金智能审核和监控知识库、规则库管理办法（试行）》，提升医保智能审核和监控的工作的成效。2022 年 5 月发布《2022 年度医疗保障基金飞行检查工作方案》，这是国家医保飞行检查开展近四年以来首次公开发布飞行检查通知，也是第一次以文件形式正式披露飞行检查的工作重点与各项要求。2022 年 11 月，重新发布《违法违规使用医保基金举报奖励办法》，将举报欺诈骗保奖励提高至 20 万元，进一步加大了监管处罚力度。

2022 年 8 月，国家卫生健康委、国家发展改革委等 17 部门印发的《关于进一步完善和落实积极生育支持措施的指导意见》明确提出，"国家统一规范并制定完善生育保险生育津贴支付政策，强化生育保险对参保女职工生育医疗费用、生育津贴待遇等保障作用，保障生育保险基金安全"。

（二）2021—2022 年医疗保险运行情况

截至 2021 年 12 月 31 日，全国基本医疗保险（以下简称"基本医保"）参保人数 136297 万人，参保率稳定在 95％以上。2021 年，全国基本医疗保险（含生育保险）基金总收入 28727.58 亿元，比 2020 年增长 15.6％；全国基本医疗保险（含生育保险）基金总支出 24043.10 亿元，比 2020 年增长 14.3％；全国基本医疗保险（含生育保险）基金当期结存 4684.48 亿元，累计结存 36156.30 亿元，其中，职工基本医疗保险（以下简称"职工医保"）个人账户累计结存 11753.98 亿元。[①]

截至 2022 年 12 月 31 日，全国基本医疗保险参保人数 134592 万人，参保率稳定在 95％以上。2022 年，全国基本医疗保险（含生育保险）基金总收入 30922.17 亿元，比 2021 年增长 7.6％；全国基本医疗保险（含生育保险）基金总支出 24597.24 亿元，比 2021 年增长 2.3％；全国基本医疗保险（含生育保险）基金当期结存 6324.93 亿元，累计结存 42639.89 亿元，其中，职工基本医疗保险个人账户累计结存 13712.65 亿元。[②]

1.2021—2022 年职工基本医疗保险运行情况

（1）2021 年职工基本医疗保险基本情况

第一，参保人数。截至 2021 年 12 月 31 日，职工医保参保人数 35431 万人，比 2020 年增加 976 万人，增长 2.8％。其中，在职职工数 26106 万人，比 2020 年增长 2.7％；退休职工数 9324 万人，比 2020 年增长 3.3％。在职退休比为 2.80，较 2020 年下降 0.02（如图 1-3 所示）。

企业、机关事业、灵活就业等其他人员的三类参保人数（包括在职职工和退休

---

① 国家医疗保障局：《2021 年全国医疗保障事业发展统计公报》，国家医疗保障局官网，http://www.nhsa.gov.cn/art/2022/6/8/art_7_8276.html。

② 国家医疗保障局：《2022 年全国医疗保障事业发展统计公报》，国家医疗保障局官网，http://www.nhsa.gov.cn/art/2023/7/10/art_7_10995.html。

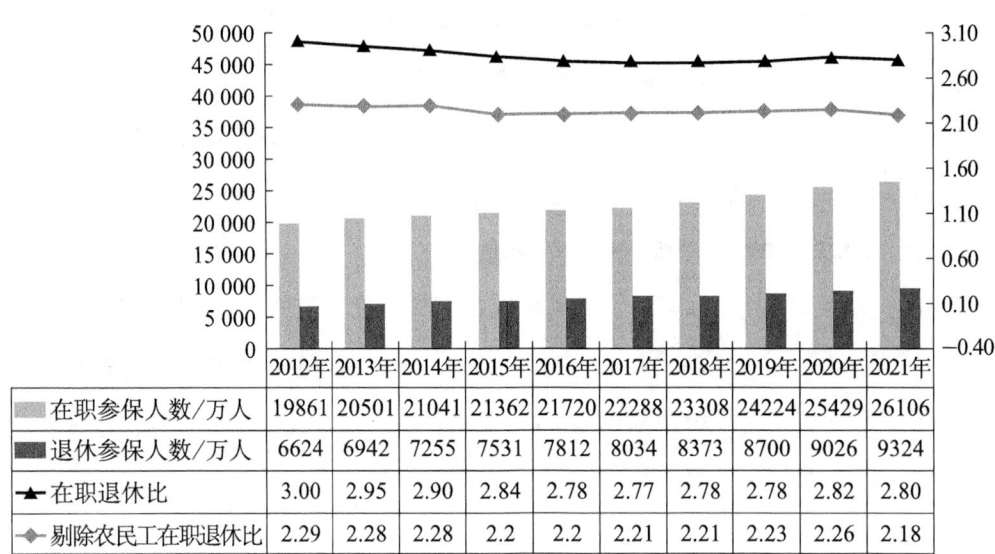

图 1-3 2012—2021 年职工医保参保人员结构

	2012年	2013年	2014年	2015年	2016年	2017年	2018年	2019年	2020年	2021年
在职参保人数/万人	19861	20501	21041	21362	21720	22288	23308	24224	25429	26106
退休参保人数/万人	6624	6942	7255	7531	7812	8034	8373	8700	9026	9324
在职退休比	3.00	2.95	2.90	2.84	2.78	2.77	2.78	2.78	2.82	2.80
剔除农民工在职退休比	2.29	2.28	2.28	2.2	2.2	2.21	2.21	2.23	2.26	2.18

人员）分别为 24043 万人、6535 万人、4853 万人，分别比 2020 年增加 726 万人、148 万人、101 万人，分别占参保总人数的比例为 67.9%、18.4% 和 13.7%，构成比例与 2020 年基本一致。职工医保统账结合和单建统筹参保人员分别为 32714 万人、2717 万人，分别占职工医保参保总人数的比例为 92.3% 和 7.7%。

第二，基金收支。2021 年，职工医保基金（含生育保险）收入 19003.10 亿元，比 2020 年增长 20.8%。职工医保基金（含生育保险）支出 14746.73 亿元，比 2020 年增长 14.6%。2021 年，职工医保统筹基金（含生育保险）收入 11864.04 亿元，比 2020 年增长 29.8%；统筹基金（含生育保险）支出 9321.27 亿元，比 2020 年增长 17.5%；统筹基金（含生育保险）当期结存 2542.77 亿元，累计结存（含生育保险）17685.74 亿元。2021 年，职工医保个人账户收入 7139.06 亿元，比 2020 年增长 8.4%；个人账户支出 5425.46 亿元，比 2020 年增长 9.9%；个人账户当期结存 1713.61 亿元，累计结存 11753.98 亿元。

第三，待遇享受。2021 年，参加职工医保人员享受待遇 20.40 亿人次，比 2020 年增长 13.9%。其中：普通门急诊 17.23 亿人次，比 2020 年增长 14.5%；门诊慢特病 2.58 亿人次，比 2020 年增长 10.6%；住院 0.59 亿人次，比 2020 年增长 11.8%（如图 1-4 所示）。

2021 年，职工医保参保人员住院率为 17.7%，比 2020 年增长 1.8 个百分点。

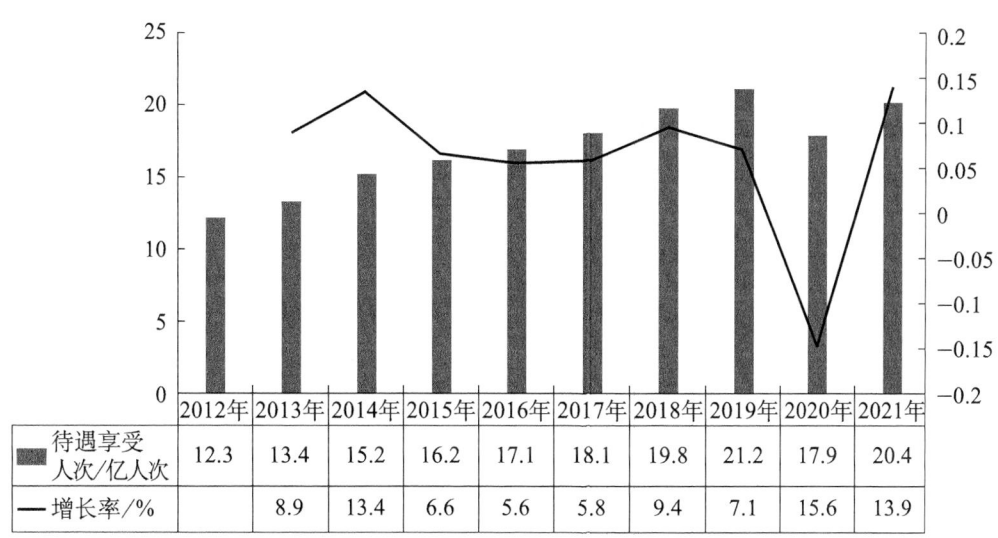

	2012年	2013年	2014年	2015年	2016年	2017年	2018年	2019年	2020年	2021年
待遇享受人次/亿人次	12.3	13.4	15.2	16.2	17.1	18.1	19.8	21.2	17.9	20.4
增长率/%		8.9	13.4	6.6	5.6	5.8	9.4	7.1	15.6	13.9

图 1－4 2012—2021 年职工医保享受待遇人次

全国职工医保次均住院费用为 12948 元，比 2020 年增长 2.3%，如图 1-5 所示。

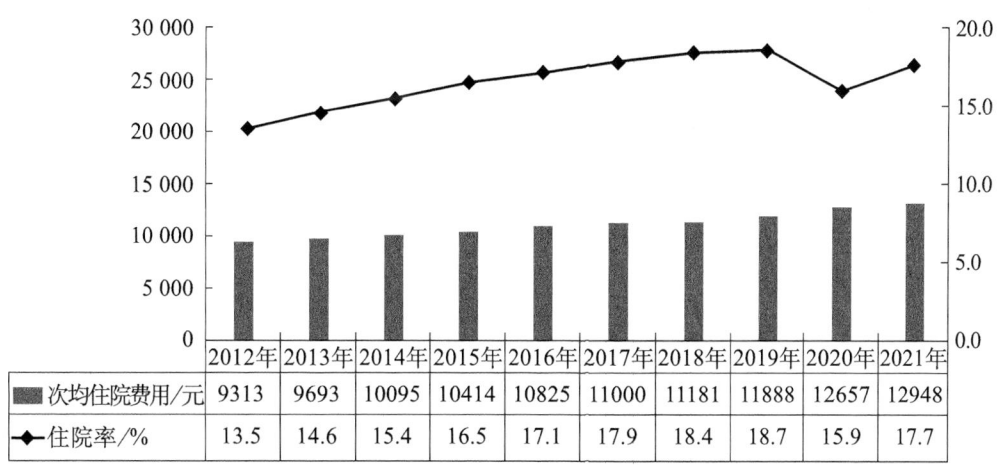

	2012年	2013年	2014年	2015年	2016年	2017年	2018年	2019年	2020年	2021年
次均住院费用/元	9313	9693	10095	10414	10825	11000	11181	11888	12657	12948
住院率/%	13.5	14.6	15.4	16.5	17.1	17.9	18.4	18.7	15.9	17.7

图 1－5 2012—2021 年职工医保次均住院费用

2021 年职工医保参保人员医疗总费用为 14997.37 亿元，比 2020 年增长 12.2%，其中，医疗机构发生费用为 12936.45 亿元，个人账户在药店支出费用为 2060.92 亿元。医疗机构发生费用中，退休人员医疗费用为 7461.37 亿元，比 2020 年增长 11.6%；在职职工医疗费用为 5475.08 亿元，比 2020 年增长 19.0%。职工医保政策范围内住院费用基金支付比例为 84.4%。三级、二级、一级及以下医疗机构政策范围内住院费用基金支付比例分别为 83.4%、86.9%、87.9%。

（2）2022年职工基本医疗保险基本情况

第一，参保人数。截至2022年12月31日，职工医保参保人数36243万人，比2021年增加813万人，增长2.3%，其中，在职职工数26604万人，比2021年增长1.9%；退休职工数9639万人，比2021年增长3.4%。在职退休比为2.76，较2021年下降0.04（如图1-6所示）。

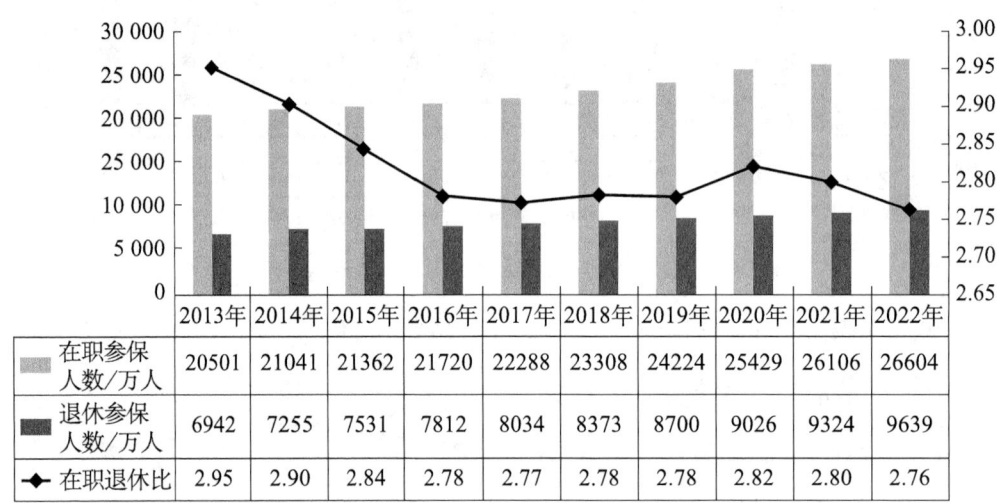

	2013年	2014年	2015年	2016年	2017年	2018年	2019年	2020年	2021年	2022年
在职参保人数/万人	20501	21041	21362	21720	22288	23308	24224	25429	26106	26604
退休参保人数/万人	6942	7255	7531	7812	8034	8373	8700	9026	9324	9639
在职退休比	2.95	2.90	2.84	2.78	2.77	2.78	2.78	2.82	2.80	2.76

图1-6　2013—2022年职工医保参保人员结构

企业、机关事业、灵活就业等其他人员的参保人数（包括在职职工和退休人员）分别为24400万人、6572万人、5272万人，比2021年增加356万人、37万人、420万人，占职工参保总人数的比例为67.3%、18.1%和14.6%。职工医保统账结合和单建统筹参保人员分别为33591万人、2652万人，分别占职工医保参保总人数的比例为92.7%和7.3%。

第二，基金收支。2022年，职工医保基金（含生育保险）收入20793.27亿元，比2021年增长9.4%。职工医保基金（含生育保险）支出15243.80亿元，比2021年增长3.3%。2022年，职工医保统筹基金（含生育保险）收入13160.17亿元，比2021年增长10.9%；统筹基金（含生育保险）支出9558.40亿元，比2021年增长2.5%；统筹基金（含生育保险）当期结存3601.77亿元，累计结存（含生育保险）21393.11亿元。2022年，职工医保个人账户收入7633.10亿元，比上年增长6.9%；个人账户支出5685.39亿元，比2021年增长4.7%；个人账户当期结存

1947.71亿元，累计结存13712.65亿元。

第三，待遇享受。2022年，参加职工医保人员享受待遇21.04亿人次，比2021年增长3.1%。其中：普通门急诊17.6亿人次，比2021年增长2.3%；门诊慢特病2.8亿人次，比2021年增长8.3%；住院0.6亿人次，比2021年增长6.4%（如图1-7所示）。

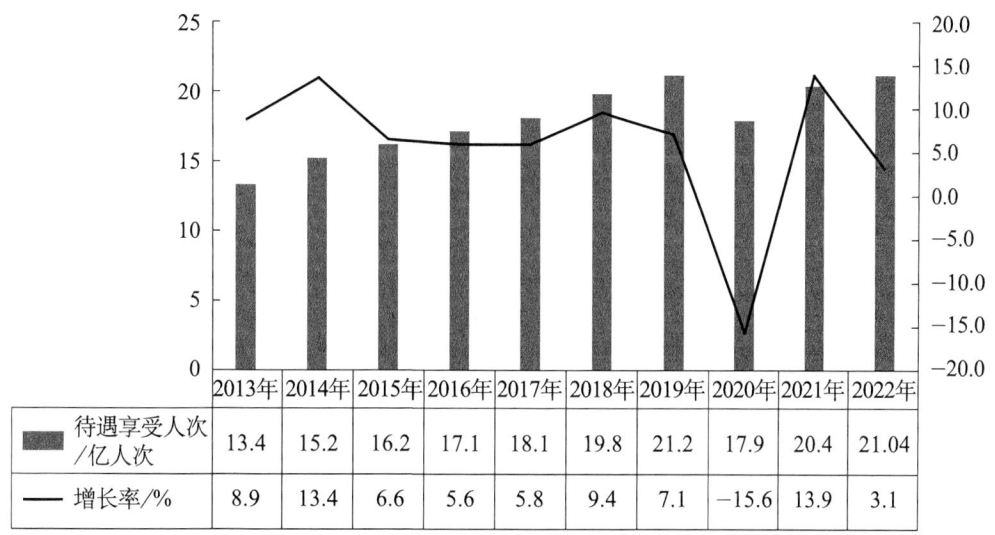

	2013年	2014年	2015年	2016年	2017年	2018年	2019年	2020年	2021年	2022年
待遇享受人次/亿人次	13.4	15.2	16.2	17.1	18.1	19.8	21.2	17.9	20.4	21.04
增长率/%	8.9	13.4	6.6	5.6	5.8	9.4	7.1	−15.6	13.9	3.1

图1-7 2013—2022年职工医保享受待遇人次

2022年，职工医保参保人员住院率为17.6%，比2021年降低0.1个百分点。全国职工医保次均住院费用为12884元，比上年下降0.5%。

2022年职工医保参保人员医药总费用为16382.40亿元，比2021年增长9.2%，其中，医疗机构发生费用为13897.98亿元，药店购药支出费用为2484.41亿元。医疗机构发生费用中，在职职工医疗费用为5986.27亿元，比2021年增长9.3%；退休人员医疗费用为7911.71亿元，比2021年增长6.0%。职工医保住院费用目录内基金支付比例为84.2%，三级、二级、一级及以下医疗机构住院费用目录内基金支付比例分别为79.8%、87.2%、89.2%。

2.2021—2022年城乡居民基本医疗保险基本情况

（1）2021年城乡居民基本医疗保险基本情况

第一，参保人数。截至2021年12月31日，城乡居民基本医疗保险（以下简称居民医保）人数为100866万人，比2020年减少0.8%。其中成年人、中小学生儿童、大学生分别为 74305 万人、24568 万人、1993 万人，分别比 2020 年下降 0.9%、0.2%、3.0%，分别占参保总人数的比例为 73.7%、24.4%、2.0%。

第二，基金收支。2021 年，居民医保基金收入 9724.48 亿元，支出 9296.37 亿元，分别比 2020 年增长 6.7%、13.9%。2021 年，居民医保基金当期结存 428.10 亿元，累计结存 6716.58 亿元。2021 年，居民医保人均筹资 889 元（如图 1-8 所示）。

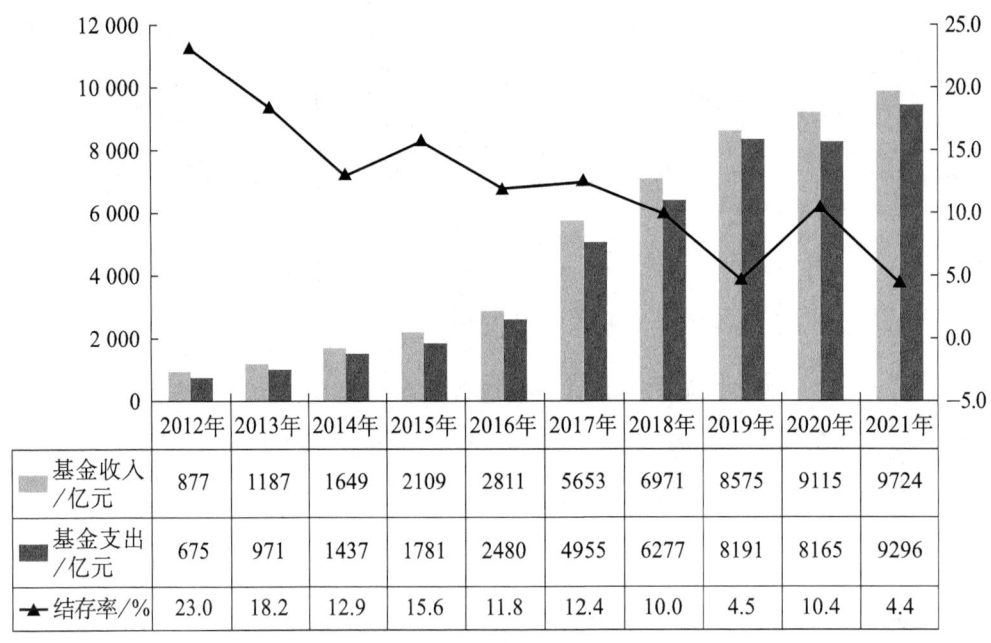

	2012年	2013年	2014年	2015年	2016年	2017年	2018年	2019年	2020年	2021年
基金收入/亿元	877	1187	1649	2109	2811	5653	6971	8575	9115	9724
基金支出/亿元	675	971	1437	1781	2480	4955	6277	8191	8165	9296
结存率/%	23.0	18.2	12.9	15.6	11.8	12.4	10.0	4.5	10.4	4.4

图 1-8　2012—2021 年居民医保基金收支情况

第三，待遇享受。2021 年，居民医保参加人员共享受待遇 20.81 亿人次，比 2020 年增长 4.7%。其中：普通门急诊 16.83 亿人次，比 2020 年增长 4.0%；门诊慢特病 2.44 亿人次，比 2020 年增长 13.7%；住院 1.53 亿人次，与 2020 年基本持平（如图 1-9 所示）。次均住院费用 8023 元，比 2020 年增长 6.3%。其中在三级、二级、一级及以下医疗机构的次均住院费用分别为 13942 元、6626 元、3623 元，分别比 2020 年增长 3.0%、2.5%、11.9%（如图 1-10 所示）。居民医保参保人员住院率为 15.2%，比 2020 年增长 0.1 个百分点；次均住院床日 9.4 天，比 2020 年增加 0.2 天。

2021 年，居民医保医疗费用为 15107 亿元，比 2020 年增长 7.3%。居民医保政策范围内住院费用基金支付比例为 69.3%，比 2020 年降低 0.7 个百分点。三级、

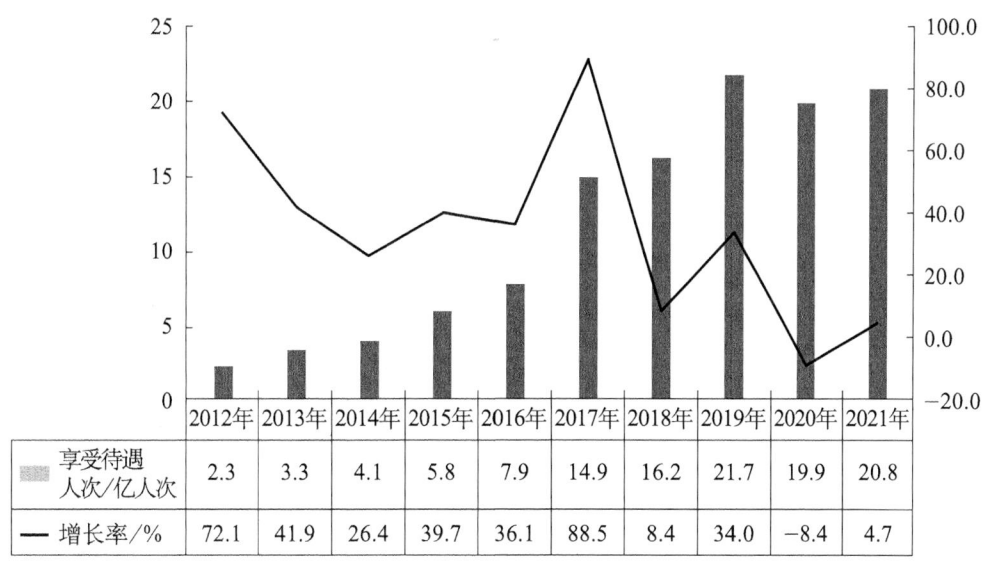

图 1-9　2012—2021 年居民医保享受待遇人次

	2012年	2013年	2014年	2015年	2016年	2017年	2018年	2019年	2020年	2021年
享受待遇人次/亿人次	2.3	3.3	4.1	5.8	7.9	14.9	16.2	21.7	19.9	20.8
增长率/%	72.1	41.9	26.4	39.7	36.1	88.5	8.4	34.0	−8.4	4.7

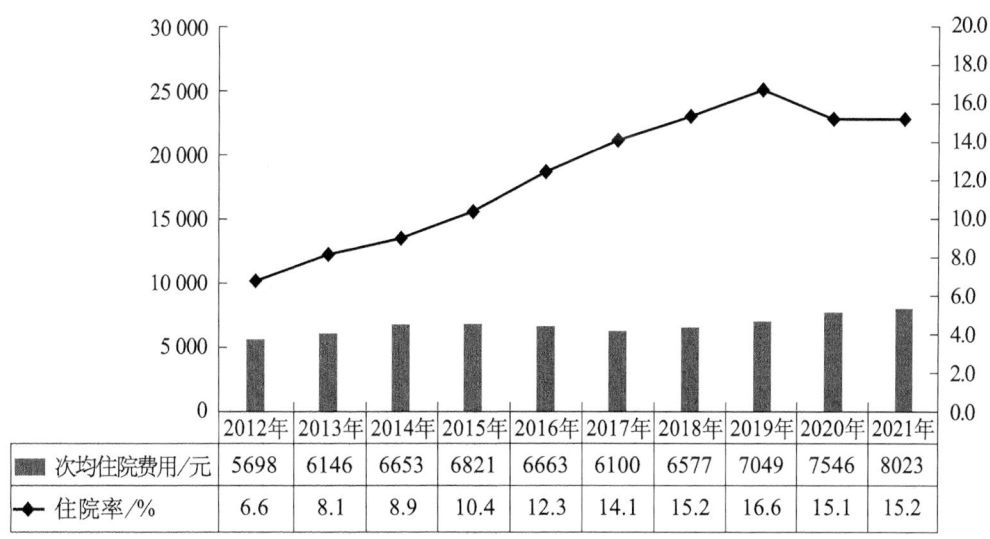

图 1-10　2012—2021 年居民医保次均住院费用和住院率

	2012年	2013年	2014年	2015年	2016年	2017年	2018年	2019年	2020年	2021年
次均住院费用/元	5698	6146	6653	6821	6663	6100	6577	7049	7546	8023
住院率/%	6.6	8.1	8.9	10.4	12.3	14.1	15.2	16.6	15.1	15.2

二级、一级及以下医疗机构政策范围内住院费用基金支付分别为 64.9%、72.6%、77.4%。

（2）2022 年城乡居民基本医疗保险基本情况

第一，参保人数。截至 2022 年底，城乡居民基本医疗保险人数为 98349 万人。其中成年人、中小学生儿童、大学生分别为 72056 万人、24359 万人、1935 万人，占居民参保总人数的比例为 73.26%、24.77%、1.97%。

第二，基金收支。2022 年，居民医保基金收入 10128.90 亿元，比上年增长 4.2%；支出 9353.44 亿元，比 2021 年增长 0.6%。2022 年，居民医保基金当期结存 775.46 亿元，累计结存 7534.13 亿元（如图 1-11 所示）。

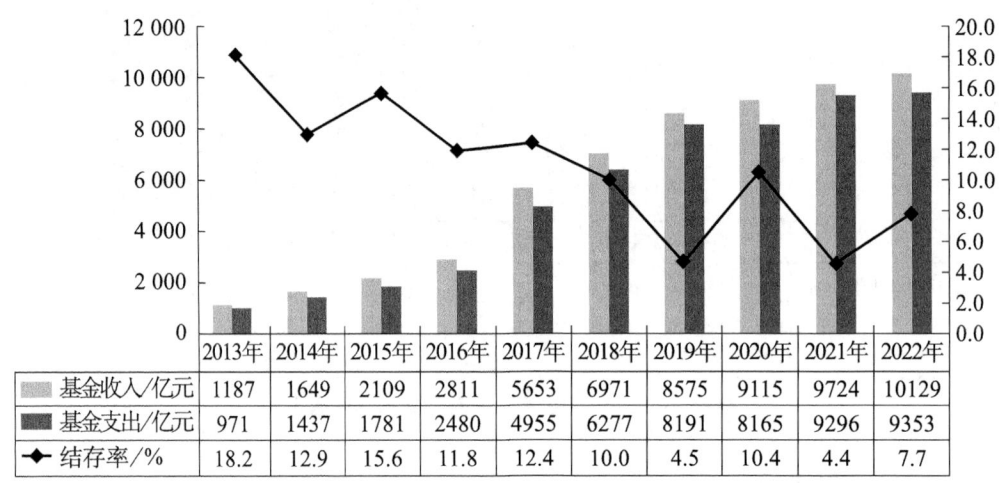

	2013年	2014年	2015年	2016年	2017年	2018年	2019年	2020年	2021年	2022年
基金收入/亿元	1187	1649	2109	2811	5653	6971	8575	9115	9724	10129
基金支出/亿元	971	1437	1781	2480	4955	6277	8191	8165	9296	9353
结存率/%	18.2	12.9	15.6	11.8	12.4	10.0	4.5	10.4	4.4	7.7

图 1-11 2013—2022 年居民医保基金收支情况

第三，待遇享受。2022 年，参加居民医保人员享受待遇 21.57 亿人次，比 2021 年增长 3.7%。其中：普通门急诊 17 亿人次，比 2021 年增长 1%；门诊慢特病 2.97 亿人次，比 2021 年增长 21.7%；住院 1.6 亿人次，比 2021 年增长 4.2%（如图 1-12 所示）。次均住院费用 8129 元，比 2021 年增长 1.3%，其中在三级、二级、一级及以下医疗机构（含未定级）的次均住院费用分别为 13898 元、6610 元、3139 元。居民医保参保人员住院率为 16.3%，比 2021 年提高 1.1 个百分点；次均住院床日 9.2 天，比 2021 年减少 0.2 天（如图 1-13 所示）。

2022 年，居民医保医疗费用为 16265.94 亿元，比上年增长 7.7%。居民医保住院费用目录内基金支付比例为 68.3%，比 2021 年降低 1 个百分点，三级、二级、一级及以下医疗机构住院费用目录内基金支付比例分别为 63.7%、71.9%、80.1%。

3. 2021—2022 年生育保险基本情况

2021 年，全国参加生育保险人数为 23752 万人，比 2020 年增长 0.8%。享受各项生育保险待遇人数为 1321 万人次，比 2020 年增加 154 万人次，比 2020 年增长 13.2%。生育保险人均生育待遇支出为 22261 元，比 2020 年增长 1.3%。

2022 年，全国参加生育保险人数为 24621 万人，比 2021 年增加 870 万人，增

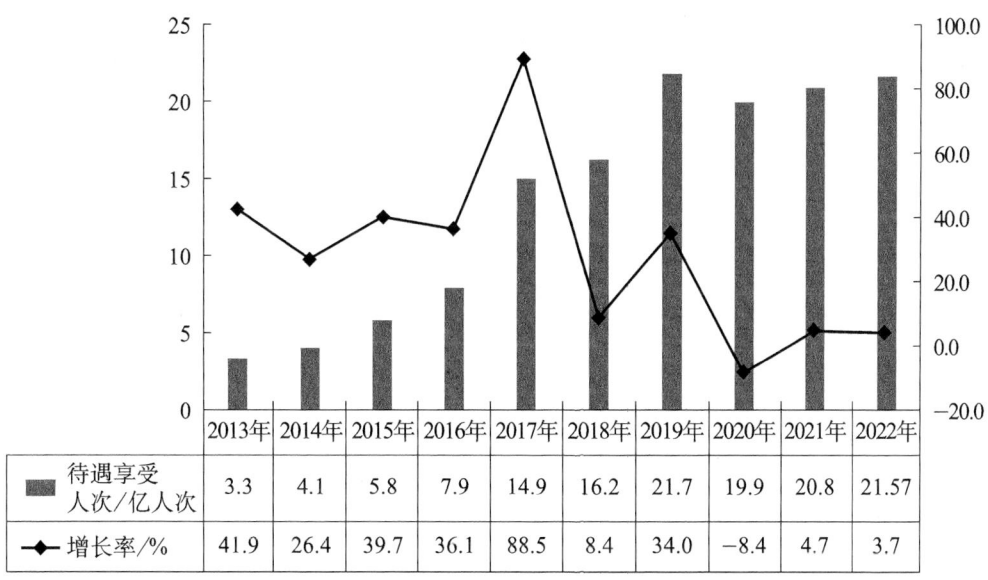

图 1-12　2013—2022 年居民医保享受待遇人次

	2013年	2014年	2015年	2016年	2017年	2018年	2019年	2020年	2021年	2022年
待遇享受人次/亿人次	3.3	4.1	5.8	7.9	14.9	16.2	21.7	19.9	20.8	21.57
增长率/%	41.9	26.4	39.7	36.1	88.5	8.4	34.0	-8.4	4.7	3.7

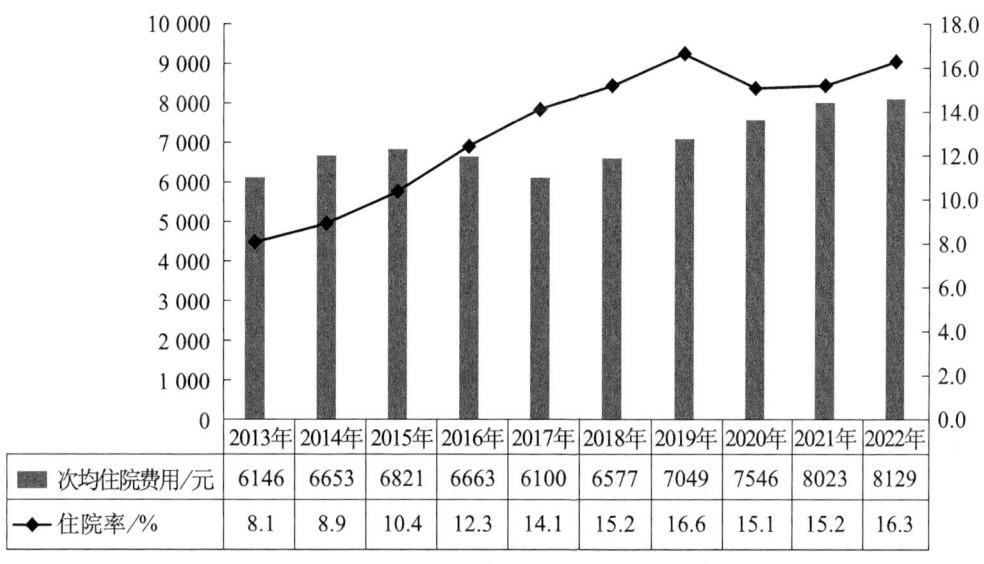

图 1-13　2013—2022 年居民医保次均住院费用

	2013年	2014年	2015年	2016年	2017年	2018年	2019年	2020年	2021年	2022年
次均住院费用/元	6146	6653	6821	6663	6100	6577	7049	7546	8023	8129
住院率/%	8.1	8.9	10.4	12.3	14.1	15.2	16.6	15.1	15.2	16.3

长 3.7%。享受各项生育保险待遇人数为 1769 万人次，比 2021 年增加 448 万人次，比 2021 年增长 34.0%，2022 年生育保险基金支出 951.35 亿元。

（三）2021—2022 年医疗救助和医保扶贫情况

2021 年，全国医疗救助费用支出 619.90 亿元，资助参加基本医疗保险人数为 8816 万人，实施门诊和住院救助 10126 万人次，全国次均住院救助费用、门诊救助费用分别为 1074 元、88 元。2021 年，中央财政安排医疗救助补助资金 302 亿元，比 2020 年增长 16.2％。2021 年，全国纳入监测范围农村低收入人口参保率稳定在 99％以上。各项医保综合帮扶政策惠及农村低收入人口就医 1.23 亿人次，减轻农村低收入人口医疗费用负担 1224.1 亿元。

2022 年，全国医疗救助费用支出 626 亿元，医疗救助基金资助参加基本医疗保险人数为 8186 万人，实施门诊和住院救助 11829 万人次，全国次均住院救助费用、门诊救助费用分别为 1226 元、84 元。2022 年，中央财政安排医疗救助补助资金 311 亿元，比 2021 年增长 4％[①]。2022 年，全国纳入监测范围农村低收入人口参保率稳定在 99％以上。各项医保综合帮扶政策惠及农村低收入人口就医 1.45 亿人次，减轻农村低收入人口医疗费用负担 1487 亿元。

（四）2021—2022 年医保药品目录情况

2021 年，《国家基本医疗保险、工伤保险和生育保险药品目录（2021 年)》收载西药和中成药共 2860 种，其中，西药 1486 种，中成药 1374 种。2021 年调整中新纳入药品 74 个，另含中药饮片 892 种。自 2018 年国家医保局成立以来，连续 4 次开展医保药品目录准入谈判，累计将 250 种药品通过谈判新增进入目录，价格平均降幅超过 50％。2021 年，协议期内 221 种谈判药报销 1.4 亿人次。通过谈判降价和医保报销，年内累计为患者减负 1494.9 亿元。

2022 年，《国家基本医疗保险、工伤保险和生育保险药品目录（2022 年)》收载西药和中成药共 2967 种，其中，西药 1586 种，中成药 1381 种。2022 年调整中新纳入药品 111 种，另含中药饮片 892 种。自 2018 年国家医保局成立以来，连续 5 年开展医保药品目录准入谈判，累计将 341 种药品通过谈判新增进入目录，价格平均降幅超过 50％。2022 年，协议期内 275 种谈判药报销 1.8 亿人次。通过谈判降价和医保报销，年内累计为患者减负 2100 余亿元。

（五）2021—2022 年药品采购情况

2021 年，全国通过省级药品集中采购平台网采订单总金额 10340 亿元，比

[①] 医疗救助资助参保人数不含其他部门资助参保人数。

2020 年增加 1028 亿元。其中，西药（化学药及生物制品）8315 亿元，中成药 2025 亿元，分别比 2020 年增加 794 亿元和 234 亿元。医保目录内药品 8259 亿元，占网采订单总金额的 79.9%。2021 年，开展 3 批国家组织药品集中带量采购，涉及 122 个品种，平均降价 52%。开展国家组织人工关节集采，髋关节平均价格从 3.5 万元降到 7000 元左右，膝关节平均价格从 3.2 万元降至 5000 元左右，平均降价 82%。

2022 年，全国通过省级医药集中采购平台网采订单总金额 10856 亿元，比 2021 年增加 516 亿元。其中，西药（化学药及生物制品）8810 亿元，中成药 2046 亿元，分别比 2021 年增加 495 亿元和 21 亿元。医保目录内药品 9286 亿元，占网采订单总金额的 85.5%。2022 年，开展第 7 批国家组织药品集中带量采购，涉及 61 个品种，平均降价 48%。指导上海、江苏、河南、广东 4 省份牵头开展协议期满后的省际联盟接续采购。开展国家组织骨科脊柱类高值医用耗材集采，纳入 5 种脊柱类骨科耗材，平均降幅 84%。

（六）2021—2022 年医保支付改革情况

截至 2021 年 12 月 31 日，全国 30 个按疾病诊断相关分组（DRG）付费国家试点城市和 71 个区域点数法总额预算和按病种分值（DIP）付费试点城市全部进入实际付费阶段。

截至 2022 年 12 月 31 日，全国 30 个按疾病诊断相关分组（DRG）付费国家试点城市和 71 个区域点数法总额预算和按病种分值（DIP）付费原国家试点城市平稳运行。各地积极行动，完成 DRG/DIP 支付方式改革三年行动计划覆盖 40% 统筹地区的目标。全国 206 个统筹地区实现 DRG/DIP 实际付费。

（七）2021—2022 年异地就医情况

2021 年，职工医保参保人员异地就医 6434 万人次，异地就医费用 1663 亿元，其中，住院异地就医 786 万人次，就医费用 1457 亿元。居民医保参保人员异地就医 4318 万人次，异地就医费用 2985 亿元，其中，住院异地就医 1627 万人次，就医费用 2845 亿元。住院费用跨省直接结算 440.59 万人次，涉及医疗费用 1070.20 亿元，医保基金支付 624.63 亿元。门诊费用跨省直接结算试点工作稳妥推进，开通联网定点医疗机构 4.56 万家，联网定点零售药店 8.27 万家，门诊费用跨省直接结算 949.60 万人次，涉及医疗总费用 23.82 亿元，医保基金支付 13.21 亿元。

2022 年，全国普通门急诊、门诊慢特病及住院异地就医 11050 万人次，其中，职工医保异地就医 7299 万人次，居民医保异地就医 3751 万人次。全国普通门急诊、门诊慢特病及住院异地就医费用 5217 亿元，其中，职工医保异地就医费用 1931 亿元，居民医保异地就医费用 3285 亿元。住院跨省异地就医 875.87 万人次。跨省异地就医直接结算范围进一步扩大，住院和门诊费用跨省联网定点医疗机构分别达到 6.27 万家和 8.87 万家，跨省联网定点零售药店数量达到 22.62 万家，实现每个县至少有一家定点医疗机构能够提供包括门诊费用在内的医疗费用跨省直接结算服务。2022 年，住院费用跨省直接结算 568.79 万人次，为参保群众减少垫付 762.33 亿元；门诊费用跨省直接结算 3243.56 万人次，为参保群众减少垫付费用 46.85 亿元。

（八）2021—2022 年医疗保障基金监管、协议管理情况

2021 年，继续加强医保行政部门专项检查和医保经办机构日常核查，共检查定点医药机构 70.8 万家，处理违法违规机构 41.4 万家，其中，解除医保服务协议 4181 家，行政处罚 7088 家，移交司法机关 404 家；处理参保人员 45704 人，其中，暂停医疗费用联网结算 6472 人，移交司法机关 1789 人。全年共追回医保资金 234.18 亿元。组织开展飞行检查 30 组次，检查定点医疗机构 68 家、医保经办机构 30 家，查出涉嫌违法违规资金 5.58 亿元。

2022 年，全国医保系统共检查定点医药机构 76.7 万家，处理违法违规机构 39.8 万家，其中，解除医保服务协议 3189 家，行政处罚 12029 家，移交司法机关 657 家；处理参保人员 39253 人，其中，暂停医保卡结算 5489 人，移交司法机关 2025 人。全年共追回医保资金 188.4 亿元。组织飞行检查 24 组次，检查 23 个省份的定点医疗机构 48 家、医保经办机构 23 家，查出涉嫌违法违规资金 9.8 亿元。在被检查医药机构中通过协议处理追回资金 138.7 亿元，其中拒付及追回资金 116.0 亿元，收取违约金 18.9 亿元，拒付或追回资金涉及定点医药机构 14.2 万家。

（九）2021—2022 年长期护理保险运行情况

2021 年，49 个试点城市中参加长期护理保险人数共 14460.7 万人，享受待遇人数 108.7 万人。2021 年基金收入 260.6 亿元，基金支出 168.4 亿元。长期护理保险定点服务机构 6819 个。护理服务人员 30.2 万人。

2022 年，49 个试点城市中参加长期护理保险人数共 16990.2 万人，享受待遇人数 120.8 万人。2022 年基金收入 240.8 亿元，基金支出 104.4 亿元。长期护理保险定点服务机构 7679 个，护理服务人员 33.1 万人。

二、2021—2022 年医疗保障制度体系建设研究综述

2021—2022 年，理论界围绕医疗保障制度体系建设的研究热度不减，以"医疗保障""医疗保障制度"为检索词的学术论文统计信息如表 1-5 所示。

表 1-5　2021—2022 年"医疗保障制度"相关文献检索统计表

（单位：篇）

数据库名称	收录时间	覆盖期刊	检索词	检索方式				
				篇名	关键词	摘要	全文	主题
中国学术期刊网	2021.1—2022.12	所有期刊	医疗保障	4214	793	73200	91000	5309
			医疗保障制度	143	84	2018	14590	406

本报告围绕"多层次医疗保障制度建设"重点分析其中的 3 篇论文，浅析 2021—2022 年两年我国医保制度建设和改革的方向、思路和举措。

（一）医疗保障制度建设方向：从政策性文件主导走向法治化

郑功成认为，医疗保障制度成熟的标志是法治化，而健全的法律制度是走向法治化的前提条件。因此，中国特色医疗保障法制建设的基本思路，应当以建设完整的医疗保障法制体系（含法律、法规）为目标，以解决医保领域中的核心问题并为制度运行提供尽可能完善的法律依据为重点，尽快制定医疗保障基本法。一是建立由医疗保障基本法、若干专门法规、若干行政规章共同构成的完整的医疗保障法律体系。二是明确立法应当解决的核心问题是明确制度框架与不同层次制度安排的功能定位，明确赋权明责，明确医保筹资方式，明确医保待遇，明确实施主体，明确监管体制，明确法律责任。三是抓紧制定医疗保障基本法，为多层次医疗保障体系

的建设与实施提供基本法律依据。①

（二）医疗保障制度建设思路：完善我国重特大疾病医疗保障机制

朱铭来、谢明明认为，随着我国进入相对贫困治理阶段，医疗保障综合帮扶政策体系需要做到同乡村振兴战略有效衔接，大额医疗费用所导致的因病支出型贫困及其治理问题将成为未来的工作重点。未来，完善我国重特大疾病医疗保障机制可以从如下三个方面着手。

一是做好脱贫攻坚和乡村振兴阶段制度衔接，加强医疗保险与医疗救助制度的衔接，在做好基本医疗保险制度和大病保险制度"双""全"覆盖的基础上，重点对医疗救助对象人群进行政策倾斜，提升保障精准性。

二是科学界定救助对象和标准。第一，明确低收入人群判断标准。根据《"中国城乡困难家庭社会政策支持系统建设"课题研究报告》，低保边缘家庭的人均收入水平为低保家庭的 1.5～1.7 倍，低收入人群可以从当地最低保障标准的 1.5 倍、当地最低保障标准的 2 倍、人均可支配收入的 50% 等几方面予以界定。第二，对于重特大疾病家庭因病致贫的认定，可采取申报制和定额补贴制，评估其重病医疗费用支出，分析贫困程度。第三，根据救助对象的不同实施差异化分类救助。

三是健全重特大疾病保障的社会力量参与机制。重特大疾病患者的医疗保障需要政府、市场、社会等多元化主体协同参与，可以在"基本保障"的基础上进一步减轻大病患者疾病负担。第一，慈善医疗救助和社会医疗救助要实现功能互补，可考虑将社会慈善救助纳入重特大疾病保障，形成"重特大疾病医疗救助＋社会慈善救助"模式，也可以引导社会力量针对特定群体和特定病种设立慈善基金，对困难群体和重特大病种的医疗支出给予救助。第二，可酌情考虑适当资助医疗救助对象参加特定或普惠型商业医疗保险，以缓解我国医疗救助基金不足问题。②

---

① 郑功成：《从政策性文件主导走向法治化：中国特色医疗保障制度建设的必由之路》，《学术研究》2021 年第 6 期，第 80 页。

② 朱铭来、谢明明：《完善我国重特大疾病医疗保障机制的思考》，《中国医疗保险》2022 年第 1 期，第 21 页。

（三）医疗保障制度建设举措：多方参与、综合施策，探索建立中国特色罕见病保障机制

王东进认为，在全面推进中国特色医疗保障制度体系高质量发展的进程中，罕见病患者的诊断治疗、用药保障问题日渐凸显，引起社会的高度关切，成为必须高度重视、综合应对的民生保障中的重要兜底任务。为此，要夯实兜牢民生底线、推进中国特色多层次医疗保障体系高质量发展，构建管用可行的中国特色综合应对、系统集成、协同高效的罕见病保障机制。第一，要按照"兜底线、织密网、建机制"的要求，将罕见病保障问题纳入全面建设中国特色多层次医疗保障体系的总体框架中。第二，要树立系统观念，坚持对罕见病科研、技术、产业（尤其是特效药创新研发）、诊疗（尤其是专科医生培训和诊疗水平提升）、保障（尤其是费用保障和服务保障）等全链条系统研究、综合施策、协同治理，摒弃以用药费用论保障的思维方式和政策取向。第三，要坚持政府主导、多方参与、综合施策、协同治理方略，采用"1＋N"的费用共担方式。"1"就是政府主导，也就是医保主动担责；"N"就是实施税收等优惠政策激励药企创新研发罕见病治疗药品，鼓励支持商业保险机构开发专属保险产品，大力提倡、支持社会公益慈善捐赠事业和大众"献爱心"活动。第四，要明确一个强有力的组织协调机构和"联防联保"工作机制，即明确由国家卫生健康委和国家医保局牵头，组织协调相关部门（如药监局、工信部、财政部、民政部、税务总局等）统筹谋划综合应对罕见病的政策举措，分工负责、协同推进罕见病保障，综合应对罕见病社会风险。[①]

三、展望与分析：中国医疗保障制度建设的发展趋势

习近平总书记强调，要把人民健康放在优先发展的战略地位，深刻指出"我们建立全民医保制度的根本目的，就是要解除全体人民的疾病医疗后顾之忧"[②]。因此，要把习近平新时代中国特色社会主义思想贯彻落实到"十四五"期间医保工作

[①] 王东进：《多方参与 综合施策 协同治理 探索建立中国特色罕见病保障机制》，《中国医疗保险》2022年第 3 期，第 4 页。

[②] 习近平：《全面提高依法防控依法治理能力 健全国家公共卫生应急管理体系》，中华人民共和国中央人民政府网，https://www.gov.cn/xinwen/2020 - 02/29/content_5484903.htm。

的各方面和全过程，要认识并理解好医保与经济高质量发展的关系，要处理好当前和长远的关系，要发挥好推动全国医保一盘棋的重大战略意义。本报告围绕制度建设、待遇保障、管理体系、公共服务等医保事业发展的四个方面，提出几点展望与思考。

（一）制度建设方面

当前我国以基本医疗保险为主体，医疗救助为托底，补充医疗保险、商业健康保险、慈善捐赠、医疗互助等共同发展的多层次医疗保障制度框架基本形成，更好满足了人民群众多元化医疗保障需求。但是，随着我国社会主要矛盾发生变化，城镇化、人口老龄化、就业方式多样化加快发展，疾病谱变化影响更加复杂，基金运行风险不容忽视，对完善医疗保障制度政策提出更高要求。

2023 年到"十四五"时期末，应把参保作为战略着力点，进一步巩固拓展基本医保全民覆盖成果，建强城市参保动员机制，优化灵活就业人员参保动员服务，精准补齐"人户分离"群众参保动员短板，精准提高居民医保参保动员能力，依法依规推进分类参保，重点实施精准参保扩面，不断优化参保缴费服务。

应该把建机制作为精准发力点，完善公平、适度、保基本的待遇保障机制，健全稳健、安全、可持续的筹资运行机制，完善统一规范的医疗救助制度，完善和规范居民大病保险等补充医疗保险，强化三重制度梯次减负功能，积极发展商业医疗保险，促进各类医疗保障互补衔接。

为更好地适应我国经济社会发展水平和老龄化发展趋势，未来还应着力构建长期护理保险制度政策框架，协同促进长期照护服务体系建设，探索建立互助共济、责任共担的多渠道筹资机制，形成与经济社会发展和保障水平相适应的筹资动态调整机制，健全失能等级评估标准体系，引导护理服务市场规范发展，并做好与经济困难的高龄、失能老年人补贴及重度残疾人护理补贴等政策的衔接。

（二）待遇保障方面

我国整合医疗保险、生育保险、药品和医疗服务价格管理、医疗救助等职责，初步建立起集中统一的医疗保障管理体制，医保基金战略性购买作用初步显现，支付方式改革进一步深化，医保药品目录动态调整机制基本建立，定点医药机构协议管理更加规范，对医药体系良性发展的引导和调控作用明显增强。但是，医疗保障发展不平衡不充分问题仍然存在，多层次医疗保障体系尚不健全，重特大疾病保障能力还有不足，医保、医疗、医药改革协同性需进一步增强，医保服务与群众需求存在差距。

2023 年到"十四五"时期末，应更好地促进基本医疗保险公平统一，全面落实医保待遇清单制度，按预定时间规范统一基本制度、基本政策和基本支付范围，根据经济社会发展水平和基金承受能力，稳定基本医疗保险住院待遇，稳步提高门诊待遇，完善城乡居民基本医疗保险门诊保障政策，逐步提高保障水平。

应进一步完善责任均衡的多元筹资机制，全面提高市地级统筹质量，推动基本医疗保险省级统筹，进一步规范均衡省域内地市间政策、管理能力、服务水平，提升基金预算管理水平。

应进一步巩固拓展医保脱贫攻坚成果，建立健全防范和化解因病致贫返贫长效机制，协同实施大病专项救治，积极引导慈善等社会力量参与救助保障，强化互联网个人大病求助平台监管，促进医疗救助与其他社会救助制度的衔接，完善疾病应急救助管理运行机制，确保需急救的急重危伤病患者不因费用问题影响及时救治。

应进一步健全重大疫情医疗保障机制，同时，完善生育保险政策措施，加强生育医疗费用保障，落实探索将灵活就业人员纳入生育保险覆盖范围。

（三）管理体系方面

当前，我国医疗保障信息化、标准化建设取得突破，医疗保障信息国家平台建成并投入使用，医保信息业务编码标准和医保电子凭证推广应用；制定《医疗保障基金使用监督管理条例》，医疗保障法治基础持续夯实；基金监管制度体系改革持续推进，飞行检查形成震慑，举报奖励机制初步建立，打击欺诈骗保专项治理成效显著，综合监管格局基本形成。

2023 年到"十四五"时期末，应把医保基金监管作为医保改革发展的重中之重，坚持协议管理和行政执法联动，坚决守住基金不出现系统性风险的底线，较真碰硬坚决打击违法违规使用医保基金的行为，不断加大基金监管力度，进一步健全长效机制；应加强基金运行管理和风险预警，健全严密有力的基金监管机制，深入推进监管体制改革、机制变革、能力提升，完善创新基金监管方式方法；应加大飞行检查力度，依托智慧医保赋能非现场监管，探索更加适应新型医保支付方式的监管机制，着力加强异地就医基金监管。

同时，2023年，还应把推进药品耗材价格治理作为医保改革发展的突破点，持续挤压药品耗材虚高价格水分，开展新批次国家组织药品和高值医用耗材集采，扩大地方集采覆盖品种，增强医保对医药服务领域激励约束作用，提高基金使用效能。

把大数据赋能作为医保改革发展的支撑点，最大限度发挥全国统一医保信息平台作用，不断完善全国统一、高效、兼容、便捷、安全的医保信息系统，提高业务支撑能力，加强大数据应用，助力医保治理能力革新，推进医保公共服务均等可及。

（四）公共服务方面

当前我国医疗保障经办管理服务体系初步理顺，政务服务事项实施清单管理，服务智能化、适老化程度显著提高。跨省异地就医住院费用直接结算全面推广，门诊费用跨省直接结算稳步试点，异地就医备案服务更加便捷。

2023年到"十四五"时期末，应重点加强经办管理服务体系建设，建立统一规范的医疗保障公共服务和稽核监管标准体系，统一经办规程，规范服务标识、窗口设置、服务事项、服务流程、服务时限，推进标准化窗口和示范点建设。

建立覆盖省、市、县、乡镇（街道）、村（社区）的医疗保障服务网络，依托乡镇（街道）政务服务中心、村（社区）综合服务中心，加强医疗保障经办力量，大力推进服务下沉。

在不断优化、拓展线下服务的基础上，也应坚持传统服务方式和新型服务方式"两条腿"走路，推进医疗保障公共服务标准化、规范化、便利化，加快推进服务事项网上办理。

健全多种形式的医疗保障公共管理服务，全面实现医疗保障一站式服务、一窗口办理、一单制结算，持续优化参保动员服务，加强医疗保障热线服务与12345政务服务便民热线相衔接，建立健全跨区域医疗保障管理服务协作机制，推进高频医疗保障政务服务事项"跨省通办"落地实施。

同时，进一步深化异地就医结算，稳步扩大普通门诊和门诊慢特病费用跨省联网定点医疗机构覆盖范围，稳步提高住院费用跨省直接结算率，不断提升医保公共服务水平。

四、报告要点

本报告重点对 2021—2022 年中国医疗保障制度体系建设和研究情况进行了系统梳理，在此基础上，对中国医疗保障制度体系建设中需要重点关注的问题和趋势性的发展方向进行了简要分析。报告要点总结如下。

第一，2021 年、2022 年参加全国基本医疗保险（含生育保险）人数分别达到136297 万人、134592 万人，全国基本医保基金（含生育保险）总收入分别达到28727.58 亿元、30922.17 亿元，全国基本医保基金（含生育保险）总支出分别为24043.10 亿元、24597.24 亿元，全国基本医保基金（含生育保险）基金当期结存分别为 4684.48 亿元、6324.93 亿元，截至 2022 年 12 月 31 日，累计结存42639.89 亿元，医保制度平稳运行，配套政策逐步完善，医疗保障工作取得了新的成绩。

第二，2021 年，全国医疗保障领域首部行政法规《医疗保障基金使用监督管理条例》出台实施，对医疗保障行政部门、医疗保障经办机构、定点医药机构、参保个人等的违法行为均细化了相应的法律责任，对欺诈骗保行为规定了严厉的处罚措施；全国医疗保障领域首个待遇清单正式发布，确定了基本保障内涵，明确了待遇支付边界和政策调整权限，规范了决策流程，全面构建权责明确、保障适度、可持续的多层次医疗保障体系；全面建立健全了基本医疗保险门诊共济保障机制，推动职工医保门诊保障由个人积累式保障模式转向社会互助共济保障模式，意味着职工门诊保障模式转向科学化；全国首部专门的医疗保障事业发展规划《"十四五"全民医疗保障规划》出台实施，对推动医疗保障高质量发展、更好满足人民群众对美好生活的向往具有重要战略意义；顺应医保制度高质量发展的新要求，出台实施《关于健全重特大疾病医疗保险和救助制度的意见》，统筹城乡医疗保障制度发展，整体提升农村居民健康保障水平，精准帮扶中低收入人群，发挥医保制度互助共济和托底保障功能，扎实促进共同富裕。

第三，2022年，全国统一医保信息平台全面建成，信息化建设成果在支撑医保管理决策、推进医保精细化管理、提升医保服务水平等方面发挥了积极作用，有助于解决长期存在的信息系统碎片化、医保公共服务水平参差不齐、医保大数据应用不充分等问题，促进信息互联互通，提升医保服务水平和治理能力，为参保人提供更便捷的医保服务；全国医保用药范围基本统一，有力解决我国医疗保障领域不平衡不充分问题；以DRG/DIP付费为核心的医保支付方式改革稳妥有序推进，推动医保管理机制的深刻转变；异地就医直接结算取得阶段性进展；医疗保障基金监管更加法制化、规范化；统一规范并制定完善生育保险生育津贴支付政策。

第四，2023年至"十四五"时期末，把"参保扩面"作为战略着力点，巩固拓展参保成果；把医保基金监管作为医保改革发展的重中之重，较真碰硬坚决打击违法违规使用医保基金的行为，进一步健全长效机制；把推进药品耗材价格治理作为医保改革发展的关键点，坚持机制性挤压药品耗材虚高价格水分；把大数据赋能作为医保改革发展的支撑点，最大限度发挥全国统一医保信息平台作用，更安全更积极更有序地用好医保大数据。

（作者单位：天津市医疗保障局）

政府公共文化服务体系建设研究报告

王雪丽　高姝岚

党的二十大报告提出，"满足人民日益增长的精神文化需求，巩固全党全国各族人民团结奋斗的共同思想基础，不断提升国家文化软实力和中华文化影响力"，"实施国家文化数字化战略，健全现代公共文化服务体系，创新实施文化惠民工程"，为今后推进文化自信自强、完善公共文化服务体系建设提供了根本遵循。本报告系统盘点和梳理 2021 年和 2022 年公共文化服务体系建设领域的实践情况与科研成果，对于全面推进公共文化服务高质量发展有一定借鉴意义。

一、2021—2022 年政府公共文化服务体系建设情况梳理

（一）2021—2022 年公共文化服务体系建设相关政策

2021—2022 年，公共文化服务体系建设方面的政策主要涉及公共文化服务标准、战略规划、公共文化设施单位改革与管理、非物质文化遗产与文物保护等内容。

1. 公共文化服务标准制定

国家基本公共文化服务标准制度是《中华人民共和国公共文化服务保障法》确立的重要文化制度之一。2021 年 3 月 30 日，国家发展改革委联合 20 个部门印发了《国家基本公共服务标准（2021 年版）》，其中明确了现阶段我国基本公共文化服务的主要范围，即公共文化设施免费开放、送戏曲下乡、收听广播、观看电视、观赏电影、读书看报、少数民族文化服务和残疾人文化体育服务 8 个方面的内容，同时明确了各个项目的服务对象、服务内容、服务标准、支出责任和牵头单位，为各级

政府履职尽责和人民群众享有相应权利提供了重要依据。

2. 公共文化服务战略规划

2021 年 6 月 10 日，文化和旅游部印发了《"十四五"公共文化服务体系建设规划》，分别从工作总体要求、主要任务和保障措施等方面对"十四五"时期现代公共文化服务体系建设作出全面部署，明确了当前和今后一段时期公共文化服务体系建设的时间表和路线图。

2022 年 5 月，中共中央办公厅、国务院办公厅印发了《关于推进实施国家文化数字化战略的意见》，明确到"十四五"时期末，基本建成文化数字化基础设施和服务平台，形成线上线下融合互动、立体覆盖的文化服务供给体系。到 2035 年，建成物理分布、逻辑关联、快速链接、高效搜索、全面共享、重点集成的国家文化大数据体系，中华文化全景呈现，中华文化数字化成果全民共享。

2022 年 8 月，中共中央办公厅、国务院办公厅印发《"十四五"文化发展规划》，系统谋划"十四五"时期文化发展的重点目标任务、重要政策举措和重大工程项目。

3. 公共文化设施单位改革与管理

2021 年 5 月 11 日，中央宣传部、国家发展改革委、教育部、科技部、民政部、财政部、人力资源社会保障部、文化和旅游部、国家文物局联合印发《关于推进博物馆改革发展的指导意见》，为深化新时代博物馆行业全面改革，持续推进我国博物馆事业高质量发展，提供了纲领性文件。

根据《中华人民共和国公共图书馆法》和《行政事业性国有资产管理条例》《中央行政事业单位国有资产处置管理办法》等有关规定，2022 年 4 月 13 日，文化和旅游部印发《公共图书馆馆藏文献信息处置管理办法》，为提高公共图书馆科学化、专业化建设水平，提升馆藏文献信息保存质量，充分发挥馆藏文献信息使用价值，有效利用公共图书馆馆舍空间提供遵循。

4. 非物质文化遗产与文物保护

为深入实施非物质文化遗产传承发展工程，切实提升非物质文化遗产系统性保护水平，2021 年 8 月，中共中央办公厅、国务院办公厅联合印发《关于进一步加强非物质文化遗产保护工作的意见》。为落实有关任务和要求，深化推进中国传统工艺振兴，推动传统工艺高质量传承发展，文化和旅游部联合教育部等9部委，于2022年6月28日印发了《关于推动传统工艺高质量传承发展的通知》，对相关工作作出具体要求和部署。

为贯彻习近平总书记关于文物工作的重要指示批示精神，加强"十四五"时期文物保护和科技创新工作，根据《中华人民共和国文物保护法》《中华人民共和国国民经济和社会发展第十四个五年规划和2035年远景目标纲要》和党中央、国务院决策部署，2021年11月8日，国务院办公厅印发《"十四五"文物保护和科技创新规划》。

为深入贯彻习近平总书记关于非物质文化遗产保护重要指示批示精神，落实党中央、国务院关于扎实做好巩固拓展脱贫攻坚成果同乡村振兴有效衔接的工作部署，根据中共中央办公厅、国务院办公厅印发的《关于进一步加强非物质文化遗产保护工作的意见》有关要求，文化和旅游部办公厅、人力资源社会保障部办公厅、国家乡村振兴局综合司于2021年12月7日联合印发《关于持续推动非遗工坊建设助力乡村振兴的通知》。

为进一步规范国家非物质文化遗产保护资金的管理，提高财政资金使用效益，2022年1月10日，财政部、文化和旅游部联合印发《国家非物质文化遗产保护资金管理办法》。

为进一步加强对非物质文化遗产保护工作的组织领导，强化协调配合，形成工作合力，切实提升非物质文化遗产系统性保护水平，经国务院同意，2022年2月17日，国务院办公厅印发《非物质文化遗产保护工作部际联席会议制度》。

（二）2021—2022年公共文化服务体系建设主要数据

2021—2022年，我国公共文化服务体系在《关于推动公共文化服务高质量发展的意见》和《"十四五"公共文化服务体系建设规划》的指引下，继续推动县级图书馆文化馆总分馆制建设、公共文化机构法人治理结构改革，启动实施全国智慧图书馆体系、公共文化云建设项目，文化惠民工作持续推进，助力公共文化服务高质量发展。

2021 年，全国文化和旅游事业费 1132.88 亿元，比 2020 年增加 44.62 亿元，增长 4.1%；全国人均文化和旅游事业费 80.20 元，比 2020 年增加 3.12 元，增长 4.0%。文化和旅游事业费占财政总支出的比重为 0.46%，比 2020 年提高 0.02 个百分点。[①] 2022 年，全国文化和旅游事业费 1202.89 亿元，比 2021 年增加 70.01 亿元，增长 6.2%；全国人均文化和旅游事业费 85.20 元，比 2021 年增加 5 元，增长 6.2%。文化和旅游事业费占财政总支出的比重为 0.46%，与 2021 年基本持平。[②] 如图 1-14 所示。

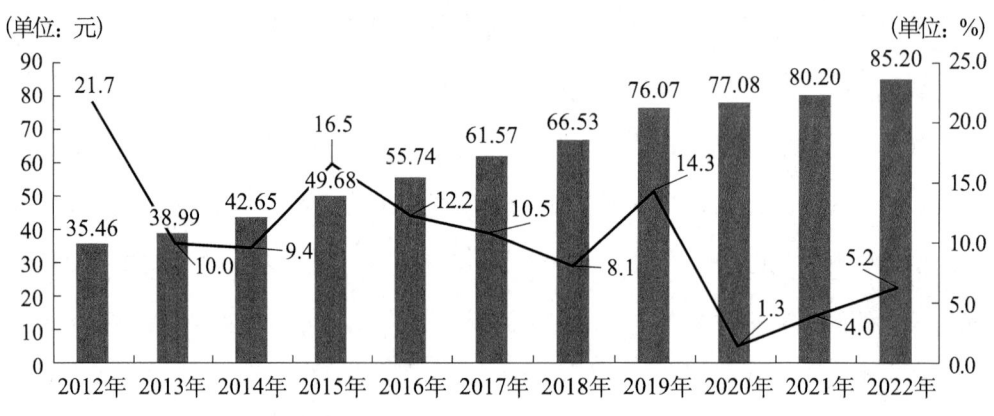

图 1-14　2012—2022 年全国人均文化和旅游事业费及增速情况

2021 年，全国文化和旅游事业费中，县以上文化和旅游事业费 506.36 亿元，占 44.7%，比重比 2020 年下降 1.3 个百分点；县及县以下文化和旅游事业费 626.52 亿元，占 55.3%，比重提高了 1.3 个百分点。东部地区文化和旅游事业费 526.36 亿元，占 46.5%，比重提高了 1.4 个百分点。中部地区文化和旅游事业费 283.38 亿元，占 25.0%，比重提高了 0.2 个百分点。西部地区文化和旅游事业费 292.62 亿元，占 25.8%，比重降低了 1.9 个百分点。[③] 2022 年，全国文化和旅游事业费中，县以上文化和旅游事业费 544.29 亿元，占 45.2%，比重比 2021 年提高

① 中华人民共和国文化和旅游部：《2021 年文化和旅游发展统计公报》，中华人民共和国文化和旅游部官网，https://zwgk.mct.gov.cn/zfxxgkml/tjxx/202206/t20220629_934328.html。
② 中华人民共和国文化和旅游部：《2022 年文化和旅游发展统计公报》，中华人民共和国文化和旅游部官网，https://zwgk.mct.gov.cn/zfxxgkml/tjxx/202307/t20230713_945922.html。
③ 中华人民共和国文化和旅游部：《2021 年文化和旅游发展统计公报》，中华人民共和国文化和旅游部官网，https://zwgk.mct.gov.cn/zfxxgkml/tjxx/202206/t20220629_934328.html。

0.5 个百分点；县及县以下文化和旅游事业费 658.61 亿元，占 54.8%，比重下降了 0.5 个百分点。东部地区文化和旅游事业费 542.53 亿元，占 45.1%，比重下降了 1.4 个百分点。中部地区文化和旅游事业费 302.56 亿元，占 25.2%，比重提高了 0.2 个百分点。西部地区文化和旅游事业费 328.09 亿元，占 27.3%，比重提高了 1.5 个百分点。①

表 1-6　全国文化和旅游事业费按城乡和区域分布情况

项目		2000 年	2005 年	2010 年	2015 年	2020 年	2021 年	2022 年
总量/亿元	全国	63.2	133.8	323.1	686.0	1088.3	1132.9	1202.9
	县以上	46.3	98.1	206.7	352.8	501.0	506.4	544.3
	县及县以下	16.9	35.7	116.4	330.1	587.3	626.5	658.6
	东部地区	28.9	64.4	143.4	287.9	491.6	526.4	542.5
	中部地区	15.1	30.6	78.7	164.3	269.8	283.4	302.6
	西部地区	13.7	27.6	85.8	193.9	301.6	292.6	328.1
所占比重/%	全国	100	100	100	100	100	100	100
	县以上	73.4	73.3	64.0	51.7	46.0	44.7	45.2
	县及县以下	26.7	26.7	36.0	48.3	54.0	55.3	54.8
	东部地区	45.7	48.1	44.4	42.1	45.1	46.5	45.1
	中部地区	23.8	22.9	24.3	24.1	24.8	25.0	25.2
	西部地区	21.7	20.6	26.6	28.4	27.7	25.8	27.3

2021 年，全国共有公共图书馆 3215 个，比 2020 年增加 3 个；从业人员 59301 人，增加 1321 人。全国公共图书馆实际使用房屋建筑面积 1914.24 万平方米，比 2020 年增长 7.2%；全国图书总藏量 126178.02 万册，比 2020 年增长 7.0%；阅览室坐席数 134.42 万个，增长 6.3%。全国平均每万人公共图书馆建筑面积 135.51 平方米，比 2020 年增加 9.05 平方米，全国人均图书藏量 0.89 册，增加 0.05 册；全年全国人均购书费 1.57 元，减少 0.03 元。2021 年，全国共 2636 个县（市、区）建成图书馆总分馆制。② 2022 年，全国共有公共图书馆 3303 个，比 2021 年增加 88

---

① 中华人民共和国文化和旅游部：《2022 年文化和旅游发展统计公报》，中华人民共和国文化和旅游部官网，https://zwgk.mct.gov.cn/zfxxgkml/tjxx/202307/t20230713_945922.html。
② 中华人民共和国文化和旅游部：《2021 年文化和旅游发展统计公报》，中华人民共和国文化和旅游部官网，https://zwgk.mct.gov.cn/zfxxgkml/tjxx/202206/t20220629_934328.html。

个；从业人员 60740 人，增加 1439 人。全国公共图书馆实际使用房屋建筑面积
2098 万平方米，比 2021 年增长 9.6%；全国公共图书馆总藏量 135959 万册，比
2021 年增长 7.8%；阅览室坐席数 155 万个，增长 15.4%。全国平均每万人公共图
书馆建筑面积 148.61 平方米，比 2021 年增加 13.1 平方米，全国人均图书藏量
0.96 册，增加 0.07 册；全年全国人均购书费 1.67 元，增加 0.1 元。2022 年，推
动全国智慧图书馆体系建设，采取线上线下相结合的方式，为读者提供优质服务。[①]
如图 1-15 所示。

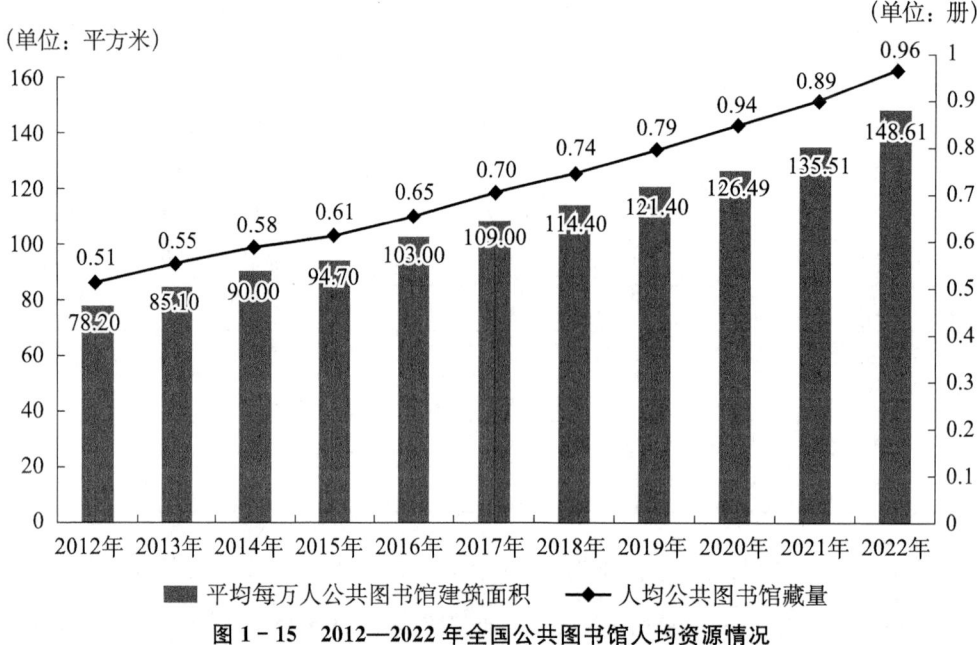

图 1-15　2012—2022 年全国公共图书馆人均资源情况

2021 年，全国共有群众文化机构 43531 个，比 2020 年减少 156 个。其中乡镇
综合文化站 32524 个，减少 301 个。全国群众文化机构从业人员 190007 人，比
2020 年增加 4931 人。全国群众文化机构实际使用房屋建筑面积 4974.14 万平方米，
比 2020 年增长 6.3%；业务用房面积 3538.32 万平方米，增长 4.4%。全国平均每
万人群众文化设施建筑面积 352.13 平方米，增长 6.3%。2021 年，全国共 2672 个

---

① 中华人民共和国文化和旅游部：《2022 年文化和旅游发展统计公报》，中华人民共和国文化和旅游部官网，https://zwgk.mct.gov.cn/zfxxgkml/tjxx/202307/t20230713_945922.html。

县（市、区）建成文化馆总分馆制。^① 2022 年，全国共有群众文化机构 45623 个，比 2021 年增加 2092 个。其中乡镇综合文化站 33932 个，增加 1408 个。全国群众文化机构从业人员 195826 人，比 2021 年增加 5819 人。全国群众文化机构实际使用房屋建筑面积 5298 万平方米，比 2021 年增长 6.5％；业务用房面积 3668 万平方米，增长 3.7％。全国平均每万人群众文化设施建筑面积 375.25 平方米，增长 6.6％。^② 如图 1－16 所示。

（单位：平方米）

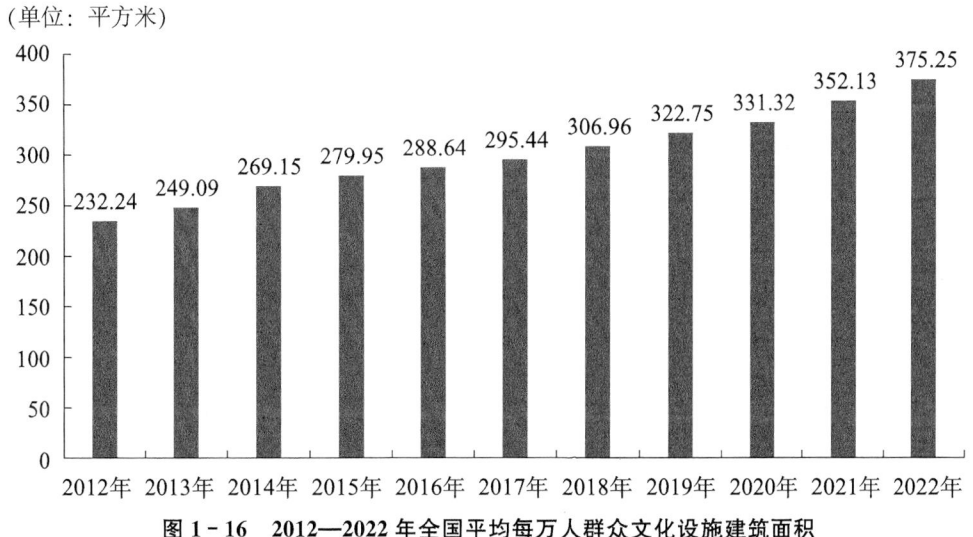

图 1－16　2012—2022 年全国平均每万人群众文化设施建筑面积

2021 年全年全国群众文化机构共组织开展各类文化活动 252.17 万场次，比 2020 年增长 30.9％；服务 83289 万人次，增长 47.9％。全国群众文化机构共有馆办文艺团体 9533 个，全年演出 11.45 万场，观众 5983.52 万人次。由文化馆（站）指导的群众业余文艺团体 45.49 万个，馆办老年大学 670 个。^③ 2022 年全年全国群众文化机构共组织开展各类文化活动 270.73 万场次，比 2021 年增长 7.4％；服务 95922 万人次，增长 15.2％。如表 1－7 所示。全年全国群众文化机构组织开展线上群众文化活动 280.96 万次。全国群众文化机构共有馆办文艺团体 9322 个，演出

①　中华人民共和国文化和旅游部：《2021 年文化和旅游发展统计公报》，中华人民共和国文化和旅游部官网，https://zwgk.mct.gov.cn/zfxxgkml/tjxx/202206/t20220629_934328.html。

②　中华人民共和国文化和旅游部：《2022 年文化和旅游发展统计公报》，中华人民共和国文化和旅游部官网，https://zwgk.mct.gov.cn/zfxxgkml/tjxx/202307/t20230713_945922.html。

③　中华人民共和国文化和旅游部：《2021 年文化和旅游发展统计公报》，中华人民共和国文化和旅游部官网，https://zwgk.mct.gov.cn/zfxxgkml/tjxx/202307/t20230713_945922.html。

10.32 万场，观众 5442 万人次。由文化馆（站）指导的群众业余文艺团体 46.36 万个。[①]

表 1-7 2021—2022 年全国群众文化机构活动开展情况

项目	2021 年		2022 年	
	活动次数/ 场次	服务次数/ 万人次	活动次数/ 场次	服务人次/ 万人次
各项活动总计	2521666	83286	2707286	95919
其中：文艺活动	1391490	62140	1607329	68474
训练班	920740	6119	879961	6811
展览	167497	14259	177506	19872
公益性讲座	41939	768	42490	762

二、2021—2022 年公共文化服务体系建设问题研究综述

（一）专著发表情况与主要学术观点

2021—2022 年发表的与公共文化服务体系建设相关的专著，研究范畴主要涉及公共文化服务政策、公共文化服务标准、公共文化服务保障、社区公共文化、公共文化服务均等化、地方公共文化服务实践与创新、数字公共文化服务体系构建等方面。

1. 公共文化服务政策

彭泽明第一次比较系统地从公共文化服务体系建设的宏观维度、公共文化服务重点建设任务的中观维度、公共文化服务保障和改善民生的微观维度，研究了我国公共文化服务政策的渊源流变及政策内容的发展和完善过程，并尝试性地运用公共文化服务政策要素分析法对我国公共文化服务政策文本进行分析，从总体上把握我国公共文化服务政策的侧重点和发展走向，提出了未来我国公共文化服务政策体系发展的突破性方向和重点任务，对于促进公共文化服务政策顶层制度设计具有参考借鉴意义。[②] 吴江等基于政策工具研究视角，以西南地区五省（自治区、直辖市）

---

① 中华人民共和国文化和旅游部：《2022 年文化和旅游发展统计公报》，中华人民共和国文化和旅游部官网，https://zwgk.mct.gov.cn/zfxxgkml/tjxx/202307/t20230713_945922.html。

② 彭泽明：《中国公共文化服务政策体系研究》，中国社会科学出版社 2022 年版。

公共文化服务政策为研究对象,运用内容分析法,梳理西南地区公共文化服务政策的主要特征和演进趋势,运用层次分析法构建公共文化服务政策评价指标体系,依据公共文化服务政策评价指标体系对西南地区五省(自治区、直辖市)的公共文化服务政策进行评价,并提出优化西南地区五省(自治区、直辖市)公共文化服务政策的对策建议。[1]

2. 公共文化服务标准

李小涛在对现行公共文化服务标准和国外公共文化服务标准化实施模式进行分析的基础上,提出了我国公共文化服务标准体系的实施模式与路径,设计了公共文化服务标准体系的框架,建立了公共文化服务标准体系的运行过程模型。[2]

3. 公共文化服务保障

张启春从满足公民公共文化需求和权益出发,在公共物品、预算管理、现代治理等前沿理论基础上,搭建公共文化服务体系建设的财政保障理论分析框架,通过规范分析与实证分析相结合的研究路径,分别开展财政保障标准、财政保障方式、财政保障状况的评价研究,提出财政保障标准制定与落实、财政保障方式创新的政策建议,为构建现代公共文化服务体系"保驾护航"。[3]

4. 社区公共文化服务

巫志南紧密结合社区公共文化服务的特点,对社区公共文化服务的基本原理、特点、方法、任务、机制及运行绩效评估等方面进行深入浅出的阐述[4]。胡艳蕾基于"矛盾、合作、动力"的理论分析框架,深入分析了当前中国社区公共文化服务合作治理中面临的合作悖论、动力要素与制度选择,为我国社区公共文化服务治理现代化建设提供理论支撑与决策参考。[5]

5. 公共文化服务均等化

陈旭佳选择效果均等作为衡量标准,同时考虑城乡和区域二维视角,测算出各

---

[1] 吴江等:《政策工具视角下的西南地区公共文化服务政策评价研究》,西南大学出版社2022年版。
[2] 李小涛:《公共文化服务标准体系研究》,东南大学出版社2022年版。
[3] 张启春:《公共文化服务体系建设财政保障研究》,中国社会科学出版社2022年版。
[4] 巫志南:《社区公共文化服务》,北京师范大学出版社2022年版。
[5] 胡艳蕾:《社区公共文化服务合作治理》,中国社会科学出版社2021年版。

项基本公共文化服务分项指标的均等化水平，并进一步研究了政府潜在财政能力、公共服务供给成本差异等客观因素对基本公共文化服务均衡供给的影响，最后提出在效果均等标准下实现基本公共文化服务有效供给的对策思考。① 王显成和顾金孚从群众基本文化权益的量化指标和群众文化需求调查入手，提出了基本公共文化服务的保障范围和指导标准，并以浙江省为例，提出了促进基本公共文化服务标准化、均等化的具体目标和实施路径。② 高静通过考察农村地区公共文化服务供给和需求现状，揭示了农村地区公共文化服务供需失衡的原因，并从需求管理方向，提出"需求表达-需求评估-实现需求诉求"的供给路径。③

6. 地方公共文化服务实践与创新

徐锦江在"十四五"开局之年，以"建设公共文化服务高质量发展先行区"为主题，既聚焦于近年来上海市公共文化服务建设领域取得的成就，也关注了上海市乃至全国公共文化服务体系建设的新近热点。④ 时明德对河南省公共文化建设绩效考核、公共文化场馆建设、公共文化与社会治理、公共文化与旅游融合发展情况等进行系统调查研究，进而提出"十四五"时期河南省公共文化高质量发展的具体路径。⑤

7. 数字公共文化服务体系构建

刘平等通过实地调研全国的公共文化机构，就公共文化大数据源及典型应用、新型公共电子阅览室建设思路、数字文化馆及数字文化体验空间建设方案、数字资源供给服务模式、公共数字文化体验区建设模式、区域性公共文化综合服务管理、社会化合作及第三方评估等主要实践经验进行了提炼和总结，提出了公共数字文化工程大数据分析平台建设思路与规划。⑥ 王锰引入信息场理论和整体性治理理论，系统分析了乡村公共数字文化服务模式的多元要素及其关系，并针对政社主体联

---

① 陈旭佳：《基本公共文化服务均等化的理论演化与实现路径》，科学出版社 2022 年版。
② 王显成、顾金孚：《现代公共文化服务体系构建与实践研究》，光明日报出版社 2022 年版。
③ 高静：《需求导向下农村公共文化服务供给模式研究：重庆实践》，重庆大学出版社 2022 年版。
④ 徐锦江：《上海公共文化服务发展报告（2022）》，上海远东出版社 2022 年版。
⑤ 时明德：《河南公共文化服务发展报告（2021—2022）》，社会科学文献出版社 2022 年版。
⑥ 刘平等：《公共文化服务大数据》，科学技术文献出版社 2021 年版。

动、公众采纳、规避和流失行为等方面提出了方案设计。①

（二）论文文献检索情况与研究综述

2021—2022 年，理论界对"公共文化服务"体系建设相关问题的研究热度不减，以"公共文化""公共文化服务""公共文化服务体系"为检索词的学术论文统计信息如表 1-8 所示。

表 1-8 2021—2022 年"公共文化服务体系建设"文献检索统计表

（单位：篇）

数据库名称	收录时间	覆盖期刊	检索词	检索方式				
				篇名	关键词	摘要	全文	主题
中国学术期刊网	2021.1—2022.12	所有期刊	公共文化	837	147	2547	21100	3547
			公共文化服务	621	798	1992	19464	2446
			公共文化服务体系	117	163	914	16743	362

通过对北京大学核心期刊和南京大学 CSSCI 期刊相关研究主题的分析，2021—2022 年公共文化服务体系建设问题的研究主要集中在公共文化服务与乡村振兴、社会力量参与公共文化服务高质量发展、公共文化服务与城市发展、公共文化服务标准研究、公共文化服务可及性研究、数字公共文化服务建设研究等方面。

1. 公共文化服务与乡村振兴

乡村公共文化服务体系建设是乡村文化振兴的核心工程，是破解城乡发展不平衡与乡村发展不充分问题的有力抓手。尚子娟和陈怀平从加强财政投入、促进城乡均衡发展、优化供给结构、树立文化品牌、鼓励产业发展五方面着手，双向赋能农村公共文化服务与乡村振兴，推动二者深度融合。② 刘梦舒认为在构建"民族＋文化"的服务体系模式时，多民族杂居牧区公共文化服务呈现的是一种由国家主导自上而下的大传统文化与自发嵌入国家体系的小传统文化相互融合的典型范式，这既深化了各民族文化互动、交融的自觉程度，也为民族杂居牧区乡村文化振兴提供了

---

① 王锰：《乡村公共数字文化服务能力提升策略研究》，中国社会科学出版社 2021 年版。
② 尚子娟、陈怀平：《农村公共文化服务与乡村振兴双向赋能的价值逻辑和推进路径》，《中州学刊》2022 年第 11 期，第 81 页。

可以借鉴的模式。① 于仰飞和赵琳指出当前农家书屋面临的"千村一面"、社会力量参与不足及数字化建设相对滞后等困境,严重阻碍了农村地区公共文化服务高质量发展,建议针对不同地区进行差异化建设,引进社会力量激发活力,加快迭代升级,不断优化建设路径,助力乡村全面振兴。② 刘红认为当前农村公共文化服务体系尚存在服务设施投产失衡、服务内容单一、服务人才短缺、服务资金投入不足等问题,全面实施乡村振兴战略,需要完善部门协调和资源共享机制、构建乡村公共文化服务精准供给机制、优化乡村公共文化服务人才结构、加强农村公共文化服务资金保障,打造"有标准、有内容、有人才、有网络"的现代农村公共文化服务格局。③

2. 社会力量参与公共文化服务高质量发展

2022 年 8 月 15 日—17 日,中山大学国家文化遗产与文化发展研究院、信息管理学院,协同广州文化遗产与文化发展研究基地、广州市黄埔区文化广电旅游局共同主办国家文化遗产与文化发展学术研讨会 (2022),会议主题为"公共文化服务高质量发展的社会参与",与会专家学者分别从基础理论、制度设计、国际经验、本土实践等角度对公共文化服务社会化发展的重要议题展开充分研讨。中山大学国家文化遗产与文化发展研究院院长程焕文在开幕式致辞中指出,政府主导、社会参与是新时代公共文化服务建设和发展的基本原则,社会力量参与仍是当今我国公共文化高质量与可持续发展的重点和难点。南开大学教授柯平指出,要将公共文化社会化标准纳入图书馆标准化体系,从保障标准、评价标准和技术标准三个方面进行规范。国家公共文化服务体系示范区创新研究中心副研究馆员关思思介绍了当前全球 7 种社会力量参与公共文化服务的主流参与方式,包括慈善捐赠、政府购买、社会化管理运营、公私合作、民办机构、志愿服务、公民参与。学者张靖、李斯、傅文奇、聂勇浩,广州图书馆副馆长陈深贵,深圳盐田区图书馆馆长尹丽棠

① 刘梦舒:《乡村振兴战略背景下民族杂居牧区公共文化服务体系建设研究》,《云南民族大学学报》(哲学社会科学版) 2022 年第 6 期,第 135 页。

② 于仰飞、赵琳:《乡村振兴背景下农家书屋建设的价值、困境与进路》,《出版广角》2022 年第 15 期,第 66 页。

③ 刘红:《乡村振兴背景下农村公共文化服务体系建设研究》,《社会科学战线》2022 年第 3 期,第 255 页。

等分别对上海市黄浦区、北京市东城区、福建省泉州市、广东省佛山市、广州市、深圳市盐田区社会力量参与公共文化服务高质量发展的实践创新情况进行了分享。①

李国新指出，建设文化强国、完善公共文化服务体系，需要持续推动公共文化服务社会化发展，推动由政府通过支持公共文化机构或市场主体提供的普惠性非基本公共文化服务发展，以此满足人民群众多样化、多层次、多方面的精神文化需求。② 胡艳蕾在对 A 省 6 个街道办或乡镇下辖社区公共文化服务合作生产状况实地调研的基础上，研究发现当前由于政策空传、信息不对称、权力不平衡及治理能力不足等问题，造成社区公共文化服务合作生产陷入政策依附、信息依附、权力依附、能力依附等合作惰性困境，最终导致社区公共文化服务合作生产效能不高、社区公共文化服务供需不一致。③ 聂勇浩等以佛山市图书馆发起的"邻里图书馆"项目为典型案例，探究公共文化服务的家庭供给网络的形成和运行机制。在网络形成阶段，主导机构的制度创新、结构调整和资源获取对网络的发起具有关键作用；家庭教育、兴趣爱好、社会责任、职业动机、合法性 5 方面动机，以及制度、经验和人际层面的信任，影响着市民家庭是否加入服务网络；合作者则通过日常管理和宣传渠道等方面的支持，推动了服务网络的扩张。在网络运行过程中，承诺、沟通、协作、评估 4 种机制构成保障服务质量的关键；资源共享、环境支持和目标实现等因素则决定着网络的可持续性。④

3. 公共文化服务与城市发展

王文姬和王冉依据 2003—2016 年我国 284 个地级及以上城市的数据，系统分析了公共文化服务促进城市创新能力提升的效应及其背后的机制。研究表明，公共文化服务显著促进了城市创新能力的提升，这一结论在一系列稳健性检验后仍然成

---

① 张靖、廖嘉琦：《社会力量参与公共文化服务高质量发展的中国智慧——国家文化遗产与文化发展学术研讨会（2022）综述》，《图书情报知识》2022 年第 5 期，第 12 页。
② 李国新：《推动普惠性非基本公共文化服务发展》，《图书情报知识》2022 年第 5 期，第 6 页。
③ 胡艳蕾：《依附抑或合作？社区公共文化服务合作生产关系重塑——基于 A 省 6 街道办社区的调查研究》，《湖北社会科学》2022 年第 8 期，第 47 页。
④ 聂勇浩等：《建构公共文化服务的家庭供给网络：以"邻里图书馆"为例》，《图书馆杂志》2022 年第 5 期，第 79 页。

立；作用机制的分析显示，人才集聚是公共文化服务释放创新能力红利的重要途径；进一步研究发现，公共文化服务的积极影响存在边际效应递增的非线性特点，且公共文化服务促进城市创新能力提升的效应存在地区异质性。[①] 蔡劲松和刘建新指出，作为促进城市绿色发展的重要途径，城市治理要突出治理过程中的文化向度、提升治理目标的文化蕴含与品质，通过加强城市文化治理的顶层设计、构建一流城市公共文化服务体系、打造宜居优美的城市文化景观等方面，提升文化治理效能，赋予城市更长久的文化驱动力和生命力。[②]

4. 公共文化服务标准研究

王锰等对 28 个省（自治区、直辖市）的基本公共文化服务标准文本进行了编码分析和内容分析，从构成框架、具体内容方面提炼公共文化服务标准特征，揭示我国公共文化服务标准的政策工具选择的区域差异和梗阻状况，最后提出各省（自治区、直辖市）制定和实施新的基本公共文化服务政策应以多元政策主体利用不同政策工具实现差异化政策目标为导向，采取"基础建设型""资源供给型""服务利用型"不同工具选择策略，推动现代公共文化服务体系标准化建设和高质量发展。[③] 陈碧红和闫小斌从集成高效一体化制度设计、服务项目标准"四位一体"建设及内外协同运行保障机制建设等方面，系统介绍了陕西省渭南市在公共文化服务标准制定中的积极探索，[④] 为其他地区制定地方公共文化服务标准提供了有益借鉴。

5. 公共文化服务可及性研究

钱兰岚和王建涛以可及性为研究视角，对公共文化服务可及性要素和"4A"评价框架进行分析，提出坚持政府主导，加大基层服务中心文化输出；匹配各方文化需求，注重多样资源整合；提升服务效能，强化政社合作供给；建立动态评价反馈机制，实现公共服务精准供给，是完善和优化新时代公共文化服务体系建设的主

① 王文姬、王冉：《公共文化服务如何提升城市创新能力？——来自中国城市的经验证据》，《学习与探索》2022 年第 9 期，第 157 页。
② 蔡劲松、刘建新：《绿色发展视域下城市文化治理的策略与路径》，《城市发展研究》2021 年第 4 期，第 6 页。
③ 王锰、田一、钱婧等：《公共文化服务标准构成及政策工具选择研究——基于 28 省基本公共文化服务标准的分析》，《国家图书馆学刊》2022 年第 3 期，第 99 页。
④ 陈碧红、闫小斌：《公共文化服务标准化建设地方实践：渭南标准的背景、思路与特点》，《图书馆论坛》2022 年第 9 期，第 2 页。

要路径。① 王桢栋等指出，商业综合体是实现政府与市场相互补位、创新公共文化服务供给的极佳载体，推动商业综合体城市阅读空间发展，可有效弥补公共图书馆对上班人群的服务盲区，② 提升公共文化服务的可及性。罗娟指出，我国数字乡村建设的实践创新需要探索在数字化、智能化场景下实现农村公共文化服务可及性的逻辑架构与提升路径，并提出农村公共文化服务可及性由可获得性、可接近性、可接受性、可适应性、可匹配性5项要素组成，并运用"输入-转化-输出-反馈"过程分析框架，将数字技术赋能作用贯穿其间，增添了要素与环节匹配过程的智能属性。③

6. 数字公共文化服务建设研究

李国新指出，关联公共文化资源数据，打通数据孤岛、资源孤岛，是公共文化数字化建设跃上新台阶的首要任务。进一步加强资源建设，增强内容供给能力，是跃上新台阶的重要标志。大力发展数字化体验新场景，创新公共文化服务空间，是跃上新台阶的重要突破口。健全文化资源数据分享动力机制的构想，为公共文化机构扩大资金来源创造了新的增长点，为深化分配机制改革开辟了新的探索路径。④完颜邓邓和陶成煦选取国外8个公共数字文化资源整合项目作为调查对象，运用网络调查法，对其特殊群体包容性实践进行分析，指出国外公共数字文化资源整合项目主要从建设规划、可访问性、文化资源、文化活动以及项目服务这5个方面体现对特殊群体的包容性，⑤ 以此为我国公共数字文化资源整合项目中对特殊群体的包容性问题提供有益借鉴。周萍和陈雅利用PEST生态环境分析法和SWOT分析矩阵，对公共文化服务数字化转型中面临的外部风险环境和内部风险环境进行了分析，归纳出风险产生的普遍性、风险重塑的可预知性、风险外化的复杂性、风险的

---

① 钱兰岚、王建涛：《服务"可及性"视角下的新时代公共文化服务体系建设路径研究》，《图书馆杂志》2022年第3期，第41页。

② 王桢栋、蒋好婷、陈有菲：《提升城市公共文化服务可及性的协同营建模式刍议——以商业综合体城市阅读空间为例》，《同济大学学报》（社会科学版）2021年第5期，第55页。

③ 罗娟：《过程型逻辑：数字乡村建设背景下农村公共文化服务可及性的实现机制》，《农村经济》2022年第10期，第82页。

④ 李国新：《公共文化数字化建设的新方向新任务》，《中国图书馆学报》2022年第4期，第20页。

⑤ 完颜邓邓、陶成煦：《国外公共数字文化资源整合项目中的特殊群体包容性研究》，《图书情报工作》2022年第12期，第37页。

延续性 4 个风险演化特征，提出识别公共文化服务数字化转型的风险指标、建立公共文化风险预警机制、根据风险演化特征确定风险治理路径 3 个公共文化服务数字化转型的风险控制策略。①

总体而言，2021—2022 年公共文化服务体系建设相关领域的研究成果较为丰富，涉及的研究主题非常广泛。从研究趋势上看，公共文化服务体系建设研究已经从关注公共文化服务基础体系建设阶段逐渐向推动公共文化服务高质量发展、数字公共文化服务体系建设等方面发力。未来，公共文化服务体系高质量发展指标构建、公共文化服务体系建设如何与乡村振兴与城乡融合发展有机衔接、公共文化服务可及性与便利性研究、公共文化服务体系数字化建设等议题将成为理论界关注的重要研究领域。

三、展望与分析：公共文化服务体系建设的未来指向

2021—2022 年，我国公共文化服务体系建设不断深入，理论与实践的创新成果不断涌现。未来，建设更加高效的公共文化治理格局、重视公共文化服务供给的质量与效率、高质量发展导向下的公共数字文化服务体系建设以及推动公共文化服务融入中国式现代化发展等议题都是需要重点关注的方向。

（一）推动公共文化服务融入中国式现代化发展战略

党的二十大报告明确提出："从现在起，中国共产党的中心任务就是团结带领全国各族人民全面建成社会主义现代化强国、实现第二个百年奋斗目标，以中国式现代化全面推进中华民族伟大复兴。"② 中国式现代化是物质文明和精神文明相协调、物质富足和精神富有的现代化。公共文化服务高质量发展有助于推动实现全体人民精神生活共同富裕，是中国式现代化进程中建设社会主义文化强国的内在要求。未来，需要进一步提高政治站位，从公共文化服务高质量发展与中国式现代化的内在关联的高度，进一步强化公共文化服务的使命担当，筑牢其在文化强国中的

---

① 周萍、陈雅：《公共文化服务数字化转型中的风险演化特征与控制策略研究》，《图书馆》2022 年第 6 期，第 7 页。

② 习近平：《高举中国特色社会主义伟大旗帜 为全面建设社会主义现代化国家而团结奋斗——在中国共产党第二十次全国代表大会上的报告》，《人民日报》2022 年 10 月 26 日。

角色定位，推动公共文化服务的高质量发展主动嵌入中国式现代化重大议题，特别是要在有效融入建设社会主义文化强国、提升国家文化软实力、实施文化数字化工程、加强建设国家文化公园等文化领域国家战略方面给予更多帮助，进而在实现自身高质量发展的同时，与中国式现代化发展战略之间形成协同效应。

（二）完善公共文化治理格局

随着国家治理体系现代化的提出，以及公共文化治理话题的出现，公共文化领域从服务到治理的转向将成为未来化解公共文化服务效能困境的新思路。面对社会环境、政策环境和技术环境不断发生的新变化，公共文化服务体系建设未来需要更加关注广大人民群众公共文化需求的精准化供给和实质性满足，由此将会引发公共文化服务的理念、主体、机制和内容等各层面的全方位连锁变化。工具性视角下文化与治理如何平衡，以多元主体参与为特征的新型文化治理模式如何实现，数字时代公共文化治理在技术上如何实现无缝隙融合、公共文化治理自身的合法性探讨与反思等问题，都是需要理论界与实务界共同关注的重要课题。

（三）重视公共文化服务供给质量与效率

党的十八大以来，我国覆盖城乡的公共文化设施网络体系已经逐步建立，公共文化阵地基础已经基本夯实，公共文化服务体系建设已然由标准化、均等化逐步转向以"提质增效"为核心的高质量发展阶段。公共文化服务体系的高质量发展以满足广大人民群众的基本文化需求与多元化精神诉求为最终目标，因此，推动公共文化服务供给质量从 1.0 到 2.0 的更新迭代，显得十分重要。如何创新方式，通过供给侧结构性改革、新型公共文化空间融合利用、数字技术赋能增效等，提升公共文化服务的吸引力、可及性和便利性，推动公共文化服务重心从数量型发展转向质量型发展，始终是公共文化服务体系完善与发展中值得深入探讨和研究的课题。

（四）数字技术优势赋能公共文化服务体系建设

党的二十大报告明确提出："实施国家文化数字化战略，健全现代公共文化服务体系，创新实施文化惠民工程。"公共文化数字化是国家文化数字化战略的主要内容之一，也是健全现代公共文化服务体系的关键议题。高质量发展导向下，以大数据、区块链、VR 技术为主导的数字公共文化服务，能够突破时空界限，提供全天候、跨时空的公共文化服务。近几年，从中央到地方，公共文化数字工程建设如火如荼，但与此同时，目前公共文化数字化的高投入还没有获得与之匹配的产出效果，公共数字文化服务平台支持用户参与的服务功能和服务水平还有较大提升空间。因此，数字时代背景下，如何通过充分发挥数字技术优势赋能公共文化服务体系建设，推动海量数字文化资源系统整合、充分释放公共文化空间活力、推进信息无障碍服务建设、创新公共文化智慧适老化供给模式，进而不断满足广大人民群众个性化文化需求，是未来数字公共文化服务体系建设过程中需要重点关注的议题。同时，也要充分关照公共文化服务数字化发展中可能出现的各种异化现象与风险挑战，并加以有效规避，以此推动公共文化数字化实现健康、可持续的发展。

四、报告要点

本报告重点对 2021—2022 年度公共文化服务体系建设和研究情况进行了系统梳理，在此基础上，对公共文化服务体系建设中需要重点关注的问题和趋势进行了简要分析。报告要点总结如下。

第一，2021—2022 年，我国出台了《国家基本公共服务标准（2021 年版）》《关于推进博物馆改革发展的指导意见》《"十四五"公共文化服务体系建设规划》《关于推进实施国家文化数字化战略的意见》等公共文化服务领域的重要文件和政策。

第二，2021—2022 年，我国公共文化服务体系在《关于推动公共文化服务高质量发展的意见》《"十四五"公共文化服务体系建设规划》的指引下，继续推动县级图书馆文化馆总分馆制建设、公共文化机构法人治理结构改革，启动实施全国智慧图书馆体系、公共文化云建设项目，文化惠民工作持续推进，助力公共文化服务高质量发展。

第三，2021 年和 2022 年，全国文化和旅游事业费分别为 1132.88 亿元和 1202.89 亿元，全国人均文化和旅游事业费分别为 80.20 元和 85.20 元。截至 2022 年 12 月 31 日，全国共有公共图书馆 3303 个，从业人员 60740 人，公共图书馆实际使用房屋建筑面积 2098 万平方米，公共图书馆总藏量 135959 万册，平均每万人公共图书馆建筑面积 148.61 平方米，人均图书藏量 0.96 册；全国共有群众文化机构 45623 个，群众文化机构从业人员 195826 人，群众文化机构实际使用房屋建筑面积 5298 万平方米，平均每万人群众文化设施建筑面积 375.25 平方米。

第四，2021—2022 年发表的与公共文化服务体系建设相关的专著，研究范畴主要涉及公共文化服务政策、公共文化服务标准、公共文化服务保障、社区公共文化、农村公共文化服务、公共文化服务均等化、地方公共文化服务、数字公共文化服务、公共文化服务体系构建等方面。期刊论文研究范畴涉及公共文化服务与乡村振兴、社会力量参与公共文化服务高质量发展、公共文化服务与城市发展、公共文化服务标准研究、公共文化服务可及性研究、数字公共文化服务等方面，研究依旧热度不减。

第五，推动公共文化服务融入中国式现代化发展战略、完善公共文化治理格局、重视公共文化服务供给的质量与效率、高质量发展导向下的公共数字文化服务体系建设等议题都是需要重点关注的方向。

（作者单位：天津商业大学公共管理学院）

PART 第二部分

府际关系与行政区划改革

条块关系研究报告

周振超

党的十九届三中全会审议通过的《中共中央关于深化党和国家机构改革的决定》对理顺条块关系提出了明确的方向："理顺和明确权责关系，属于中央事权、由中央负责的事项，中央设立垂直机构实行规范管理，健全垂直管理机构和地方协作配合机制。属于中央和地方协同管理、需要地方负责的事项，实行分级管理，中央加强指导、协调、监督。"党的十九届四中全会强调，要完善国家行政体制，优化政府职责体系，优化政府组织结构，健全充分发挥中央和地方两个积极性体制机制。党的十九届五中全会要求，加快转变政府职能，建设职责明确、依法行政的政府治理体系。党的十九届六中全会审议通过的《中共中央关于党的百年奋斗重大成就和历史经验的决议》指出，治理好我们这个世界上最大的政党和人口最多的国家，必须坚持党的全面领导特别是党中央集中统一领导，坚持民主集中制，确保党始终总揽全局、协调各方。这为协调条块关系指明了方向、提供了遵循。

一、2021—2022 年条块关系发展现状综述

（一）条条的类型

条条多数集中在党的系统和行政系统内。在中央政府层面，条条指的是中央部委，即中共中央和国务院各部门。国务院组织机构由国务院办公厅、国务院组成部门、国务院直属特设机构、国务院直属机构、国务院办事机构、国务院直属事业单位、国务院部委管理的国家局等组成。就领导关系而言，条条有以下三种不同的类型。

1. 实行垂直管理的条条

垂直管理的条条多数集中在行政系统，主要有实行垂直管理的国务院组成部门、实行垂直管理的国务院直属机构、实行垂直管理的国务院直属事业单位、实行垂直管理的国务院部委管理的国家局、中央部委在地方的派出机构 5 类，如表 2-1 所示。

表 2-1　实行垂直管理的条条

实行垂直管理的国务院组成部门	实行垂直管理的国务院直属机构	实行垂直管理的国务院直属事业单位	实行垂直管理的国务院部委管理的国家局	中央部委在地方的派出机构
中国人民银行	中华人民共和国海关总署	1. 新华通讯社 2. 中国证券监督管理委员会 3. 中国银行保险监督管理委员会	1. 国家烟草专卖局 2. 中国民用航空局 3. 国家铁路局 4. 国家邮政局 5. 国家外汇管理局	1. 财政部各地监管局 2. 自然资源部派出机构：自然资源督察局，测绘地理信息局 3. 生态环境部地方督察局 4. 交通运输部派出机构：海事局的直属单位，长江航务管理局 5. 水利部派出机构：长江水利委员会、黄河水利委员会、淮河水利委员会、海河水利委员会、珠江水利委员会、松辽水利委员会、太湖流域管理局 6. 商务部派出机构：商务部驻地方特派员办事处 7. 审计署驻地方特派员办事处 8. 国家统计局各调查总队

2. 接受双重领导的条条

地方政府中的绝大多数职能部门既受本级块块统一领导，又受上级块块主管部门的业务指导或者领导。2022 年 3 月 11 日第十三届全国人民代表大会第五次会议修正通过的《中华人民共和国地方各级人民代表大会和地方各级人民政府组织法》第八十三条规定：省、自治区、直辖市的人民政府的各工作部门受人民政府统一领导，并且依照法律或者行政法规的规定受国务院主管部门的业务指导或者领导。自治州、县、自治县、市、市辖区的人民政府的各工作部门受人民政府统一领导，并且依照法律或者行政法规的规定受上级人民政府主管部门的业务指导或者领导。在地方政府中，一些机构受上级条条的影响较大（如表2-2所示）。

表2-2　接受双重领导的条条

条块结合、以条为主的机构	条块结合、以块为主的机构
1. 国家税务机关 2. 国家矿山安全监察局 3. 审计机关 4. 地震局 5. 国家粮食和物资储备局 6. 气象部门 7. 国家移民管理局 8. 测绘地理信息局	1. 地方统计局 2. 地方司法局

3. 地方政府单独管理的条条

地方政府的职能部门和工作机构有些不是按照对口的原则设立，而是根据实际需要因地制宜建立的，如盐务管理局、扶贫和移民工作局、招商投资促进局、物流办公室等。

（二）条块关系的表现形式

广义上的条块关系主要通过八种形式具体表现出来。条条和块块组成了"纷繁复杂"但"错落有致"的组织体系。

1. 上级条条与下级块块的关系

上级政府职能部门与下级块块的关系是条块关系的主要形式。2021年和2022年出台的多部法律法规对上级条条与下级块块的关系进行了明确的规定，涉及的主要关系形式是：第一，协商共治。条条与块块通过召开联席会议的方式协调解决相关问题，或者是上级条条与下级块块协商制定相关标准，相互配合完成工作。第二，指导管理。上级条条在其专门负责的工作方面给予块块业务指导，或者是下级块块开展相关工作征求上级条条意见，或者是报上级条条备案、批准。第三，监督制约。上级条条在其职责范围内对下级块块的工作进行监督。比如审计机关对下级政府预算的执行情况和决算及其他财政收支情况，进行审计监督；国家自然资源督察机

构根据授权对下级政府相关土地利用和土地管理情况进行督察。（如表2-3所示）

表2-3　上级条条与下级块块的合作方式

法律法规	通过或修订日期及单位	具体内容	关系描述
《中华人民共和国预备役人员法》	2022年12月30日第十三届全国人民代表大会常务委员会第三十八次会议通过	第六条 县级以上地方人民政府和有关军事机关应当根据预备役人员工作需要召开军地联席会议，协调解决有关问题	上级条条与下级块块合作完成
《中华人民共和国黑土地保护法》	2022年6月24日第十三届全国人民代表大会常务委员会第三十五次会议通过	第九条 国务院农业农村、水行政等主管部门会同四省区人民政府建立健全黑土地质量监测网络，加强对黑土地土壤性状、黑土层厚度、水蚀、风蚀等情况的常态化监测，建立黑土地质量动态变化数据库，并做好信息共享工作	
《中华人民共和国湿地保护法》	2021年12月24日第十三届全国人民代表大会常务委员会第三十二次会议通过	第十四条 省、自治区、直辖市人民政府或者其授权的部门负责发布省级重要湿地名录及范围，并向国务院林业草原主管部门备案。 第十九条 建设项目规划选址、选线审批或者核准时，涉及国家重要湿地的，应当征求国务院林业草原主管部门的意见；涉及省级重要湿地或者一般湿地的，应当按照管理权限，征求县级以上地方人民政府授权的部门的意见	下级块块负责，报上级条条备案，或征求上级条条意见
《中华人民共和国噪声污染防治法》	2021年12月24日第十三届全国人民代表大会常务委员会第三十二次会议通过	第十六条 省、自治区、直辖市人民政府对尚未制定国家噪声排放标准的，可以制定地方噪声排放标准；对已经制定国家噪声排放标准的，可以制定严于国家噪声排放标准的地方噪声排放标准。地方噪声排放标准应当报国务院生态环境主管部门备案	
《中华人民共和国审计法》	2021年10月23日第十三届全国人民代表大会常务委员会第三十一次会议第二次修正	第十八条 审计机关对本级各部门（含直属单位）和下级政府预算的执行情况和决算以及其他财政收支情况，进行审计监督	上级条条监督下级块块
《中华人民共和国土地管理法实施条例》	2021年7月2日国务院第三次修订	第四十四条 国家自然资源督察机构根据授权对省、自治区、直辖市人民政府以及国务院确定的城市人民政府下列土地利用和土地管理情况进行督察	

续表

法律法规	通过或修订日期及单位	具体内容	关系描述
《中华人民共和国动物防疫法》	2021年1月22日第十三届全国人民代表大会常务委员会第二十五次会议第二次修订	第二十一条 省、自治区、直辖市人民政府制定并组织实施本行政区域的无规定动物疫病区建设方案。国务院农业农村主管部门指导跨省、自治区、直辖市无规定动物疫病区建设	上级条条指导下级块块

2. 垂直管理的条条与块块的关系

相对于"纵横交错"的上下级条块而言，垂直管理的条条与块块之间的职责交叉较少，二者之间的关系主要有两种：一是协作配合。对于设置在块块区域内但又不属于块块管理的垂直条条，块块协助垂直条条开展其业务范围内的事项，但不能插手干预。垂直管理的条条有义务向块块提供相关资料。某些特别的事项需要二者甚至多方相互配合、协作才能完成，比如海关附近沿海沿边规定地区的范围，由海关总署和国务院公安部门会同有关省级人民政府确定。二是相互监督。垂直管理条条职责范围内的事务对于块块而言是"看得见、管不着"的，但是在事关大局的事务上面块块可以对其进行监督，比如相关法律、政策的遵守、执行情况。（如表2-4所示）

表2-4　垂直管理条条的设置及其与地方块块关系

法律法规、中央文件	通过或修订日期及单位	对垂直管理领域和机构的规定
《中华人民共和国地方各级人民代表大会和地方各级人民政府组织法》	2022年3月11日第十三届全国人民代表大会第五次会议第六次修改	第八十四条 省、自治区、直辖市、自治州、县、自治县、市、市辖区的人民政府应当协助设立在本行政区域内不属于自己管理的国家机关、企业、事业单位进行工作，并且监督它们遵守和执行法律和政策
《中华人民共和国海关法》	2021年4月29日第十三届全国人民代表大会常务委员会第二十八次会议第三次修正	第六条 海关附近沿海沿边规定地区的范围，由海关总署和国务院公安部门会同有关省级人民政府确定
《中华人民共和国海关统计条例》	2022年3月29日国务院修订	第十六条 海关总署应当定期、无偿地向国务院有关部门提供有关综合统计资料。直属海关应当定期、无偿地向所在地省、自治区、直辖市人民政府有关部门提供有关综合统计资料

续表

法律法规、中央文件	通过或修订日期及单位	对垂直管理领域和机构的规定
《中华人民共和国海关行政处罚实施条例》	2022年3月29日国务院修订	第三条 管辖不明确的案件，由有关海关协商确定管辖，协商不成的，报请共同的上级海关指定管辖。重大、复杂的案件，可以由海关总署指定管辖
《中华人民共和国海关稽查条例》	2022年3月29日国务院第三次修订	第四条 海关根据稽查工作需要，可以向有关行业协会、政府部门和相关企业等收集特定商品、行业与进出口活动有关的信息。收集的信息涉及商业秘密的，海关应当予以保密

3. 上下级块块的关系

各层级政府上下级之间是领导和被领导的关系，这种关系在不同的国家机关中的表现形式有所不同。上下级党组织之间的关系是政府间关系的中轴。

第一，上下级国家行政机关之间的关系。一是领导与被领导的关系。《中华人民共和国地方各级人民代表大会和地方各级人民政府组织法》第七十三条明确规定，县级以上的地方各级人民政府领导所属各工作部门和下级人民政府的工作。二是监督与指导的关系。上级政府同时需要对下级政府的工作进行监督，督促下级政府合法履职。

第二，上下级人民代表大会之间的关系。上下级人民代表大会之间的关系主要表现为指导与监督。下级人民代表大会要遵守和执行上级人民代表大会的决议，接受上级人民代表大会的工作指导与监督。比如下级人民代表大会制定的地方性法规需要报上一级人民代表大会常务委员会批准或备案。县级以上地方各级人民代表大会有权撤销下一级人民代表大会及其常务委员会的不适当决议。

第三，上下级纪委和监察机关之间的关系。无论是上下级纪委还是上下级监察机关，它们之间的关系都是领导与被领导的关系。

第四，上下级群众团体之间的关系。以工会、工商联和文学艺术界联合会为例，2021年12月24日第十三届全国人民代表大会常务委员会第三十二次会议第三次修正通过的《中华人民共和国工会法》第十条规定，上级工会领导下级工会组织；2022年12月12日中国工商业联合会第十三次全国代表大会部分修订通过的

《中国工商业联合会章程》第九条规定，上级工商联对下级工商联具有指导关系；2021年12月16日中国文学艺术界联合会第十一次全国代表大会部分修改通过的《中国文学艺术界联合会章程》第五条规定，中国文学艺术界联合会及各级各类文学艺术界联合会实行分级管理，上级文学艺术界联合会依法依章程指导下级文学艺术界联合会的工作。

4. 上下级条条的关系

上级条条领导、指导和监督下级条条完成相关工作。下级条条在工作中处理问题经常需要经过上级条条的批准、备案。另外，上级条条可责成下级条条纠正，抑或是直接变更或者撤销其不合理决定。（如表2-5所示）

表 2-5　上下级条条之间的关系

法律法规、中央文件	通过或修订日期及单位	具体内容	关系描述
《中华人民共和国反垄断法》	2022年6月24日第十三届全国人民代表大会常务委员会第三十五次会议修正	第十三条 国务院反垄断执法机构根据工作需要，可以授权省、自治区、直辖市人民政府相应的机构，依照本法规定负责有关反垄断执法工作	上级条条授权下级条条
《中华人民共和国道路运输条例》	2022年3月29日国务院第四次修订	第五十五条 上级交通运输主管部门应当对下级交通运输主管部门的执法活动进行监督	上级条条监督下级条条
《中华人民共和国审计法》	2021年10月23日第十三届全国人民代表大会常务委员会第三十一次会议第二次修正	第四十六条 上级审计机关认为下级审计机关作出的审计决定违反国家有关规定的，可以责成下级审计机关予以变更或者撤销，必要时也可以直接作出变更或者撤销的决定	
《中华人民共和国草原法》	2021年4月29日第十三届全国人民代表大会常务委员会第二十八次会议第三次修正	第六十条 对违反草原法律、法规的行为，应当依法作出行政处理，有关草原行政主管部门不作出行政处理决定的，上级草原行政主管部门有权责令有关草原行政主管部门作出行政处理决定或者直接作出行政处理决定	
《中华人民共和国民办教育促进法实施条例》	2021年4月7日国务院修订	第五十一条 国务院教育督导机构及省、自治区、直辖市人民政府负责教育督导的机构应当对县级以上地方人民政府及其有关部门落实支持和规范民办教育发展法定职责的情况进行督导、检查	

续表

法律法规、中央文件	通过或修订日期及单位	具体内容	关系描述
《中华人民共和国黄河保护法》	2022年10月30日第十三届全国人民代表大会常务委员会第三十七次会议通过	第五十条 黄河干流取水，以及跨省重要支流指定河段限额以上取水，由黄河流域管理机构负责审批取水申请，审批时应当研究取水口所在地的省级人民政府水行政主管部门的意见；其他取水由黄河流域县级以上地方人民政府水行政主管部门负责审批取水申请。指定河段和限额标准由国务院水行政主管部门确定公布、适时调整	1. 上级条条负责，征求下级条条意见。 2. 下级条条负责，报上级条条批准、备案或考核。
《中华人民共和国农产品质量安全法》	2022年9月2日第十三届全国人民代表大会常务委员会第三十六次会议修订	第十三条 省、自治区、直辖市人民政府农业农村主管部门应当根据国家农产品质量安全风险监测计划，结合本行政区域农产品生产经营实际，制定本行政区域的农产品质量安全风险监测实施方案，并报国务院农业农村主管部门备案	
《中华人民共和国计量法实施细则》	2022年3月29日第四次修订	第十条 社会公用计量标准对社会上实施计量监督具有公证作用。县级以上地方人民政府计量行政部门建立的本行政区域内最高等级的社会公用计量标准，须向上一级人民政府计量行政部门申请考核；其他等级的，由当地人民政府计量行政部门主持考核	
《中华人民共和国法律援助法》	2021年8月20日第十三届全国人民代表大会常务委员会第三十次会议通过	第五条 国务院司法行政部门指导、监督全国的法律援助工作。县级以上地方人民政府司法行政部门指导、监督本行政区域的法律援助工作。县级以上人民政府其他有关部门依照各自职责，为法律援助工作提供支持和保障	上下级条条分工负责
《中华人民共和国海上交通安全法》	2021年4月29日第十三届全国人民代表大会常务委员会第二十八次会议修订	第四条 国务院交通运输主管部门主管全国海上交通安全工作。国家海事管理机构统一负责海上交通安全监督管理工作，其他各级海事管理机构按照职责具体负责辖区内的海上交通安全监督管理工作	

5. 上级块块与下级条条关系

一般情况下，上级政府与下级政府的职能部门不产生直接的联系，上级政府主要是通过对本级职能部门和下级政府的领导来实现对下级条条的领导。

6. 同级条条的关系

同级条条是块块的组成部分，它们之间的关系极为密切，表现形式主要有两种情况。第一，分工合作的关系。作为一个有机系统的不同部件，同级条条之间根据职能进行分工，各司其职、相互配合。第二，监督关系。某一条条在其权限范围内，依法对其他条条行使监督、审查等权力。比如审计机关就有权对与国家财政收支有关的特定事项，向有关地方、部门、单位进行专项审计调查。（如表 2 - 6 所示）

表 2 - 6　同级条条之间的关系

法律法规、中央文件	通过或修订日期及单位	具体内容	关系描述
《中华人民共和国野生动物保护法》	2022 年 12 月 30 日第十三届全国人民代表大会常务委员会第三十八次会议第二次修订	第十条 有重要生态、科学、社会价值的陆生野生动物名录，由国务院野生动物保护主管部门征求国务院农业农村、自然资源、科学技术、生态环境、卫生健康等部门意见，组织科学论证评估后制定并公布	某一部门负责统筹，征求相关部门意见
《建设工程抗震管理条例》	2021 年 5 月 12 日国务院第一百三十五次常务会议通过	第四条 国务院住房和城乡建设主管部门对全国的建设工程抗震实施统一监督管理。国务院交通运输、水利、工业和信息化、能源等有关部门按照职责分工，负责对全国有关专业建设工程抗震的监督管理	同级条条分工负责、协作配合
《中华人民共和国道路交通安全法》	2021 年 4 月 29 日第十三届全国人民代表大会常务委员会第二十八次会议第三次修正	第二十条 机动车的驾驶培训实行社会化，由交通运输主管部门对驾驶培训学校、驾驶培训班实行备案管理，并对驾驶培训活动加强监督，其中专门的拖拉机驾驶培训学校、驾驶培训班由农业（农业机械）主管部门实行监督管理	
《信访工作条例》	2022 年 1 月 24 日中共中央政治局会议审议批准，2022 年 2 月 25 日中共中央、国务院发布	第四十条 党委和政府信访部门发现有关机关、单位存在违反信访工作规定受理、办理信访事项，办理信访事项推诿、敷衍、拖延、弄虚作假或者拒不执行信访处理意见等情形的，应当及时督办，并提出改进工作的建议	某一条条接受同级条条监督检查

法律法规、中央文件	通过或修订日期及单位	具体内容	关系描述
《中华人民共和国科学技术进步法》	2021年12月24日第十三届全国人民代表大会常务委员会第三十二次会议第二次修订	第一百条 财政性科学技术资金的管理和使用情况，应当接受审计机关、财政部门的监督检查	某一条条接受同级条条监督检查
《中华人民共和国行政处罚法》	2021年1月22日第十三届全国人民代表大会常务委员会第二十五次会议修订	第七十九条 行政机关截留、私分或者变相私分罚款、没收的违法所得或者财物的，由财政部门或者有关机关予以追缴，对直接负责的主管人员和其他直接责任人员依法给予处分；情节严重构成犯罪的，依法追究刑事责任	
《中华人民共和国审计法》	2021年10月23日第十三届全国人民代表大会常务委员会第三十一次会议第二次修正	第十八条 审计机关对本级各部门（含直属单位）和下级块块预算的执行情况和决算以及其他财政收支情况，进行审计监督	
《中华人民共和国种子法》	2021年12月24日第十三届全国人民代表大会常务委员会第三十二次会议第二次修订	第十一条 国家对种质资源享有主权。任何单位和个人向境外提供种质资源，或者与境外机构、个人开展合作研究利用种质资源的，应当报国务院农业农村、林业草原主管部门批准，并同时提交国家共享惠益的方案	同级条条申请报同级条条批准

7. 块块与本级条条的关系

地方政府领导本级各工作部门的工作，块块组织、协调、指导、督促条条做好相关工作，履行好自己的分内之事。

8. 同级块块的关系

同级块块的关系属于横向关系，二者是相互平等的关系，是合作互助的关系。近年来，中央政府大力推进京津冀协同发展、长江经济带发展、长三角一体化发展、粤港澳大湾区建设，推动成渝地区双城经济圈建设。在区域协调发展中，地方政府之间的联系越来越多（如表2-7所示）。需要研究的实践和理论问题也会越来越多，如行政区和经济区的分离问题。

表 2-7 同级块块的关系

法律法规、中央文件	通过或修订日期及单位	具体内容	关系描述
《中华人民共和国地方各级人民代表大会和地方各级人民政府组织法》	2022年3月11日第十三届全国人民代表大会第五次会议第六次修改	第八十条 县级以上的地方各级人民政府根据国家区域发展战略，结合地方实际需要，可以共同建立跨行政区划的区域协同发展工作机制，加强区域合作	同级块块之间相互合作

二、2021—2022年条块关系研究综述

（一）条块关系的历史演进

中国古代块块的条块关系是在大一统基本制度模式框架内产生的。新中国成立后，在计划经济体制下，条块关系的总体特征是条强块弱。改革开放后，以简政放权为导向，启动了中央向地方、块块向企事业单位的下放权力，条块关系也随之调整。党的十八大以来，条块关系的变化趋势是：一方面，加大条条垂直管理的力度；另一方面，在中央和地方协同管理、需要地方负责的事项上，一些国家机构和中央部委加强了对地方块块和下级条条指导、协调和监督的力度。[①]

条块关系是县乡关系的重要内容。中国县乡关系在发展的初构、再构、重构、优构四个阶段，展现出不同特征：县权下乡、县社一体、简县扩乡、县乡平衡。[②]改革开放以来，基层条块关系的演进脉络是：1980—1994年，县乡财政"分灶吃饭"，但乡镇块块依然责大、权小、能弱；1994—2003年，强化垂直管理，乡镇块块趋于"空壳化"；2013年至今，深化"放管服"改革和县乡机构改革。[③] 有学者以V海关检验检疫变迁为例，通过阐述V海关各阶段检验检疫的运作展现垂直管

① 周振超、王涛：《中国古代块块的条块关系：一个三维模式的解释》，《长江师范学院学报》2021年第6期，第37页。

② 李荣娟、殷旺来：《国家治理视角下中国县乡关系的演进、问题与趋势》，《北京师范大学学报》（社会科学版）2021年第6期，第139。

③ 过勇、贺海峰：《我国基层块块体制的条块关系：从失调走向协同》，《经济社会体制比较》2021年第2期，第90页。

理机构下级面对垂直管理机构与地方块块的策略选择。第一次变迁是风险管理系统的应用；第二次变迁是新冠疫情下的"全员皆兵"；第三次变迁是疫情防控常态化的"选择困境"。以地方海关为代表的垂直管理机构下级展现了传统型、类传统型和反传统型三种行为模式，其行为是面对行政逻辑与政治逻辑的策略性选择。[①]

（二）加强条块协作

在职责同构的块块管理模式下，一项工作往往需要条条和块块的通力合作才能完成。在这种情况下，条块之间的协调至关重要。条条属事责任与块块属地责任难以通过及时沟通实现资源互通共享下的合作治理，因而希望通过下达政治任务这种直接激励来影响地方块块。[②] 中国的块块治理受制于央地关系和国家（块块）与社会关系的双重约束，这使得条块结构难以适应，在治理中带来了专业化分工与行政性协同、分散式服务与一体化需求、碎片化问题与整体性治理 3 对矛盾。为了破解矛盾、平衡双重关系，需要重塑治理结构。[③]

专项工作领导小组、运动式治理、项目制等治理机制成为国家治理制度逻辑的重要组成部分，被广泛应用于治理场景，其主要通过将各条条的工作转化为块块的工作进而实现条块的互动。领导小组能够有效促使条块关系从分割走向协同，实现块对条的注意吸引、块对条统筹协调、块对条监督控制。[④] 项目制中，形成了中央与地方块块之间的分级治理机制，并对基层社会产生了诸多影响，条条用项目的形式向块块下放资源，是一种以条带块的纵向模式。[⑤]

依据治理任务的不同，块块、垂直管理的条条和接受双重领导的条条对治理单元的选择也不同。中央部委的条条对行政区和功能区的分类管理，不仅深刻体现了

---

① 凌争、吴金兴：《"隐性控制"下的垂直管理部门自主性研究——兼论垂直管理下块块间条块关系的嬗变》，《公共管理学报》2023 年第 1 期，第 31 页。

② 林雪霏：《条块结构中的地方块块"持续创新"行为——基于 P 区政务数据共享改革的案例分析》，《学海》2021 年第 3 期，第 101 页。

③ 李文钊、翟文康：《从条块到界面：基层块块"放管服"改革的内在逻辑——基于江苏省徐霞客镇的案例研究》，《甘肃行政学院学报》2021 年第 1 期，第 23 页。

④ 罗湖平、郑鹏：《从分割到协同：领导小组重塑条块关系的实践机制》，《中国行政管理》2021 年第 12 期，第 121 页。

⑤ 史普原、李晨行：《从碎片到统合：项目制治理中的条块关系》，《社会科学》2021 年第 7 期，第 85 页。

条块互动，还形成了新的条块关系。① 在重大事项上通过自上而下的垂直管理体系实现条条对块块的监督，规范地方块块行政行为，使其权力行使严格按照程序合法逻辑运行。② 在中国的治理实践中，作为中国政治制度中的实践创新典范，条块结对能够整合资源、调整科层流程，从而实现治理目标。③

以条为主的纵向分类管理与以块为主的横向综合管理在目标、信息、资源等多重管理要素上存在不一致，条块冲突时有发生，表现为风险感知迟滞、应急协同性不强、多头指挥管理、防与救的职能分离等现象。有学者提出条块协同的新机制：单元化应急管理，在不改变原有条块管理体制的前提下，通过目标协同、组织联动、机制联动、规范联动、资源联动等多重内部管理机制的优化，填补原本条和块间的管理缝隙。④ 有学者基于条条的视角，从公安部门调动基层块块参与治安工作切入，"条条调动块块"模式探索了社会治理场域中条块互动的新机制。⑤

条块互动与条条互动之间的差异会影响政策扩散的空间效果，条块互动影响地方块块职能部门的财政资源、激励考核，从而影响政策扩散的范围，表现为"向邻学习"，有效的考核并非一个完全的自上而下的"压力传导"关系，要使得考核真正服务于治理效能，考核双方基于目标共识的"双向互动"是重要的。⑥ 条条互动影响地方块块职能部门的事权认可，从而影响政策扩散的层级，促进"迁移性扩散"，表现为"向强学习"。⑦ 需要考虑如何通过制度设计促进条块互动和条条互动，以此推动更多的政策创新与政策扩散。⑧ 如何进一步理顺条块关系，加强条块整合，

---

① 杨龙、吴涵博：《条块结构视角下国家治理单元的选择与运用》，《华南师范大学学报》（社会科学版）2022 年第 4 期，第 20 页。

② 杨华：《县乡中国：县域治理现代化》，中国人民大学出版社 2022 年版，第 219 页．

③ 马超峰、肖龙：《条块结对：脱贫攻坚同乡村振兴有效衔接的经验阐释》，《南京农业大学学报》（社会科学版）2022 年第 1 期，第 78 页。

④ 陶振：《单元化应急管理：公共安全治理中条块冲突协调的新机制——以上海虹桥综合交通枢纽为例》，《湖湘论坛》2022 年第 5 期，第 117 页。

⑤ 杨君、李春娜、陈莹晶：《"条条调动块块"：社会治理中条块互动的进阶策略——以珠海平安指数为例》，《中国行政管理》2021 年第 5 期，第 61 页。

⑥ 吴晓林、白一媚：《以考核促治理：基层治理专项考核的效能转化机制——来自四川省宜宾市的考察》，《华中师范大学学报》（人文社会科学版）2022 年第 5 期，第 31 页。

⑦ 刘滨、许玉镇：《权责失衡与剩余权配置：基层减负进程中的"问责悖论"》，《求实》2021 年第 3 期，第 19 页。

⑧ 吕芳：《条块差异与公共服务政策的扩散》，《政治学研究》2021 年第 5 期，第 77 页。

使体制优势进一步转化为治理效能，仍然任重道远。①

（三）实现基层条块体制与基层社会有效衔接

在基层治理中条块体制既能表现出一定的局限性，又蕴含着巨大的优势。制度优势转化为治理效能的命题实质上是如何使县域治理体制与基层社会有效衔接的问题。②

当前基层治理中存在的各类问题，如权责倒挂、协同障碍、治理分立、管理不畅等，本质上都是条块协同障碍所致。③ 条块分割和"碎片化权威"体制导致的权责交叉和九龙治水的问题依然存在。④ 由于条块分割、部门主义的影响，条条之间极易形成信息孤岛，导致重复输入数据。在一些政策执行领域，条块任务分解也会出现失灵，产生分解谬误现象，主要表现为：层层加码层级性分解谬误、一刀切区域性与行业性分解谬误、运动式和短期化时间性分解谬误。⑤ 在条线下沉的作用下，基层组织分别在层级关系、组织运作和工作理念上受到强压力传导而产生变化，包括组织模式的行政化、形式主义的加剧及权责资源的不匹配等。⑥ 将科层体制中条块关系引发的问题带到街道和社区层面，以街道、乡镇及下辖社区具有属地特征，以一定的地区空间为单元开展工作，衍生出社区基层治理的类条块关系。⑦

党政体制和条块体制，构成了基层统合治理的体制和制度基础，是以党组织的领导权威为基础，依托党政体制的组织架构，实现对条条与块块的整合协调。⑧ 在条块体制下，基层某些部门的正式权力地位提升，却无法解决部门协调和条块分割

---

① 田先红：《县域末端治理的属性、困境及其破解之道——从条块关系的视角切入》，《理论月刊》2022年第7期，第21页。

② 杨华：《治理机制创新：县域体制优势转化为治理效能的路径》，《探索》2021年第5期，第63页。

③ 邱实：《职责聚合：基层治理条块协同的优化创新》，《理论月刊》2022年第12期，第35页。

④ 赵玲玲：《整体智治：基层治理模式创新的实践逻辑与实现路径——以浙江省"大综合一体化"行政执法改革为例》，《地方治理研究》2023年第1期，第12页。

⑤ 赖先进：《条块任务分解、分解谬误与治理现代化——超大规模治理负荷化解的复合逻辑》，《经济体制改革》2022年第5期，第35页。

⑥ 文宏、任子毅：《基层负担难题从何得解——基于条线下沉视域下的解释》，《治理现代化研究》2022年第2期，第69页。

⑦ 文宏、任子毅：《基层负担难题从何得解——基于条线下沉视域下的解释》，《治理现代化研究》2022年第2期，第69页。

⑧ 张紧跟：《党建引领：地方治理的本土经验与理论贡献》，《探索》2021年第2期，第88页。

的难题，需要依托党委块块的权威进行统筹。① 党委如何统筹条线部门在项目资源分配和管理过程中的实践性权力，是县域条块互动的核心。中心工作制塑造了条块结构中的行动者关系。② 推进"党建引领"机制的规范化、"街乡吹哨、部门报到"联合执法机制的法治化、"接诉即办"机制的长效化既是解决条块分割的长久之计，也是维持基层治理有效运行的保障。③ 党建引领的条块联动机制本质上就是要在党的领导下加强部门与基层的协同，实现块块职责更高层次、更广范畴的聚合。④

针对条块关系在基层治理实践中暴露出来的问题，有必要超越合作共治的条块关系，实行条块协作互嵌的基层管理体制。将上面"千条线"有机嵌入基层块块"一根针"，不简单照搬上级机关设置模式；健全块块职责体系，理顺和明确条块权责关系；党建引领条块协作互嵌，规范垂直管理体制和地方分级管理体制。⑤ 应当推动实现基层多部门条块协同，合理配置权责体系。⑥ 进行块块职责纵横双向聚合的基层治理条块协同理念创新，并通过结构性、运行性和系统性三个方面的职责聚合构造块块职责清单建设、治理权限适配的实践方式和党建引领的条块联动机制的基层治理条块协同优化进路。⑦ 建构基层治理中的条块联动机制，将有边界有范围的职责通过特定机制聚合为一个互补协调的有机整体。⑧ 应进一步自上而下纵深推动改革，强化乡镇（街道）统筹协调、建立条块权责清单、推动条的重心下移、用好"互联网＋"技术工具、增进块块与民众互信协作，最终形成职责清晰、协同有力的基层治理新格局。⑨ 行政执法改革试点体现为块系统上的横向自发和条系统上

① 田先红：《县域末端治理的属性、困境及其破解之道——从条块关系的视角切入》，《理论月刊》2022年第7期，第21页。

② 吴春来、刘心译：《党委整合条块：县域统合治理的权力过程与运行机制——以T县"美丽乡村建设领导小组"为例》，《党政研究》2022年第6期，第90页。

③ 王丛虎、乔卫星：《基层治理中"条块分割"的弥补与完善——以北京城市"一体两翼"机制为例》，《中国行政管理》2021年第10期，第49页。

④ 邱实：《职责聚合：基层治理条块协同的优化创新》，《理论月刊》2022年第12期，第35页。

⑤ 周振超、黄洪凯：《条块关系从合作共治到协作互嵌：基层块块负担的生成及破解》，《公共管理与政策评论》2022年第1期，第20页。

⑥ 佟林杰、张明欣：《基层数字形式主义及其条块协同治理》，《学术交流》2022年第8期，第148页。

⑦ 彭勃、刘旭：《破解基层治理的协同难题：数字化平台的条块统合路径》，《理论与改革》2022年第5期，第42页。

⑧ 邱实：《职责聚合：基层治理条块协同的优化创新》，《理论月刊》2022年第12期，第35页。

⑨ 过勇、贺海峰：《我国基层政府块块体制的条块关系：从失调走向协同》，《经济社会体制比较》2021年第2期，第90页。

的纵向推动的两种效度，推动政策试点过程中催生出一个多重功能有机融合的结构形态。① 基层执法权并不仅仅体现出属地意志执法，而是对基层条块权责关系的整体呈现。乡镇执法权并不仅仅是行政法意义上的权责厘清，其核心在于基层条块之间的权责利的均衡关系，以及专项治理中如何去调配二者之间的权责利关系。②

三、展望与分析：条块关系发展的优化方向

理顺和优化条块关系是完善国家治理体系、提升治理效能的重要举措。面对新时代新征程提出的新任务，条块关系需要继续深化改革，对职能配置、体制机制、机构职责、机构设置、运行机制进行调整和完善。

（一）加强党中央对重点领域统的力度

加强党中央对重点领域的集中统一领导，加大统的力度，确保党中央集中统一领导和国家政令统一，统筹解决战略性、方向性、全局性重大问题。基本方向是："理顺中央和地方权责关系，加强中央宏观事务管理，维护国家法制统一、政令统一、市场统一。适当加强中央在知识产权保护、养老保险、跨区域生态环境保护等方面事权，减少并规范中央和地方共同事权。赋予地方更多自主权，支持地方创造性开展工作。按照权责一致原则，规范垂直管理体制和地方分级管理体制。"一是推进各级政府事权规范化、法律化。不同层级各有其职能重点。中央部门要集中精力抓大事、谋全局，地方在保证党中央令行禁止前提下管理好本地区事务。进一步科学设置中央和地方事权，明晰金融监督管理的中央事权地位，加大中国人民银行等相关条条垂直管理的力度。二是优化机构设置、力量资源配置，加强机构人员职能整合、业务工作融合、机制流程衔接。完善政令统一、运行顺畅、执行高效、充满活力的工作体系，确保中央垂直管理派出机构有和工作量相适应的编制，在地方分级管理的事项上突出条抓块统的导向，形成条块畅达的局面。中央部委创新监管方式，在金融等领域强化机构监管、行为监管、功能监管、穿透式监管、持续监

① 丁煌、李雪松：《基层综合行政执法改革何以发生：一个结构试验情境的分析视角——以 W 市改革试点为例》，《河南师范大学学报》（哲学社会科学版）2022 年第 5 期，第 15 页。

② 吴春来、赵晓峰、李立：《条块关系与基层执法权属地化的结构困境——Y 镇"乡镇综合行政执法"的个案分析》，《中国行政管理》2022 年第 9 期，第 50 页。

管，让条块权责更加协同、监管更加有力、运行更加高效。

（二）数字中国建设背景为重塑条块关系提供了契机

条块关系在不同的块块层级有不同的表现形式和互动机制，协调条块关系不能仅仅从条条和块块自身出发，而是需要从政府与社会关系、"两个大局"、科技革命尤其是数字中国建设的背景下通盘考虑。例如，数字政府建设特别是一些地方推进的党建统领的基层智治系统为重塑条块关系提供了契机。基层智治系统从体制机制、职能职责、治理理念三个层面发挥作用，推动条块间职能职责的梳理和权责边界的划分。基层智治系统建设与"县乡一体、条抓块统""街乡吹哨、部门报道"等体制机制改革同频共振，在二者的共同作用下，基层政府对条线部门的统筹协调能力有所提升。以"一件事"集成改革为抓手，对职责配置进行优化，可以提升条块协同效率，倒逼政府对条块职责进行梳理和界定。厘清各个部门的职责体系及相互间的职责关系，解决职责交叉重叠、政出多门、机构重叠、部门履行职责时"各行其道"甚至"依法打架"等弊端。在整体上构建与现代政府职责体系相适应的内在关系、运行机制与组织体系。

（三）重点解决基层治理中权责脱节问题

针对条强块弱、条块结合不到位，属地万能、权责边界不清晰等问题，需要进一步厘清区县部门与乡镇（街道）之间权责。一是构建简约高效的管理体制。区县党委政府要有力统筹各部门的工作任务，推进大类业务"一网统管"。二是明确权责清单。要进一步健全政府职责体系，科学规范属地管理，明确乡镇（街道）及社区权责清单，一体推进权责利和人财物对称向基层下沉。进一步向基层放权赋能。建立"基层吹哨、部门报到"的工作评议机制。明确乡镇（街道）相应的调度权，涉及辖区内重大项目、规划及群众切身利益的事项，乡镇（街道）享有建议权和决策权。三是完善共建共治共享的基层治理共同体。区县党委政府要制定出台相关制度文件，支持和引导驻乡镇（街道）机关企事业单位以所在地党组织为核心、积极主动参与基层治理。定期会商，建立由区县党委政府领导兼任下级联席会召集人制度，吸纳下级党组织和辖区单位参加，最大限度扩大联动主体覆盖面。定期组织联席会议，研究推进解决各类难题。

四、报告要点

条块关系既是重大实践问题，也是重大理论问题。回顾 2021 年、2022 年条块关系的实践探索和理论研究，本报告的基本结论如下。

第一，中国政治实践发生深刻变化，条块关系也随之而变，相对而言，在宏观层面条块关系延续了条强块弱的演进方向。推动条块关系演变的主要动力是党的中央全会作出的重大决定，以及相应的国家法律、党内法规、中央文件的修改。在国家治理上，更加注重顶层设计、坚持中央和地方一盘棋，对条条和块块的定位更加明确。即中央和国家机关是贯彻落实党中央决策部署的"最初一公里"，要带头坚持党中央集中统一领导，带头执行党的路线方针政策，要做好对本行业本系统的指导和监督；地方党委是贯彻落实党中央决策部署的"中间段"，要结合地方实际创造性地开展工作。

第二，在微观层面，基层治理中的条块关系变得相对复杂，条块矛盾突出，难以找到具体工作条抓块统的有机结合点。条块关系在发挥独特政治功能的同时也带来了一定负外部性，成为影响基层治理效能提升的结构性因素之一。条块关系结构本身不是导致基层块块负担繁重的原因，失序异化的条块关系才是造成基层块块超负荷运转的重要因素。

第三，深入推进条块关系研究，要坚持经典和经验并重，既要读经典，又要总结经验；既要弄清楚国家法律和党内法规对条块关系的内在规定性，又要把握准条块关系在现实世界是如何运作的；既要把研究置于历史维度之中，又要坚持现代社会科学的研究规范，找到现实中重要、理论含量丰富的研究问题。对条块关系的研究不能仅仅变成现象堆积、枝节探讨和已有知识的排列组合，关键是要找到其中的机理，进而形成把实践说清楚、讲明白的理论体系和话语体系。近年来，对条块关系的研究逐渐增多，主要集中在基层治理中的条块关系、条块关系的历史变迁、某个具体领域中的条块关系等方面，更加注重实证研究。从总体上看，还缺乏把条块关系作为一个整体，集中进行专题研究的专著，这使得人们难以对条块关系进行系统的认识和了解。

（作者单位：西南政法大学政治与公共管理学院）

行政区划调整研究报告

赵聚军 王 坤

行政区划作为国之大政，是构建中国特色社会主义国家治理体系的空间载体。2022 年 6 月 22 日，中央全面深化改革委员会第二十六次会议审议通过的《关于加强和改进行政区划工作的意见》强调，加强行政区划的战略性、系统性、前瞻性研究，组织研究拟定行政区划总体规划思路，提升行政区划设置的科学性、规范性、有效性，确保行政区划设置和调整同国家发展战略、经济社会发展、国防建设需要相适应。与中央对行政区划的战略定位相一致，近年来的行政区划调整和研究工作普遍强调将优化行政区划设置作为完善空间治理体系的重要政策工具。

一、2021—2022 年行政区划调整的主要实践

适时的行政区划调整是优化国家治理体系和治理能力的重要方式。从实践上看，2021 年出现的行政区划调整案例主要致力于提升城市资源承载能力、完善城市内部结构和优化区域发展格局。而受宏观政策环境影响，2022 年的行政区划调整陷入低潮。2022 年两会期间，为提升新型城镇化质量，中央政府在《政府工作报告》中明确要求严控撤县建市设区。此后不久，国家发改委在《2022 年新型城镇化和城乡融合发展重点任务》中也提出，慎重从严把握撤县（市）改区。政策环境的变化，使得 2022 年度未发生撤县（市）设区或撤县建市，其他类型调整的尺度和频率亦大幅下降。纵观 2021—2022 年行政区划调整，除新疆维吾尔自治区设立县级新星市外，其余均可归为撤县（市）设区、市辖区整合和撤县设市三种类型。

(一) 撤县 (市) 设区逐渐遇冷

撤县 (市) 设区是近年来相当活跃的行政区划调整类型。仅 2013—2020 年，全国便发生了 115 起撤县 (市) 设区案例。从政策意义上看，撤县 (市) 设区被认为是突破城市空间发展限制，提升城市资源承载力的重要抓手。近年来，随着新型城镇化的快速推进，部分大中城市由于中心城区人口、资源的过度聚集，开始出现空间局限带来的规模不经济问题。而通过撤县 (市) 设区等形式扩展城市的发展空间，被认为有助于区域协同发展和基础设施的统筹规划，促进城市功能疏散和产业转移。再加上"土地财政"的刺激，使得近年来大中城市对发展空间的需求变得非常普遍。于是，从 2013 年开始，撤县 (市) 设区的第二次高潮出现，并迅速成为县级行政区划调整的主导类型。

然而，随着国内多数超大城市和特大城市基本完成撤县 (市) 设区进程，调整重心开始转向中小城市后，撤县 (市) 设区的负面影响被逐渐重视，调整活动迅速冷却。撤县 (市) 设区的负面影响主要表现为：第一，部分城市将不具备城市属性的县 (市) 改为市辖区，造成虚假城市化问题。第二，县 (市) 改为市辖区后，县级政府发展经济的长期激励消失，未必真正促进地级市与县 (市) 的经济增长。第三，部分城市为了顺利推进撤县 (市) 设区进程，允许新设区保留大量原有管理权限，偏离了市辖区作为城市行政分治所的设置初衷。基于上述背景，撤县 (市) 设区的数量开始急剧下降。相比于 2020 年发生 8 起案例，2021 年仅有 5 起撤县 (市) 设区 (如表 2-8 所示)。由于中央严控政策的实施，2022 年更是无一起撤县 (市) 设区发生。

表 2-8　2021 年撤县 (市) 设区类型的行政区划调整

调整涉及省市	调整的具体内容
陕西省宝鸡市部分行政区划调整	撤销凤翔县，设立宝鸡市凤翔区，以原凤翔县的行政区域为凤翔区的行政区域
福建省漳州市部分行政区划调整	撤销县级龙海市，设立漳州市龙海区，以原龙海市的行政区域为龙海区的行政区域
福建省漳州市部分行政区划调整	撤销长泰县，设立漳州市长泰区，以原长泰县的行政区域为长泰区的行政区域

续表

调整涉及省市	调整的具体内容
福建省三明市部分行政区划调整	撤销沙县,设立三明市沙县区,以原沙县的行政区域为沙县区的行政区域
河南省洛阳市部分行政区划调整	撤销县级偃师市,设立洛阳市偃师区,以原偃师市的行政区域为偃师区的行政区域

资料来源:根据民政部《中华人民共和国 2021 年县级以上行政区划变更情况》(http://xzqh. mca. gov. cn/description? dcpid=2021)的相关数据整理。

(二) 市辖区整合依然活跃

作为高质量发展的基本动力源泉,超大城市和特大城市需通过行政区划调整来实现扩容提质。在区县层面,相当数量的超大城市和特大城市需要通过市辖区整合来解决中心城区"塌陷"问题。具体而言,部分超大城市和特大城市中心城区的市辖区数量多、面积小,再加上发展空间饱和、城市更新成本高昂、城市新核心区建设等因素,中心城区"塌陷"现象已经出现。而通过对已设置的市辖区进行合并重组,被认为是完善城市规划分区,优化空间治理,提升城市承载力和资源配置力的重要手段,能够较好地应对中心城区"塌陷"问题,因此近几年一直比较活跃。从实践上看,2021—2022 年全国一共出现了 10 起市辖区整合的案例(如表 2 - 9 所示),其中 7 起发生在人口较多的省会城市。

表 2 - 9 2021—2022 年市辖区整合类型的行政区划调整

调整涉及省市	调整的具体内容
福建省三明市部分行政区划调整	撤销三明市梅列区、三元区,设立新的三明市三元区,以原梅列区、三元区的行政区域为新的三元区的行政区域
河南省洛阳市部分行政区划调整	撤销孟津县、洛阳市吉利区,设立洛阳市孟津区,以原孟津县、吉利区的行政区域为孟津区的行政区域
浙江省杭州市部分行政区划调整	撤销杭州市上城区、江干区,设立新的杭州市上城区,以原上城区、江干区的行政区域(不含下沙街道、白杨街道)为新的上城区的行政区域
浙江省杭州市部分行政区划调整	撤销杭州市下城区、拱墅区,设立新的杭州市拱墅区,以原下城区、拱墅区的行政区域为新的拱墅区的行政区域
浙江省杭州市部分行政区划调整	撤销杭州市余杭区,设立新的杭州市余杭区,以原余杭区的余杭街道、仓前街道、闲林街道、五常街道、中泰街道、仁和街道、良渚街道、瓶窑镇、径山镇、黄湖镇、鸬鸟镇、百丈镇的行政区域为新的余杭区的行政区域

调整涉及省市	调整的具体内容
浙江省杭州市部分行政区划调整	设立杭州市临平区，以原余杭区的临平街道、东湖街道、南苑街道、星桥街道、运河街道、乔司街道、崇贤街道、塘栖镇为临平区的行政区域
浙江省杭州市部分行政区划调整	设立杭州市钱塘区，以原江干区的下沙街道、白杨街道，杭州市萧山区的河庄街道、义蓬街道、新湾街道、临江街道、前进街道为钱塘区的行政区域
甘肃省兰州市部分行政区划调整	将皋兰县忠和镇的罗官村、忠和村、水源村3个建制村划入城关区。将皋兰县九合镇及其所辖全部11个建制村，忠和镇及其所辖的盐池社区1个社区和崖川村、丰登村、平岘村、六合村、盐池村5个建制村划入安宁区
江西省南昌市部分行政区划调整	将新建区流湖镇划归红谷滩区管辖
黑龙江省七台河市部分行政区划调整	将新兴区兴北镇划归茄子河区管辖

资料来源：根据民政部《中华人民共和国2021年县级以上行政区划变更情况》（http://xzqh.mca.gov.cn/description？dcpid=2021）以及地方政府信息公开平台的相关数据整理。

（三）撤县设市高潮中止

自1983年首次出现县级市以来，我国撤县设市调整先后经历了两次高潮。1983年，江苏省常熟地区下辖的常熟县改设为市，标志着第一个县级市诞生。同年，全国共有31个县改为县级市，说明撤县设市一经实施便进入了政策实施的高潮。从1983年到1997年，随着经济的持续快速发展和城镇化的推进，加之早期撤县设市公布的标准设立要求不高、批复程序不难，大量县申报改为县级市，引发了撤县设市的第一个高潮。在这一时期，全国共有391个县进行了撤县设市。但由于当时撤县设市过热，危及县制的稳定。在1997年3月湖北省汉川县改设为汉川市，成为当时最后一例撤县设市后，国务院便正式冻结了撤县设市的审批。从1998年到2009年，撤县设市经历了长达12年的冻结期。自2010年起，撤县设市审批有所松动，但每年批复的数量极少。2010—2016年，仅有14个县改为县级市。2016年国务院印发了《关于深入推进新型城镇化建设的若干意见》，并配套出台了相应的标准和申报程序，标志着撤县设市政策正式重新启动。其后，撤县设市改革迅速进入一个小高潮，从2017—2021年，全国共有38个县改为县级市。而在2022年中央要求严控撤县建市设区后，这一小高潮又戛然而止。

从 2021 年实践看，全国共出现了 7 例撤县设市（如表 2 – 10 所示），且存在较大的区域差异。具体来看，2021 年西部地区撤县设市数量最多，为 6 例，中部地区为 1 例，而东部地区和东北地区则未发生撤县设市。可见，2021 年撤县设市集中发生在西部地区，通过行政区划调整手段服务于区域协同发展和国家重大战略的意图依然比较明显。

表 2 – 10　2021 年撤县设市类型的行政区划调整

调整涉及省市	调整的具体内容
新疆维吾尔自治区撤销沙湾县设立县级沙湾市	撤销沙湾县，设立县级沙湾市，以原沙湾县的行政区域为沙湾市的行政区域
四川省撤销会理县设立县级会理市	撤销会理县，设立县级会理市，以原会理县的行政区域为会理市的行政区域。会理市由凉山彝族自治州管辖
云南省撤销禄丰县设立县级禄丰市	撤销禄丰县，设立县级禄丰市，以原禄丰县的行政区域为禄丰市的行政区域。禄丰市由楚雄彝族自治州管辖
广西壮族自治区撤销横县设立县级横州市	撤销横县，设立县级横州市，以原横县的行政区域为横州市的行政区域。横州市由广西壮族自治区直辖，南宁市代管
陕西省撤销旬阳县设立县级旬阳市	撤销旬阳县，设立县级旬阳市，以原旬阳县的行政区域为旬阳市的行政区域。旬阳市由陕西省直辖，安康市代管
湖南省撤销祁阳县设立县级祁阳市	撤销祁阳县，设立县级祁阳市，以原祁阳县的行政区域为祁阳市的行政区域。祁阳市由湖南省直辖，永州市代管
贵州省撤销黔西县设立县级黔西市	撤销黔西县，设立县级黔西市，以原黔西县的行政区域为黔西市的行政区域。黔西市由贵州省直辖，毕节市代管

资料来源：根据民政部《中华人民共和国 2021 年县级以上行政区划变更情况》（http://xzqh. mca. gov. cn/description?dcpid＝2021）的相关数据整理。

二、2021—2022 年行政区划研究综述

整体而言，依据不同时期施政重心的变化和不同层级、区域政区设置的特性，可将行政区划调整的逻辑导向归纳为"政治-发展-治理"三重逻辑。以此为主要依据，对于 2021—2022 年行政区划研究成果的梳理，将沿着偏向于政治逻辑、偏向于发展逻辑、偏向于治理逻辑三个方向进行分类。同时，也将主要关注行政区划理论与方法、行政区划法治化、行政区划与政府财政的文献另单列为一个板块。

（一）偏向于政治逻辑的研究

第一，主要围绕当代中国行政区划调整的研究。邱实通过梳理我国撤县（市）

设区的变迁历程，发现其发生逻辑可以理解为地方政府在治理资源、财税权限和发展结构方面竞争与协同互动的结果。在此发生逻辑的作用下，撤县（市）设区后市区关系呈现为完全协同、有限协同、利益间隔、利益相斥四种形态，构成我国市区关系的现实图景。[①] 高进等指出以撤县设市和撤县（市）设区为中心的县级行政区划调整，折射出地方纵向市县和横向县际之间围绕权力配置、公共行政和资源利益等进行竞争的博弈关系。这种府际竞争在促进区域经济社会发展的同时，也可能产生过渡期难以融合、过度依赖土地财政和地方发展积极性削弱等风险。[②] 此外，刘云刚等系统探讨了海南的政区碎片化问题，认为海南的行政区划受到不同时期国家战略和历史政区设置的影响，政区碎片化现象日趋凸显。[③]

第二，主要围绕新中国成立之前行政区划调整的相关研究。赵逸才等基于大量历史资料，全面分析了 1683—1911 年中国县级行政区划的时空变动过程与演变规律。研究发现，督抚体制是行政区划调整推进的制度保障，行政区划调整的频次受最高统治者的治理理念影响较大，波动明显。[④] 赵逸才和王开泳通过对同一时期 432 个新设县级政区的设治过程的分析，发现清代县级政区存在控驭地方与巩固边疆、区位适中与方便管理和建城取材与节约经费的设置理念。并且，治所一旦选定，少有更迁。[⑤] 另外，赵逸才还指出随着明清"改土归流"的逐步推进，许多土府设附郭长官司、附郭县和相应的行政组织、官员来加强管理。这为边疆民族地区向内地行政体制过渡提供了路径，促进了民族融合和统一多民族国家的稳固。[⑥]

（二）偏向于发展逻辑的研究

第一，行政区划与城市经济发展。姜明栋等利用双重差分模型，实证检验了撤县（市）设区对城市经济效率的作用效果及其动态演进规律和异质性特征。结果显

---

① 邱实：《发展竞争中的利益协同：撤县（市）设区的发生逻辑及市区关系》，《研究经济社会体制比较》2022 年第 6 期，第 119 页。

② 高进、刘聪、李学毅：《县级行政区划调整与府际竞争——基于撤县设市与撤县（市）设区的比较》，《浙江社会科学》2022 年第 10 期，第 37 页。

③ 刘云刚、张吉星、王丰龙：《海南政区碎片化问题研究》，《中国名城》2021 年第 8 期，第 14 页。

④ 赵逸才、王开泳、华林甫等：《清代县级行政区划调整的时空变动与演化机理》，《地理学报》2022 年第 12 期，第 2972 页。

⑤ 赵逸才、王开泳：《清代县级政区的设治理念、治所迁移规律与经验借鉴》，《中国名城》2021 年第 10 期，第 79 页。

⑥ 赵逸才：《中国附郭县制度的两种特殊形态》，《文史哲》2022 年第 5 期，第 44 页。

示，撤县（市）设区在实施后的第 4 年开始显著促进城市经济效率提升，作用程度总体呈上升趋势。并且，撤县（市）设区的政策效果高度依赖于政府调控能力和市辖区首位度。[①] 詹新宇和曾傅雯进一步分析了撤县（市）设区经济发展质量效应的异质性。研究表明，相比"被动调整型"撤县（市）设区，"主动适应型"撤县（市）设区更能提升辖区经济发展质量；相比普通城市，高行政级别城市的撤县（市）设区对其辖区经济发展质量的提升作用反而较弱。机制分析发现，撤县（市）设区是通过城市规模扩张带来的集聚效应作用于辖区经济发展质量的，并且是通过提高辖区行业的多样化水平而非专业化水平来实现的。[②] 余华义等利用独特的真实二手房交易数据，以及上海市静安区和闸北区合并为静安区的准实验，通过双重差分和精确断点回归检验了区域房地产市场的一体化效应。结果表明，市辖区合并造成了区域房价的上升。同时，合并提高了原闸北区公共服务水平，对原静安区公共服务产生了一定的稀释效应，但长期而言促进了整个合并区域的要素集聚和经济发展。[③] 然而，金晶等却发现了撤县（市）设区对房价上升存在抑制效应。他们的结果表明，撤县（市）设区对房价具有短期抑制效应；分城市来看，Ⅰ型大城市和特大城市实施撤县（市）设区后，对房价上涨有更显著的抑制效应；城市扩张越强，撤县（市）设区对于房价的抑制作用越强，而人口流入、基础设施建设会适当降低撤县（市）设区对房价的抑制效应。[④] 此外，吴金群等指出为消除镇的建制对区域发展产生的刚性约束，可因地制宜地开展撤镇设县级市，并积极探索县下辖市的创新空间。从新时代市制演变的逻辑看，两种设市模式的实施条件有所差异。在政区建制、政区空间和行政单位等核心要素上，两种设市模式的内涵明显不同。可在比较优劣和约束条件的基础上，锚定适用对象。[⑤]

———————————

① 姜明栋、陈雯雯、许静茹：《"撤县设区"提高城市经济效率了吗？——来自设区市面板数据的实证研究》，《经济体制改革》2022 年第 3 期，第 180 页。

② 詹新宇、曾傅雯：《行政区划调整提升经济发展质量了吗？——来自"撤县设区"的经验证据》，《财贸研究》2021 年第 4 期，第 70 页。

③ 余华义、侯玉娟、洪永淼：《城市辖区合并的区域一体化效应——来自房地产微观数据和城市辖区经济数据的证据》，《中国工业经济》2021 年第 4 期，第 119 页。

④ 金晶、陈多长、黄忠华等：《撤县设区对房地产市场影响的实证研究》，《地理科学》2021 年第 3 期，第 473 页。

⑤ 吴金群、徐懿琳、廖超超：《撤镇设县级市抑或县下辖市：新时代经济发达镇的设市模式研究》，《治理研究》2022 年第 3 期，第 70 页。

第二，行政区划与区域和城乡经济发展。马光荣和赵耀红认为行政区划壁垒对省际交界地带经济发展可能存在边界跳跃效应和边界洼地效应，接着利用栅格级别夜间灯光亮度和公共品提供数据，对两种效应进行检验。结果显示，省际交界地带不存在显著的边界跳跃效应，紧邻省界两侧的地带在经济发展和公共品提供水平上都高度接近；省际交界地带存在明显的边界洼地效应，越靠近省界的地区，经济发展和公共品提供水平越滞后，这一效应在距离省界 20 公里的范围内尤为明显。边界洼地效应的存在导致省内核心地带的经济发展难以辐射到边界地带，同时也是边界跳跃效应不存在的原因。[①] 张光利等采用双重差分法考察了撤县（市）设区对撤并县域创业活动的影响。研究发现撤县（市）设区通过提高撤并县域的劳动力流入，降低农业用地使用面积，进而实现了撤并县域的创业活跃度和创业规模的提升。[②] 匡贞胜等基于行政区划体系配置资源的特性，从产业结构转型、体制关系转变和管理模式转换三个维度阐释了资源型地区行政重构、空间重组及体制改革需求的生成机制，并以伊春市的行政区划调整为例，揭示了资源型地区政区改革的背景、过程与逻辑。[③] 韦欣利用区界重组数据，发现区界重组通过区对口扶弱，实现了区县一体化增长的协同效应。[④] 赖德胜等利用 2012—2020 年四川省 169 个县级面板数据，采用交错双重差分 DID 方法，分析了撤乡并镇对乡村振兴的政策效果。研究发现，撤乡并镇对乡村振兴有显著的促进作用；撤乡并镇通过行政区划调整的发展逻辑和治理逻辑两重作用机制促进乡村振兴，然而短期内这两种作用机制表现为竞争关系，协同效应尚未显现；撤乡并镇在经济基础较弱地区政策红利释放更为明显。[⑤] 张可云和王洋志从撤县设区（市）和撤乡镇设街道的匹配性入手，提出了行政区划调整同步性的概念，并结合城市化管理率和城市化管理指数考察了中国各地

① 马光荣、赵耀红：《行政区划壁垒、边界地区公共品提供与经济发展》，《金融研究》2022 年第 8 期，第 55 页。

② 张光利、薛慧丽、兰明慧等：《行政区划调整与地区市场主体活力——基于"撤县设区"政策与创业活动的视角》，《经济理论与经济管理》2022 年第 4 期，第 84 页。

③ 匡贞胜、申立、肖莎：《资源型地区的结构变迁与行政区划改革——以伊春市为例》，《经济社会体制比较》2021 年第 4 期，第 129 页。

④ 韦欣：《行政区划调整与基层区域协调发展——基于区界重组的证据》，《学海》2022 年第 2 期，第 131 页。

⑤ 赖德胜、张振、卜涛等：《撤乡并镇与乡村振兴：发展和治理的逻辑解释》，《中国工业经济》2022 年第 12 期，第 52 页。

区县乡两级行政区划调整的同步性。研究发现：2001—2020 年有超过一半的省级行政区不具备县乡两级行政区划调整的同步性，各地区的同步性并未表现出明显的区域特征，县级行政区划调整滞后是造成行政区划调整不同步的主要原因。[①]

第三，行政区划与政府财政研究。杨建坤基于 2000—2006 年《全国地市县财政统计资料》数据，采用多期双重差分法分析撤县（市）设区对城市政府行政管理支出的影响，并就该影响的动态效应及背后的具体作用机制进行检验。研究表明，撤县（市）设区可以约束城市政府行政管理支出的膨胀；规模经济效应和机构精简效应是撤县（市）设区影响城市政府行政管理成本的主要机制渠道；在撤县（市）设区政策实施后的第 3 年，城市政府的行政管理成本反而出现增加的现象；撤县（市）设区对地方政府行政管理支出的影响在东部和中西部地区之间，在晋升动机不同的官员之间，均存在差异。[②] 刘潘等基于 2006—2018 年的地级市融资平台有息债务数据，分析了撤县（市）设区对地级市融资平台债务的影响。研究发现，撤县（市）设区使得地级市债务融资能力提升，融资需求增加，对地级市融资平台债务规模有显著正向刺激作用；具体的作用机制包括土地金融效应和经济增长目标调整效应；异质性分析发现，撤县（市）设区改革对非标债务的影响大于标准的城投债。[③] 类似地，王志峰和葛雪凝基于 2009—2017 年 254 个城市面板数据，利用双重差分法考察撤县（市）设区对地方政府债务的影响。实证结果表明，撤设政策提高了地方政府的债务水平，且在政策发生后呈现一定增长态势；距离中心城区较远的被撤县、行政权力较低的一般地级市或资源禀赋较匮乏的中西部地区城市，实施撤县（市）设区对地方政府债务水平的正向影响更大。[④]

（三）偏向于治理逻辑的研究

第一，行政区划与城市治理现代化。吴金群和巢飞认为行政区划调整转向"治

① 张可云、王洋志：《撤县设区（市）和撤乡镇设街道的同步性研究——兼论中国城市型政区调整的重点与方向》，《中国行政管理》2022 年第 12 期，第 33 页。

② 杨建坤：《行政区划调整能够约束地方政府行政管理支出膨胀吗？——来自撤县设区的证据》，《公共管理评论》2022 年第 1 期，第 50 页。

③ 刘潘、祁毓、张兆强：《行政主导型城镇化与地方融资平台债务：以撤县设区为观察视角》，《财政研究》2022 年第 7 期，第 113 页。

④ 王志锋、葛雪凝：《行政区划调整影响了地方政府债务吗——基于 254 个城市撤县设区的实证研究》，《宏观经济研究》2022 年第 6 期，第 161 页。

理-服务"逻辑、社会组织蓬勃发展、公众参与能力提升、行政区划法律法规不断健全等现状为治理嵌入行政区划调整提供了良好的条件。但行政区划政治色彩鲜明、利益关系错综复杂、多元主体结构失衡、改革绩效悬浮等特点导致治理的嵌入仍存在一定限度。[①] 赖思振和袁锦贵基于福建省经验，研究发现行政区划及其层级作为国家权力结构的空间配置，会对公共服务资源的空间布局产生显著影响。[②] 王开泳和董瑶嘉利用双重差分法测度了长春市九台区（原九台市）撤市设区对城市公共服务水平的政策效应。研究结果表明，撤市设区对九台区公共服务具有显著的短期促进效应，并且九台区公共服务空间聚集点分散式增多，毗邻主城区的聚集空间显著扩大。[③] 李志刚等围绕武汉市蔡甸区（原汉阳县）的撤县设区及其治理成效展开研究。结果表明，在发展阶段和地理区位的约束下，蔡甸区的发展动力机制与沿海地区大城市周边县市有显著不同；经过撤县设区，其行政资源进一步受限，出现被动边缘化，难以实现快速发展，以致加剧了武汉市域发展的不均衡性。[④]

第二，行政区划与基层治理。张可云和孙鹏通过分析北京市在基层行政区划设置与调整方面的尝试与创新，指出适应城市化发展方向、合理确定基层行政区划设置标准和边界调整适应城市化，以及适当打破城乡分割是未来基层行政区划调整的方向。[⑤] 许泽宁等认为随着城市的快速发展，城市中心区普遍面临品质提升的压力，有必要通过行政区划的优化，重构城市中心区空间组织，提升城市治理能力。[⑥] 赵聚军和李佳凯以 2020 年天津市"插花地"集中整治为案例，通过系统梳理"插花地"整治的直接动因、类型、成效与不足，发现按照政区归属与管理权属相统一的

① 吴金群、巢飞：《行政区划治理何以可能——治理嵌入行政区划调整的意涵、条件及其限度》，《治理研究》2021 年第 5 期，第 41 页。

② 赖思振、袁锦贵：《行政区层级对公共服务资源的空间配置效应——以福建省为例》，《东南学术》2022 年第 2 期，第 117 页。

③ 王开泳、董瑶嘉：《撤县（市）设区对新设区公共服务设施的影响及作用机制——以长春市九台区为例》，《中国名城》2021 年第 8 期，第 28 页。

④ 李志刚、闫登辉、栾晓帆：《中部地区特大城市撤县（市）设区的治理效应研究——以武汉市蔡甸区为例》，《中国名城》2021 年第 8 期，第 22 页。

⑤ 张可云、孙鹏：《城市化背景下基层行政区划调整研究——基于北京市地区办事处的实践》，《北京行政学院学报》2022 年第 4 期，第 18 页。

⑥ 许泽宁、吴丹贤、高晓路：《城市中心区街道行政区划优化设置与精细化管理》，《城市发展研究》2021 年第 6 期，第 126 页。

原则推动"插花地"行政区划调整，有利于化解基层治理中的权责交叉、管理真空等难题，发挥属地管理的积极作用。并且，从中可以进一步归纳发现，党的十八大以来的行政区划调整正在经历从单纯的强发展导向到发展与治理并重导向的转型，并开始在优化基层治理的过程中扮演重要角色。[①]

（四）其他类型的研究

第一，行政区划理论与方法。吴金群和巢飞认为在空间生产的视角下，行政区划调整不仅包括地域层面上对城市空间的重新划分，而且包括尺度层面上对社会关系和制度结构的系统重塑。将政府、市场与社会的行动和权力、资本、权利的三重逻辑整合起来，可以为分析城市行政区划调整提供一个全新的工具。在实践中，合作与互制是政府（权力）和市场（资本）的互动逻辑，监督与回应是政府（权力）和社会（权利）的互动逻辑，嵌入与互渗是市场（资本）和社会（权利）的互动逻辑。[②] 匡贞胜和孙斌栋梳理了新国家空间（new state space，NSS）框架的提出背景、重要概念、主要观点及国内外相关研究成果，发现 NSS 框架虽能为碎片化的全球空间治理研究提供一个统一的分析视角与平台，但却可能因概念泛化且缺乏可证伪性、框架固化而难以捕捉繁复情境、复杂化现象问题等潜在缺陷而引发理论本体模糊。同时，中国存在特殊的国土空间行政结构、政府间关系、所有制安排、地方官员晋升机制及市场经济发展路径，基于欧美背景的 NSS 框架难以准确解析中国的本地化场景。[③] 此外，匡贞胜在梳理市制概念起源与中国城市行政区演化历程的基础上，结合国土空间行政结构、府际权力关系及土地所有制等方面的差异，总结了市制研究的思想脉络，认为已有研究侧重于对西方城市体制的静态外在形式借鉴，仅聚焦于城乡功能差异，欠缺历史纵深的因果阐释，对制度的动态嵌入性与历史时序的重要性考虑不足。总之，城市治理具备多路径特征，市制并非预先给定的

---

① 赵聚军、李佳凯：《行政区划调整如何优化基层治理？——基于天津市"插花地"集中整治的观察》，《行政论坛》2021 年第 5 期，第 51 页。

② 吴金群、巢飞：《空间生产视角下我国城市行政区划调整的三元互动逻辑》，《人文地理》2022 年第 3 期，第 110 页。

③ 匡贞胜、孙斌栋：《新国家空间框架解读中国空间转型现象的再审视》，《地理科学进展》2021 年第 3 期，第 511 页。

模式，而是社会建构的结果。① 赵聚军认为加强行政区划的战略性、系统性和前瞻性研究，需紧跟不同时期的国家发展战略，厘清行政区划设置与调整的内在逻辑；既要重点关注当下的改革实践，也不能忽视纵向的历史梳理和横向的比较借鉴；协调好总体稳定与适时调整、扩张与收缩、发展与治理、事前论证与事后评估四组主要关系。②

第二，行政区划法治化建设研究。曹舒和张肇廷认为撤县（市）设区实质是关乎国家权力配置与互动的宪法制度，理应回归法治之路，遵循宪法确立的规范、原则与精神，顺应撤县（市）设区的自身发展规律。③ 范力文认为我国以富强为核心的立宪主义范式，使行政区划制度受到宪法内在矛盾的影响：一方面被赋予了促进现代化建设的主动性任务；另一方面又必须承担着稳定国家结构、夯实民主基础的被动性任务。由此，行政区划的流变呈现一种处于法治与人治之间的"亚法治"形态，具体表现为：对公权力的制约与监督不足，法律规范与实践之间呈现一定程度的紧张关系，宪法价值有时无奈让位于现实考虑。完成对"亚法治"形态的应战必须借助法治的力量，回归行政区划的宪法制度定位，探求关于行政区划的国家根本法、最高法规范。④

三、展望与分析：新时代持续优化行政区划设置的基本策略

为了推动行政区划更好地服务于国家的重大发展战略、经济社会发展和国防建设，未来行政区划工作应在坚持"非必要的不调、拿不准的不动、时机条件不成熟的不改"的前提下，根据新时代社会经济发展面临的新形势、新问题，稳妥审慎地优化调整行政区划设置。

（一）在充分发挥党的全面领导、协调各方作用基础上强化部门协同

行政区划作为一项基础性的制度安排，其变更和调整涉及党政多个部门，这就

---

① 匡贞胜：《中国市制改革理论、实践及反思》，《城市问题》2022 年第 9 期，第 15 页。
② 赵聚军：《加强行政区划工作的战略性、系统性、前瞻性研究》，《人民论坛》2022 年第 17 期，第 64 页。
③ 曹舒、张肇廷：《迈向"无县时代"？——当代中国撤县设区的实践总结及反思》，《开放时代》2022 年第 4 期，第 62 页。
④ 范力文：《方舆宪制——行政区划的规范涵义》，硕士学位论文，中国政法大学，2022 年。

要求在充分发挥党的全面领导、协调各方作用的前提下，有效通过党中央和党的地方委员会（常务委员会）审议讨论行政区划问题这一重要的平台机制，强化民政部门同编制、发展改革、财政、人力资源社会保障、教育等其他党政部门的协同联动，全面提升行政区划同相关政策、规划、标准的协调衔接，保障行政区划调整方案得以有效落实。其中，尤为关键的是应强化行政区划与编制管理工作的统筹联动机制。我国长期坚持的编制只减不增原则，有力遏制了财政供养人员的快速增长，减轻了财政负担。应该看到，随着人口的持续非均衡流动，各区域的编制配置出现了一定的倒挂现象：一方面，除了少数区域中心城市，收缩型城市和中西部地区虽然普遍面临着人口的持续流出，但相应的人员编制并未随之对应减少；另一方面，与之形成鲜明对比的是，当前很多超大城市和特大城市之所以基层行政区划调整的步伐相对滞后，一个关键因素就是受困于编制资源不足。鉴于此，在继续坚持编制只减不增的前提下，针对收缩型城市行政区划重组和"小县"优化整合等"收缩"类行政区划调整，在保持干部队伍稳定的同时，随着时间的推移和干部队伍的优化更新，必然会出现一些存量编制，将这些存量编制名额在全国层面进行有效统筹，显然有助于缓解超大城市和特大城市优化基层行政区划设置面临的普遍难题。

再者，行政区划调整通常会涉及相关区域居民的教育、社保、户籍等核心利益诉求，因此在调整方案的制定过程中，须做好与教育、人力资源社会保障、公安等部门的沟通协调，本着有利于居民既得利益的原则制定具体的配套措施，争取调整得到涉及区域居民的理解和支持。需要注意的是，从以往的经验来看，由于牵涉面较广，行政区划调整的潜在衍生成本也可能是巨大的。例如，湖北省原襄樊市2010年更名为襄阳市时，仅用于修改地图、公章、证件和招牌所产生的成本，就至少达1亿元。[①] 显然，调整论证方案对此应有较为精确的测算，并做好与财政部门的沟通协调。

（二）在明确价值导向前提下优化论证与评估体系

行政区划调整论证与评估是行政区划管理的核心内容，也是科学推进行政区划

---

① 吴庚祐、周佑勇：《行政区划变更基本原则的反思与重构——以〈行政区划管理条例〉第 2 条为中心》，《江苏行政学院学报》2020 年第 3 期，第 127 页。

调整的基础性工作。对照高质量行政区划管理与空间治理的要求，当前无论是行政区划调整论证与评估工作实践，抑或是学术研究中，普遍存在的一个问题，就是指导逻辑不够清晰，针对不同时空条件下和不同类型的调整实践，缺乏必要的区分，乃至于强行将不同时代、层级、类型的调整都聚焦于对经济发展绩效和空间效能的影响，较少关注政权和国防建设、公共服务、社会治理等其他方面的效能，与国家发展战略存在一定的脱节。鉴于此，应紧密结合党中央对行政区划设置服务于"国家发展战略、经济社会发展、国防建设"的要求，在严格区分不同层级、区域、类型的行政区划建制的基础上，分门别类构建并针对性地制定论证与评估指标体系。例如，针对省级政区的调整，应强化纵向府际关系、国家政权建设等"政治性"指标的权重；针对市、县等中层政区的调整，不仅应强调推动区域发展，也应该提升有关公共服务的指标权重；针对街镇等基层政区的调整，则应强调公共服务和社会治理相关指标的权重，避免过度强调经济发展指标；针对边疆民族地区的调整，则应在兼顾经济发展和社会治理的同时，强化维护国家领土主权、维护社会稳定等相关指标的权重。

在明确论证与评估工作价值导向的基础上，为了提升事前论证和事后评估的准确性、科学性，除了分门别类构建行政区划调整论证与评估的指标体系，也应继续规范和细化调整的论证与评估方法，并重点对专家论证、风险评估和征求社会意见等具体环节中的论证与评估方法进行完善。第一，就当前的实践情况来看，应注意将专家论证展开的时间节点定位在调整事项合规性、完整性、真实性审查程序之后，避免超前启动。同时，考虑到行政区划调整涉及方方面面，应尽可能吸收多学科背景的专家队伍参与论证，尤其是政治学、公共管理、人文地理、城市规划、区域经济等关系密切的学科。第二，针对调整过程中可能诱发的社会风险因素，应在有效甄别利益相关者和风险因素的基础上，综合使用实地调研、舆情跟踪、评估会议等方法，依据不同情况，采取地方政府直接组建工作团队、委托第三方，或者政府与第三方联合组队的形式，重点就调整的合法性、可行性、风险性和可控性展开评估，有效防控社会风险中的损失性和不确定性因素。第三，为了有效征求社会公众意见，应根据不同阶段的特点，针对政府官员、专家学者、咨询机构、社会公众等各取所长，灵活使用各种论证方法：在方案拟定阶段，主要通过小范围谈话讨论的方式，多层面、多角度听取意见，明确工作思路；在论证阶段，应适当扩大征求意见范围，并根据收集的意见修改完善调整方案和配套措施；在组织申报阶段，应通过个别访谈、座谈会议、实地走访、书面征求意见等方法，更加广泛地征求社会意见；在审核阶段，应根据调整的影响面、敏感度，通过个别访谈、座谈会议、实地走访等方法，进一步听取公众意见。

（三）系统总结行政区划设置与调整的历史经验

根据 2022 年 6 月 22 日召开的中央全面深化改革委员会第二十六次会议精神，加强行政区划的战略性、系统性、前瞻性研究是科学拟定行政区划总体规划思路的重要保障。而提升行政区划研究战略性、系统性和前瞻性的关键所在，就是深入研究和系统总结我国尤其是新中国成立以来行政区划设置的历史经验。在我国，行政区划作为一项自古以来被频繁使用的基础性政策工具，其比较制度优势的发挥，离不开学界的持续深入研究。综合已有的研究成果来看，无论是对行政区划调整逻辑的理论建构，还是行政区划调整的实效分析，都进行了大量的有益探索，不仅推动了行政区划研究理论进步，也为相关重要决策提供了重要的参考。尤其是近 20 余年来，国家行政区划战略的几次重要调整和转向，均明显受到了学界的影响。例如，"严控撤县设区"政策的出台显然与近年来学界对大规模撤县（市）设区、撤县设市所诱发的假性城镇化、城市无序扩张等问题的持续关注有关。然而，当前相关研究存在的一个"通病"，就是普遍"只争当下"，绝大多数研究者习惯性地聚焦于正在发生的现象，历史和比较研究相对薄弱。为了提升行政区划研究工作的系统性和前瞻性，显然需加强纵向的历史研究，尤其是对新中国行政区划成功经验的总结。一个典型的表现，如果缺乏对古代中国和新中国成立初期行政区划调整逻辑的深刻把握，就无法理解行政区划设置与调整对构建现代国家治理体系、优化地方政权建设、国防建设等重大战略任务的深刻影响。

（四）提升调整方案的明确性

作为一项公共政策方案，为了有效达成行政区划调整的预期目标，明确的调整方案显然是基本保障。然而，在以往的实践中，尤其是涉及府际博弈乃至冲突的调整方案中，为了减少调整的阻力，调整方案往往趋向于模糊化、折中化地处理潜在的矛盾冲突。这种处理方式虽然有助于调整的顺利推行，却往往违背了调整的初衷，长远来看难免损害政策本身的有效性。上述问题在撤县（市）设区中表现得尤为突出。党的十八大以来，撤县（市）设区作为优化城市发展空间布局、提升城市资源承载力的重要手段，对推动大中城市持续的高质量发展发挥了积极的推动保障作用。但是，考虑到城市政府施政的整体性和市辖区作为市政府行政分治区的本质属性，县（县级市）改设为市辖区后，应然状态下必然导致其管理权限的下降，典型如规划、国土、公安等重要部门将会实行垂直管理，财政和土地政策不再保持独立性，从而影响其所能掌控的行政资源和财力分配。上述状况难免会导致撤县（市）设区方案遭遇一定的阻力。尤其是在那些强县（县级市）弱市、强县（县级市）强市类型的撤县（市）设区案例中，来自县级的抵制十分常见。现实案例中，部分经济强县（县级市）甚至会采取较为极端的抵制行为，以致最终导致调整方案流产。鉴于此，为了顺利推进撤县（市）设区，以往一个比较常见的做法，就是保持市县之间原有的权力和财税等重要关系不变，尽量不触动重要既得利益。上述变通行为确实有效克服了撤县（市）设区面临的主要阻力，但却背离了调整的初衷，县（县级市）改区后，依然完整地保留着建制县（县级市）的职权，相对真正的市辖区依然好似一个个"独立王国"，实质上并未融入城市的整体发展进程之中。

对于行政区划调整这样牵一发而动全身的重要公共政策而言，很多调整方案都将难以避免地产生府际博弈，乃至于矛盾冲突，这就要求调整方案在照应各方诉求的前提下，尽可能明确化。例如，在强县（县级市）弱市、强县（县级市）强市类型的撤县（市）设区类调整实践中，为了减少阻力，可以继续保持市县（县级市）之间原有的权力和财税等重要关系不变，但这种"不变"须有一个明确的过渡期，过渡期结束之后新设立的市辖区就不再享有"特权"，保障撤县（市）设区的政策初衷得以真正的实现。

四、报告要点

本报告对 2021—2022 年全国行政区划调整情况和相关研究成果进行了归纳梳

理，并在此基础上，对新时代持续优化行政区划设置的基本策略进行了归纳。报告要点总结如下。

第一，纵观 2021—2022 年的行政区划调整实践，调整的目标依然主要致力于提升城市资源承载能力、完善城市内部结构和优化区域发展格局。而受政策环境收紧影响，2022 年行政区划调整走到了低谷，并直接反应为撤县（市）设区遇冷、撤县设市高潮中止。

第二，依据不同时期施政重心的变化和不同层级、区域政区设置的特性，将行政区划调整的逻辑导向归纳为"政治-发展-治理"三重逻辑。以此为主要依据，对 2021—2022 年行政区划研究成果进行梳理后发现：相对于以往多年更加偏向于发展逻辑的研究现状，行政区划研究工作的治理导向愈发明显。

第三，为了推动行政区划更好地服务于国家的重大发展战略、经济社会发展和国防建设，未来应根据新时代社会经济发展面临的新形势、新问题，稳妥审慎地优化调整行政区划设置。这就要求在充分发挥党的全面领导、协调各方作用基础上强化部门协同，在明确价值导向前提下优化论证与评估体系，系统总结行政区划设置与调整的历史经验，提升调整方案的明确性和可行性。

（作者单位：南开大学周恩来政府管理学院）

纵向政府间关系研究报告

邱　实

政府间关系，又称为府际关系，通常是指不同行政层级和不同类型政府单位之间的相互关系。政府间关系通常由纵向政府间关系和横向政府间关系组成。纵向政府间关系是政府间关系的核心，横向政府间关系在一定程度上是被"包裹"于纵向政府间关系之中的。纵向政府间关系的形成与发展受诸如行政体制、历史传统、人文环境、地理因素、社会环境等因素的影响。纵向政府间关系对党政协同、权力运行、地方发展、资源配置等均有重要的作用，其直接关系到国家治理现代化的推进。

一、2021—2022 年纵向政府间关系发展现状综述

我国纵向政府间关系的发展现状主要由三个方面构成：一是纵向政府间关系的组织结构，即我国纵向政府间关系呈现何种结构样态；二是纵向政府间关系的运行机制，即纵向政府间关系是通过何种机制运行发展的；三是纵向政府间关系的优势与问题，即当前纵向政府间关系对我国政府治理与发展来说具有何种优势，同时又存在着哪些现实问题。

（一）纵向政府间关系的组织结构

我国纵向政府间关系的组织结构是基于政府的行政层级形成和发展的。我国政府行政层级呈现为五级结构，即中央政府、省级政府、市级政府、县级政府和基层政府。第一，中央政府。中央政府是我国行政层级最高的一级政府，是国家最高行政机关，各级地方政府均由其领导。因而中央政府处于我国纵向政府间关系的"顶

端"，具有最高的行政权威。纵向政府间关系基本是由中央政府决定的，地方各级政府可以说都是在执行中央政府的行政决策。第二，省级政府。省级政府作为我国地方最高层级的政府，在纵向政府间关系中发挥"连接"中央与地方的重要作用。在纵向政府间关系中，省级政府主要是将中央政府的行政决策在区域内进行细化并制定执行方案。总体而言，省级政府依然是以区域内决策为主，并监督省级以下政府的政策执行。目前，我国省级政府主要为省、自治区、直辖市的政府。值得注意的是，特别行政区是我国设立的具有省级行政区性质的特殊区划，但因其设置理念、结构体系和运行机制相对独立，故暂不划入到纵向政府间关系视域下的省级政府序列之中。第三，市级政府。市级政府是省级政府领导的行政建制，其主要负责执行中央政府和省级政府的行政决策，同时也承担辖区内的治理职责，具有一定的区域性决策功能。从政府间关系的角度来看，市级政府通常是指地级行政建制，其包括地级市、自治州、地区、盟等的政府。市级政府在纵向政府间关系中处于"中间环节"，是我国纵向政府间决策与执行的"转换器"，具有承上启下的作用。第四，县级政府。县级政府是我国行政层级中最低的一级具有完整建制的行政单元，其主要职责是执行上级政府的各项行政决策，提供辖区内的基础公共产品及公共服务。县级政府在纵向政府间关系中是具有较强执行属性的一级政府，对于国家治理具有基础性的作用。县级政府的类别较多，包括县、县级市、市辖区、自治县、旗、自治旗、特区、林区等。第五，基层政府。基层政府主要是指处于我国政府体系"末梢"的最低行政层级的政府。基层政府主要的任务是负责辖区内基础性的治理事务，保证上级政府行政决策在基层的最终落实，直接与群众发生联系。我国基层政府主要包括乡、民族乡、镇、苏木、民族苏木及区公所（县辖区）等。值得注意的是，街道办事处从理论上说是市辖区的派出机关，并不能算作一级政府。但在当前城市治理中，街道办事处发挥了相当于基层政府的现实作用，因此在探讨纵向政府间关系时将其纳入基层政府的范畴中。这也是不将基层政府单纯称为"乡镇政府"的原因之一。

截至 2022 年 12 月 31 日，除港澳台外，我国省级政府共计 31 个，市级政府 333 个，县级政府 2843 个，基层政府 38602 个（如表 2 - 11 所示）。这四个行政层级的政府在中央政府的统一领导下，共同构成了我国的政府体系，搭建起纵向政府间关系组织结构与运行机制的基本框架。

表 2 - 11　中国地方政府统计（港澳台除外）

政府层级	政府类型	政府数量/个	合计/个
省级政府	省政府	22	31
	自治区政府	5	
	直辖市政府	4	
市级政府	地级市	293	333
	自治州	30	
	地区	7	
	盟	3	
县级政府	县	1301	2843
	县级市	394	
	市辖区	977	
	自治县	117	
	旗	49	
	自治旗	3	
	特区	1	
	林区	1	
基层政府	乡	7116	38602
	民族乡	957	
	镇	21389	
	苏木	153	
	民族苏木	1	
	区公所（县辖区）	2	
	街道	8984	

资料来源：《中华人民共和国二〇二二年行政区划统计表》（http://xzqh.mca.gov.cn/statistics/2022.html）

在五级政府体系下，我国纵向政府间关系的组织结构更多呈现为条块结构。所谓"条"就是指纵向各级政府所设置的"上下对口"的机构部门，这些部门根据行政层级形成行政领导或业务指导的关系；所谓"块"则是指各级地方政府。我国纵向政府间关系的组织结构正是在这种条块特征中搭建的，具有突出的条块特征。当前，我国的政府体系呈现为"中央政府-省级政府-市级政府-县级政府-基层政府"的纵向样态，中央政府是最高行政机关，各级地方政府都接受中央政府的领导。自中央政府以下，各级政府都是在中央政府的统一决策下逐级执行上级政府的行政指令，而具体的指令执行则是通过各级政府设置的机构部门。各级政府的机构设置多是以中央政府的机构体系为模板，逐级进行设置，并适当融入不同层级与不同地区的特征。因此，我国纵向政府间基本呈现"上下对口、左右对齐"的组织结构，并呈现职责同构特征。从条线的角度来看，这种情况可以理解为中央政府的机构通过纵向政府体系向地方进行职能延伸。与此同时，中央政府和省级政府还会设置垂直管理部门，并通过纵向政府体系"一竿子到底"，这更加使纵向政府间关系具有条的特征。但从块的角度来看，除基层政府外，各级地方政府都具有完整的机构职能体系，并具有相应的治理权限，具有特定的治理目标及利益诉求，并通过上下级政府的领导关系实现有效的上下"衔接"。由此可见，我国纵向政府间关系的组织结构实际就是在行政层级的框架下内嵌于条块关系之中。

传统的纵向政府间关系多是囿于中央与地方关系的"窠臼"之中，而中央与地方关系又多以中央政府与省级政府的关系为主要内容。虽然中央与地方关系是纵向政府间关系的核心，但随着国家治理现代化的推进，地方政府间关系的作用和影响也在不断增大，如省县关系、市县关系、县乡（镇）关系等，都逐步成为纵向政府间关系的现实内容。这些关系映射到现实中就形成诸如省直管县、市县分立、乡镇改革等问题，使纵向政府间关系愈加立体化和多维化。同时，除传统的行政关系外，财政关系也是纵向政府间关系的重要内容，其主要以政府间的财税关系为抓手，借助政府职责与政府事权介入到纵向政府间关系之中。综合而言，我国纵向政府间关系的组织结构是我国国家结构形式和国家治理实践的综合交融的结果，具有鲜明的中国特色。

（二）纵向政府间关系的运行机制

由于我国的国家结构形式为单一制，纵向政府间具有典型的"命令-服从"特征，行政隶属属性较强，具体呈现为上级政府对下级政府具有较强的行政控制性，下级政府负责执行上级政府的决策和指示，纵向政府间关系的运行机制也是基于此生成的。从具体运行过程来看，中央政府在纵向政府间关系中处于最高领导者和决策者的地位，具有发布命令、下达指示、分配资源等行政权力，地方各级政府均是中央政府行政决策的执行者。但是从地方政府间关系运行的层面来看，省级政府和部分市级政府具有辖区内的决策职责，因此其兼具中央行政决策的执行者和区域治理的决策者双重角色。但是省级政府和部分市级政府的区域决策职责也必须在中央政府的统一规范下才能履行。县级政府和基层政府在决策方面的职责权限较小，其主要任务就是将中央政府和上级政府的决策充分落实，承担具体的履行职责。总体而言，我国纵向政府间还是一种上下隶属的行政关系。基于此，纵向政府间关系的运行主要依托干部人事管理、财政税收体制、治理权限配置、垂直管理与派出机构等方面进行的。

1. 干部人事管理

干部人事管理是上下级政府间运行机制的核心，直接关系到政府间关系的稳定性。我国纵向政府间实行逐级管理的人事管理机制，即下级政府的人事管理原则上由上一级党委和政府决定、任命或提名，这也因此被称为"下管一级"。纵向政府间实行逐级管理的人事管理机制能够使上级政府的行政决策在纵向向度上保持有效贯彻，最大限度地实现政令畅通，防止出现政策梗阻、效率下降及非正常的政府间竞争等，保证政府体系的稳定。纵向政府间的人事管理机制具有两个方面的特征：一是虽然是政府间人事管理，但实际管理依然是各级党委及其组织部门，这是我国"党管干部"原则的体现。二是纵向政府间人事管理中，政府领导干部的人事档案通常由上级政府进行管理，而公务员的人事档案则由所在层级的政府管理。这两个特征使我国纵向政府间关系在党的领导下更加稳定。

2. 财政税收体制

政府的运行需要财政的支持，政府间关系也多为财政关系。科学、高效的财政管理体制能够为建立合理、协调的政府间关系提供坚实的基础。政府间关系视角下的财税体制主要包含预算、税收、固定资产、行政事业财务乃至预算外资金等多个方面。具体而言，我国实行一级政府一级财政，即在国家统一的财政管理制度下，每一级政府都具有相对独立的财政管理与核算权限。分税制实行后，我国税收划分为中央税、地方税和中央地方共享税，通过细化各级政府之间的财税权限明晰政府间事权及支出责任，进而实现纵向政府间关系的职责界定与运行规范。针对当前政府间财政关系的一些问题，特别是省以下政府间财政关系存在的矛盾，中央政府于2022年6月发布《国务院办公厅关于进一步推进省以下财政体制改革工作的指导意见》，其中明确要清晰界定省以下财政事权和支出责任、理顺省以下政府间收入关系、完善省以下转移支付制度、建立健全省以下财政体制调整机制、规范省以下财政管理等，这不仅为政府间财政关系的调整优化明确了方向，更加凸显当前纵向政府间关系开始朝着地方政府间关系的方向进一步细化，更加注重不同层级地方政府的现实需求。

3. 治理权限配置

我国的国家结构和党政体制决定了我国纵向政府间不可能出现政治性的博弈，政府间发生的竞争关系多为行政性的和经济性的。行政性和经济性关系的核心主要是治理权限问题，即治理权限如何在纵向向度上的各级政府间分配。我国治理权限配置受政治经济体制的影响较多，特别是原高度集中的计划经济体制使我国纵向政府间治理权限配置呈现为中央政府掌握绝大部分的治理权限，而地方政府随着行政层级的降低，治理权限也相应缩小。社会主义市场经济体制确立后，我国行政管理体制也相应调整，其中重要的部分就是对纵向政府间治理权限的重新调整，将中央政府的治理权限逐步向地方政府下放，实现治理权限与治理现实的匹配，如"放管服"改革中行政审批权限的不断下放就是较为典型的呈现。目前，我国政府职责体系逐步建立并不断优化，纵向政府间治理权限的配置开始与政府职责体系挂钩，即根据不同层级政府需要履行的职责来划定相应的治理权限。这是优化纵向政府间关系的重要方式，同时也是调整地方政府权责失衡的重要举措。治理权限的有效配置对于纵向政府间关系的运行具有重要的现实作用。

4. 垂直管理与派出机构

由于我国纵向向度上政府层级设置较多，造成政府间治理信息传递效率降低。同时，地方政府会从自身利益诉求出发，对上级政府政策执行出现一定程度的"偏差"。因此，中央政府通过设置垂直管理部门和派出机构在特定区域内来完成特定事务。长期以来，垂直管理和派出机构的具体管理模式分为纯垂直管理和半垂直管理。纯垂直管理机构主要是指由中央政府直接设置且只接受上级主管部门管理，如海关、税务等，而半垂直管理机构主要是指省级以下垂直或实行双重领导的机构。经过 2018 年和 2023 年两轮政府机构改革及其他相关调整，目前我国纵向政府间的垂直管理主要是纯垂直管理，而原来的半垂直管理机构则多以双重管理机构为主，同时通过特定形式的派出机构进行协同辅助，如环境保护、金融管理等。垂直管理部门和派出机构的管理方式在一定程度上是我国纵向政府间条块关系的体现，但同时又保障了单一制国家结构形式下纵向政府间关系决策与执行的有效性。

（三）纵向政府间关系的优势与问题

1. 纵向政府间关系具有的优势

我国纵向政府间关系的形成与发展是以我国国家治理现实为基础的，具有特定的优势。一是政务信息传达的通畅高效。我国纵向向度上各级政府的机构设置呈现"上下对口、左右对齐"的同构特征，这使得我国纵向政府间的各类信息能够准确地通过各条业务渠道上传下达，保证政令下达及反馈的高效性。同时，我国纵向政府间关系与条块结构互嵌，各职能的"条"与各级政府"块"都能够形成具体的行政"节点"，更加方便政务信息快速传达与反馈。二是各级政府的行政执行力高。我国纵向政府间关系具有典型的行政隶属属性，中央政府是地方各级政府的领导，上级政府逐级对下级政府进行领导，下级政府要执行中央政府和上级政府的决策、命令、指示等。同时，中央政府和上级政府对执行决策的地方政府具有监督权，并能够结合监督情况采取正向和反向的激励与处罚措施。这使各级政府都在执行中央政府和上级政府决策、命令、指示时基本不会出现推诿、延误，甚至博弈等情况，具有较强的行政执行力。三是政府间协调力较强。根据宪法和地方组织法的规定，中央政府对各地方政府的行政决策和行政管理过程进行指导，并对认为不妥的地方进行修正，地方政府中的上级政府对下级政府也具有相同的权限。同时，中央政府和地方政府中的上级政府可以就重大任务或特定的治理事务对下级政府进行指导性的协调，促成事务的推进，这在一定程度上也是建立在纵向向度行政领导属性基础上的。四是政府间治理资源调配能力较强。我国纵向政府之间的治理资源是依据特殊的原则，通过行政层级逐级配置的，中央政府和地方政府中的上级政府在资源配置方面占据主导权。地方各级政府的治理资源配置是中央政府从宏观的国家治理角度进行顶层设计的，其后根据各地区的现实治理需求进行配置，能够有效防止出现资源配置浪费或不足的现象。同时，在资源配置后若发现配置的问题也可以及时进行调整优化。

2. 纵向政府间关系存在的问题

当前我国纵向政府间关系存在一些现实问题。一是地方政府中存在财权事权不匹配的问题。纵向政府间关系的核心还是财政关系。实行分税制后，通过税种的重新划分及征管方式的调整，中央政府的财力不断增加，地方政府的财权却相对缩小。但是在国家治理现代化不断推进的大趋势下，政府治理事务不断增加。因为我国纵向政府间关系的特征，各类事务随着政府行政层级逐步下达，最终集中到市县政府及基层政府，成为其事权。但市县政府和基层政府的财权是有限的，现有的财力无法与不断增加的事权完全匹配，造成地方政府财权与事权的失衡。二是政府间层层加码的问题。纵向政府间的任务传导主要是自上而下的单向度传导，即上级政府将各类任务和事务逐级分解下达，并对下级政府完成情况进行监督考核。在分解下达各类任务的过程中，各级政府为了能够让下级政府从时限、效果及重视程度等方面重视任务，采取了层层加码的方式。层层加码的过度不仅造成地方政府压力过大，也间接引发了形式主义、官僚主义的相关问题。三是市县政府间的角色定位问题。在我国纵向政府关系中，市县政府关系问题是一个重点。当前实现政府关系产生的问题和矛盾主要集中在角色定位方面。在实行市管县体制后，市县之间就产生了治理权限和资源上面的"挤压效应"[①]，造成县（市、区）在治理权限和资源上的诉求与市级政府发生矛盾，进而造成市县角色定位模糊，即无法有效明晰市级政府和县级政府的具体职责。同时，因为县级政府包括县、县级市和市辖区，三者的法理定位及与市级政府的实际关系都存在差异，因此又衍生出其他的问题，如市截留市辖区财政资源、市与县和县级市之间行政升格问题的矛盾、市县发展目标的不一

---

① 臧雷振：《行政升格如何调试府际关系——历史演进、学理类型与作用机制》，《政治学研究》2023 年第 1 期，第 83 页。

致性等。四是基层政府中的行政激励问题。在纵向政府关系中，基层政府的行政层级最低，其行政级别也相对较低，因此晋升的空间就会受到一定的限制。虽然目前基层政府实行职级职务并行制度，但在实行过程中却出现了诸如职级晋升落实不到位等现实问题。同时，经济激励受到各项规章制度的限制及基层政府现实财力的影响，效果有限。但因为基层政府的特殊性，其他的激励方式有限且无法有效匹配其相应的治理事务及压力，因而如何处理好基层政府行政激励的问题就成为纵向政府间关系优化的一个重要内容。

二、2021—2022 年纵向政府间关系研究综述

通过中国知网（CNKI）数据库进行关键词检索，关于纵向政府间关系的研究数量较往年略有下降（如表 2-12 所示），但相关研究却更加聚焦，特别是政府治理中的实践问题研究比重明显上升，同时基于纵向政府间关系视角对专题问题的研究也明显增加，这充分体现了纵向政府间关系的研究从理论向实践转变的趋势。

表 2-12 2021—2022 年纵向政府间关系相关文献与报道统计

数据库	收录时间	检索词	学术论文/篇	其他文献及报道/篇
中国知网（CNKI）	2021—2022 年	纵向政府间关系（府际关系）	32	23
		中央与地方关系（央地关系）	42	12
		地方政府间（财政）关系	18	11

通过对 2021—2022 年相关文献的检索，选取若干具有代表性的文献进行梳理，发现近两年关于纵向政府间关系的研究从较为宏大的理论逐步转向中微观的具体问题探讨。一方面，对纵向政府间关系的理论研究更加深入和聚焦，特别是对地方政府间的关系存在的理论空白尝试填补和完善。另一方面，针对纵向政府间关系中产生的各类实践性问题，通过案例、实证、定量等诸多方法进行深入的探讨和研究，使纵向政府间关系的研究更加"接地气"。同时，面对一些专题性问题，尝试将其纳入到纵向政府间关系的视角下进行研究，希冀从政府体系的现实中寻找到解决具体问题的抓手，用以作为解决现实问题的思路和方法。根据 2021—2022 年代表性成果的研究内容，将其归纳为三个方面：一是围绕纵向政府间关系展开的理论研究，其主要是对原有理论进一步深化和总结，或基于现实问题提出新的理论设想；

二是针对纵向政府间关系中的实践性问题展开研究，主要是借助特定的案例与方法对具体的问题进行研究；三是以纵向政府间关系为视角，对特定的专题性问题进行分析研究。

（一）纵向政府间关系的理论研究

随着政府治理实践的变迁，政府间关系会变得愈加复杂，如果只用简洁的理论模型来分析复杂的政府间关系及相关治理实践，极易造成以偏概全的问题。目前，将政府间关系归纳为竞争型与合作型是较为主流的认识，但其更多是一个概念性的框架。资源事物、人性假设和行动情境是其逻辑依据。面对政府治理的现实，要尝试超越形式化的理论模型，从复杂多样的实践问题入手，超越单一思维，尝试构建"竞合型"政府间关系的新范式。① 基于此，以行政授权为理论视角，提出政府间关系及其治理的分析框架，进而厘清政府治理中"集权-分权悖论"治理特征的逻辑，并通过行政授权程度及其模式的选择对政府"治理效率-治理风险"动态权衡，进而决定授权边界和具体内容中诸种剩余控制权的不同分配组合形态，并由此塑造出相应的中国政府间关系及其治理模式。② 现实中，量化指标通常被作为推动政府治理具体任务完成的重要方式。进入新时代后，政府治理的各项任务在纵向政府间越来越多地以模糊性的形式布置，形成模糊治理模式。既保证任务下达的模糊性，防止出现硬性"一刀切"的问题，也重新塑造了纵向政府间关系的内涵。③ 在纵向政府间关系的动态过程中，还有学者提出"政治注意力"的概念，以纵向府际关系的中国场景为背景，以"过程-情境"为分析框架，将政治注意力演化过程分为"分配-传递""竞争-捕捉""参与-反馈""跨界-共治"四种理想类型，推动政治注意力演化过程与国家治理制度之间的冲突性消减与兼容性提升，实现政治注意力演化的国家治理现代化价值，实现纵向政府间关系的创新。④

---

① 陈建国：《理解政府间关系：竞争型，合作型抑或竞合型》，《天津行政学院学报》2022 年第 1 期，第 3 页。

② 张向达、祖俊涛、梁超：《中国政府间关系及其治理模式演变——以贫困治理为例》，《中国软科学》2022 年第 2 期，第 163 页。

③ 何艳玲、肖芸：《问责总领：模糊性任务的完成与央地关系新内涵》，《政治学研究》2021 年第 3 期，第 114 页。

④ 陶鹏、童星：《纵向府际关系情境下政治注意力演化的理论建构》，《江苏社会科学》2021 年第 4 期，第 69 页。

纵向政府间关系归根结底是一个实践性问题，所以其理论研究很多是基于特定的现实案例，从特定视角下展开的。有学者从超大城市纵向政府间关系出发，提出纵向政府间职责配置并非完全的职责同构，不同职责在不同层级政府间可以动态配置。同时，将民众的作用引入到特大城市纵向政府间关系中，形成一个中央、地方与民众的三层互动框架，并提出我国超大城市纵向政府间呈现经济发展职责下沉、社会治理职责上移的配置逻辑。[①] 还有学者在研究生态环境治理时，认为跨域生态环境治理不仅是公共治理的研究范畴，更是府际关系研究的重要领域。以黄河流域的生态环境治理为蓝本，提出跨域生态环境的府际协同的治理界面由纵向、横向及斜向三种共同组成，且府际关系是跨域生态环境府际协同的核心要素，对治理结构、界面交互的形成与演变有重要影响。[②] 还有学者从组织控制的视角出发，将影响纵向政府间环境治理的责任关系的要素明确为责任配置重构、激励结构调整和信息渠道畅通，并且正确理解纵向政府间环境治理责任的均配内涵及实现方式，防止在认知或行动上出现偏误。[③] 另外，将纵向政府间关系与区域发展充分结合，实现理论的新突破。如用包容性府际关系的概念来解释大湾区跨境治理的问题并提出解决路径。[④] 还有运用社会网络分析法，从整体网络和个体中心网络两个视角尝试构建长三角区域一体化政策的府际关系网络。[⑤]

（二）纵向政府间关系的实践研究

纵向政府间关系的实践研究并不是专指某一方面的研究，而是基于纵向政府间关系对一系列现实问题研究的综合。有学者从县级政府议事协调机构的实践入手，通过案例分析来呈现政府间关系是如何被议事协调机构的运行机制所影响的。一方面，在块块上议事协调机构扩充县级政府的治权；另一方面，在条条上议事协调机

① 张雪霖：《超大城市纵向政府间职责配置的调整及其动力机制研究》，《行政管理改革》2022 年第 7 期，第 52 页。

② 司林波、张锦超：《跨域生态环境府际协同界面治理：拆分、交互与重构——一项基于黄河流域生态治理府际关系的探索性研究》，《长白学刊》2022 年第 6 期，第 58 页。

③ 张则行：《组织控制视角下纵向府际环境治理责任均配及其履行路径初探》，《中国行政管理》2022 年第 3 期，第 50 页。

④ 杨爱平：《粤港澳大湾区跨境治理中的包容性府际关系》，《学术研究》2022 年第 10 期，第 59 页。

⑤ 王欣、杜宝贵：《长三角区域一体化政策府际关系研究——基于社会网络分析》，《公共管理与政策评论》2021 年第 6 期，第 37 页。

构加强县级政府对下级政府的控制力。两者相互作用使县域政府间关系逐步从分立走向互信。① 在乡村振兴方面，有学者基于大量官方数据及政策文献，采用质性方法和量化方法分析中央与地方在实施方面的异同，进而厘清乡村振兴政策变迁的内在机理和外在动因，从政策主体、府际关系和扩散态势三个维度对我国乡村振兴的政策变迁进行描述。特别是从政府间关系的角度，从更加系统、动态的视角，对我国乡村振兴政策的发展进行了展望。② 另有学者依托政府回应性，从"诉求-回应"的政民互动过程的"输出端"入手，并通过对人民网领导留言板的海量互动信息的数据分析，深入考察纵向政府间权力关系的回应性生产机制。归纳出因受纵向政府间上级政府权威、回访、考核、激励等关键因素的影响，下级政府在回应上级政府转交诉求时回应质量会更好，进而得出这是进一步促进地方政府回应性的动力。③

此外，有学者从更加细致的角度出发，提出科层体系下纵向政府间资源配置机制的研究主要从自上而下的注意力分配视角和自下而上的利益网络视角展开，聚焦资源配置过程的刚性约束和谋利驱动属性，忽略了纵向府际结构中不同层级行动者的自主性逻辑。因此，通过对特定案例的考察，建构了一个"自主下沉-借势联结"的分析框架，得出纵向政府间上下互动过程中的资源配置机制超越了对压力型体制下刚性约束资源下沉的一般认识，特别是对不同行动者的自主性和能动性作出了进一步解释，这对于国家治理体系现代化的推进具有创新意义。④ 而在地方政府协作方面，有学者通过对中央环保督察的深入分析，认为其对地方政府环境协作治理发生的纵向干预具有正向调节作用，并且是促进作用与抑制作用调和后的净效应。同时，分析得出正向调节作用的生效仍受到被督察时间、被问责人员类别以及环境污染与治理水平的影响，尤其是发现了问责干预与府际环境协同治理之间存在的"正

① 詹绍文、宋会兵、李博：《县域治理下议事协调机构如何影响府际关系？——基于陕西省 H 县的案例研究》，《云南行政学院学报》2022 年第 1 期，第 79 页。

② 张敏、刘华玮、沈嘉裕等：《变与不变：我国乡村振兴政策主题、府际关系和扩散态势的变迁研究》，《图书情报知识》2022 年第 5 期，第 56 页。

③ 王烨、孟天广：《压力即动力：纵向权力关系与地方政府回应性》，《社会科学》2022 年第 12 期，第 95 页。

④ 文宏、李风山：《自主下沉与借势联结：纵向府际结构中的资源配置机制研究 ——基于 Q 市 D 村"领导挂点调研"的案例考察》，《甘肃行政学院学报》2022 年第 3 期，第 4 页。

U"型曲线关系。① 另外，还有学者从更加微观的纵向政府间协作分工的视角展开对精准扶贫相关问题的研究，如通过对省级和市县级政府在治理模板创设及技术性规定的过程互动基础上，对特定案例进行深入分析，地方脱贫模式呈现按部就班的程式性执行、敛合资源的下沉式执行、贴合情境的变通式执行与由点及面的反馈式执行四重类型叠加的多重治理，并进一步厘清纵向政府间分工协作与治理模式形塑机理，为理解"中国如何摆脱绝对贫困"提供了有益视角。②

纵向政府间关系还可以从实践的角度与企业发生联系。如有学者以扩权强县改革为例，构建双重分差模型来探索纵向政府间行政治理结构改革在提升企业绩效方面的现实作用。通过案例分析与数据对比，扩权强县的县要比非扩权强县的县在企业产出方面高出一成，销售利率和总资产利率也相应提高。因此，纵向政府间关系的调整优化，能够降低企业的进入障碍和生产经营成本，同时也有可能扩大市场需求。③

（三）基于纵向政府间关系视角的专题研究

除了理论和实践方面的研究，还有不少学者将纵向政府间关系作为"帽子"来研究特定的问题，开拓新的视角。如有学者将央地关系放置到纵向政府间关系的整体视角下来审视，在充分认识其对国家统一和政治稳定作用的基础上，进一步聚焦央地关系的职责分工、事权财权、机构改革等方面的问题。④ 有学者进一步将政府间的问题进行更加具体化的研究，如对机构改革的规模特点进行分析。通过对 20年来不同层级政府数量的变化进行考察，归纳出不同层级政府从地域、结构、布局、职责配置等方面的特点。同时，根据纵向向度上不同层级政府的机构特点，理顺部门间关系，强化内部业务流程的整体性和系统性，应对不同层级政府的现实特点强化其治理能力。⑤ 在数字政府间建设方面，纵向政府间关系也是一个创新的视

———————

① 王红梅、胡轶凡：《纵向府际关系对地方政府环境协作治理的调节作用——以中央环保督察为例》，第十六届（2021）中国管理学年会会议论文，深圳，2021年，第942页。

② 白浩然：《纵向政府间的分工与协作如何促进脱贫绩效生产？——基于纵时段进程的多案例研究》，《公共管理学报》2022年第2版，第33页。

③ 余锦亮、黄保聪：《纵向政府间行政治理结构改革与企业绩效》，《经济科学》2022年第1版，第50页。

④ 高永久、杨龙文：《府际关系视角下的中国央地关系协调：价值意涵、演进思路与发展动向》，《山西师大学报》（社会科学版）2022年第5期，第39页。

⑤ 刘朋朋：《府际关系视角下中国政府机构规模特点研究》，《治理现代化研究》2021年第4期，第42页。

角。基于政策创新扩散理论，数字政府创新扩散可以分为单路径与双路径。经研究，单路径中，在纵向政府间关系下的数字政府建设创新与推广应用可以呈现验收模式、忽略模式、吸纳模式和淡化模式几个方面，而在横向政府间关系下数字政府建设创新又可以划分为先行区、自主区、守旧区和被动区等。双路径中，数字政府建设创新存在辐射式全面推广、象征式局部推广、扩展式局部推广及收束式无推广四种创新扩散路径。基于此，结合具体的数字政府建设案例，可以尝试从制度赋权、模式创新、技术赋能三个方面共同发力，畅通数字政府建设创新扩散路径。[1]由此延伸出政策传导及扩散，也可以借助纵向政府间关系的视角进行更加深入的研究。通过案例分析，纵向政府间由下而上的政策传导现象可以分为顶层驱动型、发展引领型、业务创新型和基层需求型。而政策创新的有效性、需求性和合规性又是影响纵向政策创新传导的根本性因素。因此，政府间纵向向度的路径是实现政策创新传导的主要路径，跨部门路径在特殊政策环境下也能实现政策创新的纵向传导。[2]

纵向政府间关系在一些公共管理相关问题上，也可以被用作分析的视角。例如有学者在研究我国医疗保险管理体制时，认为政府主导的特征决定了政府间关系是理解医疗保险管理体制变迁和改革的重要视角。特别是在医疗保险管理体制改革过程中，中央层级横向部门间的分工模糊造成纵向上地方政府决策困境，因此需要在中央政府统一政策下，立足纵向政府间关系中的职责同构来优化医疗保险体制存在的问题。[3] 在新兴产业合作方面，基于特定案例分析，可以从纵向政府间关系的视角构建"政治-基础-需求"的分析框架，采用模糊集定性比较分析法，探索构成新兴产业合作的复杂因果机制。经研究，中央政府在纵向向度上的干预及地方政府间横向关系协调均不是产生新兴产业合作的必要条件，能够发挥助推作用的是纵向多级政府联合下的"援助"。因此，新兴产业合作可以从三种组织路径出发，即政府

---

① 邓崧、巴松竹玛、李晓昀：《府际关系视域下我国数字政府建设创新扩散路径——基于"试验-认可-推广"模型的多案例研究》，《电子政务》2021年第11期，第23页。

② 苗丰涛：《基层创新如何上升为国家政策？——府际关系视角下的纵向政策创新传导机制分析》，《东北大学学报》（社会科学版）2022年第6期，第41页。

③ 鲁全：《中国医疗保险管理体制变革研究：府际关系的视角》，《中国行政管理》2022年第2期，第77页。

领导的共栖型驱动模式、政府激励的环境承载型模式和邻近抱团的创新驱动型模式，地方政府间关系的协调是新兴产业合作的核心条件。[①]

三、展望与分析：纵向政府间关系的优化建议

（一）调整纵向政府间行政层级

目前我国政府体系在纵向向度上的五级结构是我国在历史发展进程中逐步形成的。从现实政府过程的角度来看，目前的政府体系存在行政层级过多的弊端，并引发一定的问题：一是政府总体规模偏大，行政成本较高；二是政府间的信息传递速率受到影响，并引起信息失真、遗漏、缺失等问题；三是造成行政效率下降，阻碍治理效能的发挥；四是造成政府间资源配置的非均衡和非正常竞争；等等。所以，优化纵向政府间关系需要对现有的政府行政层级进行适当调整。调整纵向政府间行政层级的总目标是最大限度地提升行政效率，降低行政成本，适配管理幅度并实现政府治理效能的提升。调整纵向政府间行政层级可以尝试通过市县并立、区（市）直管社区以及乡镇派出化等方式来实现。

1. 市县并立

市县并立是指将市与县在行政建制上并列，统一划入到省级政府的管理范畴中，不再实行市管县或市领导县的体制。具体而言，一是将当前的地级市、县级市都统一到市制的范畴上，作为我国城市行政建制，管理经济较为发达、城市化程度较高的地区。而县作为我国最传统的行政区划和行政建制，继续管理农业为主的地区，并与市实现协同治理。通过市县并立可以逐步淡化地级市的概念，并逐步将地级市建制撤销。这就使目前作为行政层级的市级政府变成与县级政府并列的一级行政建制，进而减少一级行政层级。这样不仅可以优化政府治理结构，也可以减少行政成本，优化行政效能。同时，还能够消除目前市县之间的"挤压效应"，防止地级市在发展资源等方面对县级政府产生负面的控制性影响。值得注意的是，尝试市县并立需要有两个方面的"辅助"措施。一是市单辖区。若实行市县并立，则市就

---

① 李磊、马韶君、郑依琳：《府际关系视角下新兴产业合作的组态路径——基于模糊集的定性比较分析》，《城市问题》2021年第3期，第67页。

不再辖县级市和县，只下辖市辖区。一方面，充分使市的职责定位回归到城市治理层面。另一方面，使市辖区回归到城市"分治"政区的本位。此外，市县并立后，还涉及原有的市（包括地级市和县级市）为适应层级改革而进行整合或调整。这主要是行政区划调整的问题，不在此报告中赘述。二是省级区划的适当调整。市县并立后，省级政府管理的行政单位规模会扩大很多，这就需要对省级行政区划的面积进行调整，如对一些过大的省级区划进行"切割"调整。至于省级区划如何调整较为合适，也不在本报告中探讨。

2. 区（市）直管社区

区（市）直管社区是指在市县并立及市单辖区的基础上，逐步减少甚至撤销街道办事处这一办事机构，在城市中实现市辖区或县级市直接管理社区的一种改革设想。"二级政府、三级管理"是指城市中有市和市辖区两级政府，街道办事处作为市辖区的派出机关，共同参与到城市治理中，因而在两级政府结构中形成三级管理。社区居民委员会是城市居民自治组织，从理论上说并不在政府体系中。随着现代城市规模的不断扩大，城市治理也更加复杂，因而需要更为精细化的治理。社区就开始融入到城市治理体系中，并发挥一种政府行政延伸性的作用。因此，从形式上看，我国城市已经形成了"市-市辖区-街道-社区"四级治理结构。为了适应行政层级调整的需要，可以尝试逐步减少甚至撤销街道，实现市辖区或县级市直接管理社区。这样一方面可以减少一个实际的行政层级；另一方面也能够使市辖区或县级市的治理行为更加基层化，贴近民众。因为街道办事处从性质上来说是市辖区的派出机关，调整相对较为方便，这也是将其作为调整层级的一个重要原因。我国在2000年至2010年间尝试过区（市）直管社区，但因多方原因的限制逐步"回潮"。目前，我国政府治理进入新时代，可以结合新的形势再次尝试这一改革。

3. 乡镇派出化

乡镇派出化就是通过改革将乡镇改设为县或县级市的派出机关。关于乡镇政府的定位在学术层面一直争议较多，而其具体职能在政府实际行政过程中也存在很多模糊的方面。从目前的实际情况来看，乡镇政府其实并不具备一级政府的完备条件与能力，县级政府或市级政府几乎能够任意管理乡镇政府的各类事务，其政府职责的界定非常模糊。同时，乡镇政府在机构设置和人员编制上虽然具有独立性，但是在政府职责履行中其独立性往往又被上级政府的决策和干预扰乱，乡镇政府职能的独立性受到限制。但是，作为直接与基层接触的政府层级，将其完全撤销也不符合现实，所以将乡镇政府调整为类似城市街道的派出机构更加符合发展现实的需要。这样可以使地方政府根据地区发展的实际情况，通过自主设置基层政府机构来增加公共服务供给的有效性和均衡性，并有效监督其基层政府机构的履职情况。

（二）优化纵向政府间职责体系

党的二十大报告中明确提出"转变政府职能，优化政府职责体系和组织结构"，这表明政府职责体系建设对我国政府治理的重要性。政府职责体系的一个重要功能就是厘清纵向政府"应该做什么"的问题，这对于完善中国特色社会主义行政管理体制具有重要的意义。优化纵向政府间职责体系也要依托五级政府体系展开。

第一，中央政府主要负责承担国家治理的宏观性职责，如大政方针的顶层设计、经济社会发展的全局规划、外交、国防及国家重大事务与建设项目等。第二，省级政府和大部分市级政府的职责主要是履行中央或上级政府交办的各类事务，制定本区域内的经济社会发展规划，管理本区域内的公共安全和交通，设计公共服务供给框架，监督下级政府的行政任务完成情况等，省级和市级政府在一定程度上具有一种"承上启下"的功能。第三，县级政府和乡镇政府是直接与人民群众发生联系的层级，同时也是中央政府和省级政府决策的直接执行者。以县级政府为代表的基层政府的主要职责应该包括基础性公共产品和公共服务供给，如义务教育、基本卫生与社会保障、户籍、治安等。虽然基层政府在一定程度上也具有本区域发展规划的职责，但是从总体上来看，其更多的还是执行者的角色，决策的属性很少。通过将政府层级进行分类，进而明确其不同的职责范畴，使纵向政府间职责同构的现象弱化，为纵向政府间关系的进一步调整奠定基础。

政府职责体系的优化对于纵向政府间事权匹配具有重要作用。在明确界定各级政府职责之后，就可以对纵向政府间的具体事权进行细化。中央政府主要负责外交、国防、货币发行、经济发展及市场稳定、省际关系协调、重大灾害灾难救灾统筹、重大违法犯罪的预防与处理、全国性公共服务的规划等国家性事务。省级政府和大部分市级政府主要履行地区性教育、科学、文化和体育事业发展、公共卫生、生态环境保护、区域经济发展、地区性社会保障政策制定、行政监督、人才发展规划和劳动力调控、地区性防灾救灾等事权。同时，负责执行中央政府制定的各项政策法规，且有权在不违反宪法和法律的基础上制定地方性法规。县级政府和乡镇政府的事权主要是贯彻中央政府和省级政府的各项政策法规，履行辖区内的义务教育、基础卫生与疾病防控、城市（乡村）环境保护与垃圾处理、基础交通设施、供水供电供气、城市（乡村）基础性发展规划、地方治安、科学文化普及等人民基本生活类的事权。

（三）完善纵向政府间机构设置

要实现纵向政府间职责及事权的落实与运行，需要通过完善纵向政府间的机构设置落实。纵向政府间机构设置改革是优化纵向政府间关系的重要内容，其核心是统一性与自主性的问题，纵向政府间机构设置的统一性与自主性问题实际上是条块关系调整的一种体现，是建立在政府层级间事务关系的基础上的。不同层级的政府具有不同职责，因此所承担的具体事务也有差异。同时，我国是一个超大型的社会主义国家，不同地区之间的差异较大，各地政府所面对的具体问题和群众需求也有较大不同，并且经济社会发展的程度也参差不齐。所以，纵向政府间关系需要注重不同层级机构设置的差异性，给予各级地方政府在机构设置上一定的自主性。

纵向政府间机构设置的自主性是纵向政府间关系优化及政府机构改革的必然要求。针对目前中央政府与地方政府在纵向机构设置上职责同构的问题，应当通过增加纵向政府间机构设置的自主性，减少纵向政府机构逐级"复制"的现象，实现纵向政府间关系的优化，拓展地方政府治理空间。纵向政府间机构设置自主性的基本原则是要根据中央政府与地方各级政府职责范畴，尽可能地对政府职责作纵向分解，实行机构"上下分工"、各司其职，在尊重中央政府权威性的基础上保证地方政府职责履行及机构设置的自主性与完整性。纵向政府机构设置的自主性主要是从两个方面来理解。

第一，中央政府和地方政府纵向机构设置的差异性。中央政府虽然是政府体系中的最高层级，但中央政府本质上是国家最高行政机关，其机构设置多是从国家治理的整体角度出发的，具有统筹性和宏观性。而地方各级政府所管辖的区域不同，且不同地区和不同层级政府间存在较大差异，因此如果各级政府都是复制中央政府的机构设置显然是不合理的。这既增加了行政成本，也没有体现出特殊的行政管理职责。另外，地方各级政府中的很多部门有时候也需要根据地方的实际来设置。例如有些地方政府因为经济发展的需要而设置人才局或招商局，但是中央政府和省级政府并不需要设置这样微观的机构，这也反映出各级政府在具体行政管理的过程中所需要履行的具体职责是有差异的，因此机构设置需要具有自主性。

第二，地方政府中机构设置的差异性。除中央政府之外，地方政府也从纵向上呈现四个层级（直辖市为三级），这其中也需要提升机构设置的自主性。因为我国不同地区的地方政府差异很大，这种差异是因为经济发展水平、文化习俗、自然环境等因素影响的，所以将同一层级的地方政府划归到一个标准中是不合理的。如在畜牧业为主的地方设置较多的金融管理机构或工业机构就是不合理的，而在工业发达的城市群中设置专门管理农林牧副渔的"成套"政府机构也是不科学的。所以，需要赋予地方政府在机构设置方面的自主性。具体而言，如文化旅游、新闻出版、地方民政、特色产业、地区经济发展等方面的机构设置权限都可以交由地方各级政府自主设定，上报上级政府备案即可。

四、报告要点

第一，我国政府体系在纵向向度上呈现中央政府、省级政府、市级政府、县级政府和基层政府的组织结构。干部人事管理、财政税收体制和治理权限配置是我国纵向政府间关系的运行机制。总体来看，我国纵向政府间关系是逐层隶属的行政关系，即各级地方政府在中央政府的统一领导下逐级管理。

第二，我国纵向政府间关系具有特定的优势，如政务信息传输高效、行政执行力高、政府间协调力强、资源调动配置能力突出等。同时，也存在不可忽视的问题，如政府间财权事权不匹配、纵向政府间层层加码问题明显、市县政府间角色定位模糊等。充分认识并分析具体优势和存在问题，是完善纵向政府间关系的前置条件。

第三，优化纵向政府间关系可以通过调整政府间行政层级来实现。可以尝试通过市县并立、区（市）直管社区和乡镇派出化的方式对特定行政层级或实际发挥一级政府作用的派出机关进行控制、减少乃至撤销，将五级政府体系逐步转变为三级政府体系，进而实现降低行政成本、提高行政效能的作用。

第四，将优化政府职责体系用于完善纵向政府间关系是一个合理有效的方法。通过明确纵向各级政府的职责范畴，进而合理划分政府间事权，并基于此进一步厘清各级政府的权责关系。

第五，纵向政府间关系的调整优化需要兼顾机构设置的统一性和自主性。机构设置的统一性是纵向政府间关系优化的基础，基础类机构都需要遵循统一性原则。而自主性则是纵向政府间关系优化的条件，区域性或地方特殊性的职责则可以通过各地方政府自主性设置机构来完成。

（作者单位：南京师范大学公共管理学院）

地方政府对口支援研究报告

徐明强

对口支援是一项具有中国特色的地方政府合作模式。从功能上讲，对口支援的主要目的在于通过地方政府的对口支援关系，实现资源的横向流通和跨域合作。这种地方政府合作模式根植于中国特定的政治制度和政治文化，并在当下形成了多领域、多层次、多形式、多内容的对口支援格局。在当前地方政府的实践过程中，对口支援逐渐演化出"边疆地区发展型对口支援""灾害救援恢复型对口支援""大型工程建设型对口支援"等不同的亚类型。对口支援是一项体现中国政治制度比较优势的地方政府合作模式，有利于协调区域发展、增强资源流通、促进民族团结、提高干部能力，具有良好的经济效益、社会效益和政治效益。作为一种重要的地方政府合作模式，对口支援逐渐嵌入到国家治理体系与治理能力现代化进程中，成为中国式现代化的重要推动力量。

一、2021—2022 年地方政府对口支援的发展现状综述

对口支援是一项具有历史传统的工作模式，在新中国成立初期就有所体现。改革开放以来，党和国家高度重视对口支援工作，并形成了一系列切实有效的对口支援工作机制。[①] 2021 年和 2022 年，中央多次召开会议、出台政策文件（如表 2 - 13 所示），讨论新疆、西藏地区发展及相关的对口支援工作。在中央政策的支持下，

[①] 关于对口支援的起源、形成与演化，参见钟开斌《对口支援起源、形成及其演化》，《甘肃行政学院学报》2013 年第 4 期。

地方政府的对口支援工作既延续了以往的工作方式，同时又出现了一些新思路和新方法，实现了对口支援的创新发展。具体而言，2021—2022 年地方政府对口支援的创新发展主要体现在四个方面。

表 2 - 13　2021—2022 年中央层面对口支援重大事件列表

序号	事件内容	时间
1	国务院办公厅关于印发《新时代中央国家机关及有关单位对口支援赣南等原中央苏区工作方案的通知》	2021 年 4 月
2	在庆祝西藏和平解放 70 周年之际，习近平总书记在西藏考察，亲切会见了援藏干部代表	2021 年 7 月
3	第八次全国对口支援新疆工作会议在新疆阿克苏召开	2021 年 7 月
4	教育部、国家发展和改革委员会、财政部、人力资源和社会保障部印发《关于开展"组团式"援疆教育人才选派工作的通知》	2021 年 9 月
5	第十三届全国对口支援三峡库区经贸洽谈会在重庆召开	2021 年 10 月
6	经国务院同意，水利部、国家发展改革委联合印发《全国对口支援三峡库区合作规划（2021—2025 年)》	2021 年 12 月
7	中央组织部会同有关部委，在京召开干部人才"组团式"帮扶国家乡村振兴重点帮扶县工作部署电视电话会议	2022 年 4 月
8	国家发展改革委印发《革命老区重点城市对口合作工作方案》	2022 年 5 月
9	教育部办公厅下发《关于做好 2022—2023 学年高校银龄教师支援西部计划有关实施工作的通知》	2022 年 7 月
10	第三次对口支援西藏工作会议在北京召开	2022 年 8 月
11	国家卫生健康委员会新闻发布会，介绍党的十八大以来医疗人才"组团式"援藏援疆工作进展与成效	2022 年 8 月
12	中央组织部会同有关部委召开干部人才"组团式"帮扶国家乡村振兴重点帮扶县工作推进会	2022 年 11 月

（一）增强对口支援的力度和深度

2021 年和 2022 年，国家大力推进对口支援工作，增强对口支援的力度和深度，将对口支援看作扩大招商引资、实现区域协作，增强公共服务能力、实现共同富裕的重要方式。其中比较典型的是中央进一步强化三峡库区的对口支援合作，已经从单纯的移民搬迁安置发展到全方位的区域协作、乡村振兴等领域。在 2021 年和 2022 年，三峡库区的对口支援主要出现了两次较为重要的发展变化。

一是在 2021 年 10 月 15 日，第十三届全国对口支援三峡库区经贸洽谈会在重庆召开。会议期间，各地方政府进行了广泛的磋商，包括举行了全国对口支援三峡库区工作座谈会、对口支援招商引资重大合作项目签约活动、长江经济带绿色发展研讨会、世界大河歌会、三峡美食文化节暨万州烤鱼节等活动，旨在推进三峡库区对外合作交流深化，深化与对口支援省、自治区、直辖市的区域协作，促进三峡后续工作，展示对口支援工作 29 年成果，巩固拓展脱贫攻坚成果同乡村振兴有效衔接。①

二是在 2021 年 12 月，经国务院同意，水利部、国家发展改革委联合印发了《全国对口支援三峡库区合作规划（2021—2025 年）》，该规划明确支援方包括 21 个省（区、市）、10 个大城市，国家有关部门和单位，中央和地方相关国有企业；受援方包括三峡库区 19 个县（区）。该规划提出，在 2021—2025 年，要以习近平新时代中国特色社会主义思想为指导，全面贯彻党的十九大和十九届历次全会精神，按照党中央、国务院继续开展对口支援三峡库区的战略部署，支持库区提升基本公共服务供给能力，加快库区移民安稳致富，促进库区社会和谐稳定，实现库区更高质量、更有效率、更加公平、更可持续、更为安全的发展。在"十四五"时期，全国对口支援三峡库区合作工作的主要目标是："库区脱贫攻坚成果进一步巩固拓展，库区生态优先、绿色发展取得显著成效，库区基本公共服务达到全国平均水平，库区居民生活水平明显提高，库区社会更加和谐稳定。"重点任务包括五个方面："一是加强生态保护和环境治理；二是支持产业高质量发展；三是提高基本公共服务和民生保障能力；四是推进库区城乡区域协调发展；五是提升库区对外开放合作水平。"②

（二）继续推进"组团式"对口支援

在"组团式"对口支援方面，2021 年 7 月，第八次全国对口支援新疆工作会议在新疆阿克苏召开，时任中共中央政治局常委、中央新疆工作协调小组组长的汪洋

---

① 龙丹梅：《第十三届全国对口支援三峡库区经贸洽谈会在渝召开》，《重庆日报》2021 年 10 月 16 日。
② 水利部：《水利部、国家发展改革委联合印发〈全国对口支援三峡库区合作规划（2021—2025 年）〉》，中华人民共和国中央人民政府网，https://www.gov.cn/xinwen/2021-12/20/content_5662885.htm。

同志强调，对口援疆是党中央交办的重大政治任务。要坚持资金项目向民生倾斜、向基层倾斜、向重点地区倾斜，助力受援地巩固脱贫攻坚成果、促进乡村振兴。要坚持把智力援疆作为工作重点，拓展"组团式"援疆领域，提高干部选派工作质量。[①] 2022 年 8 月，第三次对口支援西藏工作会议在北京召开，时任中共中央政治局常委、中央西藏工作协调小组组长的汪洋同志出席会议并讲话，他强调，要拓展"组团式"援藏效能，创新柔性人才引进方式，更好发挥援藏干部人才传帮带作用，全方位关心爱护援藏干部人才。[②]

从实践情况来看，"组团式"援藏援疆工作取得了较为明显的成绩，例如在"组团式"医疗援助方面，2022 年 8 月，国家卫生健康委召开新闻发布会，介绍党的十八大以来医疗人才"组团式"援藏援疆工作进展与成效，国家卫生健康委与中央组织部等部门共同组织实施医疗人才"组团式"援藏援疆工作，先后确定了西藏"1＋7"和新疆"7＋1"地市级及以上医院，2021 年又将西藏的 13 个县人民医院纳入支援范围。截至 2021 年底，西藏受援医院开展三、四级手术占比达到 56％，危急重症患者抢救成功率达到 89％，已有 419 种大病不出自治区，2413 种一般病不出地市，小病不出县区就能得到治疗。2020 年，西域人均预期寿命提高至 72.19 岁，孕产妇死亡率、婴儿死亡率近三年分别下降了 19.5％和 35.3％。新疆 8 家受援医院实现了一批重点专科从无到有、从有到优的转变，已有 332 种急危重症不出自治区，1914 种常见病不出地州市。"医疗人才'组团式'援藏援疆以来，已向西藏、新疆选派高水平医疗人才 2500 余名，为西藏、新疆帮带医疗团队千余个、医务人员 5800 余名，精准培养不同层次医疗骨干 1 万余名，有计划有步骤接收4000 余名医务人员到对应的支援医院培训进修，医务人员整体素质得到显著提升。"[③]

在乡村振兴领域，"组团式"帮扶也成为国家推进乡村振兴战略的重要方式。

---

① 《第八次全国对口支援新疆工作会议召开》，《人民日报》2021 年 7 月 22 日。
② 《第三次对口支援西藏工作会议召开 汪洋出席并讲话》，中国人民政治协商会议全国委员会官网，http://www.cppcc.gov.cn/zxww/2022/08/19/ARTI1660871020081103.shtml。
③ 《国家卫生健康委员会 2022 年 8 月 26 日新闻发布会 介绍党的十八大以来医疗人才"组团式"援藏援疆工作进展与成效》，中华人民共和国国家卫生健康委员会官网，http://www.nhc.gov.cn/xwzb/webcontroller.do? titleSeq＝11472&gecstype＝1。

2022 年 4 月 21 日，中央组织部会同有关部委，在京召开干部人才"组团式"帮扶国家乡村振兴重点帮扶县工作部署电视电话会议。会议围绕"组团式"帮扶国家乡村振兴重点帮扶县，就选派医疗、教育干部人才和科技特派员，集中力量帮助建好县人民医院、1 所普通高中和 1 所职业高中、推动农业产业发展工作进行部署。①2022 年 11 月 24 日，中央组织部会同有关部委召开干部人才"组团式"帮扶国家乡村振兴重点帮扶县工作推进会。会议指出，"组团式"帮扶工作开展半年多来，各有关方面强化责任意识，加强协调配合，积极主动作为，共选派近 5000 名干部人才深入 160 个重点帮扶县开展帮扶，开局良好、初见成效。②

（三）地方政府对口支援的项目化管理

2021 年和 2022 年对口支援的一个重要变化是，各地政府强化了对口支援的项目化管理，也就是采取项目制的方式管理对口支援的资金、人员和绩效。其中比较典型的是北京市通过规范性文件的形式，在对口支援方面进行项目化管理。

2021 年 12 月 26 日，北京市支援合作办公室印发《北京市支援合作项目管理办法》，将使用本市财政资金，经北京市支援合作工作领导小组（北京市南水北调对口协作工作协调小组）同意的，在支援合作地区组织实施的固定资产投资项目和非固定资产投资项目都纳入管理范围内。特别是对于特定项目的申报与批准，作出了较为详细的规定，形成了较为规范的项目管理办法：（1）对口支援西藏拉萨、新疆和田和兵团第十四师、青海玉树的项目计划，由前方指挥部提交市支援合作办履行相关程序，经领导小组批准后，由市支援合作办向前方指挥部下达项目计划，并报国家发展改革委备案，抄送支援合作地政府及相关部门。（2）东西部协作项目计划，由内蒙古自治区相关部门提交市支援合作办履行相关程序并出具反馈项目计划意见函，由当地下达项目计划，报领导小组备案。（3）南水北调、对口支援巴东项目计划，由支援合作地政府（或相关部门）提交市支援合作办履行相关程序，经领

---

① 《干部人才"组团式"帮扶国家乡村振兴重点帮扶县工作部署电视电话会议在京召开》，《中国组织人事报》2022 年 4 月 22 日。

② 《干部人才"组团式"帮扶国家乡村振兴重点帮扶县工作推进会在京召开》，《中国组织人事报》2022 年 11 月 25 日。

导小组同意后，市支援合作办反馈项目计划意见函，由当地下达项目计划。[①] 如图 2-1 所示。

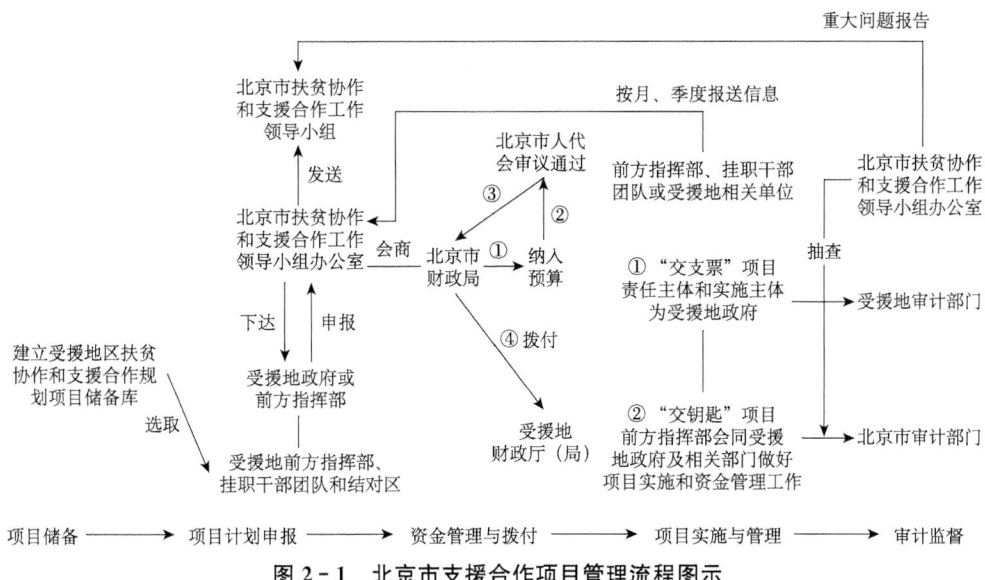

图 2-1 北京市支援合作项目管理流程图示

后续，北京市又陆续围绕南水北调工程、三峡库区合作等特定的对口支援工作，制定了《北京市南水北调对口协作项目管理办法》和《北京市对口支援湖北省巴东县项目管理办法》、《北京市对口支援巴东县项目管理实施细则（试行）》，[②] 形成了相对完善的对口支援项目化管理体系，项目计划申报与批准、项目资金、项目管理、审计监督等主要内容，都有了较为明确的管理规范，北京市对口支援的项目化管理基本做到了有"法"可依。

（四）地方政府对口支援的品牌化发展

2021 年和 2022 年对口支援的另一个重要变化是，各地政府突出对口支援的品

① 北京市支援合作办公室：《北京市支援合作办公室关于印发〈北京市支援合作项目管理办法〉的通知》，北京市支援合作办公室官网，https://zyhzb. beijing. gov. cn/zwxx/zcwj2/xzgfxwj/202209/t20220901_2806183. html。

② 北京市支援合作办公室：《北京市南水北调对口协作项目管理办法》，北京市支援合作办公室官网，https://zyhzb. beijing. gov. cn/zwxx/zcwj2/zcqyhz/202204/t20220408_2669183. html。北京市支援合作办公室：《北京市对口支援湖北省巴东县项目管理办法》，北京市支援合作办公室官网，https://zyhzb. beijing. gov. cn/zwxx/zcwj2/zcqyhz/202204/t20220408_2669204. html。北京市支援合作办公室：《北京市对口支援巴东县项目管理实施细则（试行）》，北京市支援合作办公室官网，https://zyhzb. beijing. gov. cn/zwxx/zfxxgk/fdzdgknr/qtfdxx/202111/t20211103_2528290. html。

牌化建设，提出了各种对口支援特色项目和特色品牌，并采取各种市场化宣传行为，增强这些品牌的社会影响力，以此强化对口支援工作的延续性和稳定性。

上海市在引导社会组织参与东西部协作、助力云南发展方面就注重品牌化建设。2019—2021年，上海市获得专项财政资金资助的社会组织公益帮扶项目共246个，资助资金4700多万元，撬动社会投入资金近2亿元，很多项目落地成为"小而美"的公益帮扶项目。特别是在树品牌、作示范方面，上海市通过举办线上线下优秀案例展示会、出版《上海社会力量在行动》，组织开展社会组织助力沪滇帮扶"163百万公益专项行动"、签订《上海市社会组织助力对口帮扶地区全面推进乡村振兴结对帮扶框架协议》等措施，推动交流、加强引领、明确导向，以此形成社会组织参与对口支援的品牌化。①

天津市在与甘肃省开展东西部协作对口支援工作时，在增强对口支援力度的同时（如表2-14所示），也特别注重品牌化建设，其中包括"组团式"医疗帮扶、全链条教育帮扶、和田优品、"民族团结一家亲 百行百业交流行"、百村振兴计划、津甘技工等成熟模式和亮点工作，逐渐形成独具天津特色的帮扶品牌矩阵，并在全国形成了一定的影响力。2022年8月30日，天津市还举办了"津陇共振兴"合作交流洽谈大会，同期举行的活动还包括"东西携手圆梦小康 山海情深共促振兴"2022天津甘肃东西部协作和对口支援纪实图片展、科技助力乡村振兴论坛，大会实现了从主题、形式到内容等方面的同步优化，打造了"津企陇上行"活动升级版，为全国推进东西部协作工作提供了借鉴（该品牌活动已经形成惯例，2023年的"津陇共振兴"合作交流洽谈活动在甘肃省会宁县举行）。②

表2-14 天津市2022年度东西部协作和支援合作相关数据
（截至2022年8月31日）

序号	项目	数量	完成情况
1	消费帮扶金额	21.98亿元	完成全年目标任务的169%

---

① 黄昱扬：《〈东西部协作典型案例〉沪滇携手动员引导社会组织参与东西部协作》，乡村振兴局官网，https://nrra. gov. cn/2023/03/03/ARTIRyS5ycQtpotZAKih6gJg230303. shtml。

② 天津市人民政府合作交流办公室：《今年以来本市对口支援工作在五个方面实现新突破》，天津市人民政府合作交流办公室官网，https://hzjl. tj. gov. cn/ZWGK2985/TJXX7881/202209/t20220923_5994465. html。

续表

序号	项目	数量	完成情况
2	新增帮助农村劳动力实现就业	3.3 万人	完成年度目标任务的 127%
	其中脱贫劳动力	2.78 万人	完成年度目标任务的 154%
3	募集社会帮扶款物	折合 2.87 亿元	—
4	新增引导企业到结对地区投资	108 家	—
5	新增引导企业到结对地区投资实际到位额	11.62 亿元	—
6	向对口支援地区选派各类干部人才	1176 人	为历年之最

二、2021—2022 年地方政府对口支援的研究综述

对口支援是具有中国特色的地方政府合作模式，集中体现了当代中国政府运行过程中的诸多特征，也是影响中国横向府际关系的重要因素。在学术研究领域，对口支援也是学界关注的重要问题，以"对口支援""对口帮扶""结对帮扶""东西部协作"为关键词进行论文主题检索可以发现，在 2021—2022 年，CSSCI 期刊收录的论文大概有 147 篇，其中主题为"对口支援"的 CSSCI 期刊论文 97 篇，主题为"对口帮扶"的 CSSCI 期刊论文 37 篇，主题为"东西部协作"的 CSSCI 期刊论文 13 篇（如表 2-15 所示）。论文的关注焦点大体围绕历史分析、运行机制、财政配套、典型模式、治理绩效等内容展开。

表 2-15 2021—2022 年与对口支援相关的 CSSCI 期刊论文

（单位：篇）

时间	主题 1：对口支援	主题 2：对口帮扶	主题 3：东西部协作	总计
2021 年	47	23	5	75
2022 年	50	14	8	72
总计	97	37	13	147

（一）对口支援的历史分析

作为一项具有一定历史积累并呈现发展变化的地方政府合作方式，历史发展是对口支援研究的重要议题。围绕对口支援的历史发展，研究者发表了多篇论文，其中宏观政策变迁、医疗援助发展、教育援助发展是研究者关注的主要领域。

一是在对口支援的宏观政策方面，有研究者对 1979 年至 2019 年中央发布的 80

份政策进行量化分析，发现边疆民族地区对口支援历史发展的四个特征。一是边疆民族地区对口支援政策的演进具有明显的情境依赖性，与时代背景息息相关。二是援助主体由单向行动转向多元协同，央企、社会团体、学校等组织逐渐积极承担援助工作。三是援助方式注重教育、人力资本等智力手段的长期效应，特别是"互联网＋对口支援"成为重要的发展趋势。四是实现从单一的政治义务逻辑到复合的价值理性逻辑的转变。当前的边疆民族地区对口支援政策注重平等互惠等原则，支援方政府的利益需求被纳入考量。[1]

二是在医疗对口支援方面，有研究者提出，新中国成立以来，民族地区医疗卫生事业的发展呈现从援助到互助再到共融发展的良好态势，这主要归功于国家、发达地区和民族地区的合力，其中发达地区的对口支援是促进民族地区医疗卫生事业发展及调节城乡、区域不平衡的重要助力，人员、技术的互动和互助不仅推动了民族地区医疗卫生事业的发展，也促进了地区之间和民族之间的交往交流交融。[2] 尤其值得指出的是，随着民族地区医疗卫生事业的发展，对口支援的内涵正在拓展和丰富，已经不限于发达地区对民族地区的单向援助，民族地区也具备了在医疗卫生领域援助其他地区的能力和条件，对口支援由此发展为民族地区与发达地区之间的双向互助与合作。[3]

三是在教育对口支援方面，有研究者认为，高等教育扶贫是我国扶贫工作的重要组成部分，在脱贫攻坚中发挥着不可替代的作用。新中国成立以来，我国高等教育扶贫政策经历了探索初创、巩固发展、内涵丰富和深化拓展四个时期。政府的立法手段、高校的专业设置以及社会的参与力量为我国高等教育扶贫政策变迁提供了强大动力。[4] 在民族地区教师队伍建设方面，有研究者以中央政策文本为依据，总

---

① 单菲菲、张雅茹：《边疆民族地区对口支援政策的结构特征与历史演进——基于1979—2019年的政策文本量化分析》，《中南民族大学学报》（人文社会科学版）2021年第4期，第45页。

② 方静文：《援助、互助与共融：1949年以来民族地区医疗卫生事业的发展》，《北方民族大学学报》2021年第2期，第80页。方静文：《新中国成立以来民族地区医疗卫生事业的发展》，《当代中国史研究》2021年第3期，第145页。

③ 蒋彬、王胡林：《百年来中国共产党的少数民族民生实践历程与经验启示》，《民族研究》2021年第2期，第1页。张天悦：《从支援到合作：中国式跨区域协同发展的演进》，《经济学家》2021年第11期，第82页。

④ 袁利平、李君筱：《我国高等教育扶贫政策的演进逻辑与未来展望——基于历史制度主义的视角》，《清华大学教育研究》2021年第5期，第126页。

结新中国成立以来特别是改革开放以来民族地区教师队伍建设事业的政策经验，其中内地支援边疆，城镇支援乡村，建立健全师资互援机制，是新中国成立以来民族地区教师队伍建设的重要经验之一。[①]

（二）对口支援的运行机制

作为一项特定的地方政府合作模式，对口援助的运行方式已经形成了一套相对复杂的制度体系。对此，研究者围绕组织机制、运作过程等多个角度进行了分析，在很大程度上揭示出地方政府对口支援的实践形态。

一是对口支援的组织机制。有研究者从组织学研究中的"控制权"这一特定理论视角入手，分析了支援地和受援地对项目的控制方式。支援地对项目的控制权集中体现于立项控制、流程控制、风险控制和质量控制等方面，呈现"适配力"逻辑。受援地政府则充分利用地方治理经验与治理环境，通过项目制融合、捆绑和转化所形成的地方发展规划，形成一种横向的逆控制逻辑，蕴含"助推力"取向。[②]援受双方以经济实力、技术水平、行政层级等方面的梯度位差为前提，通过将组织要素、项目要素和行动者要素等进行梯度适配，实现治理增益的目标。[③]也有研究者重点关注对口支援的组织激励问题，认为对口支援机制已形成了具有中国特色、凸显中国制度优势的制度安排，构成了柔性激励与强制性激励互补、外生激励与内生激励相融合的复合激励体系。[④]

二是对口支援的运作过程。有研究者聚焦三峡库区对口支援机制，认为三峡库区对口支援在初期往往采用行政动员的方式，后期则在国家援助、经济合作、社会责任和区域协调四类驱动因素下，合作机制创新需要突出政府合作互动、产业合作先导、区域协调均衡发展和共享可持续发展成果与对口支援实际情况的匹配与协调。[⑤]也有一些研究者聚焦东西部扶贫协作，认为东西部协作在形成过程中不断演

① 吴明海、代芬：《中国共产党民族地区教师队伍建设政策的历史经验》，《民族教育研究》2022年第5期，第86页。
② 谢炜、李悦：《对口支援"项目制"：控制权的限度》，《社会科学》2021年第12期，第57页。
③ 谢炜：《对口支援："项目制"运作的梯度适配逻辑》，《中国行政管理》2022年第4期，第95页。
④ 汪波：《中国特色对口支援的激励机制研究》，《学海》2022年第2期，第140页。
⑤ 周兵、吕佩：《三峡库区对口支援机制创新研究》，《中南民族大学学报》（哲学社会科学版）2021年第6期，第153页。

进，逐渐形成了多项机制，具体包括中央政府与地方政府间的责任制和激励约束机制、东西部地方政府间的援助协作机制、政府与市场主体间的政企协作机制、地方政府与社会间的社会动员机制。①

三是特别关注"组团式"对口支援的运行方式。在"组团式"教育对口支援方面，有研究者分析了"组团式"教育援藏的特征，相比过去的教育援藏方式，"组团式"教育援藏更加重视援助机制的创新，包括"组团式"教育人才援藏的统筹协调机制、对口帮扶机制和保障机制三个方面。② 也有研究者分析了"组团式"教育援疆的运行方式，包括以"组团式"受援学校为基础打造受援地区教育示范基地，通过发挥示范引领作用，带动新疆教育实现高质量发展进而为实现乡村振兴提供人才支持。③ 在"组团式"医疗对口支援方面，有研究者分析了北京市属医院组团式援助拉萨市人民医院7年来建立的关键工作机制，包括学科建设、人才培养、基础设施建设、内部管理、改革创新和文化传承等。④

（三）对口支援的财政配套

对口支援的重点内容之一是财政资金的横向转移，因此有研究者从理论定位、政策效果、完善方向等层面，讨论对口支援工作中的财政问题。

一是对口支援在财政制度中的基本定位。在总体财政制度层面，中国的政府治理结构使得国家具有很强的组织动员能力，推动了中国转移支付制度的创新，使其能够突破财力不足和效率损失两大制约，而对口支援和干部派遣则是两类特殊转移支付，它与国家能力的建设相互促进。⑤ 在更低一级的省内对口支援方面也同样如此，针对省内对口援藏，就有研究者提出，由于省内对口援藏财政资金是平级政府间的资金调拨，具有财政转移支付的特征，同时具有财政均等化功能，有利于协调

① 王小林、谢妮芸：《东西部协作和对口支援：从贫困治理走向共同富裕》，《探索与争鸣》2022年第3期，第148页。

② 杨明洪：《对口援藏机制创新与绩效提升："组团式"教育援藏的调查与分析》，《西北民族大学学报》（哲学社会科学版）2021年第1期，第117页。

③ 沈晓非：《乡村振兴背景下"组团式"教育援疆模式研究》，《首都师范大学学报》（社会科学版）2022年第S1期，第32页。

④ 孙树学、张圣捷、张澍田等：《医疗人才"组团式"援藏关键机制和成效分析——基于北京市援助拉萨市人民医院的实践探索》，《中国藏学》2022年第6期，第117页。

⑤ 吕冰洋：《国家能力与中国特色转移支付制度创新》，《经济社会体制比较》2021年第6期，第29页。

地区间的财政不均衡，所以其财政均衡效应属于横向财政均衡，归属于省级以下的横向转移支付。省内对口援藏对于探索省级以下财政横向转移支付制度有着重要意义，从而推动实现国家治理体系和治理能力的现代化。[①]

二是省级对口支援的经济效果。有研究者比较研究了中央纵向转移支付和省际横向转移支付的政策效果、禀赋条件和作用机制，并围绕"财政转移支付是否带来了地区生产效率提升"这一问题，总结了三个结论。第一，中央转移支付和对口支援的转移支付均可以有效推进欠发达地区总体劳动生产率攀升，因而两类不同性质的转移支付均具有减贫效应，转移支付对生产率的提升效应在一定程度上依赖于经济禀赋条件。第二，转移支付的政策效应存在产业异质性。中央转移支付主要提高了西部地区农业生产效率，省际对口支援的转移支付既提高了受援地区农业生产效率，也改善了非农产业生产效率。第三，转移支付执行的政策背景和经济发展阶段不同、实施主体和支援方式是否多元化和多样性，以及支持强度和目标差异是上述两次区域政策异质性效果的重要原因。[②]

三是对口支援财政政策的完善方向。有研究者围绕突发事件跨区域应急治理中的对口支援问题，提出了对口支援财政政策的不足之处。在研究者看来，对口支援有待法律层面的正式认可、临时性的财政安排需要理顺权责分配和重视制度激励、应急治理实践形式亟须纳入规范轨道是对口支援财政政策的主要问题。在跨区域应急管理工作中，财政进路的构建有助于实现跨区域应急协同治理的组织化、规范化及制度化。具体而言，跨区域协作的财政进路具体可以从三个方面展开，也就是在宏观层面协调价值目标与主体关系，在中观层面明确权责分配与制度供给，在微观层面注重成本收益与利益协调。[③]

（四）对口支援的典型模式

经过 40 多年的发展，地方政府在对口支援方面逐步形成了具有一定辨识度的

---

① 杨明洪、刘建霞、曹黎：《横向转移支付视角下的省内对口援藏制度研究》，《西南民族大学学报》（哲学社会科学版）2021 年第 4 期，第 43 页。

② 徐明：《财政转移支付带来了地区生产效率提升吗——基于省际对口支援与中央转移支付的比较研究》，《统计研究》2022 年第 9 期，第 88 页。

③ 李楠楠：《跨区域应急协同治理的财政进路——以对口支援为切入点》，《中国行政管理》2022 年第 12 期，第 127 页。

工作模式,其中较为重要的包括"京蒙科技合作模式""上海模式""闽宁模式"等,对此,研究者也进行了典型模式的深度剖析,并进行了相应的经验总结。

一是针对"京蒙科技合作模式"的研究。研究者提出,京蒙科技合作是推动京蒙区域协作的重要内容。近年来,京蒙科技合作在体制机制、科技联合攻关、科技成果转化、人员引进和培养等方面成效显著,在推动高质量发展和构建新发展格局中积累了宝贵经验。其中最为重要的工作思路包括特色领域联合研发、科技园区辐射带动、多平台成果转化、精准化人才支持等典型经验,以及宏观统筹、深化发展、支撑保障等推进机制。①

二是针对"上海模式"的研究。研究者认为,上海市的东西扶贫协作模式充分利用市场机制,从最初的单项援助逐步迈向双向合作共赢的道路,其特征在于注重增强内生动力与发挥上海优势相结合、共性需求与当地特色相结合、政府主导与社会参与相结合,并在东西扶贫协作中探索出"三链联动"产业扶贫、职教联盟扶贫、平台驱动消费扶贫、"组团式"帮扶公共服务扶贫等具体思路,以及资源整合型社会动员机制。②

三是围绕"闽宁模式"的研究。③ 研究者认为,福建和宁夏两省区对口扶贫协作形成的"闽宁模式"是我国东西部地区结对帮扶、先富帮后富的实践样本,"闽宁模式"在实践中形成以顶层设计为主导的长效帮扶机制、产业扶贫为核心的综合扶贫方式、物质扶贫与精神扶贫并重的扶贫思维、脱贫富民与生态保护互融的扶贫道路为主要内容的扶贫经验。并且孕育出以久久为功、接续奋斗的实干精神,敢拼会赢、埋头苦干的创业精神,守望相助、携手共进的协作精神为主体的"闽宁精神"。④

① 张莹、董晓辉:《京蒙科技合作的典型模式和推进机制研究》,《科学管理研究》2022年第4期,第155页。

② 张晓颖、王小林:《东西扶贫协作:贫困治理的上海模式和经验》,《甘肃社会科学》2021年第1期,第24页。

③ 2021年1月,以福建、宁夏东西扶贫协作为原型的电视剧《山海情》公开上映,观众好评如潮。"闽宁镇""闽宁模式"成为东西部扶贫协作的标识性词汇,"对口支援"也从一个政策性词汇、学术性词汇转化为社会性词汇。

④ 盛晓薇、马文保:《"闽宁模式":东西部扶贫协作对口支援的实践样本》,《人民论坛·学术前沿》2021年第4期,第108页。

（五）对口支援的治理绩效

中国特色对口支援机制在多个领域取得了杰出的治理绩效。对此，有研究者从共同富裕、国家治理等多个角度进行了总结。

一是对口支援对共同富裕的作用。共同富裕是社会主义的本质要求，对口支援在这方面具有重要的意义。有研究者提出，对口支援作为先富带后富的典型方式，通过经济发达地区对口支援和帮助欠发达地区，在中国消除绝对贫困和全面建成小康社会中发挥着重要的作用。而且，随着全面小康社会的建成，以全面小康为目标的对口支援将向以共同富裕为目标的对口支援转变，通过以实现人的全面发展作为终极目标、以社会主义制度优势作为价值彰显、以"双循环"新发展格局作为发展动力，逐步解决发展不平衡不充分问题，最终实现全体人民共同富裕。① 对此也有研究者从更加宏观的角度提出，在新时代，需要借助"一带一路"倡议的实施，推动形成陆海联动、东西互济全面开放的新格局以及区际开放与区域协调发展，实现共同富裕，避免西部地区成为经济发展的"断裂带"。②

二是对口支援对国家治理的意义。有研究者认为，在新时代，对口支援已经超出贫困治理、共同富裕的范畴，成为一项国家治理措施，为中国国家治理提供了重大创新性贡献，丰富了治理的主体与范围、拓展了治理的资源与渠道、明确了治理责任、完善了中国特色的治理机制。特别是在治理机制方面，对口支援形成了激发机制、决策机制、实施机制以及督导、评价、反馈机制的完整系统。③ 也有研究者关注对口支援对区域协同发展的作用，认为在 70 多年的发展过程中，我国开展的一系列对口政策，兼顾政治稳定、民族团结、边疆巩固和区域协调发展，在"两个大局"战略思想指引下，既有纵向的政治动员与统筹部署，也有横向的基于优势互补的资源配置和人文交流，在铸牢中华民族共同体意识的同时，不仅确保了社会主义公共产品的供给，还凸显出独具中国特色的制度优势与活力。④

---

① 黄基鑫、赵越、雷聪等：《从全面小康到共同富裕：对口支援的作用、经验与展望》，《经济与管理研究》2022 年第 2 期，第 15 页。

② 全毅、曾志兰：《我国构建区域协调发展与共同富裕的机制探索》，《云南大学学报》（社会科学版）2022 年第 5 期，第 71 页。

③ 王禹潇：《中国特色对口支援机制：成就、经验与价值》，《管理世界》2022 年第 6 期，第 71 页。

④ 张天悦：《从支援到合作：中国式跨区域协同发展的演进》，《经济学家》2021 年第 11 期，第 82 页。

三、展望与分析：地方政府对口支援的前提条件、影响因素与发展方向

经过长时间的历史积累，特别是党的十八大以来的新发展，中国地方政府对口支援工作已经形成了相对成熟的制度体系。反映在实践层面，对口支援的制度安排、组织机制、运行方式和具体策略都已经形成一定的工作规范。特别是近年来围绕三峡库区合作、革命老区发展、东西部扶贫协作、援藏援疆工作所形成的对口支援制度体系，在水库移民、贫困治理、革命老区发展、边疆巩固和区域协调等方面发挥了重要作用。因此从这个角度讲，地方政府对口支援已经逐渐发展为体现中国政治制度比较优势的地方政府合作模式，是国家治理体系与治理能力现代化的重要一环。

（一）地方政府对口支援的前提条件

地方政府对口支援的有效运行，需要具备多个重要条件，其中党的全面领导、以人民为中心的政治理念以及公有制为主体、多种所有制并存的基本经济制度是地方政府对口支援工作能够有效展开的重要前提，为对口支援提供了基础保障。

首先，党的全面领导为对口支援提供了政治保障。在对口支援工作中，党中央权威和集中统一领导制度、党中央对重大工作的领导体制和决策落实机制，是对口支援制度构建和有效运行的政治基础；党的中央、地方和基层组织构建的严密组织体系为对口支援的组织动员提供了组织基础；党的各级组织通过各种奖惩机制，为对口支援的有效实施提供了党员力量保障；党对国家事务的全面领导从政治上确保了对口支援的执行有效。因此可以说，对口支援制度与党的全面领导下的强大执行能力密不可分。

其次，以人民为中心的政治理念为对口支援提供了价值取向。社会主义本质要求解放生产力、发展生产力，最终实现全体人民的共同富裕。而改革开放以来，中国经济社会发展的客观进程存在相对不均衡性，要实现经济的快速发展、从不均衡到均衡、逐步实现共同富裕，需要坚持发展为了人民、发展依靠人民、发展成果由人民共享，走全体人民共同富裕道路的发展理念，这种政治理念为对口支援确定了根本价值取向。沿海内地次第发展进程中由中央统筹的对口支援，实际上成为实现

渐进共享、区域协调发展、逐步共同富裕最直接的生动实践，使全体人民都能够参与到社会主义现代化建设中，共享社会发展成果。

最后，公有制为主体、多种所有制并存的基本经济制度为对口支援提供了客观条件。在生产资料的公有属性方面，公有制为主体、多种所有制并存的基本经济制度保证了对口支援的公共性。在对口支援中，无论是支援方还是受援方，在国家完成重大任务及公共事件应急救援的生产、建设、物流等环节，能够围绕国家和人民利益，代表产权方进行快速、高效的决策与调配资源。这种经济制度能够有效避免私有产权的阻力，避免出现资本逐利性、短期性特征，充分发挥公有制经济（如国有企业、集体所有制企业）集中资源的优势，使得有限的资源能够承担社会发展的任务，彰显资源的公共性与长期性。

（二）地方政府对口支援的影响因素

作为一种实践中的制度安排，当前地方政府对口支援在运行逻辑、互动方式以及考核机制方面的不足，影响了对口支援制度的现实绩效。

首先，对口支援的运行逻辑。从核心特征上讲，当前地方政府所开展的对口支援主要强调行政力量，其运行逻辑带有一定的行政主导性，社会以及市场力量发挥的作用相对更为薄弱，这种情况很可能会产生若干不利后果。一是对口支援的财政负担过大，特别是对支援方政府而言，对口支援的财政支出会成为一个重要的财政负担。在经济发展进入新常态的情况下，甚至不排除支援方政府缩减对口支援支出的可能性。二是对口支援的措施相对单一，一些支援方政府主要采取援助资金、选派干部、建设项目等方式，在支援措施的针对性、聚焦性方面可能有所不足。三是行政主导的对口支援在一些支援项目的可持续性方面较为薄弱。一些支援方政府和选派的干部可能会出于短期政绩考虑，上马一些"面子工程""亮点工程"，这些短期项目不排除出现"人亡政息"的情况。

其次，对口支援的互动方式。尽管当前的对口支援强调支援方与受援方之间的互动关系，部分地区的对口支援也已经转化为对口支援和合作，如杭州市和宁波市成立了负责对口支援的工作部门，名称为对口支援和区域合作局。但当前地方政府对口支援在双方互动方面依然存在不足，支援方支援资金、提供项目、选派干部，受援方接受援助，仍然是对口支援的主要方式。这在一定程度上限制了对口支援的实践绩效。一方面，这种单方面的赠与行为可能会影响对口支援的可持续性。另一方面，这也可能会限制受援方发挥能动性，形成单方面的依赖行为，不利于受援方发挥在自然资源、环境条件、劳动力资源、政策资源方面的比较优势，不利于提高受援方的自我发展能力。

最后，对口支援的考核机制。2017 年，国家颁布《关于进一步加强中央单位定点扶贫工作的指导意见》和《关于进一步加强东西部扶贫协作工作的指导意见》，逐步创设了对口反贫困的评估考核机制。要求通过监督巡查、年度考核以及对考评结果的反馈，促进对口支援及其相关政策调整优化。但是在当前的实际工作中，对于地方政府对口支援工作，或是由支援方按照干部管理方式进行常规考核，或是由受援方按照属地管理的方式进行绩效考核，地方政府对口支援工作长期以来一直缺乏一套科学合理的绩效评估体系，这在一定程度上影响了对口支援的激励作用，也不利于对口支援工作的长期发展。

（三）地方政府对口支援的发展方向

如前所述，当前地方政府对口支援工作在运行逻辑、互动方式、考核机制方面依然存在一些不足，对此需要有针对性地采取措施，优化对口支援的发展方向。如表 2-16 所示。

表 2-16　地方政府对口支援的问题表现与发展方向

	问题表现	发展方向
运行逻辑	行政主导	充分发挥政府、市场和社会在对口支援中的优势和长处
互动方式	单向性弊端	增强对口支援过程中支援方和受援方的互动性
考核机制	激励不足	建立相对完善的对口支援绩效考核体系

首先，要正确认识政府、市场和社会在对口支援中的作用。对口支援是一个系统工程，需要充分发挥政府、市场和社会各自的优势。在实施对口支援政策时，一方面要通过政府引导，鼓励和支持各地区搭建区域协作和技术、人才合作的良好平台，建立制度化的区域合作机制，开展多层次、多形式、多领域的区域合作，形成以东带西、东中西共同发展的格局；另一方面要充分利用市场的力量，促进生产要素在区域间自由流动和合理配置，引导产业由东部沿海地区向中西部地区有序转

移，逐步改变西部地区市场经济落后的局面，通过市场机制的作用将内地发达省市的外生援助转化为西部地区自我发展的内生机制。同时还要把全社会的力量（如社会组织、社会工作者等）纳入到政府主导的对口支援的框架中来，通过政府和社会各界的共同努力，使对口支援能够发挥最大效用。

其次，要增强对口支援过程中支援方和受援方的互动性。在经济合作方面，可以通过产业转移的方式，将支援方的产业向受援方地区转移，同时也可以通过劳务输出、职业技能培训、订单培养学习等方式，将受援方的劳动力向支援方地区转移，实现资金、人力等资源的合理配置。在干部选派方面，不仅支援方可以向受援方选派挂职干部，受援方也可以向支援方选派挂职干部，或者通过交流学习、考察调研、顶岗实习等方式，在支援方学习更为先进的发展经验和管理理念。除此之外，支援方和受援方还可以通过消费扶贫、定向旅游、文化交流等方式，实现双方的有效互动，特别是实现双方民众的相互了解、相互沟通，避免对口支援的过度行政化，同时也避免对口支援的单向性问题。

最后，要建立相对完善的对口支援绩效考核体系。一是需要明确对口支援绩效考核的主体，可以建立兼容支援方与受援方的绩效考核工作领导小组（如 A 省与 B 省对口支援合作绩效考核工作领导小组），按照下管一级的方式进行考核，由省一级的绩效考核工作领导小组考核市一级的对口支援工作，由市一级的绩效考核工作领导小组考核县一级的对口支援工作。二是需要建立相对具体的对口支援绩效考核指标，将经济发展、财政支出、基础设施、工程项目、医疗卫生、文化教育、生态环境、社会稳定、人才培养、干部挂职等内容融入其中，形成可测量、可操作的绩效考核指标体系。三是需要建立明确有效的奖惩制度。可以将对口支援工作绩效纳入地方主官以及选派干部的考核内容当中，作为提拔重用或惩罚降级的重要指标，以此增强对口支援在地方工作中的权重。

四、报告要点

本报告对我国 2021 年和 2022 年地方政府对口支援工作的情况和理论研究进行了初步的归纳和总结，并进行了展望与分析，为进一步发展完善对口支援工作提供参考。概括而言，本报告的要点总结为以下几个方面。

第一，对口支援是一项具有中国特色的地方政府合作模式。在当前地方政府实践过程中，对口支援形成了"边疆地区发展型对口支援""灾害救援恢复型对口支援""大型工程建设型对口支援"等不同的类型。作为一种重要的地方政府合作模式，对口支援也逐渐嵌入国家治理体系与治理能力现代化进程之中，成为中国式现代化的重要推动力量。

第二，2021—2022年，中央多次召开会议、出台政策文件，讨论新疆、西藏地区发展以及相关的对口支援工作，地方政府的对口支援工作也出现了一些新的变化，既延续了以往对口支援工作方式，同时又出现了一些新思路和新方法，实现了对口支援的创新发展。具体包括：增强对口支援的力度和深度、继续推进组团式对口支援、地方政府对口支援的项目化管理以及地方政府对口支援的品牌化发展等不同内容。

第三，在学术研究领域，2021年和2022年两年发表的论文主要聚焦于对口支援的历史分析、运行机制、财政配套、典型模式、治理绩效等内容。研究者普遍认为，对口支援在边疆地区发展、大型工程建设、灾害救援恢复等领域发挥了非常重要的作用，有利于协调区域发展、增强资源流通、促进民族团结、提高干部能力。对口支援是一项体现中国政治制度比较优势的政府合作模式，有必要在中国式现代化进程中予以坚持和发扬。

第四，当前地方政府的对口支援工作依然存在不足之处。首先，当前地方政府所开展的对口支援主要强调行政力量，其运行逻辑带有一定的行政主导性，社会以及市场力量发挥的作用相对薄弱。其次，当前地方政府对口支援在双方互动方面依然存在不足，支援方支援资金、提供项目、选派干部，受援方接受援助，仍然是对口支援的主要方式。最后，地方政府对口支援工作长期以来一直缺乏一套科学合理的绩效评估体系，这在一定程度上影响了对口支援的激励作用，也不利于对口支援工作的长期发展。

第五，对于对口支援的完善发展方向，本报告提出三个政策建议。首先，要正确认识政府、市场和社会在对口支援中的作用，需要充分发挥政府、市场和社会各自的优势，避免过度的行政主导性。其次，要增强对口支援过程中支援方和受援方的互动性，避免对口支援的单向性弊端。最后，要建立相对完善的对口支援绩效考核体系，明确考核主体、建立考核指标，以绩效考核倒推对口支援的提档升级。

（作者单位：南开大学周恩来政府管理学院）

政府公共财政与政府绩效管理

中央对地方专项转移支付研究报告

史普原

专项转移支付是连接国家与社会、中央与地方的重要财政制度，对我们理解国家治理现代化具有重大价值。2021—2022 年是应对全球范围内新冠疫情的两年，也是应对整体经济下滑、地方财力吃紧、社会活力不足的两年。对此，国家相继出台了特殊转移支付、财政直达资金、支持基层落实减税降费和重点民生专项转移支付等多项制度，有力回应了各方面凸显出来的国家治理与社会发展难题，体现出专项转移支付的重要意义。

与此同时，2021 年和 2022 年国家在预算管理、子专项的管理办法、扶贫与乡村振兴项目衔接、区域协调发展、财政与金融措施并举、科教兴国、社会事业等方面不断推进，专项转移支付制度逐步走向科学化、精细化、规范化。专项补助的带动与平衡作用日渐显著，重视基础设施和产业布局的同时，加强了社会福利支出；强调效率、"火车头"引领的同时，将公平、共同富裕提上日程；重视财政存量资金使用的同时，利用金融杠杆，撬动了社会资本等多元力量。可以说，我们从制度运作、结构、变迁等层面理解了专项转移支付，就掌握了国家治理的一把钥匙。

一、2021—2022 年中央对地方专项转移支付体系现状

（一）中央对地方专项转移支付制度建设

通过梳理关于专项转移支付的主要政策文件（如表 3-1 所示），2021—2022 年的国家治理制度建设突出体现在如下几个层面。

第一，在进一步加强预算管理等制度建设的同时，推进直达资金制度创新。在

《关于深化预算管理制度改革的决定》《中华人民共和国预算法实施条例》的基础上，进一步颁布《关于进一步深化预算管理制度改革的意见》《关于进一步推进省以下财政体制改革工作的指导意见》等，体现了国家治理规范化维度上的不断进步。此外，上述制度还对 2021—2022 年为强化基层支出便捷性与稳定性而推出的直达资金作出了部署，指出要建立健全直达资金监控体系，加强部门协同联动。并且，对于财政直达资金，也有多次专门的制度规范，体现出高层的重视程度。

第二，做好扶贫与乡村振兴等农业农村问题的衔接，并在此基础上推动专项资金使用的规范化、精细化和科学化。在 2020 年实现全面脱贫的战略目标后，国家并未放松对农业农村问题的重视，而是进一步推动向乡村振兴工作的无缝衔接。2021 年与 2022 年的中央一号文件均明确规划了乡村振兴的基本安排。更具体地，2021 年初，财政部等 6 部委出台了《中央财政衔接推进乡村振兴补助资金管理办法》，并在当年底出台了《衔接推进乡村振兴补助资金绩效评价及考核办法》。在农业农村专项资金的规范、高效使用方面，《关于印发农业领域相关专项中央预算内投资管理办法的通知》《关于继续支持脱贫县统筹整合使用财政涉农资金工作的通知》《农村产业融合发展示范园建设中央预算内投资管理办法》《粮食等重要农产品仓储设施中央预算内投资专项管理办法》等不断出台，标志着农业农村专项资金管理进一步走向精细化、科学化。这还体现在安全与应急管理、生态与环境环保、水利建设、社会事业、中小企业扶持、交通、保障房建设、困难群众补助等多个层面。

表 3－1　中央有关专项转移支付主要制度文件梳理（2021—2022）

发布时间	发布机构	文件名称	相关规定
2021 年 1 月	中共中央、国务院	《关于全面推进乡村振兴加快农业农村现代化的意见》	各地区各部门要进一步完善涉农资金统筹整合长效机制。发挥财政投入引领作用，支持以市场化方式设立乡村振兴基金，撬动金融资本、社会力量参与，重点支持乡村产业发展
2021 年 2 月	国家发展改革委	《引导社会资本参与盘活国有存量资产中央预算内投资示范专项管理办法》	各地应当充分发挥中央预算内投资引导带动作用，引导社会资本积极参与盘活国有存量资产，将回收资金用于新的基础设施项目建设，形成投资良性循环，为促进国内大循环发挥积极作用。本专项采用切块方式安排

发布时间	发布机构	文件名称	相关规定
2021 年 3 月	国务院	《关于进一步深化预算管理制度改革的意见》	加强部门协同联动，强化从资金源头到使用末端的全过程、全链条、全方位监管，资金监管"一竿子插到底"，防止挤占挪用、沉淀闲置等，提高财政资金使用的有效性和精准性
2021 年 4 月	国家发展改革委	《重大区域发展战略建设（长江经济带绿色发展方向）中央预算内投资专项管理办法》	本专项中央预算内投资用于支持符合推动长江经济带发展年度工作要点明确的重点工作任务，对探索走出一条生态优先绿色发展的新路子、保护和修复长江生态环境、推动生态产品价值实现具有重要意义的长江经济带绿色发展项目。采取直接下达到具体项目、切块方式下达两种方式
2021 年 6 月	国家发展改革委	《中央预算内投资资本金注入项目管理办法》	鼓励政府出资人代表对中央预算内投资资本金注入项目所持有的权益不分取或少分取红利，以引导社会资本投资
2021 年 6 月	国家发展改革委	关于加强基础设施建设项目管理 确保工程安全质量的通知	工程质量达到规定要求的，方可通过竣工验收；工程质量未达到要求的要及时整改，直至符合工程质量相关验收标准后，方可交付使用。要将工程安全质量作为重要监管内容，对于发现的工程安全质量问题要及时整改到位
2021 年 9 月	财政部、农业农村部、海关总署、国家林草局	《关于印发农业领域相关专项中央预算内投资管理办法的通知》	各地发展改革、农业农村、海关、林草主管等部门要进一步提高政治站位，加强配合，密切协商，充分沟通，确保农业投资计划管理和项目管理工作有序衔接，确保权责一致、协同高效、监管有力、运行顺畅
2021 年 11 月	财政部	《关于进一步做好财政资金直达工作的通知》	中央财政逐步将直接面向市县基层、面向市场主体、面向人民群众和直接服务国家重大战略任务的转移支付资金全部纳入直达资金范围
2021 年 11 月	财政部、科技部	《中央引导地方科技发展资金管理办法》	实施期限根据科技领域中央与地方财政事权和支出责任划分改革方案等政策相应进行调整
2022 年 1 月	中共中央、国务院	《关于做好 2022 年全面推进乡村振兴重点工作的意见》	继续把农业农村作为一般公共预算优先保障领域，中央预算内投资进一步向农业农村倾斜，压实地方政府投入责任。提高乡村振兴领域项目储备质量。强化预算绩效管理和监督

续表

发布时间	发布机构	文件名称	相关规定
2022 年 3 月	财政部	《中央专项彩票公益金支持地方社会公益事业发展资金管理办法》	社会公益事业资金纳入政府性基金预算管理。各级财政部门应当加强社会公益事业资金与一般公共预算、地方留成彩票公益金的统筹衔接，避免资金重复安排。突出重点，用于社会公益事业发展薄弱环节和领域
2022 年 5 月	国务院办公厅	《关于进一步推进省以下财政体制改革工作的指导意见》	合理控制专项转移支付新增项目和资金规模，逐步退出市场机制能够有效调节的相关领域，整合政策目标接近、资金投入方向类同、资金管理方式相近的项目

第三，推动区域协同发展在国家治理中发挥更显著作用。2021 年初，《关于印发重大区域发展战略建设（推进海南全面深化改革开放方向）中央预算内投资专项管理办法的通知》明确，要更好发挥中央预算内投资对推进海南全面深化改革开放的支撑带动作用。其后，《长江等内河高等级航道建设中央预算内投资专项管理办法》《重大区域发展战略建设（黄河流域生态保护和高质量发展方向）中央预算内投资专项管理办法》《粤港澳大湾区建设、长江三角洲区域一体化发展中央预算内投资专项管理办法》《重大区域发展战略建设（长江经济带绿色发展方向）中央预算内投资专项管理办法》相继出台。在专项转移支付名目中，它们均作为重大战略投资出现。可以说，这些资金的有效使用具有巨大的联动意义，在国内循环和共同富裕中都具有重大价值。

第四，更好地发挥科技、教育专项资金对国家治理转型的引领作用。其中，在《关于印发科技领域中央与地方财政事权和支出责任划分改革方案的通知》的基础上，《中央引导地方科技发展资金管理办法》进一步明确了中央事权的支出责任。此外，《高等学校哲学社会科学繁荣计划专项资金管理办法》《支持地方高校改革发展资金管理办法》《中央专项彩票公益金支持教育相关项目资金管理办法》等均从不同角度作出了制度引领。科教兴，则国家兴。事关能否实现国家治理的战略转型，实现中华民族的伟大复兴，科教专项资金还应发挥更大的导引作用。

第五，发挥财政专项资金的杠杆作用，提升多元资本的共同参与。《引导社会资本参与盘活国有存量资产中央预算内投资示范专项管理办法》要求，将回收资金用于新的基础设施项目建设，为促进国内大循环发挥积极作用。为提升社会资本的参与积极性，《中央预算内投资资本金注入项目管理办法》还建议，鼓励政府出资人代表对中央预算内投资资本金注入项目所持有的权益不分取或少分取红利。《中央专项彩票公益金支持地方社会公益事业发展资金管理办法》《中央专项彩票公益金支持欠发达革命老区乡村振兴项目资金管理办法》等分别从政府性基金、专项债券、减税降费等方面，探索了专项资金的多元性及长效性。

（二）专项转移支付规模与结构

近两年比较来看（如表 3-2 所示）：

其一，就中央直接支出而言，呈现出梯级递减趋势，即 2021 年占比近 30%，2022 年占比降至 27% 以下。可能是新冠疫情期间地方政府的高额财政支出，加上地方财政收入的降低，上级对地方的转移支付有了更多的保稳定作用。

其二，税收返还呈现稳中有降趋势。在统计口径扩大后 3 年内维持在 10% 上下，但 2022 年有所降低。

其三，专项转移支付占比在 6.5% 左右。2022 年有所提升，因为该统计分别将同属于专项补助的特殊转移支付，以及支持基层落实减税降费和重点民生等专项转移支付合并放入。新冠疫情特殊时期，再加上统计口径的调整，有些数字需要多次剖析才能看得分明。

其四，在官网公布的一般性转移支付中，均衡转移支付最符合国际通用含义，即上级对地方没有明确的用途、用地等要求，主要用于补充地方财力。该部分中，2021—2022 年增至 16% 以上。

其五，国际通用的转移支付科目中，还有一类介于均衡与专项之间，往往被称为"整块转移支付"或"分类转移支付"，即虽然在大类上被上级指定方向，但地方仍然拥有一定的自主安排权。这部分在占比 36% 上下浮动。总体上看，在目前中央财政的支出格局中，专项类（"专项＋整块"）转移支付占据"半壁江山"。

表 3-2 中央财政支出规模与占比（2021—2022 年）

年份	本级支出		税收返还		均衡转移支付		整块转移支付		专项转移支付	
	规模/亿元	占比/%	规模/亿元	占比/%	规模/亿元	占比/%	规模/亿元	占比/%	规模/亿元	占比/%
2021	35049.96	29.9	11569.67	9.9	18929.00	16.1	44300.62	37.8	7353.05	6.3
2022	35570.83	26.8	11836.90	8.9	21179.00	16.0	47795.40	36.1	16130.52	12.2

注：数据来源于 2021—2022 年财政决算数据。其中，图表数字指一般公共预算支出；2022 年，除了一般的专项支出，还加上单列的支持基层落实减税降费和重点民生等专项转移支付 8533.49 亿元，占比 6.4%。

进一步细看中央对地方的专项补助（如表 3-3 所示），我们可以发现：

首先，除个别支出科目，如除土地指标跨省域调剂收入安排的支出等之外，各类支出保持大致稳定。

其次，农业农村依然是国家关心的重点，不仅包括农业生产发展资金、义务教育补助、居民基本医保等大额支出，还包括农田建设、农业保险、农村综合改革、农业生态资源保护等细类支出。

表 3-3 专项性质转移支付主要门类同口径比较（2021—2022 年）

（单位：亿元）

门类	2021 年	2022 年
农业资源及生态保护补助资金	368.66	446.09
义务教育薄弱环节改善与能力提升补助资金	298.50	300.00
学生资助补助经费	650.97	688.16
支持地方高校改革发展资金	376.45	393.87
困难群众救助补助资金	1473.21	1616.83
就业补助资金	557.10	617.58
优抚对象补助经费	593.24	628.36
退役安置补助经费	597.76	613.86
基本公共卫生服务补助资金	653.94	684.50
节能减排补助资金	651.35	688.73
林业草原生态保护恢复资金	477.70	476.23
农业生产发展资金	2073.92	2300.17
林业改革发展资金	548.62	551.52
水利发展资金	574.27	603.21
目标价格补贴	767.77	685.09

续表

门类	2021 年	2022 年
农田建设补助资金	770.80	864.98
车辆购置税收入补助地方	3260.00	3546.30
中央财政城镇保障性安居工程专项资金	701.57	707.72
中央政法纪检监察转移支付资金	542.26	568.05
城乡义务教育补助经费	1769.60	1881.70
基本养老金转移支付	8889.22	9277.63
军队转业干部补助经费	398.41	451.86
城乡居民基本医疗保险补助	3587.65	3704.76
成品油税费改革转移支付	693.04	693.04
农村综合改革转移支付	285.85	298.63
土地指标跨省域调剂收入安排的支出	572.21	222.76
大气污染防治资金	275.00	330.00
农业保险保费补贴	305.35	411.58
医疗服务与保障能力提升补助资金	304.83	351.87
医疗救助补助资金	283.64	296.51
现代职业教育质量提升计划资金	276.91	302.57
基建支出	4536.20	4932.50
单列专项转移支付	——	8533.49

注：可比科目以 2021—2022 年全国财政决算中，列入共同财政事项转移支付和专项转移支付中的科目为准。其中，以 300 亿元为主要门槛支出标准。数据来源于 2021—2022 年《中央对地方税收返还和转移支付决算表》。

再次，专项支出支撑的"福利国家模式"日渐显现，包括养老、医疗、卫生、教育、退役安置、就业、困难群体补助等多个方面。

最后，基础设施建设的突飞猛进是改革开放特别是分税制以来，国家治理最显著的成绩之一。国家发展改革委负责的"基建支出"（如表3-4所示）在其中发挥了突出作用。国家重大战略中央基建投资绝大多数为京津冀协同发展、长江经济带发展等国家重大区域发展战略建设，再加上区域协调发展，体现出国家对区域协同基础设施的重视。除此之外，水利、保障性安居工程、社会事业（包括公共卫生等医疗卫生服务体系建设工程、教育强国推进工程、文化保护传承利用工程、社会服务设施兜底线工程、积极应对人口老龄化工程和托育建设等）、粮食安全、环境保护、科技创新等也是转型中国基础设施建设的重要组成部分。

表 3-4　中央基建专项转移支付投资主要门类及规模（2021—2022 年）

（单位：亿元）

投资门类	2021 年	2022 年
国家重大战略中央基建投资	230.13	300.36
区域协调发展	439.56	518.37
保障性安居工程（老旧小区改造等）	992.27	996.00
水利	827.42	827.83
粮食安全	262.16	278.36
巩固拓展脱贫攻坚成果同乡村振兴有效衔接	96.95	112.93
交通	172.81	187.86
能源	31.96	76.39
其他（重大）基础设施	110.99	131.45
社会事业	650.43	714.29
环境保护和生态建设	388.80	411.20
科技创新	227.10	275.55
结构调整	59.47	67.87
其他项目	46.15	34.03
合计	4536.20	4932.50

注：数据来源于 2021—2022 年《中央基本建设支出决算表》。

　　分区域细看，2021—2022 年，中央对各地区专项转移支付呈现如下特征（如表 3-5 所示）。首先，西部地区占到中央对地方专项补助的 44％ 左右，近乎"半壁江山"。这显示了国家对西部地区的重视，既体现为对边疆和民族区域稳定的重视，也包括共同富裕背景下对西部较不发达地区的扶持和保障作用。其次，除河北外，东部地区接受中央专项补助普遍较低，这也是共同富裕背景下，较发达或先发达起来的地区对其他区域的带动作用。最后，中部介于东部和西部地区之间，由于其财力自主性依然不足，又缺乏西部地区那样显著的政治性，其专项占比仅与东部大致持平，与其自身特征不太相称，应给予更大支持。

　　再看新设置共同财政事项的情况。与专项转移支付相比，东部地区占比大致相近但略低；中部地区占比则更高，尤其体现在河南、黑龙江、安徽以及两湖区域；中部地区具有一定的衔接意义，国家对其定位更具丰富性，侧重大类专项能够体现出这点；西部地区虽然占比不如专项占比高，但相较其他地区依然最高，特别是四川近乎"一枝独秀"，体现出国家对其西部引领作用的高度重视。

表 3-5　2021—2022 年中央对各地区分类转移支付情况

（单位：亿元）

地区		2021 年		2022 年	
		专项转移支付	共同事项转移支付	专项转移支付	共同事项转移支付
东部地区	北京	72.86	291.94	95.50	342.76
	天津	42.91	380.97	46.63	360.42
	河北	376.82	1801.45	487.91	1742.68
	辽宁	212.38	1450.98	261.02	1559.25
	上海	131.85	265.75	117.18	236.90
	江苏	184.70	838.94	195.14	864.14
	浙江	127.99	554.90	128.50	607.81
	福建	167.13	557.05	161.27	515.01
	山东	269.74	1327.96	282.63	1300.28
	广东	210.08	874.23	187.99	933.03
	海南	203.70	277.96	195.70	259.71
	东部小计（占比）	2000.16（27.2%）	8622.13（25.2%）	2159.47（28.4%）	8721.99（24.0%）
中部地区	黑龙江	229.18	1855.43	275.43	1958.95
	吉林	168.91	1105.78	206.11	1191.74
	山西	211.17	961.15	196.88	1033.31
	安徽	281.06	1520.28	259.36	1628.36
	江西	258.69	1187.32	244.53	1264.26
	河南	362.69	2226.79	296.51	2360.48
	湖北	296.33	1684.48	370.43	1740.39
	湖南	293.51	1676.54	316.17	1875.75
	中部小计（占比）	2101.54（28.6%）	12217.77（35.7%）	2165.42（28.5%）	13053.24（35.9%）
西部地区	内蒙古	174.72	1218.14	197.53	1264.47
	广西	233.58	1303.25	192.68	1379.90
	重庆	183.46	1023.73	251.08	1045.06
	四川	468.59	2478.99	510.74	2701.20
	贵州	261.16	1158.48	223.85	1221.41

续表

地区		2021 年		2022 年	
西部地区	云南	352.18	1499.59	301.02	1633.15
	西藏	279.82	533.95	247.42	660.89
	陕西	287.55	1211.34	272.39	1241.47
	甘肃	335.15	1037.62	304.15	1006.12
	青海	188.63	463.03	160.38	446.52
	宁夏	95.68	278.82	109.89	325.31
	新疆	390.83	1211.98	501.02	1653.39
	西部小计（占比）	3251.35 (44.2%)	13418.92 (39.1%)	3272.15 (43.1%)	14578.89 (40.1%)
全国	合计	7353.05	34258.82	7597.04	36354.12

注：数据仅计算狭义所指的专项转移支付；东中西地区划分参考自《中国卫生统计年鉴》等，该划分方式的运用范围较广。其中，2022 年支出门类中，新疆包括单列的新疆生产建设兵团。

二、2021—2022 年中央对地方专项转移支付研究现状综述

2021 年和 2022 年相关研究大致可分为三个重要方向：第一，专项转移支付的制度运作机制及其在国家治理中的具体成效如何？第二，专项转移支付运转中的主要问题有哪些？第三，专项转移支付对地方政府具有怎样的异质性影响，后者又如何进行策略应对？

(一) 专项转移支付的制度运作机制与治理成效

第一类研究从基础的制度运作机制着手进行探讨。学界一般认为，专项转移支付的首要价值在于矫正因外部性强导致的地方公共产品提供不足。以教育为例，地方政府没有激励将本地自有财政收入投入教育领域，中央的财政转移支付填补了地方财政对教育投入的不足，专项转移支付的比重提升，使本地区居民的受教育年限增加。[1] 有学者也指出，专项转移支付能以上级政府较小的资金配套撬动受补政府较大的资金投入，这种四两拨千斤的作用更有利于贯彻上级政府的意图。[2] 除了对

---

[1] 高跃光、范子英：《财政转移支付、教育投入与长期受教育水平》，《财贸经济》2021 年第 9 期，第 20 页。

[2] 杨六妹、钟晓敏、叶宁：《分税制下财政转移支付制度：沿革、评价与未来方向》，《财经论丛》2022 年第 2 期，第 26 页。

外部性的矫正，专项资金还可能对地方支出具有一定的挤出效应，特别是对地方基本公共服务供给的抑制作用。[①]

还有些研究集中关注近三年的制度创新——财政直达资金。财政资金直达机制虽然是因应对新冠疫情突发事件而被提出，具有应急之需的特征，但绝非权宜之计。[②] 财政资金直达机制在形式层面促进了专项财政转移支付的直接、快速和高效实现，在实质层面推动了基本公共服务均等化的常态、规范和有序落实。2021 年和 2022 年，财政资金直达作为常态化机制继续推行，这符合国家财政现代化治理和我国财税体制改革的基本方向，是我国转移支付方式的创新性改革。[③]

有的研究更为具体，他们认为应充分发挥转移支付的调节功能，凸显结构性和直达性。例如减小新冠疫情对民生和社会的不利冲击，保障小微企业和初创企业"活下去"。[④] 当然，在加快建设现代财政制度的当下，财政资金直达机制需要在常态化、规范化和法治化方面作出更多的制度建设，特别应注重在程序约束、绩效管理和审计监督等法治化建设方面建章立制，确保直达财政资金分配、下达和在基层使用的高质量效能。[⑤]

第二类研究更加系统地关注专项转移支付在国家治理中发挥的成效。项目制是近年来专项转移支付研究中的一个本土化范式。在项目制治理中，条块关系的复杂性尤为彰显，突出体现在走出碎片化的统合实践中。根据自下而上与自上而下两种统合层次，以及以条带块与以块带条两种主体方位，可以建构出四种条块统合策略：条块重构型、任务推动型、末梢应对型和捆绑结合型。[⑥] 还有的研究进一步延展了制度分析的链条，指出项目制是在社会主义市场经济体制下兴起的国家治理体

① 束磊、梁倩：《转移支付分配如何影响地方基本公共服务供给——基于政府间财政竞争的视角》，《当代财经》2021 年第 12 期，第 28 页。
② 马洪范、张恩权：《财政资金直达机制的优化路径与政策选择》，《地方财政研究》2021 年第 11 期，第 4 页。
③ 孙玉栋、席毓：《常态化财政资金直达机制构建》，《中国特色社会主义研究》2022 年第 2 期，第 42 页。
④ 宋吟樱：《抗疫特别国债中央专项转移支付绩效管理探析——以 X 省为例》，《财政监督》2022 年第 15 期，第 24 页。
⑤ 王桦宇、鲍春晖：《财政资金直达机制的法治化运行》，《地方财政研究》2021 年第 11 期，第 11 页。
⑥ 史普原、李晨行：《从碎片到统合：项目制治理中的条块关系》，《社会科学》2021 年第 7 期，第 85 页。

制，它与发端于计划经济体制的单位制形成对应。随着项目制泛化出现的"单位吸纳项目"现象，使项目制一定程度上被纳入单位制的运行轨道，形成单位制的再生产。①

进一步研究发现，在经济方面，一般性转移支付和专项转移支付均能显著缩小市场分割，但专项转移支付对市场整合的边际影响更大。转移支付主要通过纵向财力集中和策略性财力下移效应调节地方政府具有外部性的行为，促进市场一体化。与之相反，转移支付通过横向财力均等化效应推动市场整合的作用有限。② 在民生方面，中国建成了世界上规模最大的社会保障和住房保障体系，义务教育普及程度达到世界高收入国家平均水平，主要健康指标总体上优于中高收入国家平均水平。中国已明显跨过了"低福利"国家的门槛，民生支出成为专项转移支付的绝对主体。③

（二）专项转移支付运行中的主要问题

比较突出的是碎片化问题。专项转移支付资金在层层分配划转中呈现小而散的特征。④ 财政口的实践者具体指出，虽然近年来大力推进清理整合专项转移支付，但实际大多是大项套小项，在资金分配和管理上没有实质性改变。专项转移支付的项目仍然不少，参与资金分配的部门众多，一些项目主管部门职能交叉、信息沟通不畅、政策不统一，使得部分单位得以多头申报，造成分配资金散乱、安排项目重复、执行效益低下等问题。⑤

此外，乡村振兴项目化运作存在项目竞争与政绩工程、项目导向与政府错位、项目逐利与执行变通、项目实施的基层矛盾与精英俘获等多重困境，这些困境的产生是项目制本身和基层治理生态共同作用的结果。加之，项目实施过程中缺乏多元

---

① 苗大雷、王修晓：《项目制替代单位制了吗？——当代中国国家治理体制的比较研究》，《社会学评论》2021年第4期，第5页。

② 贺颖：《分税制下的市场整合路径：基于省以下转移支付的效率视角》，《财贸研究》2021年第7期，第69页。

③ 焦长权、董磊明：《迈向共同富裕之路：社会建设与民生支出的崛起》，《中国社会科学》2022年第6期，第139页。

④ 石磊、王奎泉、朱悦：《央地关系、转移支付与保基层运转》，《财经论丛》2022年第1期，第36页。

⑤ 邝文杰：《广西财政转移支付均衡效果研究》，《经济研究参考》2021年第4期，第74页。

主体的参与，特别是缺乏多元主体的监督是项目腐败、资源利用率不高的重要原因。①

地方政府为了获得专项转移支付，会更倾向于迎合中央政府的政策意图，调整其经济发展战略，对引资竞争行为也会产生直接影响。② 专项转移支付是地方政府"跑部钱进"的收入，具有较为明显的随机性和波动性，缺乏可预期性。③ 专项转移支付的专款专用特征降低了地方政府支出的灵活性，一些地方政府采取负债配套和虚假配套方式获取专项转移支付资金加剧了社会资源在公共部门的错配。④

在扶贫领域，财政专项扶贫发展资金在精准识别、精准帮扶、精准管理以及精准考核四个层面有待进一步提升和完善。⑤ 有研究以某县电商扶贫项目为例，指出抑制"造血"机制生成的原因恰恰是"输血"逻辑本身。相对贫困治理应该从开发式扶贫向参与式扶贫转变，以人本主义发展理念为价值基础，以多元主体协同网络为依托，遵循市场运行规律，通过赋权、赋能的制度安排，建构起具有经济收益性、主体自主性和长期可持续性的内生发展机制。⑥

（三）对地方的异质性影响与地方应对

第一类研究关注区域异质性效果。省级政府所集中财力越高、承担事权与支出责任比重越低，省以下转移支付规模就越大，并越倾向使用专项转移支付。经济发展不均衡程度越高的省份，越倾向使用专项转移支付。⑦ 还有的研究发现，中央农业保险专项转移支付显著激励了地方政府对农业保险（包括种植业与养殖业）保费的补贴支出，对中西部地区的激励效应要强于东部地区；从时间趋势来看，中央农

① 吴映雪：《乡村振兴项目化运作的多重困境及其破解路径》，《西北农林科技大学学报》（社会科学版）2022 年第 1 期，第 23 页。
② 吴柏钧、曹志伟：《转移支付与地方政府引资竞争》，《上海经济研究》2021 年第 6 期，第 118 页。
③ 李祖佩、钟涨宝：《项目动员："统合化"背景下的县域政府治理》，《社会学研究》2022 年第 6 期，第 143 页。
④ 谷成、张洪涛：《转移支付结构与财政资金使用效率》，《财经问题研究》2021 年第 6 期，第 80 页。
⑤ 刘燕、保津：《乡村振兴背景下财政专项扶贫发展资金使用绩效评价新视野》，《新视野》2022 年第 5 期，第 81 页。
⑥ 尹栾玉、崔辰淼：《输血如何抑制造血——Y 县电商扶贫项目的运行逻辑和治理困境》，《社会学评论》2022 年第 4 期，第 186 页。
⑦ 王英家、张斌、贾晓俊：《财政推动共同富裕——基于省以下转移支付制度分析》，《财经论丛》2022 年第 9 期，第 25 页。

业保险专项转移支付对中西部地区的激励效应出现先升后降的趋势，而对东部地区的激励效应则一直比较平稳。①

当然，对地方知识的利用，是专项转移支付有效性的保障，特别是应注意困难地区的制度配套可能性。部分转移支付对财力困难程度、公共服务投入差异等因素考虑不充分，影响地方争取转移支付的积极性。例如，中央城镇保障性安居工程专项资金、农村"一事一议"等项目，根据申报项目条件、地方财政配套等情况安排。由于基建投资大、工期长导致项目储备不足，加上地方财力有限无法承受配套资金等原因，地方争取这部分转移支付的主动性和获得率不高。②

因此，许多项目进入财力好、有条件的地区，相反财力较弱地区则会因此退出或消极执行，引发地区间横向不均衡。并且，项目目标通常由上级政府或主管部门制定，下级政府只能遵照执行或仅仅负责细节补充，导致大量专项"不接地气"，即使地方政府知道项目存在问题，由于无项目设计权限，也只能被动接受。③ 再比如，住院医师培训项目管理制度存在"一刀切"的问题。学员身份复杂、能力高低有别、专业不同、贡献不同，但国家规定统一的补助标准，这不符合当下医务人员待遇绩效改革的趋势，由于缺乏激励机制和淘汰机制，学员学习主动性差。④

于是，实践者强调，符合地方发展水平的绩效标准体系格外重要。⑤

第二类研究关注地方政府的策略行为。由于上下级政府间存在强烈的信息不对称，下级政府就必须积极向上级政府发送信号，使得上级政府在众多信息中作出有利于增加他们专项转移支付资金的决策。政府发送信号有两种类型，一是提高信息传递的密度，二是简化信息形式。下级政府常用的办法是"贴上某种标签"，例如扶贫开发重点县、粮食生产大县、生态建设示范县、"奶牛之乡""水稻之乡""白瓜子之乡""版画之乡"等。下级政府贴着这些标签，有助于吸引上级政府的注意，

---

① 何小伟、曹杨、刘怡鑫：《专项转移支付对地方政府农业支出的激励效应——以农业保险为例》，《保险研究》2022年第12期，第52页。
② 邝文杰：《广西财政转移支付均衡效果研究》，《经济研究参考》2021年第4期，第74页。
③ 王英家、贾晓俊：《清单制、分类转移支付与国家治理转型》，《西北民族大学学报》（哲学社会科学版）2021年第6期，第126页。
④ 肖玉青、潘昊、兰岚、王亦冬：《卫生健康转移支付项目资金管理优化路径探讨》，《中国卫生经济》2021年第8期，第84页。
⑤ 王艳芳：《关于专项转移支付资金绩效评价的探索》，《财政监督》2022年第23期，第44页。

并争取相应的转移支付资金。①

有的地方政府重视发挥自主性和能动性。杭州市"联乡结村"帮扶项目，通过纵向穿透、横向协同、创新财政体制和双向验收强化了政府制度控制能力，通过聚合性动员、参与性动员、情感性动员相互叠加强化了政府政策动员能力，提供了项目制帮扶助力共同富裕的可行方案。②

三、展望与分析：中央对地方专项转移支付改革关注的问题与建议

（一）需要进一步注意的问题

尽管专项转移支付的制度建设和实际运作日渐完善，也会存在一些前进道路上的问题，主要体现如下③。

第一，交叉重复多，统筹整合少。专项转移支付的常见问题之一就是碎片化，即大量资金的目标与用途相同，管理渠道不同，导致在申请、执行、激励、验收等整个流程中的多头申请、零散与重复并存等问题。比如 2021 年，外经贸发展资金涉及的 2.05 万个项目中，5616 个实际补助不足 1 万元，最少的仅 114 元，"雨过地皮湿"，难以发挥实际效用。2022 年，中央财政补助地方政府偿还二级公路债务的公路养护支出，与成品油税费改革的相关支出重复；文化产业发展专项资金，与外经贸发展资金，均支持文化服务出口；已整合多年的高标准农田建设资金依然由财政部和国家发展改革委各自安排，分别涉及资金 865 亿元和 226 亿元。

第二，资金下达不及时，不利于地方科学安排。即使是财政直达资金，2021 年就有 13 个地区 684.24 亿元资金下达不及时、不精准，29 个地区违规不按进度拨付资金 56.28 亿元，还有 11 个投资专项 410.93 亿元未按规定在全国人大批准预算后的 90 天内下达。2022 年，涉及 550.49 亿元的 1263 个项目投资下达滞后，21 个投资专项涉及的 656.96 亿元地方项目延迟，影响了项目资金的预算进度和后续安排。

---

① 吕冰洋：《国家能力与中国特色转移支付制度创新》，《经济社会体制比较》2021 年第 6 期，第 29—38 页。

② 胡天祺：《项目制帮扶驱动共同富裕：一个分析框架——基于杭州市"联乡结村"帮扶项目的实证研究》，《浙江社会科学》2022 年第 2 期，第 75 页。

③ 相关数据参见审计署 2021—2022 年度及相关分季度、领域审计报告。

第三，具体分配不科学、不规范。2021年，7个部门未将转移支付资金分配事宜纳入党组（党委）的"三重一大"范围或执行不严格，甚至出现基础数据错误；16省市的"医疗服务与保障能力提升补助"资金3年内的平均预算执行率低于30%，仍得到资金拨付。2022年，11项转移支付分配的基数固化；22项转移支付未按管理办法执行，擅自扩大补助范围，增加审批程序；向建设进度滞后、已存在资金闲置的项目继续拨付资金，导致不合理的资金结转、留存等。

第四，绩效管理不到位、不严谨。项目资金下达后，对地方政府的跟进督促、监管不到位。2021年，77个项目在基层存在着滞留截留、挤占挪用等问题，甚至在困难群众救助补助资金这样的重点民生领域，26省225个单位编造虚假材料套取资金，28省594个单位挪用资金用于债务偿还、工程建设；9省15个项目存在采购设备不达标、超限超概算建设等问题。2022年，74个项目的绩效指标缺乏有效约束，37个项目的49个绩效目标在确定无法完成之时，也未得到督促整改；城乡义务教育经费补助、保障性安居工程、促进就业资金、乡村振兴重点帮扶县等重点民生领域也存在着管理粗放、脱离实际等绩效漏洞。

（二）进一步推进中央对地方专项转移支付改革的建议

第一，进一步捋顺统计口径，推动资金整合。在统计口径上，建议将央地共同财政事项转移支付，改为整块或分类转移支付，既有利于国际比较，也有利于下一步改革。此外，对于财政部、国家发展改革委等在资金整合领域发挥重大作用的部委，理顺其职能定位，避免在源头上的利益梗阻。进一步地，及时总结过往贫困县、农业农村等领域涌现出的资金整合经验，扩大试点领域，将之推向社会事业、外经贸发展等领域。

第二，进一步优化资金下达程序，提升地方预算的完整性。多年来，专项资金的不稳定、不及时严重影响着地方预算的科学性和合理性。建议调整财政年度与日常年度的关系，优化央地预算错位流程。在此基础上，对因素法分配、较稳定的民生等领域的项目资金提前告知。此外，进一步推动省直管县等财政制度改革，压缩不必要的管理程序，同时将部门预算等支出制度改革更切实地落入基层。

第三，完善资金管理程序，强化分配科学性。"程序正义"在项目管理中，应发挥更大的作用。建议在"三重一大"决策程序中，增加利益关涉群体的参与性，将其目标诉求纳入决策程序。此外，对于重大民生项目，硬化项目验收制度，强化对项目审计严重问题的问责。循此，激励相容难题有望破解。

第四，进一步提升项目绩效，利用好地方知识，解决好"重建轻管"难题。项目资金到位后，是否发挥成效，发挥怎样的成效，很大程度上取决于标准化程序对地方社会的有效嵌入。对此，应进一步调动地方政府和社会群体的积极性和参与性。此外，项目建成即报废的情况依然屡见不鲜，推动地方社会完成"最后一公里"，从"输血"到"造血"，才是实现长期绩效的关键所在。

四、报告要点

第一，2021—2022 年，中央对地方专项转移支付的制度体系取得了较大进展。一是在进一步加强预算管理等制度建设的同时，推进直达资金制度创新。二是做好扶贫与乡村振兴等农业农村项目的衔接，并在此基础上推动专项资金使用的规范化、精细化和科学化。三是推动区域协同发展在国家治理中发挥更显著作用。四是更好地发挥科技、教育专项资金对国家治理转型的引领作用，有力应对国际变局下的"卡脖子"难题。五是发挥财政专项资金的杠杆作用，提升多元资本的共同参与。

第二，中央对地方专项转移支付规模与结构呈现。一是专项转移支付看起来"一波三折"，其实主要是原统计口径中被划出央地共同财政事项支出，并转列于一般性转移支付门类之下。其后，专项占比在 6.5％ 左右，2022 年有所提升，因为该统计中，分别将同属于专项补助的特殊转移支付，与支持基层落实减税降费和重点民生等专项转移支付合并放入。新冠疫情特殊时期，再加上统计口径的调整，有些数字需要多次剖析才能看得分明。二是国际通用的转移支付科目中，还有一类介于均衡与专项之间，往往被称为"整块转移支付"或"分类转移支付"，即虽然在大类上被上级指定方向，但地方仍然拥有一定的自主安排权。这部分在 36％ 上下浮动。总体上看，在目前中央财政的支出格局中，专项类（"专项＋整块"）转移支付占据"半壁江山"。三是专项支出支撑的"福利国家模式"日渐显现，包括养老、医疗、卫生、教育、退役安置、就业、困难群体补助等多个方面。四是基础设施建设的突飞猛进是改革开放特别是分税制以来，国家治理最显著的成绩之一，其中，国家发展改革委负责的"基建支出"发挥了突出作用。五是西部地区占据中央对地方专项补助的44％左右，近乎"半壁江山"。这体现出国家对西部地区的重视，既体现为对边疆和民族区域稳定的重视，也包括共同富裕背景下对西部较不发达地区的扶持和保障作用。

第三，中央对地方专项转移支付还存在诸多问题。一是交叉重复多，统筹整合少，即大量资金的目标与用途相同，管理渠道不同，导致在申请、执行、激励、验收等整个流程中的多头申请、零散与重复并存等问题。二是资金下达不及时，不利于地方科学安排，甚至包括一些财政直达资金。三是具体分配不科学、不规范，包括"三重一大"执行不严格、基础数据错误等。四是绩效管理不到位、不严谨，项目资金下达后，对地方政府的跟进督促、监管不到位。

第四，建议进一步捋顺统计口径，推动资金整合，将央地共同财政事项转移支付，改为整块或分类转移支付，既有利于国际比较，也有利于下一步改革；进一步优化资金下达程序，提升地方预算的完整性，调整财政年度与日常年度的关系，优化央地预算错位流程；完善资金管理程序，强化分配科学性，在"三重一大"决策程序中，增加利益关涉群体的参与性，将其目标诉求纳入决策程序；进一步提升项目绩效，从"输血"到"造血"，解决好"重建轻管"难题，实现长期绩效。

（作者单位：浙江大学社会学系，地方政府与社会治理研究中心）

省以下财政体制改革研究报告

张艺烁

省以下财政体制是政府间财政关系制度的组成部分，对于建立健全科学的财税体制，优化资源配置、维护市场统一、促进社会公平、实现国家长治久安具有重要作用。进一步理顺省以下政府间财政关系，加快推进省以下财政体制改革，是更好发挥财政在国家治理中的基础和重要支柱作用的现实需要，也是增强基层公共服务保障能力、加快建设全国统一大市场、推动高质量发展的必然要求。本报告在对2021年和2022年省以下财政体制改革的进展情况和研究状况综述的基础上，尝试对下一步改革进程和研究发展作出展望分析。

一、2021—2022年省以下财政体制改革推进情况综述

以2022年5月国务院办公厅印发《关于进一步推进省以下财政体制改革工作的指导意见》（以下简称《指导意见》）为阶段划分依据，2021年和2022年省以下财政体制改革可大致分为两个阶段：第一阶段改革（2021年至2022年5月），以地方自主探索、方式类型多样为主要特点；第二阶段改革（2022年6月以来），以顶层设计、全面推进、协同联动为基本特征。

（一）第一阶段改革进展情况（2021年至2022年5月）

1. 改革背景

党的十八届三中全会以来，根据全面深化改革方案部署，财税体制改革按照"完善立法、明确事权、改革税制、稳定税负、透明预算、提高效率，建立现代财政制度，发挥中央和地方两个积极性"的要求，围绕预算、税收和央地财政体制积

极推进，制度体系日臻完善，机制不断健全，治理效能初步发挥，财政在推动经济社会发展、保障和改善民生以及落实基层"三保"任务等方面取得积极成效，财政作为国家治理的基础和重要支柱作用日益强化。同时，受主客观因素以及新情况、新问题的影响，省以下财政体制改革仍有待深化，还存在财政事权和支出责任划分不尽合理、收入划分不够规范、部分转移支付定位不清、一些地方"三保"压力较大、基本公共服务均等化程度有待提升等问题。

2. 改革内容

这一阶段的省以下财政体制改革，与预算管理制度改革协调联动。改革自上而下推动，首先从中央层面开始。针对当前和今后一个时期，财政处于紧平衡状态，收支矛盾较为突出，加之预算管理中存在统筹力度不足、政府过紧日子意识尚未牢固树立、预算约束不够有力、资源配置使用效率有待提高、预算公开范围和内容仍需拓展等问题。2021年3月，国务院印发《关于进一步深化预算管理制度改革的意见》，就强化预算对落实党和国家重大政策的保障能力，实现有限公共资源与政策目标有效匹配，提高预算管理规范化、科学化、标准化水平和预算透明等内容作出系统安排。涉及地方层面，该意见提出要大力优化财政支出结构，坚持"三保"支出在财政支出中的优先顺序；完善财政资金直达机制，完善直达资金分配审核流程，提高财政资金使用的有效性和精准性；加快建设预算管理一体化系统，实现中央和地方财政系统信息贯通。

从地方公开的信息来看，这一阶段改革在辽宁、黑龙江、浙江、江西、河南、贵州、陕西等省份都有体现。改革内容涉及部分领域省以下财政事权和支出责任划分、省以下转移支付制度改革、省以下收入划分制度改革、省直管县财政改革、预算管理制度改革等方面，以地方自主探索、方式类型多样、侧重点差异性明显为主要特征。

（1）部分领域省以下财政事权和支出责任划分改革

辽宁、黑龙江、浙江、河南、贵州、陕西等省将推进部分领域省以下财政事权和支出责任划分作为改革的主要内容。

辽宁省印发《生态环境领域省与市财政事权和支出责任划分改革方案》，细化了生态环境规划制度制定、生态环境监测执法、生态环境管理事务与能力建设方面省与市的财政事权。原则上将受益范围覆盖全省的生态环境领域事务确认为省级财政事权，由省承担支出责任。同时，将省统一安排各级政府共同落实、跨区域跨流域以及重点区域的生态环境领域事务，确认为省和市共同财政事权，由省与市共同承担支出责任。

黑龙江省制定了《生态环境领域省以下财政事权和支出责任划分改革方案》，提出坚持事权清单化、支出责任规范化、基本公共服务保障标准制度化，建立权责清晰、财力协调、区域均衡的省和市县财政关系。该方案明确，将全省性生态环境规划、跨区域生态环境规划等，确认为省级财政事权，由省级承担支出责任；将土壤污染防治、农业农村污染防治等，确认为市县财政事权，由市县承担支出责任，省级财政通过相关转移支付给予支持。

浙江省以建设共同富裕示范区为抓手，通过合理配置和清晰划分各级政府财政事权和支出责任、增强省级调控职能、适度强化省级在统筹协调跨区域事务方面的职责等方式，打造财政推动共同富裕省域范例。

河南省制定了《省与市县共同财政事权支出责任省级分担办法》，明确了基本公共服务、教育、医疗卫生等领域省以下支出责任分担办法。该办法提出，结合地方财政困难程度，对各档分担不同比例的支出责任。对基本公共服务领域需市、县级分担的支出责任，省财政在测算财力性转移支付时计入各地基本支出需求，通过转移支付予以弥补；对重大建设项目需市、县级分担的支出责任，省财政通过增加市、县级政府债券限额予以支持。

贵州省印发了《自然资源领域省以下财政事权和支出责任划分改革方案》，从国土空间规划和用途管制、生态保护修复、自然资源领域灾害防治等方面，对省以下财政事权和支出责任作了较为明确的划分。该方案同时要求，要合理划分该领域市以下财政事权和支出责任，将适宜由地市级政府承担的自然资源领域基本公共服务支出责任上移，避免县级政府承担过多支出责任。

陕西省制定了《公共文化领域省以下财政事权和支出责任划分改革实施方案》，从基本公共文化服务、文化遗产保护传承等方面划分了财政事权和支出责任。该方案提出，省级财政要加大对困难地区的均衡性转移支付力度，符合区域规划的公共文化机构基本建设等资本性支出，可通过依法发行地方政府债券方式安排，促进基本公共文化服务标准化、均等化。方案对市以下公共文化领域财政事权和支出责任划分也作了原则性安排。

（2）省以下转移支付制度改革

浙江、江西、河南、云南等省将推进转移支付制度改革作为省以下财政体制改革的重要方面。

浙江省提出将进一步明晰各类转移支付功能定位，动态调整转移支付分类分档体系，优化转移支付体系和结构。更好发挥一般性转移支付均衡区域间基本财力配置，共同财政事权转移支付保障基本公共服务落实，专项转移支付引导下级干事创业的作用。探索建立农业转移人口市民化财力保障机制，健全"钱随人走""人钱挂钩"的财政激励机制，完善省对市县转移支付制度和农业转移人口市民化奖补机制。

江西省制定印发了《关于进一步深化预算管理制度改革的实施意见》，从规范预算支出管理、优化财政支出结构方面提出了共同事权转移支付和专项转移支付制度改革的思路。对共同事权转移支付、专项转移支付实行清单管理，完善转移支付定期评估、动态调整、清理退出机制。稳步提高土地出让收入用于农业农村的比例。

河南省下发了《深化省与市县财政体制改革方案》，基于强化一般性转移支付核心功能、提高市县财政保障能力、帮助市县兜牢"三保"底线、促进县域协调发展的目标，突出了专项转移支付的重大决策保障功能，加大对县域特定目标的政策引导力度，继续完善转移支付分类分档制度，向财政困难市县倾斜。

云南省出台了《关于完善省以下财政体制 深化预算管理制度改革的意见》，在转移支付奖补制度方面，提出实施差别化的高质量发展成效奖补政策，充分发挥奖补政策对高质量发展的导向作用。在分配挂钩机制方面，将建立审计结果和转移支付分配挂钩机制，强化对"三保"落实、财政库款资金管理等情况的监督考评，实施转移支付奖惩措施。

（3）省以下收入划分制度改革

浙江、河南、云南等省提出了省以下收入划分制度改革的具体路径。

浙江省重点提升省级财政统筹资源能力，更好发挥省级财政的均衡作用，强化财政体制"扩中""提低"的政策功能；探索建立省以下财政收支均衡度评估机制，逐步提高财政初次分配均衡度，为实现基本公共服务均等化奠定财力基础。

河南省重点调整优化省与市县收入分配关系，除中央调库返还收入外，将适合下划的省级固定税收收入全部按照属地原则下划到市县，支持市县增加财政收入，增强资金保障能力。

云南省聚焦分享税收收入划分，明确省级分享的企业所得税、个人所得税、耕地占用税、卷烟企业城市维护建设税四项税收收入的增量部分，全额留归各地。市级将省级留归各地的税收收入增量资金尽量留给县级，积极支持县域经济发展。

（4）省直管县财政改革

河南、云南等省将深化省直管县财政改革作为推进省以下财政体制改革的重要抓手。

河南省将推进省直管县财政改革作为深化省与市县财政体制改革的首要内容，提出财政直管县的范围扩大至全部 102 个县。各县的财政体制由省财政直接核定，财政收入除上划中央和省级部分外全部留归当地使用，市级不再参与分享；县范围内由地方承担的共同财政事权支出责任，市级不再分担。各类转移支付、债券资金由省财政直接下达到县；省财政直接向各县调度现金，办理财政结算。

云南省在改革方案中，也就探索推进省直管县改革作了专门部署，指出省以下财政事权和支出责任划分后，直管县所在州市级财政原则上不再承担直管县的共同事权和支出责任。适时拓展直管县范围和内容，发挥财政省直管县改革的先导作用，引导其他事权领域逐步实现省直管，推动建立全面省直管县体制。

（5）预算管理制度改革

辽宁、河南、江西、贵州、云南等省注重将推进预算管理制度改革与省以下财政体制改革相结合，相继出台了《关于进一步深化预算管理制度改革的实施意见》，对改革任务进行部署。

辽宁省要求按照"中央切块、省级细化、备案同意、快速直达"的原则,及时依法合规分配资金,尽快将资金细化到具体单位、项目或受益对象。根据国家基本公共服务保障基础标准,地方结合公共服务状况、支出成本差异、财政承受能力等因素因地制宜制定地方标准。完善"三保"县级保障标准等重点领域支出标准。

河南省提出了提高财政资源配置效率、加大财政资源统筹力度、加强预算编制管理等七方面具体任务。要求不断提高一般性转移支付占比,完善转移支付资金分配方法,健全转移支付定期评估和动态调整、退出机制。要求强化市级保障监管及指导责任和县级保障职责,加大省对市县财力性转移支付力度,进一步向财政困难地方倾斜,坚决兜牢"三保"底线。

江西省针对市县层面,明确了建立常态化财政资金直达机制、推进支出标准体系建设、提升市县预算管理水平等工作。在县乡层面,意见要求调整优化乡镇财政职能,强化县级财政对乡镇预算编制、预算执行等的管理监督,提升乡镇财政管理水平。

贵州省要求坚持"三保"支出在预算安排、国库资金拨付中的优先顺序,市级要切实履行属地监督管理和指导责任,对所辖县级"三保"保障出现风险的,要采取必要措施予以帮扶。省级对全省"三保"履行兜底责任,落实省对市县"三保"支出预算审核、监测制度和激励奖补机制,推动"三保"相关转移支付逐步纳入省对下资金直达基层范围。

云南省从完善省以下财政体制、预算收支、预算编制、预算执行、绩效管理、风险防范、预算公开和预算监督等方面作出改革部署,改革总目标是完善"保障与激励并重、更加注重激励"的省以下财政体制,推动建立权责清晰、财力协调、区域均衡的省与州、市财政关系。

(二)第二阶段改革进展情况（2022 年 6 月以来）

1. 改革背景

党的十九大报告对深化财税体制改革作出部署,要求加快建立现代财政制度,建立权责清晰、财力协调、区域均衡的中央和地方财政关系;建立全面规范透明、标准科学、约束有力的预算制度,全面实施绩效管理;深化税收制度改革,健全地方税体系。党的二十大报告提出健全现代预算制度，优化税制结构，完善财政转移支付体系。这为第二阶段推进省以下财政体制改革指明了方向，提供了遵循。

这一阶段依然延续顶层设计引领、自上而下推进的改革思路。以国务院办公厅印发《指导意见》为标志，新一轮省以下财政体制改革正式启动。各省根据文件精神和本地区实际，相继开始改革的研究论证和方案设计工作。

2. 改革内容

（1）清晰界定省以下财政事权和支出责任

在财政事权方面，《指导意见》要求，各地结合本地区实际加快推进省以下各级财政事权划分改革，根据基本公共服务受益范围、信息管理复杂程度等事权属性，清晰界定省以下各级财政事权。将直接面向基层、由基层政府提供更为便捷有效的社会治安、市政交通、城乡建设、农村公路、公共设施管理等基本公共服务确定为市县级财政事权。

在支出责任方面，提出共同财政事权要逐步明确划分省、市、县各级支出责任，按照减轻基层负担、体现区域差别的原则，根据经济发展水平、财力状况、支出成本等，差别化确定不同区域的市县级财政支出责任。研究逐步推进同一市县不同领域的财政支出责任分担比例统一。

（2）理顺省以下政府间收入关系

在参照税种属性划分收入方面，《指导意见》提出，将税基流动性强、区域间分布不均、年度间收入波动较大的税收收入作为省级收入或由省级分享较高比例；将税基较为稳定、地域属性明显的税收收入作为市县级收入或由市县级分享较高比例。

在规范收入分享方式方面，要求省内同一税费收入在省与市、省与省直管县、市与所辖区、市与所辖县之间的归属和分享比例原则上应逐步统一。逐步规范设区的市与所辖区之间的收入关系。

在适度增强省级调控能力方面，提出结合省级财政支出责任、区域间均衡度、中央对地方转移支付等因素，合理确定省级收入分享比例。基层"三保"压力较大的地区以及区域间人均支出差距较大的地区，应逐步提高省级收入分享比例，增强省级统筹调控能力。

（3）完善省以下转移支付制度

在明确各类转移支付功能定位方面，《指导意见》提出建立健全省以下转移支付体系，根据财政事权属性，加大对财力薄弱地区的支持力度，健全转移支付定期评估机制。

在优化转移支付结构方面，提出围绕"兜底线、促均衡、保重点"目标，建立一般性转移支付合理增长机制，调整省以下转移支付结构，足额安排共同财政事权转移支付，增强基层公共服务保障能力。

在转移支付资金分配方面，要求转移支付资金分配应与下级政府提供基本公共服务的成本相衔接，同时充分考虑下级政府努力程度，强化绩效管理，适度体现激励约束。

（4）建立健全省以下财政体制调整机制

在建立财政事权和支出责任划分动态调整机制方面，《指导意见》提出动态调整省以下各级财政事权和支出责任划分，健全共同财政事权支出责任动态调整机制，适时调整省以下各级财政支出责任分担比例。稳步推进收入划分调整，适时稳步调整省以下政府间收入划分。

在加强各类转移支付动态管理方面，要求健全转移支付定期评估和退出机制，及时调整完善各类转移支付资金分配办法，探索建立以共同财政事权转移支付和专项转移支付为重点的后评价制度。

（5）规范省以下财政管理

在省直管县改革方面，《指导意见》提出，对区位优势不明显、经济发展潜力有限、财政较为困难的县，可纳入省直管范围或参照直管方式管理，加强省级对县级的财力支持。对由市级管理更有利于加强区域统筹规划、增强发展活力的县，适度强化市级的财政管理职责。

在做实县级"三保"保障机制方面，要求建立县级财力长效保障机制，强化"三保"支出预算执行硬性约束，加强"三保"支出库款保障和运行监控，结合实际逐步推动"三保"相关转移支付纳入省对下直达资金范围，做好"三保"风险防范和应急处置。

在乡财县管方面，明确要将财政收入难以覆盖支出需要、财政管理能力薄弱的乡镇纳入乡财县管范围，加强财力薄弱乡镇支出保障，防范化解乡镇财政运行风险，加大对农村公益性事业发展的支持力度。

（6）部分省份推进改革进程

辽宁省着手开展改革前期的组织筹划准备工作。表示将积极稳妥推进改革相关工作，精心制定改革工作方案，精准测算摸清底数，充分借鉴吸纳先进省份经验，坚持问题导向确定改革总体框架。

河南省将全面实施省财政直管县改革作为这一轮改革的着力点。强调突出放权赋能、优化收入分享、注重奖补结合。鼓励引导省辖市继续推动优质项目和资金向县（市）布局，促进省、市协同支持县域经济发展。在支出责任分担上，提出实行差异化分担办法，财力越困难的县（市）省级分担比例越高，帮助县（市）更好落实基本公共服务支出责任。

福建省侧重推进财政事权和支出责任划分改革。明确对市县财力状况分档进行调整完善，推动提高区域间均衡度和转移支付精准度，研究完善省以下收入划分，优化转移支付制度，推动加快形成权责清晰、财力协调、区域均衡的省以下财政体制。

广东省以推动解决区域财力不平衡、县域财力薄弱问题为改革出发点。要求进一步理顺省以下政府间财政关系，建立健全权责配置更为合理、收入划分更加规范、财力分布相对均衡、基层保障更加有力的省以下财政体制，推动实现"强县域、促均衡"。

陕西省开展了改革前期论证评估工作。提出要开展省以下财政事权和支出责任划分、收入划分、转移支付改革调研和相关数据测算等前期准备工作，研究省对市区事权和支出责任划分、收入划分、转移支付改革方案以及市对县区财政体制改革指导意见。

云南省从财政治理现代化的角度进行探索。提出要推进城乡建设、农业农村等领域的财政事权和支出责任划分改革，健全专项转移支付定期评估和退出机制，建立高质量发展转移支付奖补制度，鼓励创新县、乡财政预算管理方式，实施缓解基层财政困难三年行动计划。

二、2021—2022 年省以下财政体制改革研究综述

学术界关于省以下财政体制改革的研究进展情况与改革推进历程大致同向，涉及公共管理、财政、宏观经济等多学科。这一时期的研究历程也可大致分为两个阶段，2021 年的研究重点聚焦改革本身与缓解地方财政困难的关系、省直管县财政改革实施效果、财政分权与支出结构调整、转移支付制度运行效果评估等方面内容。2022 年的研究除了关注上述内容，重点对省以下财政体制改革本身作了研究阐释，特别是对改革的历史演进、改革面临的形势任务和改革的方向路径作了分析研究，形成了系列研究成果。由于两个阶段的研究主题紧密联系，研究工作具有延续性，因此将两年的研究成果进行整体综述。

（一）关注省以下财政体制改革与地方财政状况

有学者从减税降费角度分析地方财政困难原因，从税收角度提出缓解地方财政困境的应对策略。[①] 研究认为，"向增长要财力"时代的结束是减税降费引致地方财政困境的外部原因，财政预算管理不健全是直接原因，地方税体系缺失是根本原因。研究建议，一是注重一般性转移与专项转移支付比例协调性，二是全面构建"县级为主、省级兜底"的省以下转移支付制度运行机制，三是重点做好针对县级财力补偿的综合改革工作。按照事权和支出责任划分相适应的原则，在扩容均衡性转移支付比重、压缩专项转移支付并统筹管理的基础上，逐步提高提前下达市县转移支付的比例来全力保障基层财政运行。

有学者考察了财政分权治理、减税降费与地方财政压力的关系。[②] 研究认为，第一，地方财政收入汲取能力、系统性减税和规范清理收费是保障财政分权治理有效性的基本要件，减税降费对地方财政压力的影响及其方向取决于传导机制；第

---

① 段龙龙、叶子荣：《"减税降费"与地方财政解困：基于国家治理效能视角分析》，《经济体制改革》2021 年第 1 期，第 122 页。

② 刘明慧、张慧艳、侯雅楠：《财政分权治理、减税降费与地方财政压力》，《财经问题研究》2021 年第 8 期，第 83 页。

二，财政分权治理是探究减税降费与地方财政压力关系的逻辑起点与基本前提，减税降费是解析财政分权治理与地方财政压力的对接环节；第三，地方财政压力是减税降费政策运用的时空折射与综合结果，直接制约减税降费政策实施与地方政府治理能力。研究建议，应进一步规范财政分权治理的保障机制，适时调整优化减税降费政策以确保地方财政高质量运行。

有学者重点分析了转移支付通过矫正下级政府行为外部性，进而促进地区间市场整合、提升资源配置效率的积极作用。[①] 研究认为，第一，市县级政府在较高的税收留成比例下，有动力保护本地税基，加剧市场分割。省以下市县级转移支付强度的提高，有助于缓解财税激励下的地区间恶性竞争导致的市场分割。第二，转移支付尤其是专项转移支付，通过政府间财力再配置有利于促进市场整合。第三，转移支付主要通过纵向财力集中和策略性财力下移效应，调节地方政府具有外部性的行为，促进市场一体化。与之相反，转移支付通过横向财力均等化效应推动市场整合的作用有限。

有学者利用 2011—2018 年中国省本级和地级市数据，实证考察了财政压力对省本级和地级市政府支出行为的影响。[②] 研究认为，第一，面对较大财政压力时，地级市政府在生产领域和民生领域均会采取"有保有压"的支出策略，以稳定经济社会发展为主要目标。第二，随着财政压力的加大，不同支出偏好和不同资源禀赋的地级市政府，会表现出不同的支出策略。第三，在部分支出责任上移给省本级政府后，地级市政府因财政压力缓解，能有效转变财政支出结构。研究建议，高度关注地方政府的财政压力变化，合理划分省以下政府间事权、支出责任和财力，加快健全地方税体系。

（二）关注省直管县财政改革实施效果

有学者从教育领域财政支出视角，考察省直管县财政改革对教育支出的影响。[③]

---

① 贺颖：《分税制下的市场整合路径：基于省以下转移支付的效率视角》，《财贸研究》2021 年第 7 期，第 69 页。

② 杨得前、汪鼎：《财政压力、省以下政府策略选择与财政支出结构》，《财政研究》2021 年第 8 期，第 47 页。

③ 董俊燕、宗晓华：《"省直管县"财政改革与县级财政教育支出——基于河南省县级面板数据的双重差分估计》，《教育经济评论》2021 年第 1 期，第 38 页。

研究认为，第一，省直管县改革降低了县级教育支出的比例。省直管县改革给予了县更多的财政自主权，由此对教育支出比例呈现负向的影响。第二，县级财政自给能力对政府教育支出比例具有显著的正向影响。县级财政自给率显著促进了县级教育支出比重，经济和财政状况较好的县更愿意在教育方面支出更多的资金。

有学者基于山东省 2003—2017 年 90 个县的面板数据，采用双重差分法对省直管县改革对县域经济增长的因果效应进行了识别和检验。[①] 研究认为，省直管县财政体制改革显著促进了县域经济增长；省直管县推动县域经济增长的作用机制在于财政层级的扁平化增加了县级政府的财政支出力度；省直管县的县域经济增长效应存在明显的时间渐弱性。研究建议，一是继续推进省直管县财政体制改革，将改革方案朝增强县级财力和激发县级经济发展动力的方向优化。二是坚持因地制宜、因县施策，财政体制改革与行政体制改革协同并进，通过地方财政结构的扁平化来推动地方行政结构的扁平化。

有学者从省直管县财政改革的视角出发，分析财政分权对地区资源配置效率的影响。[②] 研究发现，省直管县财政改革总体上显著提高了地区资源配置效率。与经济分权相比，财政分权对资源配置效率的提升作用更大；财政分权对东部及财政自给能力较强地区资源配置效率的提升作用大于中西部及财政自给能力较弱的地区；财政分权虽然能够推动市场化，提升地区资源配置效率，但其带来的政府过度干预对资源配置效率的负面作用亦不容忽视。

有学者以中国 13 个省份的地级市为样本，探究财政省直管县改革对县域间财政差距的因果效应。[③] 研究认为，财政省直管县改革对县域间财政差距的缩小产生了积极的影响，改革县比例更高和经济实力更强的地级市县域间财政差距缩小的效果更明显，地级市适度的财力与事权不匹配缩小了县域间财政差距。研究建议，继续扩大资金直达范围，将合理划分省、市、县之间事权与支出职责的改革放在优先

---

① 史晓琴、孙超、潘光曦：《"省直管县"促进了县域经济增长吗——来自山东省的经验证据》，《财政科学》2021 年第 11 期，第 108 页。

② 庞瑞芝、袁胜超、吕翠翠：《财政分权提高了地区资源配置效率吗——来自省直管县财政改革准实验的证据》，《山西财经大学学报》2021 年第 5 期，第 31 页。

③ 王玮、刘建波：《财政"省直管县"改革与县域间财政差距》，《财贸研究》2022 年第 9 期，第 67 页。

位置，省级政府应出台现有省管县与所在地级市合作规范，强化省管县与地级市之间的协调配合。

（三）关注地方财政体制改革发展历程

有学者总结了党的十八届三中全会以来地方财政体制改革进展情况。[①] 研究认为，党的十八届三中全会以来，财政体制适应性改革积极推进，中央和地方收入划分格局持续调整，转移支付制度改革取得较大进展。研究建议，"十四五"时期财税改革重点在于深化事权与支出责任改革，提升中央与地方两级治理能力。一是上收部分事权，增强中央财政支出责任；二是适当放权，给予地方更大的自主权；三是进一步明确共同事权的责任，促进央地权责匹配性。

有学者研究了地方财政体制改革的历史方位、逻辑主线与改革取向。[②] 研究认为，中国财政体制改革的逻辑主线可概括为：坚持党对财政体制改革的领导，坚持渐进式改革路径，坚持服务经济发展大局的实践需要，坚持以人民为中心的发展思想。

（四）关注财政分权的作用影响

有学者研究了分权时序与经济增长。[③] 该研究基于中国省以下分权时序的选择差异，研究行政权力和财政权力交叉并行下放时，哪种时序安排更有利于实现经济增长目标。研究认为，第一，行政分权先行的分权时序更有利于促进县域经济增长，而财政分权先行的分权时序并不利于县域经济发展。第二，不同的分权时序选择将对下级政府产生不同的激励，进而就会有不同的经济增长景象。第三，行政权力的先行下放，如果不能配置以财政权力，则会导致地方政府各种不规范融资行为的出现，地方政府债务可能就是这一结果的自然衍生。

有学者关注了省以下财政支出分权结构特征。[④] 研究认为，面对较大财政压力时，地级市政府在生产领域和民生领域均会采取"有保有压"的支出策略，以稳定

---

① 傅志华、赵福昌、陈龙：《"十四五"时期我国财税体制改革研究》，《财政科学》2021年第6期，第5页。
② 邓金钱、张娜：《中国财政体制改革的历史方位、逻辑主线与"十四五"取向》，《经济体制改革》2021年第3期，第128页。
③ 李永友、周思娇、胡玲慧：《分权时序与经济增长》，《管理世界》2021年第5期，第71页。
④ 杨得前、汪鼎：《财政压力、省以下政府策略选择与财政支出结构》，《财政研究》2021年第8期，第47页。

经济社会发展为主要目标。研究建议，要高度关注地方政府的财政压力变化，要合理划分省以下政府间事权和支出责任，要加快健全地方税体系，通过地方税体系的建设引导地方政府行为的转变。

有学者考察了县级收入分成程度、省对下转移支付规模对县域经济增长、县域环境质量和县域内城乡收入差距的影响。[①] 研究认为，第一，县级收入分成程度提高会抑制县域经济增长、降低县域环境质量、扩大县域内城乡收入差距。第二，县级收入分成程度提高对县域经济增长的抑制效应、对县域环境质量的恶化效应、对县域内城乡收入差距扩大的加剧效应，都会随着省对下转移支付规模提高而削弱。第三，省以下收入分成的影响效应具有强烈的异质性特征，且省对下转移支付规模在其中起到了缓解效应的作用。

有学者运用 2004—2020 年我国 31 个省份的面板数据，实证检验财政分权对新型城镇化的影响及作用机制。[②] 研究认为，第一，财政分权有助于促进新型城镇化，且存在明显的区域异质性。第二，财政压力越小，财政分权对新型城镇化促进作用更强。第三，财政分权通过影响民生支出进而影响新型城镇化，且财政压力在此路径中具有显著的调节效应。第四，财政分权达到一定程度后才能更好地发挥分权对新型城镇化的促进效应。研究建议，充分发挥财政分权对新型城镇化的促进作用，合理控制地方财政压力，完善财权、财力以及事权和支出责任等顶层设计，积极保障和改善民生。

（五）关注省以下财政体制改革本身

有学者对省以下财政体制改革概念内涵作了研究阐释。[③] 研究认为，省以下财政体制改革属于政府间财政关系改革的内容，同时与预算改革、税制改革有着密切联系。选择什么样的省以下财政体制，最核心的内容是如何更加有效地推进公共服务的有效提供。改革应有助于各级财政有能力为均等化的公共服务提供必要的财力支持。省以下的政府收入划分和财政转移支付都要紧紧围绕基本公共服务均等化目

---

① 鲁玮骏：《中国省以下政府间财政收入分配及其影响效应研究》，博士学位论文，浙江大学，2021 年。

② 胡丽娜、薛阳、孙倩：《财政分权对新型城镇化的影响及作用机制研究——有调节的中介和门槛效应检验》，《经济体制改革》2022 年第 5 期，第 144 页。

③ 杨志勇：《改革省以下财政体制推动高质量发展》，《清华金融评论》2022 年第 7 期，第 54 页。

标展开，要将基本公共服务所对应的支出责任以及本地的财力一一对应起来，以筹措相应的财力。

部分学者分析了省以下财政体制改革的特殊地位和独特意义。研究认为，省以下财政体制是政府间财政关系的重要组成部分，是中央与地方财政关系的延伸和"最后一公里"。[①] 本轮改革首次在省以下财政体制各传统重大主题上，提出了明确的、具有实施指导性的意见。这标志着中国有关省以下财政体制的改革思路已经成熟，将进入定型阶段。[②] 省以下财政体制是处理地方各级政府之间财政分配关系的基本制度，深化省以下财政体制改革对于缓解当前基层财政困难、改善地方治理、促进基本公共服务均等化具有重要意义。[③]

部分学者论述了改革的目标任务和主攻方向。研究认为，各级财政平稳运行是改革的基础目标，改革要特别关注基层"三保"问题。中央和省级政府收入的合理划分，是省以下政府收入划分合理的前提条件。[④] 如何在通过改革省以下财政体制，提升省内财政均衡水平，促进全国统一大市场的建设；如何在正确激励市县政府的同时，又能提升财政均衡水平；如何提出将中央与省级之间分税制制度的核心设计要素贯彻到省以下财政体制设计上，是改革要解决的核心问题。[⑤]

部分学者研究了改革面临的困难问题和风险挑战。研究认为，省以下财政体制总体不够科学规范，包括省直管县、乡财县管、计划单列市体制在内的一些特殊性体制安排亟须与时俱进改革完善。[⑥] 现阶段主要存在三方面问题：一是省以下财政事权和支出责任不易厘清，二是省以下财政转移支付制度的规范化程度较低，三是省以下财政管理有待进一步优化。[⑦] 当前存在央地关系中的集权与分权约束、行政与财政层级匹配中的差异性约束、条块治理中的具体边界约束、增量改革中的存量与流量约束、地方税与财政协调中的非对称约束、激励相容中的多目标达成约束六

① 郑涌：《推进省以下财政体制改革正当时》，《财政科学》2022年第7期，第11页。
② 汪德华：《整体推进省以下财政体制改革》，《中国改革》2022年第4期，第29页。
③ 寇明风：《积极稳妥推进省以下财政体制改革》，《地方财政研究》2022年第9期，第1页。
④ 杨志勇：《改革省以下财政体制推动高质量发展》，《清华金融评论》2022年第7期，第54页。
⑤ 汪德华：《整体推进省以下财政体制改革》，《中国改革》2022年第4期，第29页。
⑥ 王振宇、曲世寄、司亚伟：《省以下财政体制"特殊性"的事实、问题及其改进》，《地方财政研究》2022年第9期，第14页。
⑦ 何代欣：《省以下财政体制改革的宏观调控意义》，《中国金融》2022年第10期，第67页。

方面问题有待解决。① 改革面临五方面难题有待解决：一是改革增量无源，存量难以调整；二是事权划分改革滞后，支出责任改革不彻底；三是县级"三保"问题突出，财政运行较为困难；四是地方政府债务包袱沉重，化债压力较大；五是省直管县改革红利退坡，改革带动县域经济增长的边际效应逐步下降，县域经济发展受限。②

部分学者探讨了推进改革的方向路径。有学者提出了"辖区财政责任制"概念，认为完善省以下财政体制，一是需要适度增强省级的调控能力；二是需要优化转移支付结构，围绕"兜底线、促均衡、保重点"目标，优化财力格局。③ 要把握好改革的系统性、时代性和实践性特征，协调好制度统一性和灵活性，着力提升财政治理效能。④ 有研究从优化省直管县管理体制的角度给出建议：一是继续扩大资金直达的范围，规范资金拨付流程；二是合理划分省、市、县之间事权与支出职责的改革；三是考虑将辖区内区域财政经济协调发展纳入一级政府的政绩考核体系；四是省级层面应强化省管县与地级市之间的协调配合。⑤ 有学者从推进改革与加快新型城镇化进程的角度提出建议：一是发挥财政分权对新型城镇化的促进作用；二是统筹安排地方财政收支；三是完善财权、财力以及事权、支出责任等制度顶层设计。⑥ 有学者建议，一是以财政政策传导作为体制改革的主线索，着手建立市县两级财政与市场主体连接"管道"，为政策落地打通"最后一公里"；二是加强转移支付制度建设和基层财政管理标准化之间的联系；三是从风险管控入手完善省以下财政管理，建立透明规范的省以下财政管理的监管机制。⑦ 有学者建议，一要适度增强省级调控能力和基层保障能力，推进省以下基本公共服务均等化；二要强调省以下收支划分更加规范，实行人、财、地挂钩机制；三要适时开展绩效评估，探索建

---

① 王振宇、路遥：《省以下财政体制历史演进、约束条件与配套深化》，《财政科学》2022 年第 9 期，第 32 页。

② 钟荣华、周颖、易澳妮：《新一轮省以下财政体制改革：特征、难点与建议》，《地方财政研究》2022 年第 9 期，第 36 页。

③ 刘尚希、赵福昌、孙维：《中国财政体制：探索与展望》，《经济研究》2022 年第 7 期，第 12 页。

④ 寇明风：《积极稳妥推进省以下财政体制改革》，《地方财政研究》2022 年第 9 期，第 1 页。

⑤ 王玮、刘建波：《财政"省直管县"改革与县域间财政差距》，《财贸研究》2022 年第 9 期，第 67 页。

⑥ 胡丽娜、薛阳、孙倩：《财政分权对新型城镇化的影响及作用机制研究——有调节的中介和门槛效应检验》，《经济体制改革》2022 年第 5 期，第 144 页。

⑦ 何代欣：《省以下财政体制改革的宏观调控意义》，《中国金融》2022 年第 10 期，第 67 页。

立省以下区域间均衡度评估机制，严格各类转移支付设立条件和决策程序；四要重点做好省直接管理县财政改革、乡财县管等涉及上下级政府间财政关系工作。[1] 有学者认为，改革重点应聚焦在以下几方面，一是提高中央、省级财政"两个统筹"能力；二是加强地方税体系建设；三是构建投资、融资、债务"三位一体"的地方投融资新格局，逐步减轻地方政府的债务包袱；四是深化财政省直管县改革，理顺省市县三级财政管理关系。[2]

三、展望与分析：省以下财政体制改革与研究的重点方向

深化省以下财政体制改革，需要在坚持分税制改革制度设计的基础上，以更好发挥财政在国家治理中的基础和重要支柱作用、健全省以下财政体制、增强基层公共服务保障能力为主要目标，深入推进"理顺中央与地方事权和支出责任、改革税制、优化预算管理"等改革任务，贯彻落实党的二十大报告提出的"健全现代预算制度，优化税制结构，完善财政转移支付体系"三项重点工作，为全面建设社会主义现代化国家提供坚实保障。

在实践层面，省以下财政体制改革下一步改革重点应聚焦以下几方面。一是合理配置各级政府权责，规范省以下收入划分，健全转移支付体系，全面建立较为规范的财政体制框架。二是推动各级政府找准职能定位，避免对市场配置资源的干预，逐步规范特殊的财政体制，防止无序竞争，促进全国统一大市场建设。三是保障县级财政平稳运行，真正从体制机制上建立健全管长远、固根本、见长效的县级财力保障机制，兜牢兜实保基本民生、保工资、保运转的底线。四是督促指导省级政府落实主体责任，清晰界定省以下财政事权和支出责任，理顺省以下政府间收入划分，完善省以下转移支付制度。五是推动省级结合财力可能加大对市县一般性转移支付力度，促进省内财力均衡。六是根据基本公共服务保障标准、支出责任分担比例、常住人口规模等，结合政策需要和财力可能等，足额安排共同财政事权转移

---

① 郑涌：《推进省以下财政体制改革正当时》，《财政科学》2022 年第 7 期，第 11 页。

② 钟荣华、周颖、易澳妮：《新一轮省以下财政体制改革：特征、难点与建议》，《地方财政研究》2022 年第 9 期，第 36 页。

支付，确保共同财政事权履行到位。七是规范专项转移支付管理，根据政策目标合理安排省以下专项转移支付项目。

在理论层面，省以下财政体制改革下一阶段研究工作应重点关注以下几个领域。一是从公共管理和财政学的学科视域出发，思考优化政府职责体系、合理配置各级政府权责的方向和路径，将省以下财政体制改革的对策研究与转变政府职能、服务型政府建设、构建政府职责体系、调整优化政府间关系等主题相结合。二是对省以下财政体制改革的对象作分类研究，省级层面重点考察如何加强财政资源统筹、适度增强省级调控能力、提升基层保障能力，市县层面重点关注如何健全地方政府债务限额分配机制和县级"三保"保障机制，乡镇层面将优化乡财县管体制、增强基层财政自给能力作为研究重点。三是研究省以下财政体制改革的不同类型，关注开发区管理体制、省直管县财政改革、县级"三保"保障机制、乡财县管等涉及纵向政府间关系的体制机制改革类型。

四、报告要点

第一，以 2022 年 5 月国务院办公厅印发《指导意见》为划分依据，省以下财政体制改革分两个阶段推进。第一阶段改革以地方自主探索、方式类型多样为主要特点，与预算管理制度改革协调联动。改革内容涉及部分领域省以下财政事权和支出责任划分、省以下转移支付制度改革、省以下收入划分制度改革、省直管县财政改革、预算管理制度改革等方面。第二阶段改革以顶层设计、全面推进、协同联动为基本特征。《指导意见》印发以后，各省根据文件精神和本地区实际，相继开始改革的研究论证和方案设计工作。改革重点聚焦界定省以下财政事权和支出责任、理顺省以下政府间收入关系、完善省以下转移支付制度、健全省以下财政体制调整机制、规范省以下财政管理等内容。

第二，学术界关于省以下财政体制改革的研究进展情况与改革推进历程大致同向，涉及公共管理、财政、宏观经济等多学科。2021 年的研究重点聚焦改革本身与缓解地方财政困难的关系、省直管县财政改革实施效果、财政分权与支出结构调整、转移支付制度运行效果评估等方面。2022 年的研究工作除关注上述主题外，重点对省以下财政体制改革本身作了研究阐释，特别是对改革的历史演进、改革面临的形势任务和改革的方向路径作了分析研究，形成了系列研究成果。

第三，省以下财政体制下一步改革重点应聚焦以下七个方面：一是合理配置各级政府权责，规范省以下收入划分，建立较为规范的财政体制框架；二是推动各级政府找准职能定位，逐步规范特殊的财政体制，促进全国统一大市场建设；三是保障县级财政平稳运行，兜牢兜实保基本"三保"底线；四是清晰界定省以下财政事权和支出责任，完善省以下转移支付制度；五是加大对市县一般性转移支付力度，促进省内财力均衡；六是结合政策需要和财力可能，足额安排共同财政事权转移支付；七是规范专项转移支付管理，合理安排省以下专项转移支付项目。

第四，省以下财政体制改革下一阶段研究工作可重点关注三大领域：一是从公共管理和财政学的学科视域出发，将省以下财政体制改革的对策研究与转变政府职能、构建政府职责体系、调整优化政府间关系等主题相结合；二是对省以下财政体制改革的对象作分类研究，明确省级层面、市县层面和乡镇层面研究重点的差异性；三是研究省以下财政体制改革的不同类型，关注省直管县财政改革、乡财县管等涉及纵向政府间关系的改革类型。

（作者单位：云南省永胜县财政局，中国政府发展联合研究中心）

中国政府绩效管理研究报告

翟 磊

2018年，中共中央、国务院印发《关于全面实施预算绩效管理的意见》，明确提出要"力争用3—5年时间基本建成全方位、全过程、全覆盖的预算绩效管理体系"。2021—2022年，相关研究和实践持续发力，不断推动预算绩效管理提质增效，筑牢绩效管理基础，积极行动谋求新突破，提高财政资金使用效益。

一、2021—2022年中国政府绩效管理发展现状综述

2021—2022年，各省市不断深化预算绩效管理改革，持续将预算绩效管理体系改革向纵深推进，实现省级、市级、区县级、镇街级层面全覆盖，取得了长足的发展和进步。对实践领域进行梳理，2021—2022年主要的创新与突破体现在如下几个方面。

（一）预算绩效管理迈入提质新阶段

我国预算绩效管理实践虽然起步较晚，但步伐很快、成效显著。全面实施预算绩效管理的核心目标是要将绩效理念贯穿预算管理全过程，使之与预算编制、预算执行、预算监督一起成为预算管理的有机组成部分。为提高财政资金配置和使用效率，近年来，财政部门在建立完善"预算编制有目标、预算执行有监控、预算完成有评价、评价结果有反馈、反馈结果有应用"的全过程预算绩效管理机制上持续深化改革。2022年底，全方位预算绩效管理格局基本形成，全过程预算绩效管理链条基本完善，全覆盖预算绩效管理体系基本健全。

1. 预算和绩效一体化管理日趋完善

2022 年是预算和绩效管理一体化改革取得关键性进展的一年。预算和绩效一体化管理涵盖事前绩效评估、事中绩效监控、事后绩效评价三个环节，强调绩效目标引领和绩效结果应用两个关键。近年来，各省纵深推进预算和绩效管理一体化改革，完善绩效指标和标准，构筑预算绩效管理载体支撑体系，创新实施转移支付预算绩效综合评价，强化考核监督体系，在市县乡施行三级统筹、上下联动，纵向贯穿绩效链条，让预算和绩效一体化管理"3＋2"管控体系日趋完善。以四川省为例①，在事前绩效评估环节，从立项必要性、投入经济性、绩效目标合理性等维度，对新增和增幅达到一定限额的延续性预算项目进行评估论证，将评估结果作为预算安排的重要依据，从源头上防止资源配置低效无效；在事中绩效监控环节，兼顾预算执行中绩效目标实现程度和执行进度，防范走偏走样；在事后绩效评价环节，实现政府预算、部门整体、政策支出、项目支出绩效评价周期全覆盖；在绩效目标引领方面实现部门整体、项目支出绩效目标全覆盖；在绩效结果应用方面建立分层分类的结果应用机制，在上级财政对下级财政、财政部门对主管部门、部门内部实行预算与绩效挂钩机制。

安徽省合肥市财政局通过搭建"预算＋绩效"一体化系统，依靠大数据和信息化对预算绩效开展"云"管理。在大数据预算绩效全流程管理中，将事前绩效评估和绩效目标申报作为预算项目储备入库的前置条件，将预算执行和资金清理收回数据纳入绩效监控和评价分析，将绩效评价结果作为下一年度预算申报的审核条件，从而实现绩效理念与业务的全程融通。在大数据预算绩效全链条管理中，构建"强制＋预警"多维校验体系，设置 49 项系统审核校验规则，确保绩效管理业务 9 大模块全程线上运行稳定，实现绩效审核从经验式转变为科学精准化。2022 年，合肥市共有 2110 个预算项目和 97 个部门的整体支出绩效运行监控得到线上发起、填报、校准、审核和反馈。在绩效数据的积累和应用中，依托一体化系统进行数据集中存储，拓展延伸涵盖项目库、预算编制等模块间的信息获取和关联渠道。在业

---

① 财政部：《四川纵深推进预算和绩效管理一体化》，中国政府网，http://bj.mof.gov.cn/ztdd/czysjg/jyjl/202304/t20230412_3878639.htm。

务管理中实现"一网通办"，紧抓一体化系统绩效数据交互和业务联动，建成以绩效目标管理、绩效运行监控、绩效评价、结果应用为主体的线上绩效管理系统，横向联通预算绩效管理全流程业务链，纵向联动预算部门、县（市）区业务关联方。①

2. 全面推进绩效评价信息公开

自 2011 年首"晒"收支账本以来，中央部门已经连续 12 年向社会公开绩效信息。2022 年，102 个中央部门向社会公开决算，较之以往，绩效信息公开范围更广、力度更大，项目绩效自评结果、重点项目绩效评价报告公开数量继续增加。2022 年，随同中央决算向全国人大常委会报送的项目绩效自评表的数量增长到了586 个，较 2021 年增加 93 个。同时，财政部还对 72 个项目开展财政重点绩效评价，涉及资金 1.3 万亿元，项目数量和资金规模大幅增加，并且首次将中央本级基建投资项目、中央本级国有资本经营预算项目、地方政府专项债券项目等纳入评价范围，新增工业和信息化部、生态环境部、农业农村部等部门开展整体支出绩效评价试点。② 在政府采购支出情况公开方面，除了往年公布的政府采购合同授予中小企业金额以及小微企业合同额度占政府采购支出金额的比重之外，2022 年还新增了货物支出、工程支出和服务支出授予中小企业的占比。连续多年向社会公开，并且增加决算公开内容，扩大绩效评价信息公开范围，对增强财政透明度、提高对财政资金使用绩效的重视程度、促进地方部门决算公开起到了积极的作用。

3. 绩效目标管理规范化

绩效自评是发挥预算部门和单位绩效管理主体责任、提高财政资金使用效益的重要环节，该项工作也已经成为推进预算绩效管理改革的重要内容。然而，绩效目标和指标体系缺乏总体明确的规范，影响了绩效自评质量的提升。绩效目标是绩效管理的基础和起点，近年来，财政部将规范绩效目标管理作为年度工作重点，于

---

① 财政部：《安徽合肥打造预算绩效"云"管理》，新华网，http://bj. mof. gov. cn/ztdd/czysjg/jyjl/202303/t20230330_3876135. htm.

② 财政部：《二〇二一年度绩效信息公开范围更广、力度更大中央部门晒出收支"明白账"》，中华人民共和国财政部官网，http://www. mof. gov. cn/zhengwuxinxi/caijingshidian/renminwang/202207/t20220727_3830094. htm.

2021 年 8 月印发了《中央部门项目支出核心绩效目标和指标设置及取值指引（试行）》[1]（以下简称《指引》），强化项目绩效目标和指标的设定，力求形成科学合理、约束有力的标准体系，对各部门单位绩效目标编制工作进行有效的引导规范。

《指引》明确了指标设置的思路和原则，各部门各单位编制绩效目标时，要按照确定项目绩效目标、分解细化指标、设置指标值的三个步骤，加强不同层级项目之间绩效指标的有机衔接，贯彻高度关联、重点突出、量化易评三项原则，体现项目主要产出和核心效果。绩效指标包括成本指标、产出指标、效益指标和满意度指标四类一级指标。同时，《指引》还细化了绩效指标的具体编制方法，设计了《中央部门本级项目支出核心绩效指标表模板》（如表 3-6 所示），强化标准化规范化管理。[2]

表 3-6 中央部门本级项目支出核心绩效指标表模板

绩效指标				指标取值规范							自评规范			备注
一级指标	二级指标	三级指标（末级）	末级指标解释	计划指标值	历史值	上年自评值	指标值设定依据	计算公式	取值方式	指标完成值数据来源	指标分值权重	赋分规则	佐证资料要求	备注
1	2	3	4	5	6	7	8	9	10	11	12	13	14	15

备注：1. 指标值设定依据、取值方式、指标完成值数据来源、指标分值权重、赋分规则、佐证资料要求的填报要求和说明，分别详见《中央部门项目支出核心绩效目标和指标设置及取值指引（试行）》"三、绩效指标的具体编制"中"（三）绩效指标值设定依据"、"（四）绩效指标完成值取值方式"、"（五）绩效指标完成值数据来源"、"（六）指标分值权重"、"（七）绩效指标赋分规则"、"（八）绩效指标佐证资料要求"。

2. 计算公式指绩效指标值的计算公式，如"调查满意度＝调查满意人数/调查总人数"。

4. 委托第三方机构参与预算绩效管理规范化

近年来，第三方机构作为独立的专业机构，已广泛参与到以绩效评价为主的预

---

[1] 财政部：《关于印发〈中央部门项目支出核心绩效目标和指标设置及取值指引（试行）〉的通知》，中华人民共和国财政部官网，http://yss.mof.gov.cn/zhuantilanmu/ysjxgl/202108/t20210825_3747817.htm。

[2] 预算司：《加强源头规范 提升绩效目标管理质量——财政部印发〈中央部门项目支出核心绩效目标和指标设置及取值指引（试行）〉》，中华人民共和国财政部官网，http://yss.mof.gov.cn/zhuantilanmu/ysjxgl/202108/t20210825_3747740.htm。

算绩效管理的多个环节和领域，成为推动全面实施预算绩效管理的重要力量，对强化预算管理、提升绩效评价的独立性和可信度、加强社会监督和扩大公众参与发挥着积极作用。但由于这方面工作起步时间不长，目前还存在第三方机构绩效评价工作质量参差不齐、对委托方选择使用第三方机构以及开展管理监督缺乏统一规范等问题。基于此，财政部于 2021 年 1 月和 4 月相继出台《关于委托第三方机构参与预算绩效管理的指导意见》[①]（以下简称《意见》）和《第三方机构预算绩效评价业务监督管理暂行办法》[②]（以下简称《办法》），建立健全了进一步引导和规范第三方机构参与预算绩效管理的制度体系。

《意见》明确了第三方机构参与绩效管理的总体导向和工作要求，从引导和规范委托方行为的角度规定标准、规范管理、有效引导、强化监督。通过确定第三方机构参与预算绩效管理的业务范围、明确委托第三方机构参与预算绩效管理的具体方式和基本条件、提出委托单位保障第三方机构正常开展工作的要求、委托单位对第三方机构的指导、监督要求和配套措施等，为第三方机构参与预算绩效管理创造公平公正的竞争环境，促进第三方机构执业水平提升，推动预算绩效管理提质增效。《办法》主要从规范管理受托方的角度，细化对第三方机构的监督管理要求，聚焦第三方机构参与绩效评价业务领域，对第三方机构绩效评价业务领域进行具体化和操作化，具体明确了第三方机构参与绩效管理的原则，明确了各相关方的权利和责任，确立第三方机构绩效评价的"主评人"制度，明确第三方机构预算绩效评价工作程序，明确对第三方机构参与绩效评价的监督管理要求，使第三方机构开展绩效管理工作有法可依、有规可循。此外，2021 年 8 月起，财政部还正式上线"预算绩效评价第三方机构信用管理平台"[③]，对第三方机构预算绩效评价业务进行监管。该平台也为预算绩效评价委托方择优选择第三方机构提供了信息支撑，充分体现了监管与服务并重的理念。

---

① 财政部：《关于委托第三方机构参与预算绩效管理的指导意见》，中华人民共和国财政部官网，http://yss. mof. gov. cn/zhengceguizhang/202102/t20210204_3654609. htm。

② 财政部：《关于印发〈第三方机构预算绩效评价业务监督管理暂行办法〉的通知》，中国政府网，http://jdjc. mof. gov. cn/gongzuodongtai/202105/t20210513_3701385. htm。

③ 财政部：《财政部"预算绩效评价第三方机构信用管理平台"上线运行》，中国政府网，http://jdjc. mof. gov. cn/gongzuodongtai/202107/t20210730_3741876. htm。

（二）强化专项资金绩效管理

2021—2022 年，地方政府专项债券项目、新冠疫情防控、扶贫与乡村振兴、中小企业发展、民生保障、生态保护修复治理等方面的专项资金绩效管理工作得到了扎实稳妥的推进和强化。

1. 地方政府专项债券项目资金绩效管理

为提高专项债券资金使用效益、有效防范政府债务风险，财政部于 2021 年 6 月制定了《地方政府专项债券项目资金绩效管理办法》①，对专项债事前绩效评估、绩效目标管理、事中绩效运行监控、事后绩效评价管理、评价结果应用等作出了具体规定，这也是国家层面首次针对专项债出台的绩效管理政策。事前、事中、事后的全流程管理有助于严格控制专项债资金募投管理，减少资金闲置、募投项目收益不佳等问题，切实提高专项债的资金使用效率，确保政府投资与项目工作进度的匹配，推动专项债资金由"持续扩容"向"提质增效"转变。

为落实财政部提出的"举债必问效、无效必问责"的管理目标，重庆市财政局将绩效管理融入政府专项债券项目资金的"借、用、管、还"全过程，对政府专项债券项目实施闭环绩效管理，② 确保债券资金的精准投放、精准落地和精准使用，尤其针对源头阶段，即申请专项债券资金之前，明确提出开展事前绩效评估，将事前绩效评估作为项目进入专项债券项目库的必备条件，包括项目的必要性、公益性、收益性，项目建设投资合规性与项目成熟度等 8 个方面。福建省对政府专项债券项目资金绩效进行全生命周期管理：建立绩效跟踪监测机制，对专项债券资金预算执行进度和绩效目标实现情况进行"双监控"，查找资金使用和项目实施中的薄弱环节，及时纠正偏差；自主开展绩效自评，项目主管部门和本级财政部门选择部分重点项目开展绩效评价，反映项目决策、管理、产出和权益；加强绩效评价结果应用，突出绩效管理结果的激励约束作用，将专项债券项目资金绩效管理结果作为项目建设期专项债券额度以及运营期财政补助资金分配

---

① 财政部：《关于印发〈地方政府专项债券项目资金绩效管理办法〉的通知》，中华人民共和国财政部官网，http://yss.mof.gov.cn/zhuantilanmu/dfzgl/zcfg/202106/t20210628_3725972.htm。

② 财政部：《重庆财政：对政府专项债券项目实施闭环绩效管理》，中华人民共和国财政部官网，http://www.mof.gov.cn/zhengwuxinxi/xinwenlianbo/congqingcaizhengxinxilianbo/202112/t20211215_3774972.htm。

的重要因素。①

2. 新冠疫情防控经费绩效管理

新冠疫情发生以来，财政部门第一时间通过动用预备费、调剂部门预算等方式筹措资金，助推各省市经济社会全面快速复工、复产、复学，全力保障基本民生，维持社会稳定，促进区域经济发展恢复活力。2022 年，为筑牢疫情防控常态化防线，贵州省财政厅率先在全国开展新冠疫情防控经费绩效评价，涉及资金 118 亿元、项目 6318 个。② 在绩效评价过程中，贵州省一是坚持政策导向，围绕政策落实和资金管理使用的时效性、公平性、科学性、有效性，重点关注资金分配是否精确及时到位，是否存在截留、挤占、挪用等违规情况，现有的物资储备管理机制是否满足需要，受众对象的满意程度如何，全面摸清新冠疫情防控经费基本情况；二是坚持目标导向，按照新冠疫情防控政策和财政资金确定的工作要求和目标，"共性＋个性"系统梳理新冠疫情防控经费绩效目标及指标，围绕支出投向和支出内容，针对项目不同类型分级分层制定了基本建设类、工作经费类、补助类、采购类 4 套评价指标体系；三是坚持结果导向，按照"覆盖全部市（州）中心城市，统筹考虑省界地区，辐射资金量大、项目多的县（市、区）"的抽样原则，先后对 25 个省级单位，48 个市县，千余家项目单位开展现场评价，充分考虑行业主管部门、项目单位意见建议，为新冠疫情防控常态化的政策调整、资金使用、物资储备等提供参考依据。

山东省烟台市黄渤海新区以预算绩效管理赋能资金保障，有效提高资金使用绩效，推动新冠疫情防控资金规范高效使用。一方面，突出成本绩效理念，财政部门在预算单位申请新冠疫情防控资金时主动靠前服务。以 2022 年开展的涉疫废弃物一体化处置项目为例，财政部门积极参与运营成本测算，提出区分 302 个常态化废弃物产生点位和 740 个非常态化点位，采取"固定计费＋浮动计费"方式科学测算

---

① 财政部：《举债必问效：福建从五个环节加强政府专项债券项目资金绩效管理》，中华人民共和国财政部官网，http://www.mof.gov.cn/zhengwuxinxi/xinwenlianbo/fujiancaizhengxinxilianbo/202111/t20211101_3762517.htm。

② 财政部：《系统谋划 精准施策 筑牢疫情防控常态化防线——贵州省财政厅圆满完成新冠肺炎疫情防控经费绩效评价》，中华人民共和国财政部官网，http://www.mof.gov.cn/zhengwuxinxi/xinwenlianbo/guizhoucaizhengxinxilianbo/202202/t20220228_3791001.htm。

费用成本，较预算单位申请预算资金减少44％，既保证了项目资金需要，又最大限度地节约了转运成本和处置成本。另一方面，加强绩效运行监控，沉浸式发现问题，在坚持"谁支出、谁负责"原则基础上，对新冠疫情防控资金实行"部门单位监控＋财政重点监控"，开展预算执行情况和绩效目标实现程度"双监控"。[①] 以2022年开展的进口非冷链集装箱货物集中监管仓购买服务项目为例，财政部门通过绩效运行监控系统发现了开仓首月工作量不达预期、消毒工作存在浪费等问题并要求及时改进，切实提高了财政资金使用效益。

3. 财政专项扶贫资金与衔接推进乡村振兴补助资金绩效管理

为巩固拓展脱贫攻坚战成果，全面推进乡村振兴，2021年11月，财政部、国家乡村振兴局等6部门联合制定了《衔接推进乡村振兴补助资金绩效评价及考核办法》。[②] 2021年，自贫困县、村脱贫摘帽以来，财政部门主要开展财政专项扶贫资金绩效评价工作，对各省（自治区、直辖市）财政专项扶贫资金使用管理过程及其效果，从资金投入、资金拨付、资金监管、资金使用成效、机制创新和违规违纪5个方面11个具体指标进行了综合性评价与考核。为确保巩固拓展脱贫攻坚成果同乡村振兴有效衔接，各区县也积极出台了相应绩效管理办法。安徽省芜湖市南陵县财政局积极探索构建衔接推进乡村振兴补助资金绩效管理新格局：一是加强资金保障，认真落实"四个不摘"和过渡期内保持财政支持政策总体稳定的要求，做到管理关系不变、投入力度不减、监管力度不松，提升资金的使用效率和效果；二是投向重点领域，支持培育和壮大贫困村与乡村振兴示范村特色优势产业，支持健全防止返贫致贫监测和帮扶机制、脱贫劳动力就业增收，以及补齐必要的农村人居环境整治和小型公益性基础设施建设短板等；三是强化过程管控，从事后"考与评"向事前"督与导"转变，把"编制有目标，执行有监控，完成有评价，结果有应用"落在小而微的细节上，真正做到资金绩效管理工作贯穿全过程；四是加强信息公

① 财政部：《山东烟台黄渤海新区预算绩效管理赋能疫情防控》，中华人民共和国财政部官网，http://sd.mof.gov.cn/zt/dcyj/202207/t20220726_3829758.htm。
② 财政部：《财政部 国家乡村振兴局 国家发展改革委 国家民委 农业农村部 国家林草局关于印发〈衔接推进乡村振兴补助资金绩效评价及考核办法〉的通知》，中华人民共和国财政部官网，http://cq.mof.gov.cn/tztg2019/tongzhitonggao/202112/t20211215_3775170.htm。

开，建立完善巩固拓展脱贫攻坚成果和乡村振兴项目库，提前做好项目储备，严格项目论证入库。加强衔接资金和项目管理，落实绩效管理要求，全面推行公开公示制度，加快预算执行。[①]

此外，财政部、人力资源社会保障部、税务总局、国家医保局印发的《社会保险基金预算绩效管理办法》，财政部、国家卫生健康委、国家医保局、国家中医药局和国家疾控局印发的《基本公共卫生服务补助资金管理办法》《医疗服务与保障能力提升补助资金管理办法》，财政部、住房城乡建设部、水利部印发的《中央财政海绵城市建设示范补助资金绩效评价办法》，财政部、住房城乡建设部印发的《中央财政城镇保障性安居工程补助资金管理办法》，财政部、农业农村部印发的《农田建设补助资金管理办法》，财政部、生态环境部印发的《土壤污染放置资金管理办法》，财政部印发的《重点生态保护修复治理资金管理办法》《水污染防治资金管理办法》《商业保险公司绩效评价办法》《中小企业发展专项资金管理办法》等，对各类专项领域资金的全过程绩效管理作出规定，较为全面地推动了各部门、各领域的财政资金全过程绩效管理工作。

二、2021—2022 年政府绩效管理研究现状综述

2021—2022 年度公开发表的政府绩效管理类期刊论文总体上继续呈现下降趋势，但 2021 年度略有上升。以"政府绩效"为关键词在中国知网（CNKI）进行期刊论文检索可以发现 2021 年度的论文共计 121 篇，2022 年度的论文数量下降至 74 篇。以"政府绩效"为主题对 CSSCI 期刊论文进行检索，2021 年度论文数量为 66 篇，2022 年度论文数量下降至 53 篇，如图 3-1 所示。

从研究内容与观点来看，2021—2022 年对我国政府绩效管理的理论与实际问题进行了更为具体、系统的梳理和分析，相关研究突出问题导向，理论与实证并重，在政府绩效管理、大数据绩效管理、预算绩效管理改革等领域进行了深入研

---

① 财政部：《南陵县财政局：构建衔接推进乡村振兴补助资金绩效管理新格局》，中华人民共和国财政部官网，http://www.mof.gov.cn/zhengwuxinxi/xinwenlianbo/anhuicaizhengxinxilianbo/202106/t20210616_3720345.htm。

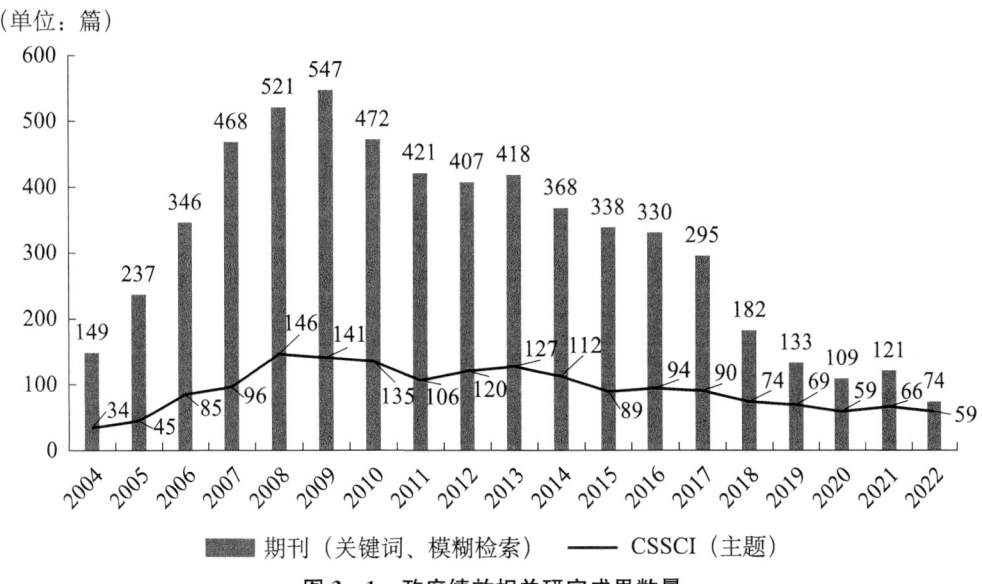

图 3-1　政府绩效相关研究成果数量

究，为指导各级政府的相关实践起到了积极作用。

（一）政府绩效管理

2021—2022 年，学者在政府绩效管理领域针对场景管理、绩效评价结果应用、价值理念等问题开展了研究工作。

1. 特定场景下的政府绩效管理研究

学者针对政府绩效管理的具体场景，譬如乡村振兴、税务绩效管理等开展了较为系统的研究。

在乡村振兴场景下，郑方辉等指出，政府绩效目标决定了治理模式的选择，要以追求农民获得感最大化为导向，遏制地方政府层层加码的"绩效目标锦标赛"，贴近实际需求，动员和激励农民参与规划、建设、营运、维护和考评等绩效管理全过程。[1] 林影倩等从政府绩效考核入手，梳理出"多元主体参与—合作生产—治理网络维护"的乡村振兴运行路径，构建了"治理赋能-问责嵌入"的解释性框架，阐释和验证了政府绩效考核推进乡村振兴的运行机制。[2] 李晓冬等从绩效审计视角

---

[1]　郑方辉、王佳兴、黄蓝：《乡村振兴：政府绩效目标、农民获得感与基层治理模式选择——以 G 省农村生活污水治理为例》，《中国行政管理》2021 年第 10 期，第 57 页。

[2]　林影倩、庞明礼：《政府绩效考核何以推进乡村振兴：一个"治理赋能—问责嵌入"解释框架——基于湖南省 W 镇的经验分析》，《甘肃行政学院学报》2022 年第 1 期，第 89 页。

切入，对脱贫攻坚政策落实跟踪审计开展研究，厘清脱贫攻坚政策落实跟踪审计的监督治理效应，丰富了中国特色扶贫政策绩效审计的理论研究。[①] 陈磊等从绩效评价视角出发，探究法治乡村建设绩效评价的动因和维度，提出以绩效评价促进法治乡村建设，应当推进应用多元评价模式、完善绩效评价体系、统一考评组织权以及提高农民的参与度。[②]

税务绩效管理是政府绩效管理的一种典型的实践样本。基于税务绩效管理的五大理论逻辑，即知事识人、差异考评、高效执行、客观公正、正向激励，马列等提出了树立战略统领、价值认同的目标导向，构建循环递进、高效运转的闭环流程，搭建互联互通、高度集成的智慧平台，形成通融共进、正向引领的激励机制等进一步完善税务绩效管理的建议。[③] 张廷君等就治理导向型绩效管理问题探讨税务模式及保障体系，扎根中国管理情景，探索绩效管理理念、方法工具、指标体系、管理流程与结果应用等，以实现从"管理"到"治理"的转型过程。[④] 付树林等引入平衡记分卡理论，从落实上级部署、优化纳税服务、畅通内部运行、促进干部成长四个维度打造务实管用的绩效考评体系，为税务部门提升治理能力和治理效能，进一步"抓好党务、干好税务、带好队伍"，推动新时代税收事业高质量发展提供有力支撑。[⑤]

2. 绩效评价结果运用

如何有效运用绩效评价结果是推进政府绩效管理的必然选择。着眼于绩效评价结果运用，需要组织实施好绩效评价，而绩效评价可根据"绩效运行监控"流程来获取"过程"绩效信息，可根据"绩效目标管理"流程来设置"产出"和"效益"评价指标；对于新设立的重大政策和项目，可根据"事前绩效评估"流程来明确

---

① 李晓冬、曹煜婕、刘彦龙：《脱贫攻坚政策落实跟踪审计：脱贫监督治理效应与理论溯源》，《西安财经大学学报》2021 年 34 卷第 6 期，第 91 页。

② 陈磊、柳洁：《法治乡村建设绩效评价：动因、维度和路径》，《广西大学学报》（哲学社会科学版）2022 年第 4 期，第 187 页。

③ 国家税务总局河北省税务局课题组：《税务绩效管理：实践经验、理论逻辑与发展方向》，《税务研究》2021 年第 12 期，第 118 页。

④ 张廷君、胡佳君、林娟：《治理导向型绩效管理：政府绩效管理中的税务模式及保障体系》，《税务研究》2021 年第 8 期，第 101 页。

⑤ 付树林、何强：《论平衡计分卡理论在税务绩效管理中的运用》，《税务研究》2022 年第 5 期，第 112 页。

"决策"的依据等（如图 3-2 所示）。绩效评价的"决策"、"过程"、"产出"和"效益"等评价指标，都可依据相应的预算绩效管理流程来获得相应的绩效信息。

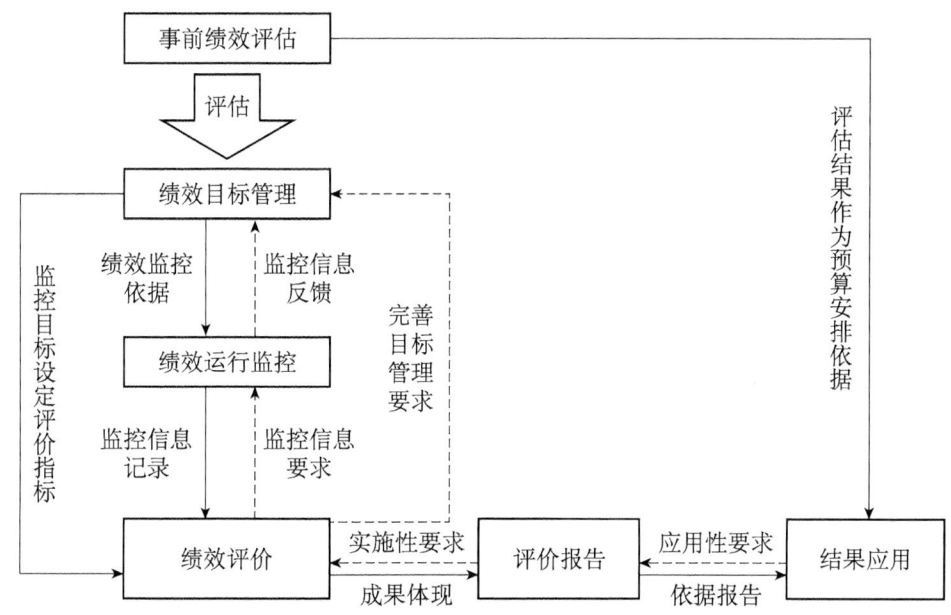

图 3-2　聚焦绩效评价结果运用的绩效管理流程图①

学者还在政府绩效与公众满意度领域作出了建设性研究。高学德考察了不同性质的公共服务绩效影响公民满意度的边界条件和公众期望失验在公共服务绩效与公民满意度关系中的中介效应，结论是积极绩效更能够提高公众对政府的满意度。②长期的民意调查结果表明，中国民众对政府绩效的满意度不断提升：民众对政府绩效的认知更多源于个人物质生活的真实和可以意识到的改变，当党和政府的决策能够不断提高民众的生活标准、增加公共服务供给时，人民群众就会更加支持党和政府，并期望这种趋势可以持续下去。③

3. 政府绩效管理的价值理念

2021—2022 年，学者在政府绩效管理价值理念领域，主要侧重于绩效信息使

①　龚传洲：《绩效评价结果应用：流程衔接和支撑条件》，《地方财政研究》2021 年第 4 期，第 40 页。

②　高学德：《公共服务绩效、公众期望失验与公民满意度》，《公共管理与政策评论》2022 年第 2 期，第 50 页。

③　爱德华、康宁安、托尼·赛奇、杰西·图里尔等：《中国民众对政府绩效的满意度——基于 2003—2016 年调查数据的观测》，《国外理论动态》2021 年第 3 期，第 105 页。

用、政府绩效问责以及政府绩效损失等理论研究。

其一是绩效信息使用。政府绩效信息使用是将绩效信息融入政府管理和决策过程中的理性行为，是检验绩效管理成败的标准。在中国政府绩效管理改革持续深化的路上，亟须形成组织学习和决策影响的绩效信息使用常态化机制。[①] 当前，中国地方政府绩效信息使用存在制度缺位、绩效信息失真失准、激励机制不健全和公共服务动机式微等问题，[②] 需要从完善管理制度建设、优化绩效管理程序、营造创新型组织文化以及提高公共服务动机等方面改进和提升。

其二是政府绩效问责。政府绩效问责作为一种执行工具和制度安排，具有绩效激励与问责控制的双重功能。当前，政府绩效问责面临目标偏离、信息障碍、标准模糊等制度困境和责任厘定、行为监测与绩效反馈等执行难题，[③] 亟须审视绩效问责制度均衡条件与行动支持机制，通过分层设置绩效目标任务、实施清单式检查验收和分级对位奖惩，达成全域定责、全程督责与底线追责的有效控权和高效问责。

其三是政府绩效损失。绩效损失的提出旨在从理论上实现政府绩效的最大化，然而绩效损失的概念建构、测度方法以及发生机理等诸多问题尚待廓清。马翔等从参与式建构（形成社会价值）、响应式互动（形成公共价值）、绩效目标确定（绩效价值标准）、计算目标差距（测度绩效损失）四个过程对绩效损失的测度方法进行了梳理，从价值建构、协同领导和组织管理三个方面对绩效损失的因果推论进行了探讨。[④]

（二）大数据绩效管理

大数据时代为政府绩效管理创新提供了工具和思维，近年来已经吸引了学者越来越多的关注。

---

① 何文盛、杜丽娜：《预算绩效信息如何被有效使用？——基于多案例的比较分析》，《中国行政管理》2021 年第 9 期，第 102 页。

② 丁辉侠、高景晖、段思佳：《政府绩效信息使用的价值逻辑与提升策略》，《郑州大学学报》（哲学社会科学版）2022 年第 6 期，第 15 页。

③ 张书涛：《控权论视角下政府绩效问责的有效治理路径》，《浙江工商大学学报》2022 年第 5 期，第 156 页。

④ 马翔、包国宪：《政府绩效损失：概念建构、测度方法和因果推论》，《公共管理评论》2022 年第 4 期，第 5 页。

1. 数字政府建设中的大数据绩效管理

当前大数据绩效管理主要应用于公共服务和社会治理的实践之中，而理论研究也聚焦政府绩效数据、评估以及管理的数字化转型。[①] 在数字政府和大数据绩效管理领域，世界各国都在加快创新探索步伐。数字政府能够实时进行绩效数据采集、绩效水平计算、绩效结果反馈和绩效信息利用，利用机器学习、人工智能、动态模拟与仿真等数据挖掘技术，对复杂、动态和系统的政府绩效结果形成过程进行实时的数据记录，推动政府绩效评估由模糊评估转向精准评估。[②] 当前，我国对大数据驱动政府绩效精准管理的探索，仍面临着针对性管理制度缺失、政府绩效信息整合的有效性不高、存在潜在道德风险隐患、大数据相关要素支撑能力不足等制约因素。翁列恩等提出，应推动政府绩效信息的有效整合、构建"回溯性、实时性和预测性"的政府绩效评估模式、强化政府绩效精准管理的大数据要素支撑能力。政府数字化转型的成败在于是否有效地创造了公共价值，由此观之，对数字政府的绩效水平开展公共价值考核评价颇为关键。[③] 郭高晶提出要基于公共价值构建数字政府绩效评价量化指标体系，对数字政府创造的核心公共价值进行测量，通过分析两者的匹配性和一致性程度来科学评价数字政府绩效水平，分析数字政府公共价值失灵的原因，为未来数字政府绩效改进提供决策支持。[④] 我国深入推进政府绩效管理，需要突破当前与大数据技术不相匹配的政府绩效管理在组织结构、过程管理、价值判断上面临的困境。徐芳芳构建集结构、过程、价值于一体的理论模型，强调确立高效能的互动模式、完善信息化科学绩效运行管理过程以及树立多元的绩效价值理念，为大数据时代政府绩效管理的改革发展指明方向。[⑤]

2. 大数据政府绩效评估的理论探索与实践分析

在大数据政府绩效评估领域，学者在研究中创新了概念框架和逻辑进路。大数

---

① 吴振其、郭诚诚：《大数据时代政府绩效管理述评：实践、议题与展望》，《中国科技论坛》2022年第1期，第172页。

② 胡税根、杨竞楠：《发达国家数字政府建设的探索与经验借鉴》，《探索》2021年第1期，第77页。

③ 翁列恩、杨竞楠：《大数据驱动的政府绩效精准管理：动因分析、现实挑战与未来进路》，《理论探讨》2022年第1期，第86页。

④ 郭高晶：《面向公共价值创造的数字政府建设：耦合性分析与实践逻辑》《广西社会科学》2022年第7期，第35页。

⑤ 徐芳芳：《大数据驱动下的政府绩效管理体系建设研究——基于"结构-过程-价值"理论模型》，《当代经济管理》2022年第9期，第64页。

据时代的到来，促进了政府绩效评估的科学性。政府绩效评估主体通过对政府运行过程中生成的海量存量数据和实时数据的提取、处理和分析，可以对政府和政府内部的不同部门在特定时期内的绩效进行客观公正准确的评估，进而对政府资源投入的成效、公共政策制定的水平和政府的治理能力进行准确的衡量。[①] 传统政府绩效评估的精准性损失弥散地分布于评估全过程，无法精准认知和改进政府组织的绩效，将大数据全流程地嵌入政府绩效评估，能够促进政府绩效评估的精准性重塑，[②] 构建绩效认知与实践的新范式。王伟玲归纳了我国大数据政府绩效评估实践过程中的三种典型模式及特点：第三方评价模式注重客观准确、目标分解模式注重目标达成、价值分析模式注重公共价值。[③] 张丽等构建了以公共价值为基础的大数据政府绩效评估的概念框架，将我国的数字政府划分为数字行政、数字服务、数字公民和数字社会四个维度，并依据公共价值的行为性、公民性、服务性和社会性，细化了测量指标，进一步发掘大数据在改善治理质量方面的潜力。[④]

（三）预算绩效管理改革

在以往各年度预算绩效管理改革研究的基础上，2021—2022 年的研究更加偏向制度、机制和模式上的探索。在预算绩效监督方面，马蔡琛等从全球发展趋势和国际比较视角出发，探索预算绩效监督的中国模式，包括优化立法路径，对预算绩效管理行政法规删繁就简，强化人大在预算绩效管理中的监督权力，平衡地方、部门现实需要，科学设置立法框架，建立信息沟通与共享渠道，完善内外机构建设，构建法制化、全方位全过程全覆盖、以人大为主体的多元预算绩效监督格局；[⑤] 上官泽明等基于问责视角，提出立法机关预算监督提升政府绩效的三大重要机制，即促进政府预算公开、规范预算执行管理和加强腐败控制能力。[⑥] 张依群等在对政府

---

① 陈鹏：《数据的权力：应用与规制》，《安徽师范大学学报》(人文社会科学版) 2021 年第 5 期，第 111 页。

② 张红春、徐国冲：《大数据重塑政府绩效评估精准性的逻辑与进路》，《求实》2022 年第 4 期，第 15 页。

③ 王伟玲：《中国数字政府绩效评估：理论与实践》，《电子政务》2022 年第 4 期，第 51 页。

④ 张丽、陈宇：《基于公共价值的数字政府绩效评估：理论综述与概念框架》，《电子政务》2021 年第 7 期，第 57 页。

⑤ 马蔡琛、桂梓椋：《探索预算绩效监督的中国模式：基于国际比较视角》，《经济纵横》2022 年第 1 期，第 102 页。

⑥ 上官泽明、刘力云：《立法机关的预算监督对政府绩效的影响研究——基于问责维度视角的跨国实证分析》，《财政研究》2021 年第 10 期，第 88 页。

绩效预算监管的研究中提出，应强化财权控制，梳理事权与财权的分配，注重项目实效，让"绩效跟着项目走"，坚持公共服务导向，探索实施绩效预算编制改革试点，让绩效预算管理向绩效预算编制转变。[①] 在全面预算绩效管理的协同性研究中，王佳指出当前中国存在绩效理念缺失、激励相容机制不完善等问题，并构建"序参量-控制参量"分析框架，从完善政府绩效价值建构、激励相容机制、构建预算绩效管理制度安排方面给出优化建议。[②] 在预算绩效管理全面纵深推进的进程中，中国仍然存在制度融合较弱及数据的适用性、科学性和客观性等方面的挑战，[③] 因此，加强权责发生制综合财务报告和预算绩效管理在顶层设计上的融合，推动政府财务分析指标与预算绩效指标的相互衔接，将二者采用制度串联运行，显得尤为重要。

三、展望与分析：中国政府绩效管理的发展方向

结合 2021—2022 年度理论与实践领域的发展，未来中国政府绩效管理的发展在如下三个方面有待进一步加强。

（一）完善预算绩效管理技术支撑和信息化建设

预算绩效管理对技术支持的要求较高。当前，在绩效评价技术能力方面，尚存在绩效指标设计不合理的源头性问题以及绩效评价信息化智能化较弱的现象。促进绩效评价的信息化与智能化，有利于简化绩效管理流程，提高用人和工作效率。因此，一方面，我国亟须完善预算绩效管理的技术支撑，绩效部门应加快推进绩效评价行业力量建设，在评价机构、专家团队以及专业技术人员等方面多端发力；推动学术机构积极参与绩效评价技术研究，完善评价指标库建设、评价方法开发应用；主动依靠外部专业力量，持续完善重点项目绩效评价指标体系，并及时动态调整优化。[④] 另一方面，未来我国要建立信息系统"智慧岛"，完善预算绩效管理的信息化和智能化，绩效部门要尽快将全过程绩效管理业务嵌入预算管理一体化系统，实现

① 张依群、王泽彩：《政府绩效预算监管的国际经验及启示》，《经济纵横》2022 年第 5 期，第 110 页。
② 王佳：《全面预算绩效管理的协同机理与实现机制》，《地方财政研究》2022 年第 5 期，第 76 页。
③ 马蔡琛、赵笛：《基于政府财务报告制度的预算绩效管理改革》，《河北学刊》2022 年第 4 期，第 146 页。
④ 财政部：《对预算绩效管理提质增效的思考》，中华人民共和国财政部官网，http://sd.mof.gov.cn/zt/dcyj/202304/t20230411_3878099.htm。

事前、事中和事后各环节的线上操作，实现与预算管理的实质性融合，便于数据统计汇总和各类报表生成；进一步优化升级，围绕大数据分析与应用，实现绩效评估环节的在线论证、目标设置环节的匹配提示、监控环节的动态预警、评价环节的质量控制、应用环节的科学管理；将人工智能引入系统平台。

（二）持续探索预算绩效管理法制化建设

政府预算绩效管理工作的法律体系支撑力不够，会导致政府预算绩效管理自上而下的改革、发展受到限制和阻碍。虽然我国已经实施了《中华人民共和国预算法》等专项法律，出台了与预算绩效管理相关的纲领性文件及补充性文件，但是目前还没有出台过政府预算绩效管理的专门性法律法规。因此，政府预算绩效管理工作的法律支撑尚且存在空缺。健全与预算绩效有关的法律及制度体系，推进预算绩效管理法制化建设是解决政府预算绩效管理工作中存在问题的重要环节。未来几年，中国要持续提升预算绩效管理的法制化水平，逐步构建涵盖预算绩效工作各个环节的法律法规体系，明确预算绩效主客体之间的法律关系，进一步完善预算绩效各个环节的相关规定，为政府预算绩效管理工作营造良好的法律环境。从预算绩效制度体系来看，财政部门必须加快建立健全关键领域的绩效管理制度，完善各部门的绩效管理配套管理制度，制定相关工作的实施细则，确保政府预算绩效管理的各项工作能够做到有章可循、有规可依。

（三）加大绩效信息公开力度，促进多方主体参与监督

中央部门连续多年向社会公开绩效信息，大大提升了财政信息的透明度，同时也促进了地方部门的绩效信息公开，使多元主体共同开展绩效监督加速推进。2021年，天津市财政局公开了12个项目绩效目标、15个项目绩效评价报告，公开数量比往年大幅增长，为历年公开数量之最。[①] 随着预算绩效信息公开范围不断扩大，公开内容逐渐翔实，社会公众对绩效的关注度越来越高。2022年，天津市财政局在原有基础上新增了6个政府部门的绩效信息并提交天津市人大审阅，将各部门全

---

① 财政部：《天津市财政局做好绩效信息公开 主动接受人大和社会监督》，中华人民共和国财政部官网，http://www.mof.gov.cn/zhengwuxinxi/xinwenlianbo/tianjingcaizhengxinxilianbo/202103/t20210310_3668481.htm。

部非涉密项目绩效目标在"预决算公开统一平台"上同步上传,接受社会公众监督。[1]

持续加大绩效信息公开力度,提高财政透明度,促进多方主体参与预算绩效监督,是未来中国持续深化预算绩效管理改革的重点工作。财政部门要持续推动各部门将绩效目标、绩效自评和部门评价等绩效信息全方位公开,借助人大、审计等部门和社会公众的监督力量,积极搭建专家学者和社会公众参与绩效管理的途径和平台,构建多方参与、齐抓共管的绩效监督管理局面,强化绩效责任约束,推动地方政府部门把"花好钱"和"办好事"紧密结合。在社会公众参与方面,财政部门要积极"说明",在绩效信息公开的同时做好解析,进一步增强资料可读性,让社会公众看得懂、读得明白,从绩效信息的旁观者转变为绩效管理的参与者。

四、报告要点

第一,预算绩效管理迈上提质增效新台阶。2022年底,全方位预算绩效管理格局基本形成,全过程预算绩效管理链条基本完善,全覆盖预算绩效管理体系基本健全。在近几年的实践中,各省市纵深推进,不断完善预算和绩效一体化管理管控体系,在事前绩效评估、事中绩效监控和事后绩效评价三个大环节中均实现了机制上的突破。绩效评价信息的公开范围、公开内容持续扩大和细化,绩效目标管理日趋科学化和规范化。总体上,全过程预算绩效管理机制得到完善,预算绩效管理迈入提质增效新阶段。

第二,信息化预算绩效管理地位逐步提升。采用大数据和信息化系统开展"云"治理已经成为预算绩效管理领域的潮流。开展大数据预算绩效全链条管理,有利于实现政府绩效工作从经验式转变为科学精准化。在绩效管理中采用大数据一体化系统,实现"一网通办",有利于促进预算绩效管理全流程业务链条的联通,并且联动预算部门等业务相关方。然而,现阶段预算绩效管理的技术支撑和智能化水平仍然不足,绩效部门亟须加快推进绩效评价的第三方力量建设,完善评价指标

---

[1] 财政部:《回应社会关切 天津市财政局积极推进绩效信息公开》,中华人民共和国财政部官网,http://www.mof.gov.cn/zhengwuxinxi/xinwenlianbo/tianjingcaizhengxinxilianbo/202204/t20220406_3801104.htm。

库建设、评价方法开发应用，加快探索将人工智能引入系统平台，提高预算绩效管理信息化水平。

第三，多方主体对政府绩效管理的关注度和参与度加强。第三方机构广泛参与到了以绩效评价为主的预算绩效管理的多个环节和领域，成为推动全面实施预算绩效管理的重要力量，对强化预算管理、提升绩效评价的独立性和可信度、加强社会监督和扩大公众参与发挥着积极作用。财政部也相继出台相关文件以引导和规范第三方机构参与预算绩效管理。在绩效信息公开层面，随着公开力度扩大，社会公众对绩效管理的关注度和参与热情也愈发高涨。借助人大、审计等部门和社会公众的监督力量，积极搭建专家学者和社会公众参与绩效管理的途径和平台，构建多方参与的绩效管理局面，是持续深化预算绩效管理改革的重要内容。

第四，预算绩效管理法治化建设有待完善。在全面深化政府预算绩效改革的实践中，我国相继出台了《中华人民共和国预算法》以及与预算绩效管理相关的纲领性、补充性文件，但目前仍缺乏政府预算绩效管理领域的专门性法律法规。必须加快建立健全关键领域的绩效管理制度，完善各部门的绩效管理配套管理制度，制定相关工作的实施细则，完善预算绩效管理制度体系，确保政府预算绩效管理有章可循、有规可依。

（作者单位：南开大学周恩来政府管理学院）

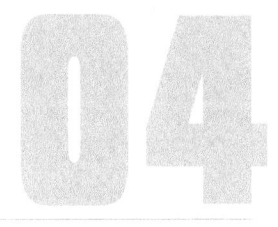

政府治理方式变革
与基层治理

政府与社会资本合作（PPP）发展研究报告

郭道久

2021—2022 年，政府与社会资本合作（PPP）的入库数和投资额都出现了一定程度的增长，但增长速度较之前有所减缓。PPP 相关研究成果仍然比较丰富，但相较于前几年数量有所减少。PPP 模式处于平稳发展之中，但受多种因素影响，PPP 模式面临新的调整，如何持续健康发展是各方关注的重点。

一、2021—2022 年 PPP 发展情况

2021—2022 年 PPP 的发展相对平稳，数量上稳中有增，相关法律法规和政策更加丰富，支持和保障措施不断增加，"两新一重"项目持续增长。

（一）PPP 项目进展情况

根据国家发展改革委全国 PPP 项目信息监测服务平台的数据，截至 2021 年底，全国共录入 PPP 项目 7810 个，总投资额 10.98 万亿元；其中贵州、江西、广东、安徽、山东录入项目较多，分别达 606 个、549 个、530 个、497 个、468 个，总投资额分别为 9429 亿元、5246 亿元、4995 亿元、4726 亿元、3714 亿元；行业分布上，城市基础设施、农林水利、社会事业、交通运输和环保五个行业 PPP 项目最多。截至 2022 年底，全国共录入 PPP 项目 8057 个，总投资额 11.60 万亿元；其中广东、贵州、江西、安徽、山东录入项目较多，分别达 661 个、622 个、611 个、509 个、468 个，总投资额分别为 6990 亿元、9903 亿元、5929 亿元、5329 亿元、3635 亿元；行业分布前五位的是城市基础设施、农林水利、交通运输、社会事业和环保。[①]

---

① 资料来源：国家发展改革委全国 PPP 项目信息监测服务平台相关数据。

根据财政部全国 PPP 综合信息平台项目管理库的数据，截至 2021 年底，在库项目总计 13810 个，总投资额 20.56 万亿元；其中管理库入库项目 10204 个、投资额 16.39 万亿元；储备清单项目 4606 个，总投资额 4.17 万亿元；市政工程、交通运输、生态建设和环境保护是项目最多的三个行业。截至 2022 年底，在库项目总计 14038 个，总投资额 20.92 万亿元；其中管理库入库项目 10346 个、投资额 16.62 万亿元；储备清单项目 3692 个，总投资额 4.30 万亿元；市政工程、交通运输、生态建设和环境保护仍然是项目最多的三大行业，市政工程项目高达 5419 个。[①]

2021—2022 年财政部没有推出新的 PPP 示范项目，地方政府在不断总结经验、加强管理中，仍在推出示范项目。比如江苏省 2021 年推出"南京市栖霞区餐厨废弃物处置厂"等 8 个 PPP 示范项目，涉及市政工程、生态建设和环境保护、体育、农业等多个领域，总投资 243.45 亿元。[②]

（二）促进和规范 PPP 发展的政策法规

2021—2022 年，中央政府及各部门出台与 PPP 有关的法律法规和政策文件相对较少（如表 4-1 表示）。2021 年 10 月，国务院办公厅出台《国务院办公厅关于鼓励和支持社会资本参与生态保护修复的意见》，支持和鼓励社会资本通过 PPP 等方式参与生态保护修复，并获得合理回报。2022 年 11 月，财政部发布《关于进一步推动政府和社会资本合作（PPP）规范发展、阳光运行的通知》，特别强调 PPP 项目要规范发展，要严守 10% 红线：严禁通过"借用"未受益地区财政承受能力空间等方式，规避财政承受能力 10% 红线约束；严禁脱离项目实际通过"报小建大"等方式调整项目财政支出责任，规避财政承受能力 10% 红线约束。农业农村部 2021 年和 2022 年继续出台的《社会资本投资农业农村指引》，肯定社会资本投入对乡村振兴的重要性，并明确投资的重点产业和领域。2021—2022 年，地方政府出台的有关 PPP 的政策和文件相对较多（如表 4-2 所示），特别是根据《国务院办公厅关于鼓励和支持社会资本参与生态保护修复的意见》，不少地方政府出台了具体

---

① 资料来源：财政部政府与社会资本合作中心"平台公告"。

② 江苏省财政厅：《2021 年省级 PPP 示范项目公示》，江苏省财政厅官网，http://czt.jiangsu.gov.cn/art/2021/11/12/art_77314_10112156.html。

实施办法。

表 4 - 1　2021—2022 年中央政府及各部门发布的有关 PPP 的法规和政策文件简况

名称	发布部门	时间
《国务院办公厅关于鼓励和支持社会资本参与生态保护修复的意见》	国务院办公厅	2021 年 10 月
《引导社会资本参与盘活国有存量资产中央预算内投资示范专项管理办法》	国家发展改革委	2021 年 2 月
《社会资本投资农业农村指引（2021 年）》	农业农村部	2021 年 5 月
《政府和社会资本合作（PPP）综合信息平台信息公开管理办法（修订版）》	财政部	2021 年 12 月
《社会资本投资农业农村指引（2022 年）》	农业农村部	2022 年 4 月
《关于推进水利基础设施政府和社会资本合作（PPP）模式发展的指导意见》	水利部	2022 年 5 月
《关于开展全国 PPP 综合信息平台项目信息质量提升专项行动的通知》	财政部	2022 年 6 月
《关于进一步完善政策环境加大力度支持民间投资发展的意见》	国家发展改革委	2022 年 10 月
《关于进一步推动政府和社会资本合作（PPP）规范发展、阳光运行的通知》	财政部	2022 年 11 月

资料来源：根据财政部政府与社会资本合作中心网站"政策法规"栏目相关内容整理。

表 4 - 2　2021—2022 年地方政府发布的部分有关 PPP 的法规和政策文件

名称	地区	时间
《关于进一步加强政府和社会资本合作（PPP）项目财政承受能力动态管理的意见》	江苏	2021 年 1 月
《四川省高速公路政府与社会资本合作项目绩效管理实施细则（试行）》	四川	2021 年 2 月
《关于引导社会资本进入林草行业助推绿色经济发展的意见》	吉林	2021 年 3 月
《关于引入社会资本参与老旧小区改造的意见》	北京	2021 年 4 月
《关于推动政府和社会资本合作（PPP）规范发展的意见》	山东	2021 年 5 月
《关于加强政府和社会资本合作（PPP）项目绩效管理的通知》	湖北	2021 年 8 月
《广西推广运用 PPP 模式三年行动计划（2021—2023 年）》	广西	2021 年 8 月
《福建省政府和社会资本合作（PPP）项目全生命周期绩效管理实施细则》	福建	2021 年 11 月

名称	地区	时间
《安徽省政府和社会资本合作（PPP）专家库管理办法》	安徽	2021 年 11 月
《关于加强 PPP 项目政府支出责任管理的通知》	天津	2021 年 11 月
《关于加快推进 PPP 模式高质量发展的通知》	海南	2021 年 12 月
《关于鼓励和支持社会资本参与生态保护修复的实施意见》	河北	2021 年 12 月
《关于进一步做好政府和社会资本合作（PPP）综合信息平台信息公开管理工作的通知》	河北	2021 年 12 月
《关于鼓励和支持社会资本参与生态保护修复的实施意见》	黑龙江	2022 年 2 月
《关于加强政府和社会资本合作（PPP）项目征集与储备工作的通知》	北京	2022 年 5 月
《关于鼓励和支持社会资本参与生态保护修复的若干措施》	湖北	2022 年 5 月
《关于进一步加强政府和社会资本合作（PPP）项目规范管理的通知》	内蒙古	2022 年 5 月
《山东省政府和社会资本合作（PPP）综合信息平台项目库管理操作指引（试行）》	山东	2022 年 6 月
《甘肃省政府和社会资本合作（PPP）项目全生命周期绩效管理实施细则（试行）》	甘肃	2022 年 8 月
《关于鼓励和支持社会资本参与生态保护修复的实施意见》	江西	2022 年 8 月
《山西省鼓励和支持社会资本参与生态保护修复实施办法》	山西	2022 年 10 月
《四川省政府与社会资本合作（PPP）项目库管理及信息公开管理办法》	四川	2022 年 10 月
《关于鼓励和支持社会资本参与生态保护修复的实施意见》	新疆	2022 年 11 月
《关于进一步加强江苏省政府和社会资本合作（PPP）专家库管理的通知》	江苏	2022 年 12 月
《关于进一步完善铁路建设投融资机制的意见》	湖南	2022 年 12 月
《关于进一步促进民间投资的实施意见》	山西	2022 年 12 月
《关于进一步加强 PPP 项目与政府债务联动管理的通知》	内蒙古	2022 年 12 月

资料来源：根据财政部政府与社会资本合作中心网站"政策法规"栏目相关内容整理。

（三）PPP 发展的各种支持措施

PPP 研讨工作持续开展。2021 年 6 月 27 日，第五届中国 PPP 学术高峰论坛在北京成功举行，主题为"面向'十四五'的 PPP 健康可持续发展"，130 余位专家学者与会。2021 年 10 月 23 日，2021 政信产业年度峰会暨第六届中国 PPP 投资论坛在北京举办，论坛以"赋能增效-共创共赢"为主题，300 余人出席。2021 年 12 月 26 日，第六届中国 PPP 论坛在北京举行，论坛以"面向'十四五'的 PPP 健康可持续发展"为主题。2022 年 11 月 20 日，第六届中国 PPP 学术高峰论坛成功举办，论坛主题为"PPP 助力全球工程经营"。2022 年 12 月 24 日，2022 中国政信发展论坛暨第七届中国 PPP 投资论坛在北京举办，论坛以"新征程-新产业-新基建"为主题，聚焦构建现代化基础设施体系。2022 年 12 月 25 日，第七届中国 PPP 论坛在线上成功举行，论坛以"创新投融资模式 助力高质量发展"为主题，为 PPP 政策界、理论界和实践界搭建了良好的交流对话平台。全国性高层次的研讨会是推动 PPP 健康稳定发展的重要基础，诸多理论和实践问题需要通过研讨来解决，政府工作人员、学者和实务工作者也需要在沟通中寻求共识。

PPP 基金助推项目发展。成立于 2016 年 3 月的中国政府和社会资本合作融资支持基金（中国政企合作基金），是政府支持 PPP 项目融资的重要举措。中国政企合作基金坚持"规范发展、阳光运行、市场化经营、专业化管理"方针，发挥"引导、规范、增信、增效"作用，以政企合作模式为主，开展市场化、专业化运作，努力实现国家政策目标，实现政策导向与市场运作的有机结合。截至 2022 年底，基金公司累计签约项目 146 个，涉及项目总投资额超 12100 亿元；累计拨款项目 119 个，累计拨付额超 530 亿元，涉及项目总投资额超 10200 亿元。[①]

发挥 PPP 专家库的作用。财政部政府与社会资本合作中心 2017 年开始建立 PPP 专家库和咨询机构库，以充分发挥 PPP 领域专业人士和专业机构的重要作用；国家发展改革委也于 2016 年开始建立 PPP 专家库。2019 年 2 月，财政部政府与社会资本合作中心依托"道 PPP"微信平台，开设了专家库交流实录专栏，真实记录库内各领域专家对 PPP 改革的讨论内容。如 2022 年 5 月，围绕着如何更好发挥 PPP 作用贯彻落实中央财经委员会第十一次会议精神，有哪些具体举措及相关建议，30 位专家从不同角度给出了详细解答。[②]

---

① 中国政企合作基金：《中国政企合作基金 2022 年投资情况》，中国政企合作基金官网，http://www.cpppf.org/content/details_57_20429.html。

② 财政部 PPP 中心：《〈专家库交流实录〉如何更好发挥 PPP 作用贯彻落实中央财经委员会第十一次会议精神？有哪些具体举措及相关建议？》，政府与社会资本合作中心官网，https://www.cpppc.org/PPPsj/1001986.jhtml。

（四）"两新一重"与 PPP 发展新契机

2020 年《政府工作报告》提出，重点支持新型基础设施建设，新型城镇化建设，交通、水利等重大工程建设，即"两新一重"建设。这是扩大内需，对冲新冠疫情给经济运行带来的冲击的重要手段。更为重要的是，国家将"两新一重"等关键领域和行业的建设向社会资本开放，为 PPP 模式的融合发展提供新的契机。5G、大数据、人工智能等新基建项目投资需求大，但效益预期也很显著；县城公共设施建设、城镇老旧小区改造等属于传统项目，但在新型城镇化战略的加持下，也是社会资本投资的可选项；交通、水利等重大工程领域的开放，是社会资本的难得机遇。从实践看，"两新一重"确实成为 PPP 项目投资的主要增长点。根据财政部全国 PPP 综合信息平台管理库统计数据，2021 年前三季度"两新一重"新入库项目346 个，投资额 8012 亿元，占全部新入库项目投资额的 87.4%。[1] 2022 年 7 月，"两新一重"新入库项目 50 个、投资额 687 亿元；2022 年以来，新入库项目 260个，投资额 4221 亿元。[2]

二、2021—2022 年 PPP 研究综述

2021—2022 年，有关 PPP 的研究成果依旧丰硕。2 年间，中国知网（CNKI）数据库收集的以"政府与社会资本合作"或"PPP"为篇名的论文有 1800 多篇，以其为主题的则接近 3000 篇，较 2020 年的 2100 多篇和 3400 多篇有小幅减少。从学科上看，相关研究广泛分布于经济（金融、财政）、政治、法学、公共管理、工商管理、管理工程、系统工程、环境工程等多个学科领域。与之前相比，2021—2022 年有关 PPP 的学术研究更加深入具体，诸如 PPP 的应用、管理、风险等问题，研究成果的理论性与实践性都得到增强。综合来看，这些研究主要集中在 PPP的绩效管理、具体领域应用、风险管控、法律法规及其他多个方面。

（一）PPP 的绩效管理

PPP 受到广泛重视，根本原因是其能够推动经济高质量发展，满足公众对高质

---

[1]　曲哲涵：《引导民间资本 扩大有效投资》，《人民日报》2021 年 12 月 10 日。
[2]　曾金华：《PPP 项目市场保持稳中有增》，《经济日报》2022 年 9 月 11 日。

量基础设施和公共服务日益增长的迫切需求。2021—2022 年的相关成果中，不少学者就实践中如何更好提升 PPP 项目的预期效能，推动 PPP 的绩效管理等问题展开了研究。杨明珠等将合作双方信任引入到 PPP 项目管理绩效的研究中，发现合作双方信任有助于提升 PPP 项目管理绩效，且合同柔性和风险分担均在其中起显著中介作用。① 王盈盈等分析了中国 PPP 管理体制的现状与问题，并认为需依靠跨部门协同，采取信息化手段、领导小组制度及绩效考核创新等举措来推动中国 PPP 管理体制走向深度协同，以提升其运行成效。② 姜影等运用结构方程模型等实证方法，深入分析了契约治理、关系治理及正式制度环境与基础设施 PPP 项目治理绩效间的影响机理。③ 王欢明等就如何高效执行 PPP 政策展开了探讨，借助定性比较分析（QCA）方法发现了公正导向、合作导向、法治导向、社会安定导向这四条提升 PPP 落地率的具体路径。④ 李凤等则基于西南地区若干已签约 PPP 项目样本，探究了 PPP 项目落地难的原因，并发现项目回报机制、项目示范级别、政府财政实力、社会资本方资源和合同谈判要点是影响 PPP 项目落地概率的关键因素。⑤ PPP 的引资水平是衡量其绩效高低的重要因素之一。宋文娟实证研究了政府效能对 PPP 引资水平所产生的直接影响，发现了发展中国家政府效能与 PPP 引资水平间存在的"倒 U"型关系。⑥ 姜影等分析了我国基础设施 PPP 项目投资的影响因素，认为在提升制度质量的正向影响的同时抑制晋升压力的扭曲效应，是提升我国基础设施 PPP 项目合理投资的应然之道。⑦ 沈言言等通过实证研究发现，区位劣势地区的 PPP 项目中社会资本出资占比更多，并建议在提升区位劣势地区 PPP 市场透明度

---

① 杨明珠、陈海涛：《合作双方信任与 PPP 项目管理绩效》，《社会科学战线》2021 年第 1 期，第 256 页。

② 王盈盈、甘甜、王守清：《走向协同：中国 PPP 管理体制改革研究》，《经济体制改革》2021 年第 3 期，第 18 页。

③ 姜影、王茜、崔兴硕：《基础设施 PPP 项目治理：契约治理、关系治理和正式制度环境》，《公共行政评论》2021 年第 5 期，第 41 页。

④ 王欢明、陈佳璐：《地方政府治理体系对 PPP 落地率的影响研究——基于中国省级政府的模糊集定性比较分析》，《公共管理与政策评论》2021 年第 1 期，第 115 页。

⑤ 李凤、武晋、吴远洪：《政府与社会资本合作（PPP）为何签约容易落地难——基于西南地区的分析》，《财经科学》2021 年第 6 期，第 118 页。

⑥ 宋文娟：《买方市场还是卖方市场：政府效能、国家汲取能力和 PPP 引资》，《公共管理与政策评论》2022 年第 3 期，第 141 页。

⑦ 姜影、周泉：《制度质量与晋升压力：我国基础设施 PPP 项目投资的影响因素分析》，《行政论坛》2021 年第 3 期，第 131 页。

和信息公开质量的同时，增加对这些地区的转移支付及财政补贴水平，以推动 PPP 项目提质增效。[①] 翟磊等聚焦如何提升社会资本投资水平以进一步发挥 PPP 模式效能，并通过实证研究得出：政府能力对 PPP 项目社会资本投资水平的影响比合同特征更为显著。[②]

（二）PPP 模式在不同领域的应用

2021—2022 年仍然有一些研究成果聚焦 PPP 模式在不同领域的具体应用。其中大多数成果依然关注的是 PPP 在既有领域的深度推进与完善，以及解决发展中出现的各类问题，也有部分成果探讨了 PPP 在新领域内的应用。

2021—2022 年，"一带一路"建设得到深入发展，许多研究继续将目光投入到该背景下 PPP 模式的相关应用问题上。邵颖红等通过对"一带一路"沿线发展中国家 PPP 项目数据进行实证检验，从母国社会资本视角深入探索了心理距离和风险分担对 PPP 项目投资效果的影响及作用机制。[③] 仇娟东等运用倾向得分匹配方法和中介效应模型，分析了多边金融机构支持影响"一带一路"沿线经济体 PPP 项目中私人部门投资额的总体效应与中间机制。[④] 贺炎林等以"一带一路"沿线 36 个国家共 2131 次 PPP 投资为例，发现东道国经验与产业集聚是影响 PPP 项目成功率的重要因素。[⑤] 王亦虹等通过构建基于区间模糊沙普利（Shapley）值的"一带一路"PPP 项目利益分配初始模型，为该情境下 PPP 项目利益分配问题给出了科学有效的解决方案。[⑥] 王静怡等提出了加强中非间社会网络构建，完善示范中心运营的 PPP 模式，为中国农业企业"走出去"以及与"一带一路"沿线国家更大范围

---

① 沈言言、宗庆庆：《区位劣势、PPP 项目社会资本参与和引资质量》，《财政研究》2022 年第 10 期，第 46 页。

② 翟磊、袁慧赟：《政府如何影响 PPP 项目社会资本投资水平——基于 3561 个项目的实证研究》，《甘肃行政学院学报》2021 年第 4 期，第 97 页。

③ 邵颖红、王嘉铭、邵思云：《心理距离、风险分担与 PPP 项目投资效果——基于"一带一路"39 国经验数据的研究》，《软科学》2021 年第 5 期，第 7 页。

④ 仇娟东、黄海楠、马赫然：《多边金融机构如何影响 PPP 项目中私人部门的投资额？——来自"一带一路"沿线经济体 3858 个项目的经验证据》，《中国软科学》2021 年第 1 期，第 85 页。

⑤ 贺炎林、张杨、范言慧：《经验、产业集聚与"一带一路"PPP 项目的成功率》，《国际经贸探索》2021 年第 3 期，第 47 页。

⑥ 王亦虹、田平野、邓斌超：《基于修正区间模糊 Shapley 值的"一带一路"PPP 项目利益分配模型》，《运筹与管理》2021 年第 5 期，第 168 页。

的农业国际合作提供了理论启示。[①]

城镇化建设与城市开发领域中 PPP 模式的应用依然是研究热点。陈思霞等实证检验了产业新城 PPP 项目与县域经济增长间的关系，揭示了产业新城这一新型"造城"政策的经济效应。[②] 王燕等认为应该继续探索高速公路、轨道交通等有收益的基础设施项目，使其向政府与市场合作主导模式转变，以此优化新型城镇化高收益项目的投融资模式。[③] 胡春艳等对城市垃圾焚烧 PPP 项目中政府和社会资本双方的责任展开了分析，为 PPP 项目实践中的责任问题提供了理论建议。[④] 郝伟亚等针对城市轨道交通 PPP 项目的市场化准量问题进行了探讨，发现了社会资本方的生产效率、项目负债结构变化所带来的动态影响。[⑤]

农业和农村发展领域中 PPP 模式的发展应用继续受到学者关注。敖慧等以农村基础设施 PPP 项目风险因素的分析为基础，提出了该项目中风险分担比例的最优解。[⑥] 封北麟认为为推动 PPP 模式在乡村振兴领域的运用，应适度放开各级政府 PPP 项目支出占政府一般公共预算支出 10% 的政策红线，以此提升市县政府运用 PPP 模式的空间和能力。[⑦] 吴石磊等借助扎根理论对农业 PPP 作用机制进行了探索，为如何正确引导社会资本进入农业，加快农业农村 PPP 项目培育、加速农业 PPP 范式确立提供了理论启示。[⑧] 鲍曙光结合多期倍差法，实证检验了农业领域 PPP 的县域农业经济发展效应及其作用机制，发现农业领域 PPP 通过要素投入和

① 王静怡、张帅、陈志钢等：《PPP 模式在中非农业合作中的实践与对策分析——以中国援非农业技术示范中心为例》，《国际经济评论》2021 年第 5 期，第 162 页。

② 陈思霞、张冬连：《产业新城 PPP 项目与县域经济增长》，《财贸经济》2021 年第 4 期，第 37 页。

③ 王燕、杨渝镜：《新型城镇化投融资模式选择与实现路径》，《经济纵横》2022 年第 3 期，第 110 页。

④ 胡春艳、王晟、周付军：《PPP 责任实现问题研究——以城市垃圾焚烧项目为例》，《东北大学学报》（社会科学版）2021 年第 2 期，第 64 页。

⑤ 郝伟亚、丁慧平：《城市轨道交通 PPP 项目权益资本结构研究——市场化准量模型分析》，《北京交通大学学报》（社会科学版）2021 年第 1 期，第 65 页。

⑥ 敖慧、朱玉洁：《农村基础设施 PPP 项目风险分担的博弈研究》，《华中农业大学学报》（社会科学版）2021 年第 2 期，第 111 页。

⑦ 封北麟：《欠发达地区创新农村基础设施投融资体制机制研究——以广西壮族自治区为例》，《经济纵横》2021 年第 4 期，第 103 页。

⑧ 吴石磊、张宏杰、靳玥：《基于扎根理论的农业 PPP 作用机制探究》，《科技管理研究》2021 年第 11 期，第 204 页。

制度环境两个渠道，推动了县域农业经济发展。[①] 张燕妮等通过对桂南某县典型案例的分析，探究了 PPP 模式下的农村环境治理困境，并从加强制度的顶层设计与政策的底层实践、引入竞争机制与以效付费制度、培育社会组织与提升治理技术、提升环保意识与发动群众参与等角度提出了政策建议。[②]

公共服务和基础设施建设领域中的 PPP 模式应用仍然是研究最关注的热点之一。司新丽结合新型公共阅读空间的具体案例，认为文化 PPP 模式在新型公共阅读空间建设和运营中得到了初步运用，为公共文化服务深化全民阅读推广提供了多元化供给主体与供给方式。[③] 陆和建等考察了 PPP 模式下城市阅读空间引入高校志愿者的现状，并从招募方式、志愿者来源及服务内容、激励机制和监管制度四个方面，对 PPP 模式下的城市阅读空间项目提出了发展建议。[④] 戴艳清等以湖南公共文旅云项目为例，研究了公共文化服务类 PPP 项目中利益相关者间的冲突，并从法律手段与行政手段齐下、加强公私合作意识、建立相关差异化需求调研机制、完善相关监督评估机制等维度为化解上述冲突提供了实践路径。[⑤] 许莲凤探究了私人部门对养老服务行业 PPP 项目投资缺乏信心的深层次原因，得出引入股权合作模式能够在一定程度上破解养老服务业 PPP 项目"双低"的发展困境。[⑥] 易艳阳等研究发现 PPP 模式下的社区康养结合服务构成了功能网状链式的服务资源递送模型，并指出了其中隐含的风险及治理之道。[⑦] 康蕊等结合北京市养老机构数据，研究发现了社会资本参与能够增进养老服务供给公平，但却对有效需求下的公平性贡献不

① 鲍曙光：《农业领域政府和社会资本合作是否推动了县域农业经济发展？——基于多期倍差法的经验证据》，《中国农村经济》2022 年第 1 期，第 61 页。

② 张燕妮、黄六招、张国磊：《农村环境治理 PPP 模式的运作困境与优化路径——基于桂南 B 镇的个案考察》，《农村经济》2022 年第 6 期，第 58 页。

③ 司新丽：《公共文化服务领域 PPP 模式的探索：以新型公共阅读空间为例》，《学海》2021 年第 6 期，第 128 页。

④ 陆和建、刘思佳：《PPP 模式下我国城市阅读空间引入高校专业志愿服务路径探索》，《国家图书馆学刊》2021 年第 6 期，第 43 页。

⑤ 戴艳清、南胜林：《公共文化服务类 PPP 项目中利益相关者冲突研究——以"湖南公共文旅云"项目为例》，《国家图书馆学刊》2022 年第 2 期，第 85 页。

⑥ 许莲凤：《养老服务业 PPP 项目运行机制构建——基于股权合作的视角》，《东南学术》2021 年第 1 期，第 192 页。

⑦ 易艳阳、周沛：《PPP 模式下社区康养结合服务链的风险及其治理》，《云南社会科学》2021 年第 3 期，第 148 页。

足，以此得出未来应着重解决社会资本所提供的养老服务与老年人需求分布错位、郊区机构高端化定位的投入多但入住率低等问题。[①] 武向荣以大数据时代新型教育PPP项目"按效付费"预算管理模式为研究主题，为我国教育部门PPP项目预算的绩效管理提供了启示与借鉴。[②] 余胜泉等认为教育新基建的运营模式需要优化教育服务购买机制，应树立"服务驱动型"的服务购买理念，加大对教育信息化服务类内容的购买力度。[③] 汪滢等基于整体性治理理论，探究了PPP模式在持续推进"三个课堂"常态化按需应用，促进县域教育优质均衡发展方面所发挥的积极作用。[④] 臧博等深入剖析了新发展阶段我国体育场地设施PPP模式的发展现状与实践困境，并从引入互补者、建立双向互信沟通机制、强化法律规制和社会规范等角度为走出体育场地设施PPP模式的困境指明了方向。[⑤] 魏丽艳结合PPP模式在海绵城市建设中的运行案例，总结了公共服务资源优化过程中PPP工具助推公共服务高质量发展的实践经验。[⑥] 徐海燕对中西方PPP模式的发展历程与运行特征进行了对比分析，认为未来应该在全过程人民民主的进程中推进公共服务供给市场化，将PPP的民主程序内嵌于其运行全链条中。[⑦] 李明等认为积极稳妥推进PPP模式创新是完善"十四五"时期数字基础设施建设的重要融资路径，相关主体需对PPP项目提供持续有力的金融支持。[⑧] 郑传斌等基于演化博弈理论，探究了PPP项目绩效提升过程中公私部门的行为策略及其影响因素，并得出了PPP项目绩效的提升路

---

① 康蕊、王震、吕学静：《社会资本参与增强了养老服务供给的公平性吗——基于北京市的实证研究》《社会保障研究》2022年第3期，第29页。

② 武向荣：《大数据时代教育PPP项目"按效付费"预算管理模式研究》，《西南民族大学学报》（人文社会科学版）2021年第2期，第32页。

③ 余胜泉、陈璠、房子源：《以服务为中心推进教育新基建》，《开放教育研究》2022年第2期，第34页。

④ 汪滢、陈文峰、汪基德等：《"三个课堂"常态化按需应用的县域推进机制——以河南省叶县教育信息化PPP模式为例》，《电化教育研究》2022年第9期，第73页。

⑤ 臧博、邱招义：《新发展阶段我国体育场地设施PPP模式：发展现状、实践困境与进路探析——基于竞合理论的价值网构建》，《体育与科学》2022年第4期，第47页。

⑥ 魏丽艳：《高质量公共服务制度执行的工具适配与运用研究》，《厦门大学学报》（哲学社会科学版）2022年第3期，第129页。

⑦ 徐海燕：《比较视角下社会资本参与公共服务市场化的经验与路径》，《深圳大学学报》（人文社会科学版）2022年第4期，第86页。

⑧ 李明、龙小燕：《"十四五"时期我国数字基础设施投融资：模式、困境及对策》，《当代经济管理》2021年第6期，第90页。

径。[①] 王欢明以某街道微基建 PPP 改造案例为例，发现"草根"驱动的公共服务合作生产内含基层党组织引领、非正式领导、互动、共享和契约等驱动机制，且这些机制在不同阶段体现出差异性。[②]

环境治理领域的 PPP 模式应用也逐渐受到更多学者的关注。曲延春以元治理为视角，认为政府作为农村环境治理 PPP 模式的设计和监督者，目前尚存在着监督责任弱化等问题，未来应该增强政府在该 PPP 模式中服务价格、服务质量、服务绩效等方面的监督力度。[③] 何可等结合养殖污水处理 PPP 项目的实例，揭示了社会资本（同行交流、同行互惠与同行信任）在影响养猪大户环境治理支付意愿过程中所发挥的作用。[④] 王盈盈等对生态导向的政府和社会资本合作（PPP＋EOD）模式展开了研究，在对其提出背景、实施方式、主要类型和内在逻辑进行剖析的基础上提出了推广该模式的政策建议。[⑤] 张文翠运用 QCA 方法，研究发现了地方水环境治理 PPP 创新可持续性的三种生成机制，即地方政府高位推动型、多元主体协作型、财政压力与环保发展联动型。[⑥]

（三）PPP 的风险问题

PPP 项目的风险问题仍然保持着较高的研究热度。梅建明等通过解释结构模型-交叉影响矩阵相乘（ISM-MICMAC）方法，发现项目属性、风险类型、项目参与程度、谈判地位、信息对称性和信任程度是影响 PPP 项目风险合理分担的六个关键性驱动因素。[⑦] 高华等构建了政府与社会资本之间的博弈模型，探讨了社会

① 郑传斌、鹿倩倩：《基于演化博弈的基础设施领域 PPP 项目绩效提升策略研究》，《软科学》2022 年第 5 期，第 137 页。

② 王欢明：《"草根"驱动的公共服务合作生产及其机制——基于 S 市 Y 街道微基建 PPP 改造的案例分析》，《中国行政管理》2022 年第 4 期，第 27 页。

③ 曲延春：《农村环境治理中的政府责任再论析：元治理视域》，《中国人口·资源与环境》2021 年第 2 期，第 71 页。

④ 何可、王安邦、张俊飚：《同行社会资本对养猪大户参与农村环保 PPP 项目的影响》，《中国人口·资源与环境》2022 年第 3 期，第 126 页。

⑤ 王盈盈、王守清：《生态导向的政府和社会资本合作（PPP＋EOD）模式之探讨》，《环境保护》2022 年第 14 期，第 44 页。

⑥ 张文翠：《地方水环境治理 PPP 创新可持续性的生成机制——基于 20 个案例的定性比较分析》，《干旱区资源与环境》2022 年第 10 期，第 1 页。

⑦ 梅建明、张宽：《PPP 项目风险合理分担影响因素的 ISM－MICMAC 研究》，《中南民族大学学报》（人文社会科学版）2021 年第 1 期，第 132 页。

资本风险偏好和公平偏好影响下 PPP 项目政府补偿机制的最优设计方案。① 陈海涛等构建了以风险再分担为前因，公平感知为中介，私人部门行为为结果的理论模型，并在此基础上通过实证检验发现 PPP 项目中风险再分担对私人部门行为所产生的重要影响。② 李雪灵等分析了 PPP 模式中的政府隐性债务风险，并从建立财权与事权相匹配的财税制度、完善官员考核机制、拓宽基础设施建设项目的融资渠道、利用金融力量化解地方政府存量隐性债务、实行穿透式金融监管五个方面为化解地方政府隐性债务风险提出了政策建议。③ 高华等在构建 PPP 政府债务风险评价系统动力学模型的基础上，实证分析了 PPP 政府债务风险能量的传递机理和路径，并发现销售收入和经营成本是影响 PPP 财务风险的最敏感因素。④ 吴晟兵等通过构建博弈模型，揭示了 PPP 项目财政支出责任债务风险的引致和分担的政社博弈的行为规律，并深入剖析了债务风险的生成机理。⑤ 彭以忱等以高阶理论为视角，创新性地挖掘了官员背景特征影响 PPP 项目人为风险的扰动因素，认为制度环境、公众舆论及组织内部的治理环境均能影响官员背景特征与 PPP 项目人为风险间的关系。⑥ 叶苏东将风险管理过程的 5 个环节融入 PPP 项目运作过程的市场选择、项目遴选、项目投标、项目执行、项目移交、项目收尾等阶段，提炼出了社会资本方的 PPP 项目风险管理框架。⑦

（四）PPP 相关法律法规问题

如何妥善解决 PPP 模式在实施过程中的各类法律问题仍然是研究的重点之一，学者更多从法律规范的角度分析了 PPP 领域中的政府介入、行政法制或法律仲裁

---

① 高华、侯晓轩、张新鑫：《基于风险偏好和公平偏好的 PPP 项目政府补偿机制研究》，《运筹与管理》2021 年第 6 期，第 191 页。

② 陈海涛、徐永顺、迟铭：《PPP 项目中风险再分担对私人部门行为的影响——公平感知的多重中介作用》，《管理评论》2021 年第 8 期，第 53 页。

③ 李雪灵、王尧：《PPP 模式下地方政府隐性债务风险防范研究》，《求是学刊》2021 年第 5 期，第 67 页。

④ 高华、张璇、柯洪：《提升 PPP 政府债务风险评价质量研究》，《宏观质量研究》2021 年第 6 期，第 99 页。

⑤ 吴晟兵、贾康：《PPP 项目财政支出责任债务风险生成机理的政社博弈分析》，《经济与管理研究》2022 年第 2 期，第 30 页。

⑥ 彭以忱、仲为国：《官员背景特征与 PPP 项目风险：基于高阶理论的新研究框架》，《华侨大学学报》（哲学社会科学版）2022 年第 3 期，第 70 页。

⑦ 叶苏东：《PPP 模式中社会资本方的风险管理框架》，《北京交通大学学报》（社会科学版）2022 年第 3 期，第 102 页。

等方面。王超强调了经济法视域下 PPP 模式中的政府职责，认为在法律制度设计中应该坚持社会公共利益优先原则，合理界定公私合作的权责关系，同时强化对 PPP 项目中政府权力的监管和问责。[1] 杨彬权讨论了 PPP 模式下政府的角色定位，认为政府在 PPP 模式中的角色定位应当是公法上的"担保者"和私法上的"合作者"，并相应地履行着担保行政职能与合作职能。[2] 李明耀关注了 PPP 特许经营权收回的相关协商型法律规制，认为协商型规制应从原则遵循、启动要件、主体要件、程序要件等方面进行细化和完善。[3] 邓敏贞梳理了我国以 PPP 模式开展海绵城市建设的法治历程与现存问题，提出未来可通过增加健全法制、优化实施机制、更新治理手段、完善纠纷解决机制等措施进一步推进 PPP 模式在海绵城市建设中的应用。[4] 尹少成分析了 PPP 协议纠纷仲裁救济在理论、立法和实践层面的困境，并从重新理解 PPP 协议的法律性质与仲裁的关系、重新理解现行立法对 PPP 协议仲裁的规定、充分竞争中寻找更好的 PPP 纠纷解决机制的维度探求了破解之道。[5] 张青波结合"行政协议规定"的具体背景，探究了 PPP 协议性质及其效力判断规范，并对政府方变更解除 PPP 协议的相关规则进行了系统梳理。[6] 王乐以公私法融合为视角，梳理了 PPP 协议争议解决的司法逻辑，并在此基础上分别探讨了 PPP 协议争议仲裁和 PPP 协议争议诉讼中的具体疑难问题。[7]

（五）其他相关问题

2021—2022 年 PPP 模式的研究同样涉及其他方面的一些相关问题。刘穷志等实证分析了社会监督在 PPP 监管等方面发挥的作用，发现 PPP 的外部规制和健康

① 王超：《经济法视域下 PPP 模式中社会公共利益保护的政府职责》，《安徽大学学报》（哲学社会科学版）2021 年第 5 期，第 125 页。
② 杨彬权：《PPP 模式下政府的角色定位——兼论担保行政法学模式的兴起》，《财经法学》2021 年第 1 期，第 119 页。
③ 李明耀：《论 PPP 特许经营权收回的协商型法律规制》，《财经理论与实践》2021 年第 1 期，第 155 页。
④ 邓敏贞：《以 PPP 模式开展海绵城市建设的法律促进机制研究》，《华南师范大学学报》（社会科学版）2021 年第 4 期，第 138 页。
⑤ 尹少成：《PPP 协议纠纷仲裁救济的困境及其破解》，《行政法学研究》2022 年第 5 期，第 122 页。
⑥ 张青波：《〈行政协议规定〉下 PPP 协议的司法审查》，《法律适用》2021 年第 11 期，第 132 页。
⑦ 王乐：《公私法融合视角下的 PPP 协议争议解决》，《北方法学》2022 年第 1 期，第 104 页。

发展需要在不放松政府对 PPP 项目规制力度的同时，充分发挥社会公众的监督力量。[①] 庞德良等在总结加拿大 PPP 模式应用特点的基础上，通过两国的对比梳理出了加拿大 PPP 模式的成功经验与我国可借鉴之处。[②] 杜亚灵等对 PPP 项目中面子顾虑影响商业模式创新行为的方式展开了研究，得出自我、他人和相互面子顾虑均会对商业模式创新行为产生显著的正向影响，且项目获取途径显著调节自我面子顾虑与商业模式创新行为间关系等结论。[③] 刘用铨等在梳理 PPP 会计经济后果的作用机制与逻辑关系基础上，提出了共建共治共享治理格局下 PPP 项目资产权属界定与财税处理的创新方法。[④] 龚军姣等从合作治理的视角，探求了影响城市公用事业 PPP 项目控制权转移的关键要素，并揭示了政府制度能力、企业动态能力、政企关系和市场竞争与控制权转移之间的作用机制。[⑤] 陆天慧在系统梳理了我国 PPP 模式的发展脉络与现存问题的基础上，重点分析了 PPP 项目全生命周期管理的审计研究路径及我国 PPP 审计的潜在研究方向。[⑥] 程梦元等实证分析了 PPP 项目中契约功能对社会资本方关系行为的影响，发现由控制、协调和适应功能组成的 PPP 契约功能是关系行为的关键预测因子。[⑦] 秦士坤等结合政策创新扩散理论探究了 PPP 空间非均衡性在微观层面的形成机制，揭示了我国 PPP 政策在地方政府层面创新扩散过程中所呈现的 R 型非渐进性特征。[⑧]

总体上，2021—2022 年的 PPP 相关文献反映出以下特点。首先，PPP 研究继续向纵深发展，对 PPP 的绩效管理以及探讨其在具体应用领域中的深度应用，体

---

① 刘穷志、张莉莎：《PPP：社会监督、外部规制与最优激励合同设计》，《经济学（季刊）》2021 年第 3 期，第 999 页。

② 庞德良、刘琨：《加拿大 PPP 模式应用特点及借鉴价值》，《社会科学辑刊》2021 年第 3 期，第 171 页。

③ 杜亚灵、查彤彤：《PPP 项目中面子顾虑对商业模式创新行为的影响研究：项目获取途径的调节作用》，《管理工程学报》2022 年第 2 期，第 195 页。

④ 刘用铨、陈志斌：《共建共治共享治理格局下 PPP 项目资产权属与财税处理研究》，《会计研究》2022 年第 8 期，第 149 页。

⑤ 龚军姣、程倩萍：《PPP 项目控制权转移机制研究——基于探索性多案例的分析》，《经济理论与经济管理》2022 年第 4 期，第 98 页。

⑥ 陆天慧：《政府与社会资本合作（PPP）及其审计研究：回顾与展望》，《审计研究》2022 年第 4 期，第 41 页。

⑦ 程梦元、刘国亮、徐永顺等：《PPP 项目中契约功能对社会资本方关系行为的影响研究》，《大连理工大学学报》（社会科学版）2022 年第 5 期，第 118 页。

⑧ 秦士坤、王雅龄、杨晓雯：《政策创新扩散与 PPP 空间分布》，《财贸经济》2021 年第 10 期，第 70 页。

现了我国 PPP 模式发展的不断成熟与完善，而对 PPP 风险问题及相关法律法规问题的关注，则体现出 PPP 模式在规范完备的法制运行轨道上逐渐行稳致远。其次，PPP 研究的热度有所降低。就研究成果的数量而言，2021—2022 年的研究成果相比于 2020 年有部分减少，而与 2019 年相比则数量降低更为明显。最后，研究成果的质量逐步提升。在成果数量没有显著增长的情况下，其学术质量不断攀升，仍然有大量相关的研究成果刊登在 CSSCI、CSCD、北大核心等高水平刊物上。

三、问题与展望：PPP 的规范发展

（一）PPP 发展的问题

PPP 在进入相对平稳的发展期后，前期发展中的一些突出问题逐步得到解决，但一些深层次问题仍然存在，PPP 仍面临挑战。

1. PPP 项目在操作中仍存在不规范现象

2017 年的清理整顿让 PPP 项目脱离了"野蛮"生长，操作程序化程度提高，风险防范意识增强。但是，在实践中 PPP 项目仍然存在一些不规范的现象，可能影响其长期发展。公共性是 PPP 项目的基本属性，即只有公共服务和基础设施项目才可以采用 PPP 的形式，但一些地方在操作中会将非公共性项目纳入其中，甚至有会议场馆和景观项目。在入库项目的选择上，也可能存在因第三方机构过度包装而导致不符合条件的项目入选的情况。

2. PPP 项目增长缓慢

2017 年清理整顿后，PPP 项目增速不仅明显低于 2014 年开始的"爆炸式"增长时期，还一直呈下降趋势。财政部全国 PPP 综合信息平台数据显示，2019—2022 年底，PPP 项目入库数量累计分别为 9440 个、10010 个、10204 个、10346 个，增长量分别为 570 个、194 个、142 个，下降趋势比较明显。增量缩减，消化存量，是当前 PPP 的基本态势。

3. 民营资本参与率不高

目前，PPP 项目的社会资本方以央企、省属国企为主，民营资本参与率还不高。民营资本参与 PPP 项目投资，受多种因素影响，除有利润回报要求外，还受

风险防控、竞争环境、互信程度等影响。目前资本方的社会融资成本普遍在8％左右，而PPP项目的收益率在9％～10％，收益率普遍偏低，民营资本投资兴趣也不高。现有的PPP项目，周期一般都比较长，投资比较大，民营资本参与会因此承担较大的风险。有些地方还为民营资本设置了较高的门槛，导致其在招投标竞争中处于不利位置。较大的风险压力，较低的收益率，导致民营资本在参与PPP项目时会很谨慎。

4. PPP法律法规和政策仍不健全

目前，从中央到地方政府已出台了一批有关PPP的规范性文件，对PPP项目的各方面进行保障和约束。这些文件以实施办法居多，只能在具体运行方面发挥作用，涉及PPP的基本问题的顶层设计一直欠缺，如各方关注的PPP条例一直没有出台。另外，PPP领域的相关政策也不健全，税收政策、用地政策、履约保障政策、退出机制等，要么分散，要么欠缺，对政府和社会资本方都有不利的地方。PPP操作指引、PPP财政承受能力论证指引、PPP物有所值指引等也需要进一步增强操作性。

5. 地方政府对PPP的认知和管理能力不足

各级地方政府是PPP项目的主要推动者，同时又承担着主要的管理任务。从现实看，一些地方政府的认知和管理能力有所欠缺。从认知上看，一些地方政府对PPP的属性和作用认识不足，没有认识到它在基础设施和公共服务供给中的长远作用，在投融资模式选择上更倾向于可以在短期内实现固定资产投资效益的政府债券模式。在建设过程中，一些地方政府项目前期准备工作不足，在没有做好足够的准备工作时就签约上马，等开工建设时又出现征地拆迁、群众认同等方面的问题，社会资本方可能经不起漫长的等待就会退出。

（二）PPP的规范和发展

1. PPP需要在规范中稳定发展

新冠疫情期间PPP项目增长相对缓慢，基本处于平稳增长态势。受当前经济下行压力、地方政府财政资金紧张等因素影响，PPP的需求仍较大，但增长不会大幅波动，整个市场趋于理性。随着财政部《关于进一步推动政府和社会资本合作

（PPP）规范发展、阳光运行的通知》出台，清理整顿 PPP 项目运行中存在的各种不规范现象，以配合中央政府防风险的要求，将成为 PPP 发展的重要方向。

2. 加强绩效管理，提高效益

绩效是 PPP 模式的决定因素，只有参与各方都高度重视、最大限度发挥 PPP 模式的效益，它才能获得存在的空间。加强绩效管理是提高效益的重要途径，PPP 项目应建立全周期生命管理理念，完善绩效管理机制。在保证效益的基础上，PPP 项目才能够获得更多民营资本的关注和参与。

3. 健全 PPP 相关法律法规和政策

制定一部统一的国家法律虽然存在不同的看法，但仍然是规范诸多争议问题，使 PPP 形成系统、规范的制度模式和监管体系的重要依托，只依靠分散在《中华人民共和国民法典》《中华人民共和国招标投标法》《中华人民共和国政府采购法》等法律中的相关条款，并不能完全消除争议，也会给实践造成困难。同时，PPP 相关的税收政策、用地政策等也需要进一步完善，明晰操作规则，提高政策针对性。

4. 提高地方政府的管理能力

遵循中央政府的规定，地方政府要确实做到不受换届、支付能力等因素的影响，始终遵守契约，完全履责；提高对 PPP 在政府投融资中作用的认知，创新 PPP 投融资模式，确实通过 PPP 项目提高基础设施建设和公共服务水平。在项目实施过程中，地方政府要做好前期准备工作，不因征地拆迁、施工许可等问题而影响项目进度。

5. PPP 模式仍然值得探索

PPP 仍然是地方政府有效的融资方式，在经济下行、防风险约束加强、地方债务压力仍然较重的背景下，地方政府可选择的融资方式中，PPP 模式仍值得重视。PPP 具有市场化、专业化特征，并通过优化政企双方资源在一定期限内缓解政府的财政支付压力，提高了基础设施和公共服务的效率，仍是具有活力的制度形式。

四、报告要点

2021—2022 年 PPP 特点是规范平稳发展。本报告对 2021—2022 年政府与社会资本合作的基本情况进行总结，主要涉及 PPP 相关政策和措施、进展情况、学界的研究状况，发展中存在的问题及展望等内容。本报告要点总结如下。

第一，PPP 的实践进展情况。2021—2022 年中国 PPP 的发展主要体现为：截至 2022 年底，全国 PPP 项目信息监测服务平台共录入 PPP 项目 8057 个，总投资额 11.60 万亿元；地方政府也有推出新示范项目；中央和地方政府继续推出一系列有关 PPP 的政策法规和政府文件，规范发展是政策重点；PPP 的各类支持措施继续完善，包括召开研讨会、发挥政企合作基金和项目专家库的作用等。

第二，PPP 研究综述。2021—2022 年有关 PPP 的研究成果总体数量仍然较多，但比之前几年有所下降，相关研究主要集中在 PPP 的绩效管理、PPP 模式在相关领域的应用、PPP 的风险问题、PPP 相关法律法规问题等。

第三，PPP 模式存在的问题与发展展望。当前 PPP 发展中存在的主要问题包括：操作存在不规范现象、增长速度放缓、绩效管理存在缺失、法律法规仍不健全、地方政府管理能力不足等。展望 PPP 的发展：PPP 要在规范管理中持续平稳发展，在加强绩效管理、健全法律法规、提高地方政府管理能力等措施的支持下，PPP 模式仍值得继续深入探索。

（作者单位：南开大学周恩来政府管理学院）

中国城市基层治理发展研究报告

吴晓林　　段煜坤

　　基层治理是国家治理的重要基石，是实现国家治理体系和治理能力现代化的基础工程。近年来，党和国家强调建立健全基层治理体制机制，建设"共建共治共享的基层治理共同体"，提升基层治理体系和治理能力的现代化水平。2022 年，我国城镇化率达 65.22%，城镇常住人口 92071 万人，比上年末增加 646 万人①，城市化进程加快，城市基层治理的重要性日益凸显。本报告将回顾 2021—2022 年中国城市基层治理的实践进展与研究方向，形成城市基层治理发展特点与发展路径的总结和思考。

一、2021—2022 年中国城市基层治理发展现状

（一）顶层统筹：中央层面关于城市基层治理的顶层设计

　　党的十九大以来，中央持续推进顶层设计，完善推进"党组织统一领导、政府依法履责、各类组织积极协同、群众广泛参与，自治、法治、德治相结合"的基层治理体系。2021 年出台的《中共中央　国务院关于加强基层治理体系和治理能力现代化建设的意见》指出，要"建立健全基层治理体制机制，推动政府治理同社会调节、居民自治良性互动"，"坚持共建共治共享，建设人人有责、人人尽责、人人享

---

　　①　中华人民共和国国家发展和改革委员会：《数据概览：2022 年区域城乡相关数据》，国家发展和改革委员会官网，https://www.ndrc.gov.cn/fgsj/tjsj/jjsjgl1/202301/t20230131_1348084.html。

有的基层治理共同体"①，提出主要目标：力争用 5 年左右时间，建立起党组织统一领导、政府依法履责、各类组织积极协同、群众广泛参与，自治、法治、德治相结合的基层治理体系，健全常态化管理和应急管理动态衔接的基层治理机制，构建网格化管理、精细化服务、信息化支撑、开放共享的基层管理服务平台；党建引领基层治理机制全面完善，基层政权坚强有力，基层群众自治充满活力，基层公共服务精准高效，党的执政基础更加坚实，基层治理体系和治理能力现代化水平明显提高。在此基础上力争再用 10 年时间，基本实现基层治理体系和治理能力现代化，中国特色基层治理制度优势充分展现。

党的二十大报告首次将基层社会治理置于"推进国家安全体系和能力现代化，坚决维护国家安全和社会稳定"一章，指出要完善社会治理体系，重述了建设"社会治理共同体"的目标，同时谈道"加强城市社区党建工作，推进以党建引领基层治理"的工作部署。② 在延续前期发展成果的基础上，中央继续深入探索党建引领基层治理的可能性，进一步为基层治理提质赋能。

与此同时，党和国家强调以数字技术应用为重要抓手，积极推进数字技术在基层治理中的运用。2021 年出台的《中共中央 国务院关于加强基层治理体系和治理能力现代化建设的意见》指出要"加强基层智慧治理能力建设"③，2022 年 5 月 10 日，民政部、中央政法委、中央网信办等九部门联合发布《关于深入推进智慧社区建设的意见》，为提升城乡社区智慧化、智能化服务水平提供了具体指导。④ 2022 年 6 月，国务院发布了《国务院关于加强数字政府建设的指导意见》，进一步提出要"提高基层社会治理精准化水平，实施'互联网＋基层治理'行动，构建新型基

---

① 中华人民共和国中央人民政府：《中共中央 国务院关于加强基层治理体系和治理能力现代化的意见》，中国政府网，https://www.gov.cn/zhengce/2021 – 07/11/content_5624201.htm。

② 中华人民共和国中央人民政府：《高举中国特色社会主义伟大旗帜 为全面建设社会主义现代化国家而团结奋斗——在中国共产党第二十次全国代表大会上的报告》，中国政府网，https://www.gov.cn/xinwen/2022 – 10/25/content_5721685.htm。

③ 中华人民共和国中央人民政府：《中共中央国务院关于加强基层治理体系和治理能力现代化的意见》，中国政府网，https://www.gov.cn/zhengce/2021 – 07/11/content_5624201.htm。

④ 中华人民共和国中央人民政府：《九部门印发〈关于深入推进智慧社区建设的意见〉的通知》，中国政府网，https://www.gov.cn/zhengce/zhengceku/2022 – 05/21/content_5691593.htm。

层管理服务平台，推进智慧社区建设，提升基层智慧治理能力"①。

（二）百花齐放：城市基层治理发展的地方经验

在中央顶层设计的框架内，各地方争相出台体系化、精细化的基层治理政策，推动基层治理实践。此外，在重大公共卫生事件影响下，基层治理也出现了新的特点。

1. 以党建引领推动主体整合的实践

党建引领是地方政府整合各级主体、各个部门以及社会参与主体的关键，各个城市在开展党建引领时，通常选择街道和社区作为主要发力点。不少城市推进街道"大工委"和社区"大党委"建设，构建区域化党建、党建引领基层治理的格局。社区党组织和居委会办公场所挂牌为"党群服务中心"，统合了党组织、居委会、社会组织、社区工作站、志愿者等主体的活动空间和平台，引领基层治理和为群众服务。

北京、武汉等城市，强化街社党组织统筹协调功能，确保街道集中精力抓党建、抓治理、抓服务。北京市昌平区在三年内完成了"区-街镇-社区"三级党建工作协调委员会的组建工作，实现"回天地区"街镇和 113 个社区全覆盖，在党建引领的作用下形成治理的社会合力，完成公共服务设施提升三年行动计划，破解"回天地区"治理难题。全区通过加强街镇党工委班子建设，不断提升区域发展能力，整合辖区社会资源破解社会治理难题，在街镇机构、街道综合执法、协管员管理的协同努力下圆满完成改革。武汉市开展"红色引擎工程"，通过区域化组织体系改革，优化内设机构设置，统筹街道党员队伍、社区物业等力量，把辖区单位都团结到街道"大工委"和社区"大党委"中来，不断强化基层党建能力和社区治理能力。不少城市还推动党支部下沉，将支部建在网格上、小区上、物业项目上、业委会上，推动党群联动，共同解决治理难题。

吉林、上海等省市通过成立省或市的议事协调组织，以党建引领统筹地方部门，调动各方资源做实基层治理，力图打破过去"九龙治水"的局面，形成了良性

---

① 中华人民共和国中央人民政府：《国务院关于加强数字政府建设的指导意见》，中国政府网，https://www.gov.cn/zhengce/content/2022-06/23/content_5697299.htm。

的基层治理决策议事协调机制。吉林委高位统筹，成立省委城乡基层治理工作委员会，省委书记挂帅，相关省领导分别担任街道（乡镇）管理体制改革、简政放权、网格治理、物业治理、民生服务5个专项组组长。省委组织部制定了委员会重点工作任务清单，明确重点任务24项、主责部门13个；指导出台5个专项工作组三年工作计划，明确专项任务70项。通过整合"市（州）-区-县（市、区）"三级党委工作机构，吉林省实现了各地基层治理政策"一个口子进，一个口子出"。四川、上海等地也成立了省级党委序列的基层治理发展委员会。

2. 做实街道办的改革

基层治理现代化的目标对基层管理体制提出了新的要求。进入新时代以来，一些城市启动了街道办改革实践，力图将权力和资源下沉至基层，从人民群众的需求出发优化街道办的组织结构，打通基层治理的"最后一公里"。

北京市通过"大部门制"的街道办改革确立了"六办一委一队四中心"（综合保障、党群工作、社区平安、城市管理、社区建设、民生保障6个办公室，1个纪工委，1个综合行政执法队，党建服务、社区服务、政务服务、网格化服务管理4个中心）的组织结构。此后，北京市继续向街镇广泛下放行政职权，持续向街道赋权。2022年，北京市发布《"十四五"时期城市管理发展规划》，指出要"强化街道（乡镇）在城市管理中的作用"，"落实街道（乡镇）执法主体责任"，"充分发挥街道（乡镇）综合执法主体作用"[①]。

上海市持续开展街道办改革，按照"6+2"模式统一规范街道办事处的内设机构，理顺了街道办的职责。2021年8月1日，上海市更新《上海市街道办事处条例》，增加"街道办事处依法开展行政执法，具体工作由街道办事处所属的综合行政执法机构承担"条款，423个执法项目下沉到街道办，城管执法力量全面下沉，并且以街道名义统一行使辖区内相对集中的行政处罚权以及法律法规规章规定的执法职责。

天津市则继续深化"一支队伍管全部、一支队伍管到底"的模式，继续整合优

---

① 北京市城市管理委员会：《北京市"十四五"时期城市管理发展规划》，北京市城市管理委员官网，http://csglw. beijing. gov. cn/zwxx/zcwj/qtwj/202204/t20220427_2693977. html。

化"一委八办三中心一个执法队"的组织架构及职责安排,整合基层的审批、服务、执法等方面力量,推动人员力量向街道办事处倾斜,街道办事处被赋予统筹调度权、考核评价权、人事建议权等。杭州市、武汉市等也进行了"一支队伍管执法"、明确街道综合执法队伍作为街道办下设机构的改革。

3. 以数字化技术赋能基层治理的实践

党的二十大提出要"完善网格化管理、精细化服务、信息化支撑的基层治理平台"。在中央的号召下,各城市纷纷响应,基层治理逐步被纳入各地的智慧城市网络,以大数据、云计算、区块链、人工智能等技术赋能基层。

各类城市形成"一网统管""接诉即办""未诉先办"等模式,其共同的经验做法在于:建立大数据平台和联动指挥平台,打通职能部门数据壁垒,形成了"市-区-街-社区"不同层级的指挥平台,及时发现和处理基层问题。广东省佛山市禅城区建立"城市大脑",构建统一的数据标准、数据协同收集机制和数据共享架构,汇集各部门的数据。通过对接禅城区大数据中心和区级多项微服务平台,对全区社区治理情况实现整体性观测,同时赋能基层社区,实现多样性民生需求与多方社会供给之间的全域流通、精准配对。浙江省宁波市江北区通过数智赋能,全域梳理集成办事事项,推动政务服务"一件事"集成改革,统筹区级部门通力协作,打通部门数据壁垒,据统计,改革以来,江北区共减少办理环节 222 个,减少申报材料415 份,实现了减跑动 73.2%、减时间 68.2%、减环节 65.1%、减材料 44.1%,减少群众企业跑动次数 6 万余次。[①] 以民生需求为支点,用数智手段破除过去部门协作和资源调配的阻碍,使基层治理之间的供需匹配更加合理有效,真正实现了"数智赋能,再造流程"。

智能网格化管理模式在全国各类城市大范围扩展,各地以社区、小区或楼栋为单元划分网格,社区网格员可以通过信息化平台快速反馈问题,加快问题的解决。广东省江门市高新区(江海区)建设"多网融合、一网受理、一网统管、一网协同"的网格管理平台,以网格化管理为抓手,打造市域社会治理的"江海品牌"。

---

① 陈东升:《数智赋能 再造流程——宁波江北打造政务服务"一件事"集成改革样板》,《法治日报》2023 年 5 月 11 日。

注重发挥智能设备在网格化管理中的作用，推动网格化管理从"人海战术"向"智慧治理"跃升，系统建设"综合网格信息服务仪"，减轻一线工作人员工作压力，以智能化手段提升网格化管理的工作精度与准度。网格化管理手段的智能化发展用最少的资源撬动最大的治理效能，能够有效解决基层行政压力与资源限制之间的矛盾。

4. 以社会参与撬动治理创新的实践

2021 年 7 月，《中共中央 国务院关于加强基层治理体系和治理能力现代化建设的意见》提出"发展公益慈善事业。完善社会力量参与基层治理激励政策，创新社区与社会组织、社会工作者、社区志愿者、社会慈善资源的联动机制"。越来越多的城市通过公益创投项目，引导社会组织参与老弱病残困服务和环保、文化等领域，涌现出社会组织承担政府公共服务项目、自下而上提案承担治理项目、居民协商议事会等社会组织参与基层治理的形式。

许多城市尝试用不同的制度手段和政策方案培育社会力量，降低社会组织登记门槛，动员更多社会资源参与基层治理。北京市朝阳区创新性地制定"社区成长伙伴计划"，以社区治理相关理论专家、实务人员、社会组织为基础组建伙伴团队，为社区提供"一对一""多对一"专业化、系统化、陪伴式指导，帮助社区诊断破解治理难题。2021 年，北京市朝阳区已经在全区 540 个社区全面推广，并与武汉市、深圳市、贵阳市等地开展"社区成长、结伴同行"主题活动，建立起跨区域社区成长伙伴机制。北京市朝阳区的"社区成长伙伴计划"有效地挖掘并整合了社会资源，以成熟的制度配套保障了社会力量的参与，解决了基层社区多数"老大难"问题，探索出一条超大城市社区治理的创新路径。

福建省厦门市思明区打造"近邻社区"，发动联合多方力量，培育"近邻品牌"，形成"近邻·敬龄""近邻·童梦""近邻＋医养"等多项品牌，构建近邻组织网络。通过"近邻品牌"的塑造，各方携手共建近邻社区的共识日益形成。其中，筼筜街道官任社区发动辖内外籍友人力量，探索出"5C"工作法，通过跳蚤市场义卖为困难群众捐献善款 10 多万元；中华街道镇海社区培育了社区邻里互助促进会，曾获评"全国先进社会组织"。思明区通过挖掘各社区特色，培育孵化服务型、公益性、枢纽型社区社会组织，探索"社工＋义工"模式，成功地挖掘并链接本土社会力量，以制度性手段规范和培育社会组织，为政社合作模式提供了新的有益探索。

5. 公共卫生事件影响下的基层治理

持续三年的新冠疫情以及暴雨、洪水、高温等极端天气影响，给城市基层治理带来了巨大挑战，也检验了城市基层治理的能力。

在重大公共卫生事件发生期间，基层成为抗击新冠疫情的一线承受了巨大的压力。不少城市整合党员干部队伍下沉到基层一线，加强党和政府与人民群众的纽带联系。在整个新冠疫情期间，湖北省58万余名党员干部下沉到社区（村），其中，武汉市9900名下沉干部与社区工作者结对组成"AB岗"，实现对辖区人民的全覆盖。[1] 四川省印发《组织党员干部下沉基层一线参加疫情防控工作》的通知，"就近就便、统筹调配"，有组织、有重点地将下沉力量补充到新冠疫情防控一线。广东、浙江、天津等省市的基层网格化工作也在应急防控过程中有了较大进展，在危机解除后依然保有原有的网格化制度。各地以社区党组织为领导核心，构建了"街道干部＋社区工作者＋网格员＋小区业委会＋物业公司＋医务人员＋志愿者"一线防控队伍。

社会参与在应急防控过程中的表现也可圈可点。2021年，我国志愿者贡献服务折现价值约为1954亿元，实名注册志愿者总数为2.22亿人；[2] 据不完全统计，武汉市15个城区共组织109300余名志愿者参与新冠疫情防控工作；[3] 在迎战"奥密克戎"病毒期间，天津市共动员20多万志愿者负责社区防控；浙江省共有约3.4万家社会组织参与新冠疫情防控工作，带动280余万名志愿者共同参与防控工作。[4] 各地的社会组织与志愿队伍的力量经过危机的"历练"，在规模与质量上均有一定

---

① 柳望春、徐昌洪、程翔宇等：《基层社会治理与重大疫情应对研究》，《社会政策研究》2021年第1期，第116页。

② 中国日报网：《慈善蓝皮书：中国慈善发展报告（2022）》，中国日报网，https://bj.chinadaily.com.cn/a/202211/03/WS63636cd7a310817f312f4518.html。

③ 李欢：《抗"疫"有我！武汉109300余名志愿者参与防控工作》，湖北文明网，http://www.hb-wmw.gov.cn/zbhb/202108/t20210806_178491.shtml。

④ 陈宇、崔露心：《社会资本视域下公共危机协同治理研究——以浙江省新冠肺炎疫情防控为例》，《湖北社会科学》2021年第9期，第49页。

提升，推动了社会力量的培育与社会资本的整合。然而，危机也暴露了基层治理存在的一些问题，比如，社区应急工作的专业性与精细化程度还存在不足，不少社区应急物资储备还不足以应对危机情况，群众的自救能力与参与程度还存在很大的发展空间，等等。

二、2021—2022 年中国城市基层治理研究现状

通过梳理城市基层治理研究成果可以发现，2021—2022 年国内相关研究仍然主要集中于社区领域，也有部分从市域层面整体思考基层治理方向的研究。

一是城市基层党建引领研究。新时代以来，党通过建立严密的组织体系、健全党组织功能、改进党组织的工作方式和活动方式、增强党组织的价值引领四个层面，深化基层党组织与人民群众的连接，通过城市社区的基层党建提升基层党组织的政治领导力、思想引领力、群众组织力和社会号召力，不断深化"政党社会化"的历程。[1] 社区党组织是主要的城市基层党组织，在社区治理现代化视野下，党建引领社区治理经过了一系列的实践优化，逐步推动治理和服务重心向基层下移。[2] 有研究者还指出，当前的党建引领还受限于治理结构碎片化、社会关系陌生化，不能很好地融合党的主流价值观与其他主体价值观；在治理结构上还存在党政与社会力量失衡的问题，党的核心领导作用容易异化为包办一切和干预基层自治；此外，党建引领的平台、功能与机制依然存在低效和无序的问题。[3]

二是城市基层数字治理研究。数字治理在基层的创新主要受到技术动因的驱动，其运行机制脱离了宏观视角，更多体现了具有实操性和可感性的机制，如民意感知、内外协同、快速反馈、政民互动等。[4] 随着数字治理的深入发展，其不足之处与优化路径也为学界所关注。数字赋能的"刚性"与基层公共事项模糊性之间、

---

① 王可园：《"政党社会化"内涵的系统建构与实践考察——基于城市社区治理的分析》，《社会科学》2021 年第 12 期，第 45 页。

② 郭祎：《社区治理现代化：党建引领的理论基础与实践优化——基于 15 个副省级城市的实践分析》，《广西社会科学》2022 年第 2 期，第 113 页。

③ 郎帅：《党建引领城市基层治理的优化路径》，《人民论坛》2021 年第 25 期，第 71 页。

④ 邓念国：《城市基层数字治理的创新动因及运行机制——以 H 市三个街道实践为例》，《天津行政学院学报》2022 年第 3 期，第 24 页。

数字赋能的"全面感知"与治理对象隐私安全之间、数字赋能的"理性设计"与基层社会治理发展包容性之间、数字赋能的"整体性"与基层多元主体协同困难之间的矛盾客观存在，一定程度上消弭了数字治理的优势。[①] 基层治理在数字技术的嵌入下摇摆于清晰与模糊之间，更要求城市治理者能够掌握在特定时间和空间条件下的特殊知识，从而拆解复杂的社会现象，转变为基层治理变革和创新的能动性力量。[②]

三是城市基层创新模式研究。在快速深刻的基层治理变革中，创新是始终不变的主题。学界对于基层治理创新的模式、原因与可持续性展开了丰富的讨论。有学者研究了基层创新治理模式，发现基层治理主体通过以人民为中心、以问题为导向的"规则供给"，打破条块分割壁垒，以监督考核、信息反馈等机制推行创新模式，辅以大数据技术、制度法律规范等方式保障创新的延续。[③] 有学者引入"时间"概念，认为在多维时间压力下，基层政府选择"权力加速"、"交换加速"和"权变加速"，追求治理效率的提升，[④] 引入"时空适配"概念，认为基层的创新模式是在既有"政策空间"下，通过"套现"未来时间的利益，调整现有的利益格局，其背后是以"政策主张-政策执行"过程为线索的"时空适配机制"。[⑤] 还有研究发现，在自上而下推动的技术嵌入与自下而上导入的制度变革双轨下，基层政府不断变革政策学习方式，推动基层治理创新。[⑥][⑦] 研究指出了基层创新持续性的关键逻辑，"政

① 孔祥利：《数据技术赋能城市基层治理的趋向、困境及其消解》，《中国行政管理》2022年第10期，第39页。
② 韩志明、马敏：《清晰与模糊的张力及其调适——以城市基层治理数字化转型为中心》，《学术研究》2022年第1期，第63页。
③ 王亚华、毛恩慧：《城市基层治理创新的制度分析与理论启示——以北京市"接诉即办"为例》，《电子政务》2021年第11期，第2页。
④ 余成龙、陈尧：《把时间带回治理：基层政府行为中的效率——基于赣西W镇政府"海绵城市"项目建设的追踪观察》，《公共管理学报》2022年第1期，第95页。
⑤ 吴晓林、谭晓琴：《以时间换空间：基层治理政策创新的"时空适配"机制——对成都市"信托制"物业治理的考察》，《公共管理学报》2022年第3期，第123页。
⑥ 赵静、薛澜、吴冠生：《敏捷思维引领城市治理转型：对多城市治理实践的分析》，《中国行政管理》2021年第8期，第49页。
⑦ 杨宏山、李悟：《技术嵌入、双轨学习与城市治理的机制设计——基于B市基层治理改革的案例分析》，《公共管理与政策评论》2022年第3期，第107页。

治赋能"与"行政推动"的外生性动力，"社会嵌入"与"双向激励"的内生性动力。①

四是城市基层治理重心下移的研究。有学者指出城市治理重心下移是实现城市治理现代化的基础工程，将这一领域的内容提炼为三个议题：从"单位重心"到"基层重心"的迁移、"正下移"中的"逆下移"、"移得出"与"接得住"，认为目前的研究重点正在从简单的资源强化转向实际的治理效能提升。② 与此同时，在目前治理重心下移的背景下，城市内部的多维结构正在经历重塑。街区关系不断重塑与优化，③ 形成了"党建＋单元矩阵"的新模式，实现推进制度建设的同时对社会力量进行有效再组织。④

五是城市基层多元协同研究。"共识生产"建立在居民对共有需求的自主识别基础上，通过激活居民与社区治理的利益相关性，建立自下而上的项目运作机制，提升居民的积极性与参与度。⑤ 城市是物质空间、精神空间和社会空间的结合体，"空间正义、居民交往、社会资本和空间文化"在"空间活动向基层治理共同体"转化中发挥重要作用，无论是"空间黏合"还是"空间分工"，空间生产转化为共同体生产已然成为主要趋势。⑥⑦ 与此同时，在城市空间融合的基础上，"城市跨域协同治理"的概念被提出，其兼具治理事务多样性和具体性、治理过程日常性和高联动性的特征，应当建立相应的协同治理机制保障治理能效。⑧

---

① 吴晓林、谢伊云：《政治赋能与双向激励：地方政府持续创新的驱动机制——对成都市基层治理创新的案例考察》，《中国行政管理》2022 年第 7 期，第 85 页。

② 李忠汉：《2000 年以来城市治理重心下移：研究脉络与发展动向——以 CNKI 检索论文为研究对象》，《中国社会科学院研究生院学报》2021 年第 5 期，第 79 页。

③ 陈水生、叶小梦：《调适性治理：治理重心下移背景下城市街区关系的重塑与优化》，《中国行政管理》2021 年第 11 期，第 13 页。

④ 梁敏玲：《治理单元重构视角下城市基层治理的困境与进路——基于历史脉络的思考》，《中国行政管理》2022 年第 2 期，第 123 页。

⑤ 付建军：《共识生产的技术化：居民自治项目的制度逻辑与实践审视——基于上海市 L 街道的案例研究》，《天津行政学院学报》2021 年第 5 期，第 67 页。

⑥ 范逢春、马浩原：《新发展阶段城市基层治理的空间正义及其制度实现》，《上海行政学院学报》2021 年第 3 期，第 47 页。

⑦ 吴晓林、李一：《空间黏合：城市生活空间改造中基层治理共同体的形成机理》，《广西师范大学学报》（哲学社会科学版）2022 年第 4 期，第 28 页。

⑧ 万鹏飞、欧阳航：《城市基层跨域协同治理的缘起、特征与实现路径》，《北京行政学院学报》2022 年第 6 期，第 30 页。

六是城市基层风险防控研究。重大公共卫生事件的发生引发了学界新的思考，近年来，关于城市基层风险防控的研究逐渐增加，超大城市的基层社区风险治理尤为受到关注。有学者从理念认知、体制机制、资源保障、协作过程等方面讨论了基层社区风险治理的困境，认为当前"属地化"的治理格局虽然有助于风险后快速响应，但存在风险治理超载、功能区与管辖区不统一、无法应对风险溢出扩散等"脆弱性"问题，[①] 因此应当引入"社区、政区、跨区"的"三圈空间治理模型"。[②] 此外，结合当前基层治理数字化的发展趋势，从"制度-技术"的双边视角切入来看，基层应急治理中的技术运转机制值得深思。在当前的治理格局内，如何在应急治理已有的空间布局中构建一个技术合法性空间，使得技术和组织的互动更为合理有效，是现阶段城市基层应急治理中应当考虑的问题。[③]

三、展望与分析：中国城市基层治理发展的进展、问题及方向

（一）中国城市基层治理发展的进展

结合中国城市基层治理发展的实践现状与理论研究现状，整合出当前中国城市基层治理发展的新进展，主要包括以下四个方面。

一是基层治理更加体系化。随着基层治理模式的广泛创新，当前中国的城市基层治理体系已在不同层级上初步构建完成。宏观层面的民主与法治手段保障"人民中心"的治理模式顺利运行；在法律规范与新型平台的约束下，中观层面的基层治理体制逐步走向规范化；微观层面的基层组织在创新实践中不断分化，逐步摸索出了几条成功的、可复制的路径，如党建引领、数智赋能等。

二是基层治理更加社会化。在实践过程中，基层政府逐渐认识到了社会力量的重要性，采取了多种手段培育社会组织、发展社工队伍、凝聚市场力量，从而将社会力量吸纳入基层治理的创新实践中来。在治理改革的过程中，基层政府还特别注

① 张丽娜、孙书琦：《超大城市基层社区公共安全风险治理困境与提升研究——基于北京市社区的调查分析》，《中国行政管理》2021年第12期，第142页。

② 吴晓林：《特大城市风险防控的"属地责任"与空间治理——基于空间脆弱性视角的分析》，《学海》2021年第5期，第72页。

③ 王小芳、王磊、李玲玲：《"技术的合法性空间"：城市基层应急治理中技术运转的组织学解释——以新冠疫情中W市红十字会为例》，《电子政务》2022年第9期，第2页。

重加强与社会的链接，打造更"接地气"的基层治理队伍。

三是基层治理重心下移。治理重心的下移是城市基层治理的必然趋势，是"人民中心论"理念指导下的治理模式的必然要求。各类城市推陈出新，革新基层治理模式，使得市域层面将越来越多的资源服务和管理权限下放到社区，实现基层事情基层办，打通城市治理的"最后一公里"。

四是基层治理更加数智化。当前，物联网、大数据、人工智能等现代技术在基层治理中运用日渐普遍，数字技术与智能化技术的应用逐渐渗透到城市基层治理的方方面面。基础公共服务的精准提供、民生需求的及时反馈和城市风险的精准预测与防控，都在数智化的优化过程中得到了质的提升，科技逐渐成为支撑城市基层治理的重要支柱。

（二）中国城市基层治理发展的现存问题分析

当前，我国城市基层治理问题种类复杂多样，基层政权的治理能力仍有待加强，协同治理、社会联动和技术赋能等新治理手段的运用还存在一定的不适配现象。

1. 基层治理的问题复杂多样

城市基层矛盾多发且类型复杂多样，影响基层秩序的稳定和有序运行。一是城市社区体量大、管理压力大，平均每个城镇社区居委会管辖和服务人口近 8000 人，有的居委会管辖和服务人口超过 2 万人，有的街道办辖区人口超过 30 万人，这对基层的管理和服务提出了挑战。二是社区异质性增强、矛盾问题交织，老旧小区、商品房小区、保障房小区、单位小区、回迁小区等小区比邻，差异较大、问题复杂。居民对物业服务（占 25.41%）①、公共空间利用（占 24.12%）、社区环境（占 19.33%）、社区管理服务（占 21.32%）、邻里交往（占 18.11%）和集体活动（占 24.83%）的不满意度较高。三是安全风险问题较大，社区内发生电梯故障、交通事故、偷盗、斗殴和自然灾害等风险较多，这些风险损害了居民利益，威胁群众生命安全，风险升级甚至可能引发社会冲突。但大部分社区不具有应急风险预案，缺

---

① 南开大学吴晓林教授团队在全国进行了 8000 多份问卷调查和实地调研，括号内数字代表回收问卷中对物业服务不满意的问卷数量占比，下同。

乏相关的风险管控资源储备，不能很好地实现风险控制与应对。

2. 基层政权治理能力有待加强

一是基层权能不足，街道在重大事项和重大规划上缺乏话语权，社区组织"责大无权"，基层管理服务压力大，街道干部不够用，社区干部、网格员往往"分身乏术"。与之相对的是基层组织治理负担压力重，权责不匹配，对口部门施加的行政压力太大，存在"上面千条线，下面一根针""上面千把锤，下面一颗钉"的现象，压制了基层的自治能力。二是党建引领与居民需求对接不够。要么出现党建"全"领，党组织陷于具体事务；要么出现"闭门搞党建"，缺乏与实际工作的结合，存在基层党建与社会发展"两张皮"的现象。三是治理理念理解不深刻，缺乏主动创新意识。部分党员干部受制于传统管理思维，基层治理领域的行政导向思维仍然突出：一方面甘当"守夜人"，仅完成考核任务和上级部门传达的要求事项；另一方面"大包大揽"，该管的、不该管的、管得了的、管不了的，都揽到怀里。

3. 基层治理能力与资源不足

基层治理涉及市场监督、住建、房管、民政、城管、教育、农业农村、信访、应急、公安、生态环境等超过 40 个部门，不少地方的基层治理还缺乏统筹协调。社会组织力量和基层共治的基础薄弱，目前，我国城市基层仍然存在社会参与意愿不强、参与能力不足、参与效果不好的情况。部分党政部门"单边主义"思维难以破除，开展工作时"以我为中心""以我为主"的现象较多，或多或少存在"包办""扛包"等意识，也有的地方基层组织与基层群众存在"弱关联"问题，造成居民信任度低、共识性差。此外，技术在方便基层组织感知问题、解决问题的同时，似乎又强化了全能主义的倾向，基层组织在撬动社会、培育社会方面的工作力度不足，基层治理的技术逻辑压制社会逻辑，弱化了"人"的作用，难以真正实现社会化、法治化、智能化、专业化。

（三）城市基层治理发展的发展方向

结合城市基层治理发展的进展与现存问题，新时代城市基层治理发展的具体路径可以从以下五个方向加以展开。

一是理顺基层的权责关系与"条块"责任，明确基层治理的权责体系。其一，科学调整基层行政区划，根据辖区内人口数量、人员聚居程度、物理环境和人口特点等方面综合考量辖区的管理难度，灵活调整基层行政区划及编制数量。其二，推动纵向政府、政府与社区的权责体系改革，明确街道（乡镇）向下对居民负责，向上只对区市"一把手"负责制度，探索上级部门在区市"一把手"委托下联合检查、联合考核，避免多头领导、职责交叉。其三，梳理党政群各部门权责，分类确权确责，形成"区-街-社区"三级联动格局，推动基层"属地责任"转向"有限责任"，严格执行权责清单，理顺各部门的职能。严禁令出多门，严禁部门主义、形式主义压向一线，推出并严格执行"社区准入制"，为社区减负，使基层工作聚焦社会治理。

二是积极培育社会力量，补全城市基层治理中社会力量的缺位。要优化服务格局，加大经费投入，推动政府购买社区服务，鼓励社区与市场主体和社会组织构建信任伙伴关系，合理增加社区工作人员数量和福利待遇条件，完善薪酬体系和发展通道，提升稳定性。同时，要坚持赋权赋能，培育更多的社区社会组织，提升社会工作者和居民的参与能力，设立专项补助经费；推广项目制和公益创投，由社区社会组织承担社区中的服务性事务；扩大社区社会组织申请服务专项的范围。还应当挖掘社会组织的力量，开展"基层治理创新"的评选与奖励工作，形成自上而下动员与自下而上主动参与结合的机制，推动社会组织深度参与社区治理。成立"市-区-街（镇）"三级社会组织孵化体系，建立社会组织与地方政府经费划拨部门的直接衔接，下大力气培育更多的社区社会组织参与进基层治理中来。

三是继续深化党建引领社区治理工作，创新党建方式方法，整合基层治理各项资源。城市基层治理需要在党的领导下推进"一核、两化、三步走"的路线："一核"是党的领导为核心，发挥党的领导的政治优势，统筹各层次、各方面的积极力量；"两化"是推动党建引领社会治理的政治化和社会化，特别是将党的建设与社会建设充分融合起来；"三步走"中的第一步是维持基层秩序，第二步是引导社会、培育社会、撬动社会的发展，在此基础上最终迈出共建共治共享的第三步。这要求基层转变党建思想，推动党建工作与基层需求相匹配。通过调整党员干部考核方式，激发基层治理创新意识，如将考核指标向公共服务、地方创新、社会协同、居民评价等方面倾斜，减少"会议留痕"、评议记录等"应对"上级考核的指标比重，留足党建引领的自主运作空间。同时应当探索基层党建与居民需求匹配机制，构建协商会商议事制度，以民主征集为手段，严格筛选，对居民需求进行清单化管理，推进党建工作与基层治理实践深度融合。

四是优化智能技术应用，实现数字赋能，同时防范数字手段引发的新型治理困境。要做好顶层设计，全过程推动"整体智慧治理"。统筹推进硬件、软件建设，自上而下构建信息服务平台，针对基层独立的管理系统，建立接口上报信息，尽快实现服务平台更新。通过引入大数据、人工智能等技术，坚持科技支撑，智慧赋能，推进智慧城市建设，加快发挥"城市大脑"的作用。要打破信息壁垒，整合各类信息平台，建立简约安全的数据共享协议，推动不同级别、不同部门的基层治理数据资源共享，根据治理需求向基层开放数据。应当构建线上供需对接机制，以民为本构建智慧应用场景，及时汇聚更新居民、志愿者、社会组织、物业管理公司、商家及企业和党政部门等主体的资源信息与需求信息，促进资源的优化配置。时刻避免重复数据收集与考核，整合各类信息平台，合并冗余"同类项"，避免重复考核，减轻基层工作负担。

五是持续推进基层治理重心下移，营造社会治理的有效尺度。一套止步于社区层面的治理模式不能面对情况复杂的小区，社会治理重心势必下移至最微观的治理单元。城市应当推动社会治理重心下移，推进社区分类治理，根据社区类型和特点，配置不同资源和服务。发挥社区党群服务中心、居委会和业委会作用，保证社区居民自治长效稳定；明确社区在居民事务和公共服务等方面的权力和职责，建立区域化党建模式，推动社区治理走向规范化和法治化。与此同时，要破除过度的行政依赖和市场依赖，打破自上而下的行政逻辑、全能主义，引入社区需求导向机制，更多地推广项目制的方式，更多地引入社会力量参与社会治理。

四、报告要点

第一，2021—2022 年中国城市基层治理的实践发展呈现智慧化、社会化和体系化的典型特征。城市基层治理的创新实践大多围绕着"一个核心、两条路径和一个体系"展开。"一个核心"是指党建引领的核心动力，城市基层政权以基层党组织作为核心主体，将多种资源与手段整理到党建引领范畴之内。"两条路径"分别指智慧化与社会化，智能技术与数字手段在当前城市基层治理中发挥着越来越重要的作用，城市基层治理智慧化有助于基层治理提质增效，精准回应人民需求；社会化是指当前的城市基层治理越来越重视社会参与，城市基层政权通过党组织的社会化建设，加强与社会的联系，培育和发展各类社会力量，打造共建共治共享的基层治理发展模式。最后，城市基层治理在主体、技术和体制方面发力，注重治理结构、治理流程、治理手段与治理理念的再造更新，在推进基层治理重心下移的同时构建新的治理体系，体现出体系化的重要特征。

第二，2021—2022年中国城市基层治理的理论探究呈现实践导向与要素导向。当前，关于中国城市基层治理的理论探讨呈现明显的理论对话趋势，不再局限于就事论事的个案分析，相关研究从空间学说、组织学说等视角切入，力图探索基层治理快速创新实践案例背后的逻辑与依据。面对包罗万象的城市基层治理案例库，学者们坚持实事求是的实践导向，通过个案剖析、案例对比等手段，从实践中提炼出当前城市基层治理的突破点与创新点，又将析出的经验整理成相对普适的模式或机制运用到基层治理创新的实践中去。在探究基层城市治理议题时，相关研究最关注的仍然是各式治理要素的相对关系，政府与社会、市域顶层设计与基层自治创新、常态治理与非常态治理，学者从多元的治理要素中提炼相关关系，将微观元素整理成特定的结构链接在中观议题内，逐步构建与完善城市基层治理的理论体系。未来研究可以继续在体系化方向上发展，构建涵盖多元治理要素的理论体系。

第三，中国城市基层治理的未来发展应当注重基层治理的服务性、数字化和风险性特征。2021—2022年，中国城市基层治理发展不断深入，治理理念逐渐扎根于基层政府，相关改革与实践不断进步。不过，快速发展的基层治理引发了基层权能与责任"错配"、政府与社会力量"错配"等，产生了一系列现实问题。为此，城市基层治理的未来发展应当注重城市基层治理的服务性特征，以民生诉求为发展和改革的主要驱动力，以服务导向优化权责配置与资源配置；应当注重当前城市基层发展的数字性特征，关注数字技术在城市基层公共服务、风险管控等方面的深度嵌入与巨大能效，顺应数字化与智能化的发展趋势，继续深化"数智时代"的基层治理改革；应当关注当前社会背景下城市基层的风险性特征，加强城市预测风险、防控风险和应对风险的能力，促进城市常态治理与非常态治理的平稳对接，应对日益复杂的风险社会现状。

（作者单位：南开大学周恩来政府管理学院）

中国农村基层治理改革研究报告

张　翔

从脱贫攻坚取得全面胜利到全面推进乡村振兴，农村社会经济的每一次战略性发展在产生基层治理改革动力的同时，也离不开基层治理改革为其提供基础性的支撑。2021—2022 年，农村基层治理在不断总结与提升脱贫攻坚经验的基础上形成了一些相对稳定的机制，既具有新时代的创新性，又体现改革开放以来的传承性。

一、2021—2022 年中国农村基层治理改革现状综述

在实践层面，农村基层治理进入了改革开放以来的一个新的历史阶段，不断地以创新的形式适应着新时代中国特色社会主义发展的需要。在这一过程中，一些具有中国特色的体制机制改革开始逐步成型。

（一）"党建＋"成为农村基层治理的政治架构

对于农村基层治理而言，党建并不是一个全新的改革议题。进入新时代以来，"党建"被赋予了新的时代内涵与历史意义，从而在农村基层治理过程中牵动了一系列具有创新性的体制机制改革，形成了以"党建＋"为特点的政治架构。这一政治架构的主要内容是以党建为农村基层治理的中心，通过党建的中心引领作用推动基层治理的其他工作向前推进，从而形成一个农村基层治理的"同心圆"。这种政治架构不仅包含传统意义的党务工作，更体现嵌入基层治理的新的党建形态。

首先，"党建＋"强化了党对农村基层政权的政治领导力。改革开放以来，随着"村"在行政与经济自主性上的增强，一些农村存在不良势力干预基层政权的现象，对党对农村基层政权的领导力构成了负面影响。基层干部"阳奉阴违""搞变

通""小山头"等次生现象不断出现。这些现象既不利于农村基层治理的政治社会稳定，也不利于农村社会经济的可持续发展。新时代"党建＋"的政治架构旨在重塑党对农村基层政权的政治领导。由此，"党建＋"中的党建就已经不只是传统意义上的强调党务工作在形式上的完整性，而是要使党建成为农村基层治理各项工作的支撑性力量。这就要求在实质上加强党组织在农村基层政权中的政治引领与组织领导，确保农村基层政权的正确政治方向，确保农村基层干部坚定不移地"讲政治"。只有这样，党建才能演化为"党建＋"，成为各项事业发展的制度基础。

其次，"党建＋"优化了村级党组织的资源聚合力。一直以来，农村基层治理面临着一个基本矛盾，即治理资源有限性与发展任务扩大化之间的矛盾。"党建＋"则通过党组织的联系渠道，完善了各地党委与村级党组织的联系，使市域治理资源具有流向农村的渠道基础，从而优化了农村的资源聚合力。一些地方还加强了领导干部联系村的制度实施，许多地方党委政府负责同志"定点进村""现场办公"，即时解决农村在乡村振兴实施过程中面临的困难。由此可见，"党建＋"的政治架构突破了市域与村域在治理资源分配与使用上的藩篱，解决了市域的资源冗余与村域资源不足的矛盾。

最后，"党建＋"提升了农村的产业组织力。产业兴旺是实施乡村振兴战略的首要任务和工作重点。然而，农民以户为单位的各自为战显然已经难以适应新时代农村产业发展的需要。面对城市化、资本化的产业发展逻辑，农村产业兴旺显然需要更为系统、全面的组织，才能在市场经济中占有一席之地。而在当前的农村社会中，只有党组织能够承担组织的责任。在许多农村地区，"富不富，看支部"已经成为一句广为流传的俗语。"党建＋"的政治架构进一步巩固了以村党组织为中心的经济组织模式，提升了乡村的经济发展能力。一些地方采用了"党组织＋合作社"或"党组织＋农户"的组织模式，对农村产业进行现代化改造，同时使农户适应了现代产业运作的逻辑，有效地提高了当地的经济发展水平与农户在市场经济中的竞争力。

（二）社会力量参与农村基层治理的模式不断创新

一直以来，农村的社会力量是基层治理过程中的薄弱环节。由于社会力量的薄弱，基层治理资源有限性的解决只有片面地依附于自上而下的行政资源导入，而不具备自我运转的"造血机能"。但是，近两年来，社会力量参与农村基层治理的模式不断创新，农村社会力量不足的困境开始得到扭转。当前，社会力量参与农村基层治理主要形成了四种模式（如表4-3所示）。

第一，公益基金模式。资本难题是乡村振兴的首要难题。公益基金模式以基金会的组织形态出现，主要解决的是乡村发展过程的资本难题。公益基金模式的运转主要由两种方式构成。一是项目带动。基金会根据乡村发展的需要设置相应的项目，并为项目注入相应的资金支持。二是公益慈善。这种方式大多是由村干部募集推动乡村发展的善款构成。相较于项目带动，村庄在公益慈善的资金运用上具有更强的自主性。

第二，企业进村模式。这种模式也在一定程度上解决了农村发展中的资本难题，但与公益基金模式不同的是，它着重于企业效益与利润。企业进村有助于衔接农村产业与市场经济之间的关联，是产业兴旺的关键所在。

第三，社工介入模式。近年来，农村的空巢化现象日益突出，延伸出养老、助幼等一系列基础性公共服务的缺位问题。社工介入模式主要针对这一类难题，以社会工作机构为主体应对农村空巢化所带来的一系列公共服务难题。

第四，内生协调模式。这种模式缘起于村庄内部，依赖于乡土威望而形成的、具有社会组织特征的社会力量，如和事佬、老人会等。这一部分社会力量主要是解决乡村内部的日常纠纷，为乡村振兴提供基础性秩序。

表4-3　社会组织参与乡村振兴基本模式对比

维度	社会力量参与乡村振兴的基本模式			
	公益基金模式	企业进村模式	社工介入模式	内生协调模式
目标维度	资本引入	产业发展	公共服务	社会稳定
组织维度	基金会	企业	社会工作机构	村内部社会力量

值得注意的是，在一些地方，心系乡土、有公益心的社会贤达，逐渐形成了新时代的乡贤力量。这些人中的相当一部分心系家乡发展，经常直接、间接地助力家乡发展，成为一股不可忽视的社会力量。在乡村振兴战略实施过程中，现有资源的投入不足以实现政策的有效实施，需要乡（镇）、村自行完成一定的资源补充，而

乡贤的支持就成为一个重要的力量。在一些地方，乡贤的资金注入已经在农村产业发展、扶贫脱困、教育卫生等各项事业中都发挥了重要作用。更为重要的是，在各级党委政府的领导下，村级党组织依托于长期建立起来的关系网络，为乡贤参与乡村振兴提供渠道。同时，充分利用网络平台与在外企业家、海外侨胞建立日常联系渠道，满足其为家乡建设的愿望，逐渐探索出一条在党的领导下乡贤参与乡村治理的新路子。

（三）农村基层协商民主的改革实践如火如荼

协商民主能够畅通政府与民众间的信息传递，提高公共政策的科学性与支持度，这些作用都与农村社区治理创新的目标相契合。通过基层协商民主机制的建设，农村社区可以化解治理能力与治理需求之间的矛盾，从而避免主要矛盾的激化。农村基层协商民主机制建设的过程展现出协商民主从规范性理论到情境性实践的多种可能。作为新生事物，农村基层协商民主是通过治理资源内生地嵌入地方政府的治理中，作为改革任务或制度创新借由体制性资源的推动而发展起来的，从而产生了多元化的机制建设路径。近两年，农村基层协商民主有两个新特点值得关注。

第一，由农村基层政权主导的协商民主实践进入制度化阶段。长期以来，村民自治的主要形式是定期的基层选举，而协商民主的出现无疑为村民参与农村基层治理提供了新的渠道。经过多年的探索，在许多农村的村委会主导下，议事会、协商会等议事协商机构已经跨过试验阶段，开始逐步地具有了制度化特点。近两年，在"党建＋"的背景下，农村基层协商民主逐渐与基层党建工作结合在一起，成为基层党建工作考核的一部分。在一些地方，在"党建＋"的引领下，基层协商民主还与村规民约相结合，产生了许多程序化、规则化的制度成果。可以说，由农村基层政权主导的农村基层协商民主已经进入了制度化阶段，并成为村民自治的制度补充。

第二，基层人大、政协参与农村基层协商民主的改革实践进入探索期。随着协商民主改革的深化，人大、政协开始走到协商民主的前台。"两代表一委员"工作室在全国范围内的铺开引动了一个巨大的改革浪潮。有的地方通过发挥地方人大作为权力机关的作用，将农村基层反映的问题带入政府决策过程，引导地方政府积极回应农村问题。有的地方则通过发挥政协作为专门协商机构的作用，积极地搭建协商议事平台，为村民参与协商民主创造条件。这些积极的改革实践已经跳出了"两代表一委员"工作室的机构局限，是更具创新意义的机制探索。基层人大、政协参与农村基层协商民主的改革实践也由此进入了探索阶段。

二、2021—2022 年中国农村基层治理改革研究综述

（一）基于行政逻辑的农村基层治理改革研究

在一个自上而下的组织权威结构中，农村基层治理不可避免地具有行政逻辑，基于此，理论界从行政逻辑的角度理解农村基层治理。从 2021—2022 年的研究基本面上看，这种行政逻辑大体由项目治理与典型治理两个维度构成。

1. 关于项目治理的研究

项目治理揭示了农村基层治理中财政资源自上而下通过项目进行分配的方式。这种方式在基层递延出一系列围绕项目而展开的治理逻辑。何得桂、公晓昱通过对促进乡村全面振兴、共同富裕的梳理，发现了各种财政资金开始以专项和项目的方式向下分配，而且越来越成为主要的财政支出手段，就出现了项目治理。[1] 金江峰认为项目制作为国家治理的增量，其运作机制同行政科层制与乡政村治体制有着互嵌性。项目下乡不仅是国家财政资源自上而下的输入，还带来了乡村治理规则的变化。[2] 陈兴彦认为在涉农项目的基层实践中，地方分利结构、基层组织经营能力和项目的社会嵌入性构成了项目绩效损耗的三个主要方面，推动涉农项目的高效运作，不应只着眼于资金量的积累，更应该对多元主体间的利益份额、基层组织经营能力和项目的社会嵌入性进行综合考察和评估。[3]

项目虽然带来了对农村而言极为宝贵的财政资源，但是，项目毕竟是具体的任

---

① 何得桂、公晓昱：《制度创新视角下农村基层治理主体间的回应与互动机制》，《党政研究》2021 年第6 期，第 30 页。

② 金江峰：《分散控制权：理解项目下乡实践困境的一个视角》，《西南大学学报》（社会科学版）2022年第 1 期，第 74 页。

③ 陈兴彦：《涉农项目的基层实践、绩效损耗与战略优化》，《社会科学》2022 年第 5 期，第 159 页。

务导向，项目治理不应成为农村基层治理的替代品。因此，理论界也抓住项目治理的这一局限性对项目治理进行了深刻的反思。李燕凌、高猛认为农村基层治理的重心逐渐转移到公共服务上来，使农民共享发展成果，不断增进制度认同。乡镇政府财政自主权不断收缩，在项目权责配置中的弱势地位凸显。在"逐级代理"的压力体制下，乡镇主要领导往往不是在"抓项目"就是在"跑项目"的路上。因此，向基层放权赋能、提升农村公共服务高质量供给能力，是增强农村基层治理效能的一条重要路径。[1]

2. 关于典型治理的研究

自乡村振兴战略提出以来，越来越多的乡村典型涌现，地方政府偏好使用"典型"推动乡村治理工作。理论界也随之发现，地方政府对树立典型的重视，大多是在治理资源与治理任务难以匹配情况下的理性选择，而在政府、精英、基层的配合之中，一种合作典型治理模式被发展出来。周明认为典型作为一种理性类型，强调的是其普遍性的价值。从治理角度而言，典型的树立可以在降低治理成本、促使政治社会化、促进社会动员和整合等方面发挥积极作用。但典型无论是作为治理技术还是治理对象都有可能走向异化，面临路径依赖、典型异化、典型"盆景化"和内卷化等问题。因此应当增加典型治理的透明性，降低操作性成分，吸纳自下而上的诉求表达，加大社会层面的参与性，避免"亮点"和"示范"占据主导，重视普遍性和整体性。最后，典型治理与政府创新行为、政策试验、运动式治理、科层治理等研究都有很大的交集，建立起与其他治理机制的对话是亟待拓展的理论空间。[2]张立荣、汪榆淇认为乡村治理的典型案例能积极调动本土因子打造乡村治理内驱力；凸显"三治融合"引领乡村治理方向；注重探索智能化乡村治理新模式，展示了新时代乡村治理革新的基本样态以及未来趋势。[3]李祖佩等学者认为"富人群体"是典型性的代表。在村庄选举过程中，"富人群体"成为乡镇政府在强行政任务压

---

① 李燕凌、高猛：《新中国农村基层治理变革的三重逻辑》，《中国农村观察》2022 年第 6 期，第 2 页。

② 周明：《文化造点：乡村振兴背景下的村庄治理——基于浙东×村的实地调研》，硕士学位论文，武汉大学，2022 年。

③ 张立荣、汪榆淇：《新时代乡村治理革新的基本样态、生成因素及未来趋势——基于"首批全国乡村治理典型案例"的质性研究》，《华中师范大学学报》（人文社会科学版）2021 年第 3 期，第 27 页。

力下的策略选择。在地方建设项目推进中，"富人群体"主导的村庄派系构成乡镇政府的一大治理资源，为农村有效治理与基层治理现代化提供坚实基础。① 何强洲认为对于国家认可的乡村治理典型案例，可以建构出对复杂现象的一般性认识，呈现出乡村治理中基层组织权力运作的一般逻辑。② 刘继文、张书琬认为地方政府被树立为典型后，会得到上级政府的高度重视，打造成典型样本，而第一书记驻村帮扶有助于对不同资源与规则进行互构和转化，从而推动社会结构的再生产，进而有效推进乡村振兴进程。③

3. 脱贫攻坚：一个重大事件的案例研究

脱贫攻坚取得全面胜利是对农村基层治理产生深远影响的重大事件，也同时激起了理论界的研究热潮。以脱贫攻坚为案例，分析农村基层治理的理论成果一时间汗牛充栋。研究焦点主要集中在两个方面。

一方面，围绕党建引领剖析脱贫攻坚的中国经验。黄承伟认为脱贫攻坚的成功使党群干群关系更加密切，农村基层党组织凝聚力和战斗力明显增强，农村基层治理能力和管理水平明显提高，党群干群关系更加密切，党在农村的执政基础得到空前提升，脱贫攻坚成为新时代全面加强党的领导、深入推进党的建设伟大工程的重要力量。④ 杜志雄等认为农村基层党组织是脱贫攻坚与乡村振兴衔接的组织堡垒，是基层治理的根本力量和治理体系的中心，其治理能力对基层治理成效具有决定性的作用。需要建立起党组织统一领导、群众广泛参与的基层治理体系，夯实基层党组织建设、激发群众内生动力。⑤ 周定财提出，要不断夯实党组织作为基层战斗堡垒的基本地位，最终形成具有中国特色、符合中国国情实际的农村基层治理现代化

① 李祖佩、胡朝阳、马平瑞：《再论"富人治村"——基于地方政府自主性视角的解释》，《西南大学学报》（社会科学版）2021 年第 5 期，第 25 页。
② 何强洲：《刚柔并济式治理：乡村治理中基层组织的权力运作逻辑》，硕士学位论文，华中师范大学，2022 年。
③ 刘继文、张书琬：《结构再生产：第一书记驻村帮扶的实践逻辑——基于贵州 Z 村的田野调查》，《农林经济管理学报》2022 年第 4 期，第 491 页。
④ 黄承伟：《新时代十年伟大变革的最生动实践——兼论脱贫攻坚的里程碑意义》，《南京农业大学学报》（社会科学版）2022 年第 6 期，第 1 页。
⑤ 杜志雄、王瑜：《"十四五"时期乡村基层治理体系建设与减贫治理转型》，《改革》2021 年第 11 期，第 62 页。

道路。①

陈秀红指出，党的建设领导基层治理的行动逻辑，是通过基层社会的政治建设将政治权力嵌入社会领域，最终推动社会建设与整合的实践过程。② 许晓、程同顺认为百年以来，中国共产党引领乡村治理的过程演进，始终在国家与社会关系的结构框架内展开，表现出明显的阶段性变动。在新时代全面推进乡村振兴战略的背景下，党对乡村治理的引领需要注重强化村级党建，使乡村治理结构在国家与村社二元合一的逻辑基础上达致政社贯通及协同均衡的关联状态。③ 张岩、周明明认为政党引领在建构现代国家基层政权、推进乡村治理现代化中发挥着重要作用。推动政党引领乡村治理实现乡村振兴的战略目标，需要从治理使命、治理系统、治理功能、治理主体四个维度提升农村基层党组织的组织力，推进乡村治理体系现代化，满足农村群众对美好生活的向往，协同共建乡村治理共同体。④ 吴培豪等认为党建引领乡村治理已成为新时代国家治理的重要政策议题与现实命题，社会变迁、问题驱动与政治推动构成了党建引领乡村治理的动力机制。⑤

另一方面，聚焦脱贫攻坚对基层治理改革产生的影响。张琦、万君认为推进乡村振兴为目标是巩固拓展脱贫攻坚制度成果策略实现的最优选择和新的长期驱动力。脱贫攻坚期间形成良性的工作机制有利于提升基层的治理水平，甚至是县域发展的抓手，相关机制可以拓展到乡村振兴和基层治理的其他领域，如农村基层治理中数字化治理的技术应用。⑥ 贾家辉、孙远太认为脱贫攻坚向乡村振兴转型有利于提升农业发展质量、推进乡村绿色发展、繁荣兴盛农村文化、加强农村基层社会治

① 周定财：《中国共产党乡村治理的百年回望及经验启示》，《北方民族大学学报》2021年第5期，第41页。
② 陈秀红：《整体性治理：党建引领基层治理的一个解释框架》，《学习与实践》2021年第12期，第93页。
③ 许晓、程同顺：《中国共产党引领乡村治理的百年回望与经验启迪》，《公共管理与政策评论》2022年11卷第2期，第74页。
④ 张岩、周明明：《"乡村再造"：政党引领乡村治理的理论逻辑与历史经验》，《南昌大学学报》（人文社会科学版）2021年第6期，第92页。
⑤ 吴培豪、赵梦涵：《新时代党建引领乡村治理的运行机制与实践逻辑——基于扎根理论的多案例研究》，《甘肃行政学院学报》2022年第1期，第69页。
⑥ 张琦、万君：《"十四五"期间中国巩固拓展脱贫攻坚成果推进策略》，《农业经济问题》2022年第6期，第23页。

理、提高农村民生保障水平，提升农村基层治理能力。[1] 尹成杰认为巩固好脱贫攻坚成果就要从乡村治理上做好有效衔接，建立健全农村基层治理机制。一要着力加强脱贫地区党的基层组织建设。充分发挥乡村基层党组织的领导作用，加快构建党组织领导的乡村治理体系，以促进资源向脱贫地区倾斜，提升脱贫地区的基层服务能力。二要强化基层服务意识。脱贫攻坚与乡村振兴的目的都是增进人民福祉。做好二者的有效衔接，就是要把群众的利益放在首位，尊重农民群众的知情权、参与权、决策权和监督权，保障公共服务惠及每一位农民群众。三要健全基层治理体系。[2] 王静等学者认为在脱贫攻坚过程中乡规民约有利于积极调动基层自治力量，强化乡村自组织能力；同时让村民参与村里的日常事务，提高乡村治理的基层参与度，强化参与网络。同时也要推动基层治理法治化，在法治轨道上完善乡规民约，推动农村基层治理水平的提高、保障基层民主，有效保证乡规民约的教育和约束功能。[3]

（二）基于社会逻辑的农村基层治理改革研究

在行政逻辑之外，农村作为最基层的国家组织，不可避免地存在社会逻辑。相较于行政逻辑而言，这种社会逻辑所呈现的是农村基层治理受社会因素影响而呈现的治理逻辑。

1. 关于"三治融合"的研究

"三治"分别指的是自治、法治与德治。邵登辉等认为，自治是激发基层社会治理的内生力，法治是增强基层社会治理的硬实力，德治是提升基层社会治理的软实力。[4] "三治"之间的基本关系是理论界关注的重点之一。黄博认为在"三治融合"的治理模式中，乡村自治居于主体地位，村民自治是其主要内容并发挥着基础性作用，乡村法治与德治的服务指向都是为了更好地发展村民自治，为村民自治拓

① 贾家辉、孙远太：《脱贫攻坚向乡村振兴转型的政策逻辑及路径》，《郑州大学学报》（哲学社会科学版）2022年第2期，第23页。

② 尹成杰：《巩固拓展脱贫攻坚成果同乡村振兴有效衔接的长效机制与政策研究》，《华中师范大学学报》（人文社会科学版）2022年第1期，第25页。

③ 王静、方冰雪、罗先文：《乡规民约促进脱贫成果巩固的机制研究——基于重庆市巫溪县实践的透视》，《农业经济问题》2022年第2期，第85页。

④ 邵登辉、戚建刚、徐汉明：《"三治融合"方式方法研究》，《公安学刊（浙江警察学院学报）》2021年第1期，第15页。

展渠道，提供保障。[1] 郭占锋等则认为，法治可以强化德治的价值观引领，推动个体主体性的增强；德治可以弥合法治效用的空缺，催生民众对群体的责任感；自治约束法治带来的个人权利泛用，明确界定群体与个体的边界。[2] 贺培认为发挥党组织在"三治融合"中的引领作用，有利于促进政治动员、明确法治方向、规范行为道德、健全治理格局。[3] 李玲玲等基于陕西省留坝县"三治融合"的探究发现，乡村多元治理主体的耦合是实现"三治融合"的关键所在，能够通过价值共同体、组织共同体、行动共同体的建构，促进乡村治理共同体的生成。[4] 邓建敏认为"三治融合"的建设除传统的居委会、村委会等自治组织外，还可以建立群众议事会、监督委员会、邻里协商互助委员会等多种基层治理载体。[5] 王乐全提出"三治融合"应从乡村具体实际出发，将治理融入乡村具体情景和村民日常生活场域中。[6] 刘思思认为村规民约是"三治融合"的主要载体，对于激发村民自治具有独特的功能价值。[7]

2. 关于社会组织参与农村基层治理的研究

理论界发现，社会组织参与农村基层治理将有助于提升治理水平。郭鹏基于山西省 W 村的研究发现，农村社会组织在提升乡村治理能力上的功能优势主要体现在完善公共参与机制、推动乡村经济发展、优化公共服务供给、提升资源利用效率四个方面。[8] 刘露宇认为农村社会组织参与乡村治理可以发挥政治管理功能、经济互助功能、组织协调功能、社会服务功能等的相互支撑与保障。王善哲等以行动者

① 黄博：《"三治融合"视域下乡村治理能力提升的三维审视》，《求实》2022 年第 1 期，第 81 页。

② 郭占锋、王懿凡、李钰肖：《乡村振兴战略中的"三治融合"：何以可能？如何为之？——基于陕西省 X 市的考察》，《中共福建省委党校（福建行政学院）学报》2022 年第 1 期，第 129 页。

③ 贺培：《三治融合视域下发挥基层党组织引领作用的内在逻辑及实践路径》，《南方论刊》2021 年第 8 期，第 65 页。

④ 李玲玲、杨欢、赵晓峰：《"三治融合"中乡村治理共同体生成机制研究——以陕西省留坝县为例》，《西南大学学报》（社会科学版）2022 年第 3 期，第 100 页。

⑤ 邓建敏：《"三治融合"视角下基层治理现代化的技术创新》，《湖南行政学院学报》2022 年第 2 期，第 52 页。

⑥ 王乐全：《"三治融合"视域下乡村治理体系重构——基于对徽州地方性知识的考察》，《中州学刊》2021 年第 4 期，第 92 页。

⑦ 刘思思：《"三治融合"乡村治理体系中村规民约的价值功能、实践难点及完善路径》，《宏观经济研究》2021 年第 8 期，第 128 页。

⑧ 郭鹏：《农村社会组织参与乡村治理：功能、挑战与路径——基于山西省 W 村的个案研究》，《山西高等学校社会科学学报》2022 年第 9 期，第 31 页。

网络理论视角提出农村社会组织在参与乡村治理的过程中起到了联结各个治理主体的作用，有效扩展了乡村治理的空间，极大地促进了农村社会经济的发展和社会服务水平的提高。[①] 章晓乐等从治理共同体角度分析，提出农村社会组织在农村社会治理中扮演着农村社会资本的连接者、农村社会政策的沟通者、社会治理活动的承载者、社会治理评估的参与者的角色。[②]

3. 关于乡贤参与农村基层治理的研究

作为一种重要的社会力量，新乡贤参与农村基层治理的逻辑也受到理论界的广泛关注，并将其作为农村基层治理的内生优势。孔新峰等认为，新乡贤有助于汇聚社会多方力量、统筹社会资本、助力乡村振兴，有助于实现农村基层治理参与主体的多元化，以新乡贤为建构主体的乡贤文化有助于推进农村基层治理文化建设。[③] 张振等基于浙江省台州市 H 镇"乡贤＋数字乡村"的案例分析，认为应将乡贤引入基层调解工作中，并以数字乡村建设为背景，依托数字化平台将乡贤与基层调解有机结合，从人才培养、平台建设等多个层面着手构建"乡贤＋E 平台"基层调解运行机制，打破传统调解模式无法适应新时期基层矛盾纠纷调解需求的困境，推进乡村治理体系和治理能力现代化。[④] 何植民等认为新乡贤可以通过资本、政治、文化三维嵌入逻辑来重塑乡村治理格局，从而有效赋能乡村振兴。[⑤] 孟冬冬认为乡贤能够通过自身的威望、学识、财富与道德修养，规范乡民言行、传承地域文化、调解乡民纠纷、沟通乡村与外界等途径参与乡村治理。[⑥] 丁波认为新乡贤嵌入乡村社会，其嵌入行动分别是情感嵌入、身份嵌入和治理嵌入，通过融入治理主体、进入

---

① 王善哲、王卫东：《行动者网络理论视角下农村社会组织参与乡村治理问题研究》，《河北农业科学》2021 年第 6 期，第 9 页。

② 章晓乐、任嘉威：《治理共同体视域下社会组织参与农村社会治理的困境和出路》，《南京社会科学》2021 年第 10 期，第 62 页。

③ 孔新峰、齐高龙：《推进新乡贤融入农村基层治理的思考》，《北京行政学院学报》2022 年第 1 期，第 40 页。

④ 张振、李骐帆：《基于"乡贤＋数字乡村"构建乡镇基层调解机制——以浙江省台州市 H 镇为例》，《农村经济与科技》2022 年第 18 期，第 129 页。

⑤ 何植民、蔡静：《嵌入到共生：乡村振兴视域下新乡贤参与乡村治理的发展图景》，《学术界》2022 年第 7 期，第 134 页。

⑥ 孟冬冬：《新乡贤文化视角下乡村治理的现实困境与实现路径》，《农业经济》2022 年第 5 期，第 60 页。

乡贤组织和道德权威评价等路径，能够有效重构乡村治理。[①] 陈斌通过对 S 村新乡贤参与村庄治理案例的研究发现，新乡贤组织作为"高能力-高意愿"治理主体的共同体，能够通过结构嵌入、政治嵌入、关系嵌入、文化嵌入参与村庄治理，达成村庄多元治理主体之间的协同共治。[②] 袁方成等从治理共同体激活、经济共同体复兴与文化共同体唤醒三个维度深度解析包含情感治理、资源整合与文化培育等行动策略在内的振兴机制，并将乡贤视为行动者网络的核心行动者，从问题聚焦、利益捆绑、征召与动员及异议消除五个层面探讨乡贤兴村的内在逻辑。[③] 曾凡木认为新乡贤参与乡村社会治理共同体的路径主要包括参与制度供给和推动集体行动。[④] 倪咸林等认为，乡贤凭借自身的诸多优势在乡村社区治理创新中发挥着民主治理功能、政策宣传功能、秩序再造功能和民主监督功能。[⑤]

三、展望与分析：中国农村基层治理改革的主题与挑战

（一）城乡融合发展将是农村基层治理改革的主题

在城镇化与市场化的双重驱动下，城市治理已经成为国家治理体系与治理能力现代化的主战场。尤其是 2011 年后，随着我国城镇化率突破 50%，"农村中国"正快速地向"城市中国"转变。这意味着，农村基层治理改革已经不是以农村为本位的改革实践，而是以城镇化为基本背景的改革实践。在这种背景下，如何融入城镇化，适应城乡融合发展的基本格局将成为农村基层治理改革的主题。这个主题将带来三个关键问题。

第一，农村基层治理改革需要适应人口规模化减少的整体趋势。城镇化带来的直接结果是人口聚集效应，这也是城市规模经济的重要基础。在这一背景下，农村

---

① 丁波：《嵌入与重构：乡村振兴背景下新乡贤返乡治村的治理逻辑》，《求实》2022 年第 3 期，第 100 页。
② 陈斌：《组织嵌入视角下新乡贤有效参与村庄治理的机理探究——基于 S 村的个案研究》，《中国行政管理》2022 年第 4 期，第 72 页。
③ 袁方成、周韦龙：《从振兴共同体到共同体振兴：乡村振兴的乡贤逻辑》，《社会主义研究》2022 年第 2 期，第 101 页。
④ 曾凡木：《制度供给与集体行动：新乡贤参与社会治理共同体的路径分析》，《求实》2022 年第 2 期，第 84 页。
⑤ 倪咸林、汪家焰：《"新乡贤治村"：乡村社区治理创新的路径选择与优化策略》，《南京社会科学》2021 年第 5 期，第 82 页。

人口规模化地向城市转移是不可逆转的整体趋势。因此，在农村地区，基层治理改革已经不可能在一个人口持续下降的环境下进行，而必然要适应人口规模化减少的趋势。这将决定农村基层治理改革的基本方向是适应于一个先期到来的老龄化社会。那么，在农村基层治理改革的过程中，资源配置、公共服务、运作机制等改革要素都将朝向老龄群体占主导的人口结构。

第二，农村基层治理改革需要适应现代产业发展的需要。不同于城市，中国的农村本身是一个产业经营主体。进入新时代，农村的产业结构已经不再简单地依赖于从事传统种植业与养殖业，而是进入现代产业发展的新阶段。农村基层治理改革不是以传统农业为产业基础，而是需要适应现代产业发展的需要。这意味着，农村产业组织形态将由"户"为主体向"村"为主体转变。"村"在扮演治理主体与经营主体双重角色的同时，经营主体的角色将日益突出。这要求农村基层政权思考适应于中国农村的现代产业组织模式。

第三，农村基层治理改革需要适应城乡公共服务一体化。长期以来，受城乡二元结构影响，城市与农村在公共服务供给上是相互隔离的。2022 年，国务院办公厅印发《"十四五"城乡社区服务体系建设规划》，对城乡公共服务一体化进行了系统性的规划。在这一背景下，农村将由村居制向社区制转变，意味着城市与农村在就业、养老、托育等基本公共服务方面将逐步实现均等化。与此同时，农村地区的地方政府也需要直面城市化进程中对农村造成溢出式风险，例如"失地农村"的社会保障工作等。

（二）"行政化-代理制"矛盾将是农村基层治理改革的制度逻辑

长期以来，农村基层治理采用的是"代理制"逻辑，其核心特点是"上级委托，下级代理"，这是一种村组织具有较大自由裁量权的治理制度。而在城乡融合发展的背景下，农村治理的"行政化"又成为一种制度变迁不可避免的趋势。相较于代理制，行政化则是一种以规则为导向、约束村组织自由裁量权的治理制度。两种制度的分化与摩擦是城乡融合发展在治理维度上的主要难点。农村基层治理的行政化也意味着农村社区治理所需要的治理资源与城市社区一样由行政体制内统筹与投入。但是，现有的治理资源还不足以支撑行政化的推进，治理资源的投入与运转还依赖于村组织通过自由裁量的方式予以解决。农村基层治理在形式上完成了社区建制，并在社区行政管理与公共服务上纳入行政化轨道，但是，还需要依赖代理制解决治理资源不足的难题。由此，农村社区治理的代理制现状与行政化趋向之间的对立与摩擦就构成了农村社区治理创新的制度逻辑。

从历史的角度看，两种制度形态的"强-弱"组合状态体现农村基层治理的复杂性（如表4-4所示）。状态Ⅰ的"弱代理制-弱行政化"主要反映的是在1949年以前农村治理的政治与行政乱象；1949年后，中国共产党已经在农村克服了状态Ⅰ的政治乱象，而农村基层治理拉到了状态Ⅱ的"强代理制-弱行政化"组合中。当前，在"村居制"向"社区制"转变的过程中，理想的变迁路径是由状态Ⅱ的"强代理制-弱行政化"组合直接转变到状态Ⅲ的"弱代理制-强行政化"组合。但是，受限于治理资源的有限性，当前农村社区治理创新正处在状态Ⅱ与状态Ⅲ的胶着状态。

表4-4　农村社区制度逻辑的要素关系

农村基层治理制度		行政化	
		弱	强
代理制	弱	状态Ⅰ： "弱代理制-弱行政化"组合	状态Ⅲ： "弱代理制-强行政化"组合
	强	状态Ⅱ： "强代理制-弱行政化"组合	状态Ⅳ： "强代理制-强行政化"组合

为了解决治理资源有限性的矛盾，农村基层治理改革的组织策略必然从动员存量资源、扩大增量资源、协调供需矛盾三个重要方向展开。

（三）公共服务扩大化带来的财政压力将是农村基层治理改革的关键难题

根据《"十四五"城乡社区服务体系建设规划》的要求，农村公共服务不仅要保障就业、养老、托育等基本公共服务，还需要补齐社区应急管理、风险防控、医疗卫生、社会心理服务等方面短板弱项。这事实上指出农村基层治理改革的主要任务，同时也意味着农村基层治理改革将面对公共服务扩大化的压力。但是，农村地区的财政现状却不足以支撑公共服务扩大化带来的压力。

一方面，农村财政收入不足以支撑公共服务扩大化。随着农村地区空心化与老龄化问题的增加，负责农村财政"造血机能"的青壮年人口减少，农村财政收入的减少与萎缩几乎是无法避免的，尤其是养老公共服务的急性膨胀将很快造成农村财政的巨大压力。对于少数产业发达、农村财政充裕或善款富足的行政村，公共服务的扩大化或许不是问题，但对于多数行政村而言，这将是巨大的负担。在一些山区贫困村，"零村财""负村财"的情况依然存在，一些行政村只能维持"开门财政"，根本无力支撑公共服务扩大化的历史任务。

另一方面，地方财政压力的不断扩大限制了农村公共服务扩大化的空间。新冠疫情以来，地方政府财政呈现萎缩趋势，加之房地产行业不景气，县域经济已经难以通过土地财政缓解财政压力，一些地方的县级财政面临较大的化债压力。在这种背景下，"县-镇"两级财政无力为农村公共服务扩大化"输血"，将限制农村公共服务扩大化的空间，农村基层治理改革也将面临财政压力。

由此可见，公共服务扩大化与财政压力的恶性循环将是农村基层治理改革的主要掣肘要素，也将是农村基层治理改革的主要短板。

四、报告要点

本报告对 2021—2022 年以来农村基层治理改革的理论成果与发展现状进行了初步的归纳。在此基础上，从以下四个方面对本报告进行总结。

第一，面对新时代中国特色社会主义的发展需要，农村基层治理改革在继承改革开放改革成果的同时不断开拓创新。主要表现在，"党建＋"成为农村基层治理的政治架构，社会力量参与农村基层治理的模式不断创新，农村基层协商民主的改革实践如火如荼。

第二，在不断丰富的改革实践基础上，理论界对农村基层治理改革的研究成果也不断增加。总体而言，理论界依然沿着行政逻辑与社会逻辑两条脉络对农村基层治理进行研究。但是，当前理论研究主要是对经验观察的理论总结，对于新兴现象的理论化与概念化程度还不高，精品较少。

第三，在新时代，农村基层治理改革不仅是前期改革基础上的效能叠加，而且是面对新问题、解决新问题的一场全新的改革实践。

第四，从现有的改革现状与发展的角度来看，三个方面的问题值得重视。一是城乡融合发展将是农村基层治理改革的主题；二是"行政化-代理制"矛盾将是农村基层治理改革的制度逻辑；三是公共服务扩大化带来的财政压力将是农村基层治理改革的关键难题。

（作者单位：厦门大学公共事务学院）

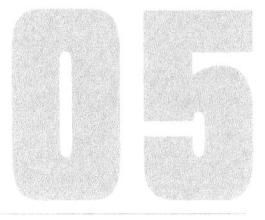

PART   第五部分

政府改革热点
与地方政府创新

中央全面深化改革委员会会议中的政策试点研究报告（2013—2022）

阳姗姗　周　望

从 2013 年党的十八届三中全会提出全面深化改革的新蓝图、新愿景、新目标，到 2022 年迎来党的二十大胜利召开，新时代的中国改革之路已经走过了近 10 年的征程。仔细梳理这一时期的改革事业，以中央全面深化改革委员会会议为代表的顶层设计无疑是最具标识性的创举，政策试点则是应用得最为普遍的策略和工具。因此，在中央全面深化改革委员会会议顶层设计之下的政策试点，自然也就可以组合成为深度解析十年深化改革图谱的极佳观测坐标。相关的理论研究和学术梳理有必要及时跟进。

一、中央全面深化改革委员会会议中的政策试点情况梳理

本报告以中央全面深化改革委员会会议中的政策试点为研究对象，基于中央全面深化改革领导小组/委员会历次会议（以下简称"中央深改会议"）报道这一公开数据来源，尝试对会议中所提及政策试点的特征分布与变化展开系统分析，希冀能够为深入理解十年全面深化改革历程提供一个学理注脚，进而助力社会各界更好地领会和参与党的二十大启动的改革新议程。

（一）数据与编码

1. 样本数据搜集

研究工作以历次中央深改会议的公开新闻内容为样本来源。在数据搜集阶

段，首先全面汇集历次中央深改会议的公开报道，从 2014 年 1 月 22 日第十八届中央全面深化改革领导小组第一次会议，到 2022 年 9 月 6 日第十九届中央全面深化改革委员会第二十七次会议，系统整理得到政策文件共 538 份，再通过"试点""试验"等关键词，逐项筛选得到有关试点的政策文件共 112 份（按时间顺序依次编号为文件 001—文件 112），接着通过合并同类项提炼政策试点项目共 64 个（依次编号为项目 01—项目 64），最后在查阅相关部门机构或地方政府官网、人民日报等官方媒体资讯的基础上，进一步补充了这些政策试点的关键要素信息。

2. 变量设计与编码

在政策文件层次，本研究综合考虑了一般政策文献特征、中央深改会议制度供给结构与政策试点工具的特殊性进行变量设计。一项政策文献，通常既有横向的领域侧重，也有纵向的过程表达，此处用"领域""性质"两个变量予以具体化。前者可分为综合类型或者财经、政法、文教、卫生、社保、区域、三农、反腐、党建等专题类型。后者可分为请示报告、指导意见、实施方案、暂行规定、总结汇报等针对不同阶段的类型。根据制度供给的不同，设置"类型"变量，具体包括改革决策规则、改革制度（具体领域性的制度供给）和改革治理制度这三类。再者，从政策试点特征研究角度设置"目的""形式""央地分布"等变量，将试点政策在目的倾向上分为探索型试点、测试型试点和示范型试点这三类，在表现形式上分为时间维度的立法试验、空间维度的试验区以及双向维度的试点项目这三类，在央地分布上分为未涉及具体地方、涉及具体地方这两类。

在政策项目层次，设置"深改会议关注度""试点地区"等变量。其中，中央深改会议关注度（以下简称"深改会议关注度"）以所属同一试点项目的中央深改会议试点文件个数来表示，试点地区以省（自治区、直辖市）为单位记录试点实施初期的省域分布范围。

本研究结合政策计量方法与文本分析方法，对 112 份试点文件、64 个试点项目的对应属性变量进行了分类编码，对 122 条有关试点的报道文本进行了内容分析。具体的分析框架结构以及变量编码设计如图 5-1、表 5-1 所示。

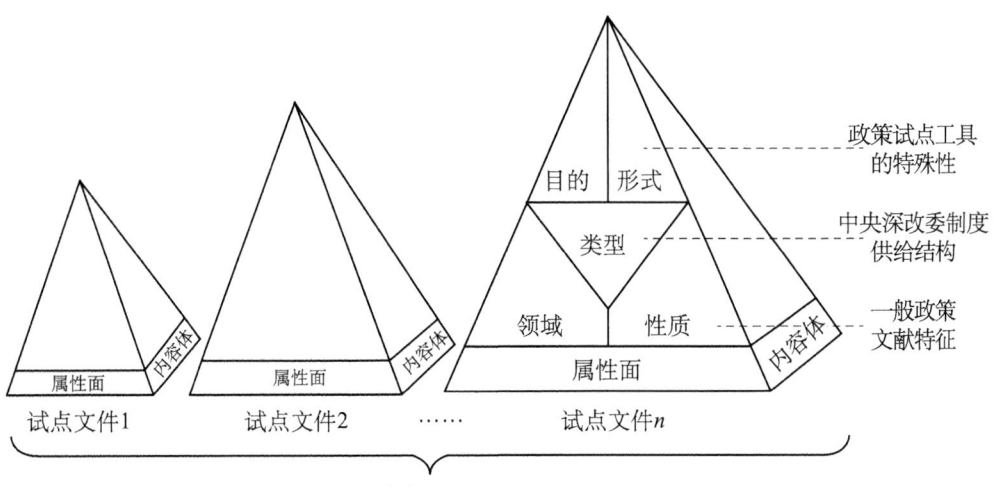

图 5-1　本研究分析框架结构

表 5-1　本研究分析变量及编码设计

变量	具体编码	操作层次
领域	0. 无领域；1. 财经；2. 政法；3. 文教；4. 卫生；5. 社保；6. 环保；7. 区域；8. 三农；9. 反腐；10. 党建；11. 其他	政策文件
性质	1. 请示报告；2. 指导意见；3. 实施方案；4. 试行/暂行规定；5. 总结汇报	政策文件
类型	1. 改革决策规则；2. 改革制度；3. 改革治理制度	政策文件
目的	1. 探索型；2. 测试型；3. 示范型	政策文件
形式	1. 试验区；2. 试点项目；3. 试验性立法	政策文件
央地分布	0. 未涉及具体地方；1. 涉及具体地方	政策文件
深改会议关注度	同一试点项目所涉的文件个数	政策项目
试点地区	试点实施初期所指定的省域范围	政策项目

（二）顶层设计下政策试点的布局与进阶

1. 中央深改会议总体政策谱系

中央全面深化改革领导小组从 2013 年 12 月 30 日成立到党的十九大召开期间共有 38 次会议，党的十九大后新一届深改组召开了 2 次会议。2018 年 3 月，根据《深化党和国家机构改革方案》，原中央全面深化改革领导小组（简称"中央深改组"）改名为中央全面深化改革委员会（简称"中央深改委"），后陆续召开 27 次会议。截至 2022 年 10 月，中央深改组及中央深改委累计召开 67 次会议，审议文件538 项，平均间隔 48 天举办 1 次会议，平均每次会议审议 8 项文件。另外，基于对其 2014—2022 年平均会议文件数及间隔天数的统计（如图 5-2 所示），发现前者在 2018 年峰值两侧近乎对称分布，后者则在 2015—2017 年密集会议后稳步上升并逐渐趋缓。其中以党的十九大为分界，会议间隔天数有至少 20～40 天的明显上升。这说明相对于急迫激进的革除积弊，中央深改委更加支持改革围绕党和国家事业发展新要求向攻坚期和深水区稳步推进，这也与小组制向委员会制的组织转型同步，体现了新时期全面深化改革工作的制度化、常态化和规范化。

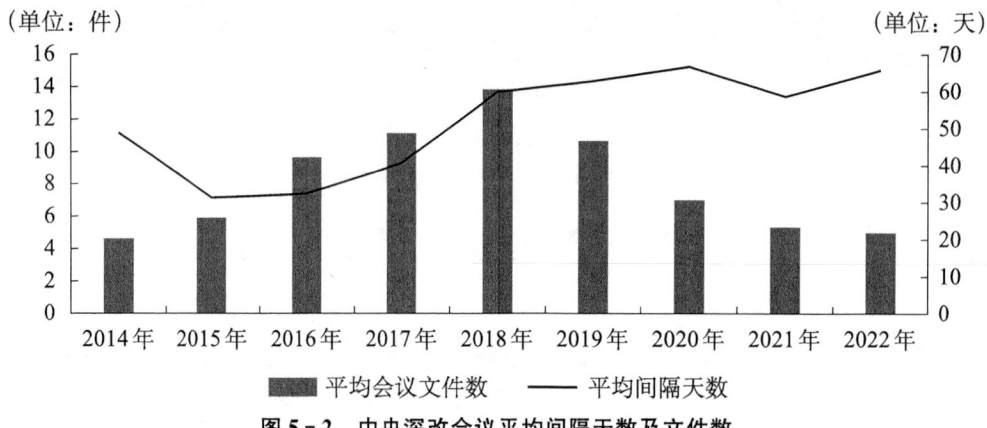

图 5-2　中央深改会议平均间隔天数及文件数

值得关注的是，其中有关试点的文件有 112 份，占总体 21%，该比值在 2015 年一度达到 38%，其后下降趋势由急剧转为缓和，稳定在 10%～15%（如图 5-3 所示）。可见 2015 年作为全面深化改革的关键之年，试点作为重要任务及方法发挥了对全局性改革的示范、突破、带动作用，今后也将长期稳定存在。这同时也佐证了本研究以中央深改会议报道为数据来源的合理性。

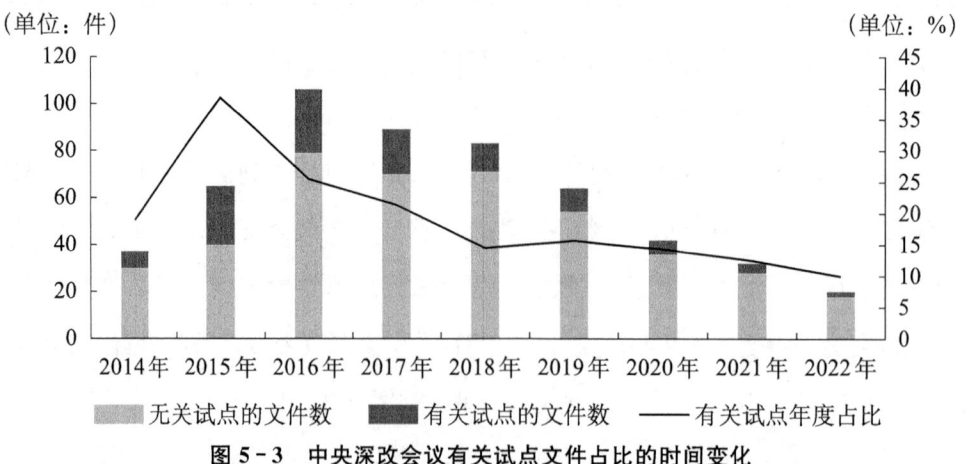

图 5-3　中央深改会议有关试点文件占比的时间变化

2. 顶层设计下政策试点的"靶向攻坚"行动导图

上述112份有关试点的文件中，95份在当天会议报道中有相关文本描述。分析发现，顶层设计之下的政策试点，其行动路线呈现"靶向攻坚"这一逻辑（如图5-4所示）：主题上，聚焦事关战略全局和宏观政策的重要内容；原则上，有坚持党的领导、人民至上、系统观念等共性要求；策略上，兼顾试点规范与效果评估、分类管理与系统集成、因地制宜与以点带面；目标上，要求可复制可推广，为面上改革提供经验。

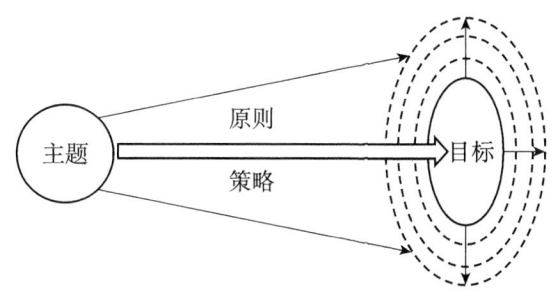

图5-4 顶层设计之下政策试点的"靶向攻坚"行动导图

具体来说，其中《关于加强和规范改革试点工作的意见》《关于清理规范改革试点情况的报告》《党的十八届三中全会以来改革试点工作进展情况报告》3项文件直接瞄准改革试点制度本身，强调要定期清理、加强与规范试点，对改革试点情况进行评估。结合中央深改会议另外10次对试点的文本阐述，可以探析中央深改会议顶层设计之下试点的作用定位、管理方法与逻辑机制。试点目的是"探索改革的实现路径和实现形式，为面上改革提供可复制可推广的经验做法"[①]，依据不同改革试点情境，它或呈现积极探路性质，或发挥先进典型的示范引领效应。为组织管理好全国各地各层级开展的多项试点工作，中央一方面强调在实施特点、阶段及结果上进行分类处理，提高改革试点工作有效性；另一方面强调基于各个试点内在联系加强统筹工作，推动系统集成。其中，中央多次强调了顶层设计与基层探索良性互动的重要性，"要把鼓励基层改革创新、大胆探索作为抓改革落地的重

---

① 《习近平主持召开中央全面深化改革领导小组第三十五次会议强调 认真谋划深入抓好各项改革试点积极推广成功经验带动面上改革》，共产党员网，https://news.12371.cn/2017/05/23/ARTI14955454721436 92.shtml。

要方法"①，"鼓励不同区域进行差别化探索"②，中央有关部门则要给予支持，跟踪进展，总结经验，在试点基础上扩大试点、逐步全面推开。

剩下 92 份政策文件的报道文本内容，基本可分解为政策背景、意义目标、原则、内容重点与过程方法等部分。统计发现，一项试点制度多以前期试点成果或党的十八大之类的宏观政策环境为背景，结合具体政策领域有特定的意义指向与内容范围。不过，根植于我国政治经济体制与历史文化传统，这些试点也有一些共通性，比如较多强调党的领导、人民当家作主、依法治国有机统一，走中国特色社会主义道路，把市场机制和政府作用相结合，注重维护人民群众利益，注重社会公平与群众可及，等等，这种原则立场的坚定是试验受整个权力体系结构约束的表现之一。③ 再比如，中央非常重视试点的可推广性，不仅在启动时强调要按照可复制、可推广的要求推动制度创新，在实施过程中也要尽快形成经验，及时总结推广，做到应推尽推，"能在其他地区推广的要尽快推广，能在全国推广的要推广到全国"。同时，为了避免推广过程中的"一刀切"，中央尤为强调要针对突出问题，对症下药，因地制宜展开试点。这种以点带面的方法是我国应对辽阔地域背景与加速现代化需要的一种治理智慧，其在央地关系尤其是中央对地方的任务要求上也有所体现。例如，在建设国家生态文明试验区时，相关报道明确指出福建等试验区不仅要立足自身的需要与目标，还要"积极创造可复制可推广的经验"，"为其他地区探索改革的路子"，这体现了中央汲取式的发展逻辑，地方被要求以更高政治站位为改革大局提供实践经验，而不是单纯地被授权展开仅就地方问题的改革试验。

3. 顶层设计之下政策试点的"五格特质"

（1）内容分布上全领域覆盖

在政策领域方面，相关试点文件从多到少分布在政法（30%）、环保（19%）、

---

① 《习近平主持召开中央全面深化改革领导小组第十七次会议强调 鼓励基层改革创新大胆探索 推动改革落地生根造福群众》，共产党员网，https://news.12371.cn/2015/10/13/ARTI1444726780995465.shtml。

② 《习近平主持召开中央全面深化改革领导小组第七次会议强调 鼓励基层群众解放思想积极探索 推动改革顶层设计和基层探索互动》，共产党员网，https://news.12371.cn/2014/12/02/ARTI1417516934794477.shtml。

③ 刘培伟：《基于中央选择性控制的试验——中国改革"实践"机制的一种新解释》，《开放时代》2010年第4期，第59页。

文教（14％）、财经（13％）、反腐（6％）、三农（6％）、区域（4％）、卫生（4％）、党建（2％）、社保（1％）、保障（1％）等领域（如图5-5所示）。可见顶层试点所涉领域的全面，以及新发展理念指引下新时期改革发展倡议的丰富内涵，该分布也与中央深改会议文件总体在政法（19％）、文教（19％）、财经（18％）、环保（13％）、三农（5％）、卫生（5％）、反腐（3％）、区域（2％）、社保（2％）、党建（1％）的领域分布较为一致。进一步地，以政法、环保、财经、文教这四个领域为例，作各领域文件在样本与总体中占比的时间变化分析（如图5-6所示），可以发现二者有明显的一致性，前者呈现更剧烈的波动轨迹，可见中央深改会议中的试点有为全局性改革冲锋攻坚的先验性意义，其与中央确定的大的发展战略紧密结合，基本反映了国家政策议题关切，为国家战略实施创造了良好条件。①

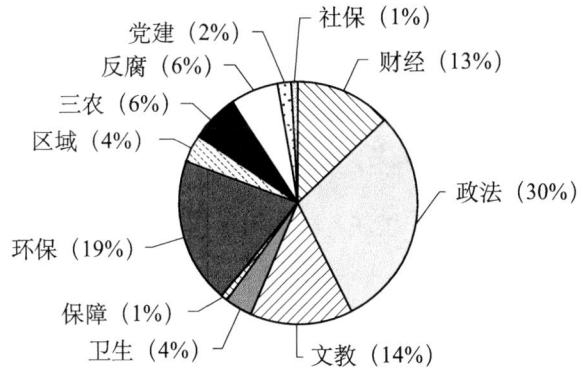

图5-5 中央深改会议试点文件的领域分布

（2）方法运用上全工具并行

在方法路径方面，相关试点文件以探索型为主（65％），测试型次之（30％）。在时间变化上呈现探索型试点占比居高不下，示范型试点占比近年有所上升的特点（如图5-7所示），这反映了顶层试点复合型的功能定位及其在不同实践阶段的迭变：一方面有可预见的政策工具及方法设计的新试点不再多见，政策议题的涉及面

———

① 《习近平主持召开中央全面深化改革领导小组第十三次会议强调 树立改革全局观积极探索实践 发挥改革试点示范突破带动作用》，共产党员网，https://syss.12371.cn/2015/06/05/ARTI1433495661826576.shtml。

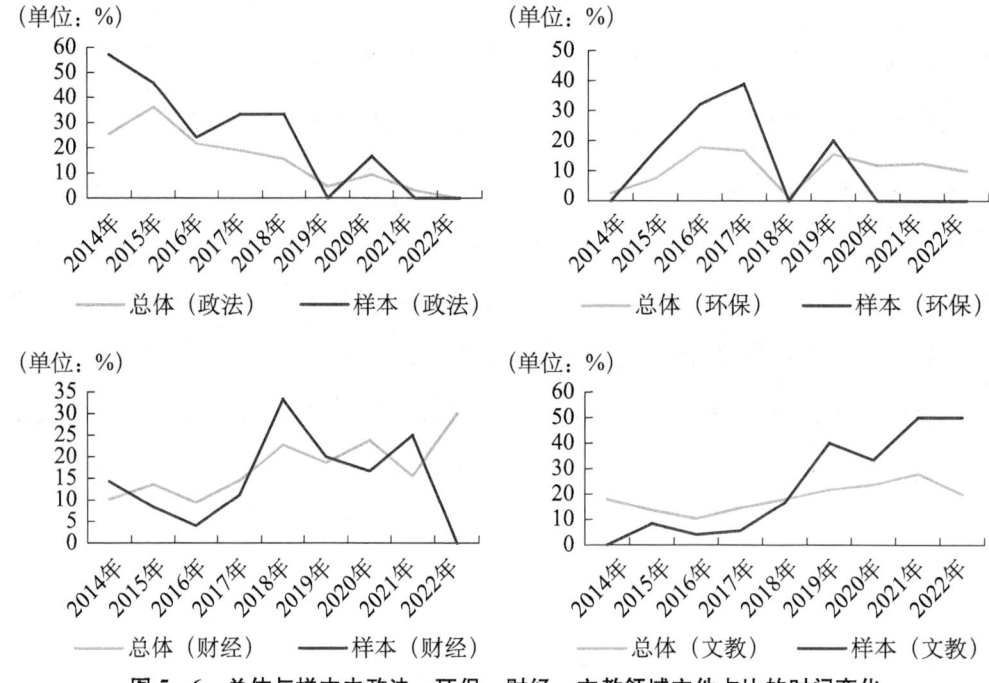

图 5-6　总体与样本中政法、环保、财经、文教领域文件占比的时间变化

愈加复杂，试点作为改革先锋也更具有探索实验的性质，以发挥其减少改革阻力与风险成本的优势；另一方面全面深化改革初期的一些试点工作也迎来了成果反馈阶段，高绩效政策试点的示范效应显现，试验经验得到中央重视并升级纳入新一轮国家政策试点议题中。

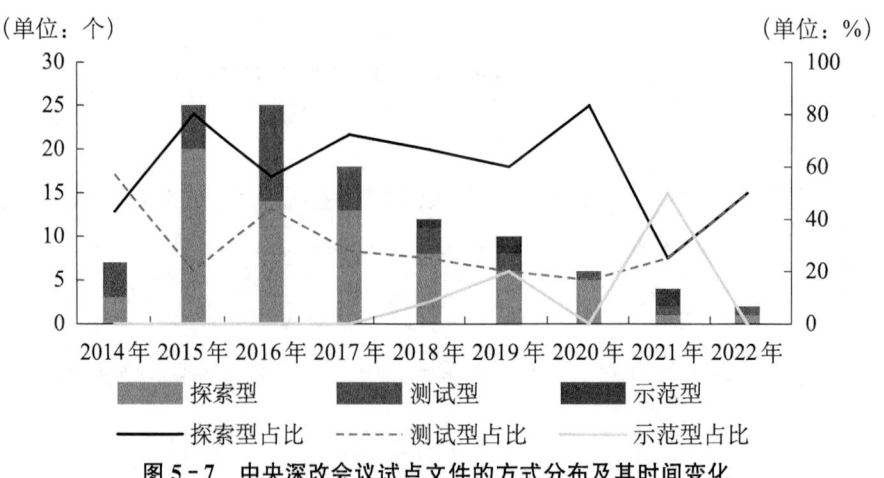

图 5-7　中央深改会议试点文件的方式分布及其时间变化

在表现形式方面，相关试点文件以试点项目（63%）为主，试验性立法

（19％）、试验区（18％）次之。在时间变化上呈现试点项目占比先降后升、试验区占比反向波动、试验性立法占比稳中有升的特点（如图5-8所示），这反映了顶层试点在形式上各有发展的局面：试点项目以局部性政策试验为核心有更强的针对性与灵活性，较好地协调了时间维度与空间维度，因而得到各层级机构部门的最广泛运用；试验区虽然因规模较大、周期较长更少出现，但在地方发展型政府逻辑驱使下也作为一种空间调度方式有利于推动区域多元发展与激发地方创新活力；试验性立法在全面依法治国的背景下则会有更多实践，以赋予不断拓展深化的改革试点工作制度合法性与严肃性、规范性。

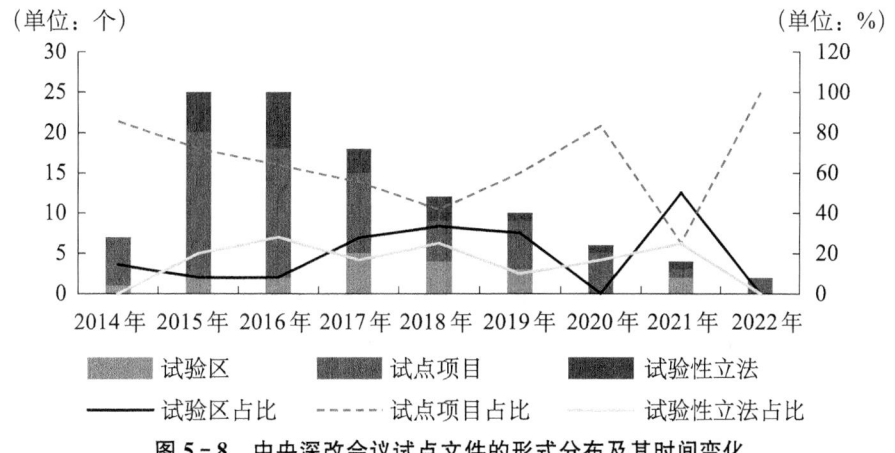

图5-8　中央深改会议试点文件的形式分布及其时间变化

（3）制度程式上全过程引领

在文本类型方面，相关试点文件仅有改革制度（89％）、改革治理制度（11％）两类，这与中央深改会议文件总体在改革制度（86％）、改革治理制度（8％）两个类型上分布基本一致，这说明以中央深改会议为代表的顶层设计方同样注重试点政策出台后的执行和评估过程。具体表现为中央深改会议提到的12份文件，其中9份是针对"多规合一"改革试点、农村集体资产股份权能改革试点、全国总工会改革试点、群团改革试点、检察机关提起公益诉讼试点以及国家生态文明试验区、自由贸易试验区建设情况的总结报告，属于改革落实制度或改革反馈制度，另外3份直接对改革试点制度予以规范，不断强化了我国政策试点制度实践。

在文本性质方面，相关试点文件以实施方案（52％）为主，指导意见（24％）、暂行规定（12％）、总结汇报（9％）、请示报告（3％）次之，这说明纳入中央顶层设计的试点往往已有一定的制度设计基础，中央对制度设计与执行落实都很重视，并用不同领域、阶段的制度文件统筹着改革试点工作，正如《关于加强和规范改革试点工作的意见》所提到的，"要准确把握改革试点方向，把制度创新作为核心任务"，这有助于我们认识以制度建设、体制调适和机制创新为牵引的全面深化改革进程。[①] 进一步地，相关试点文件在时间变化上呈现实施方案占比高位下降、指导意见占比显著上升并与之汇合的特点（如图5-9所示），可见我国改革实践进一步深化下沉，原始变革冲动有所消解，但中央长期持续改革的决心和力度仍较强。

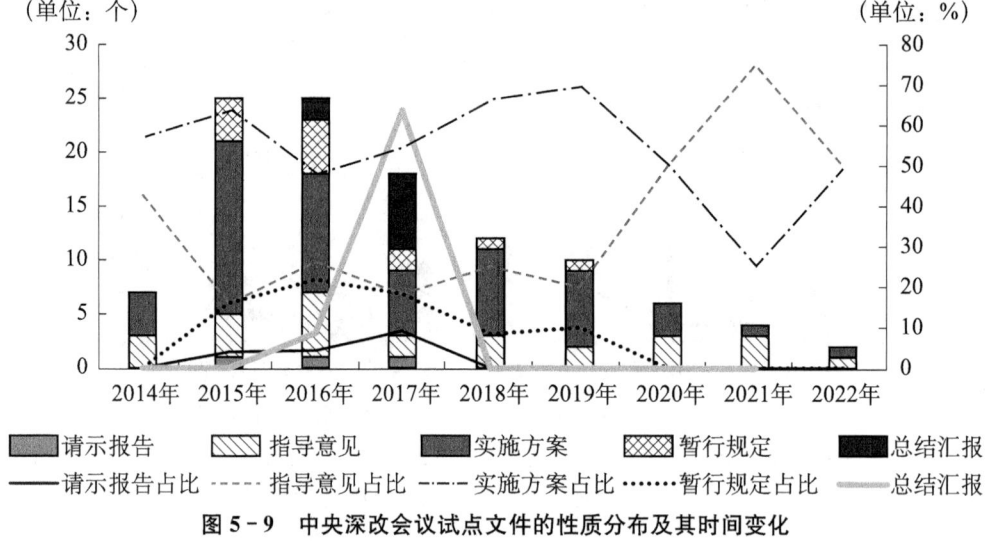

图5-9 中央深改会议试点文件的性质分布及其时间变化

（4）空间位置上全方位关照

在试点地区方面，除去中央企业董事会职权试点、国务院部门权力和责任清单编制试点、国家高端智库建设试点等18个不以地方为单位展开试点或未公布试点地区名单的项目，其他46个项目按试点初期指定的实施地方对各省（自治区、直辖市）进行统计（如图5-10所示），发现重庆、福建、广东、江苏、上海五地涉及试点较多，总体分布上以沿海经济发达地区为多数，中部较发达地区次之，边疆少数民族地区偏少，但最少的西藏也涉及5个试点文件。这体现了我国全面深化改革如火如荼的背景下省级区域差异化发展态势与布局，以及珠三角、长三角地区部

---

① 唐皇凤：《全面深化改革的战略布局：基于中央深改组19次全体会议报道的文本分析》，《湖南社会科学》2016年第3期，第1页。

分沿海城市的改革开放先行者地位，中央顶层设计下的政策试点不是水平化全面铺开，而是一个有偏向的层次系统。另外，按是否涉及地方划分文件，发现涉及具体地方的文件占32%，时间分布上总体稳中有升（如图5-11所示），这说明顶层试点在统筹推进全国性政策议题的同时，对地方状况需要也有所关照，一些地方实践作为改革试点的先行或示范样例被讨论审议，也侧面反映了中央深改会议在决策议事上的把关和带动作用。

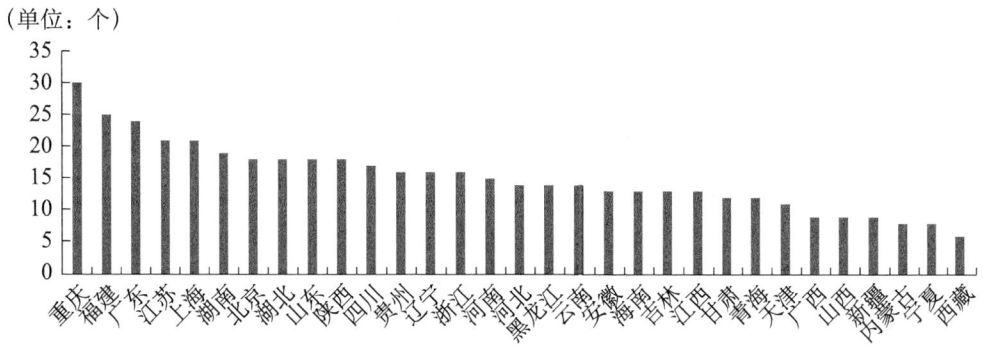

图5-10 中央深改会议试点项目在各省、自治区、直辖市的分布

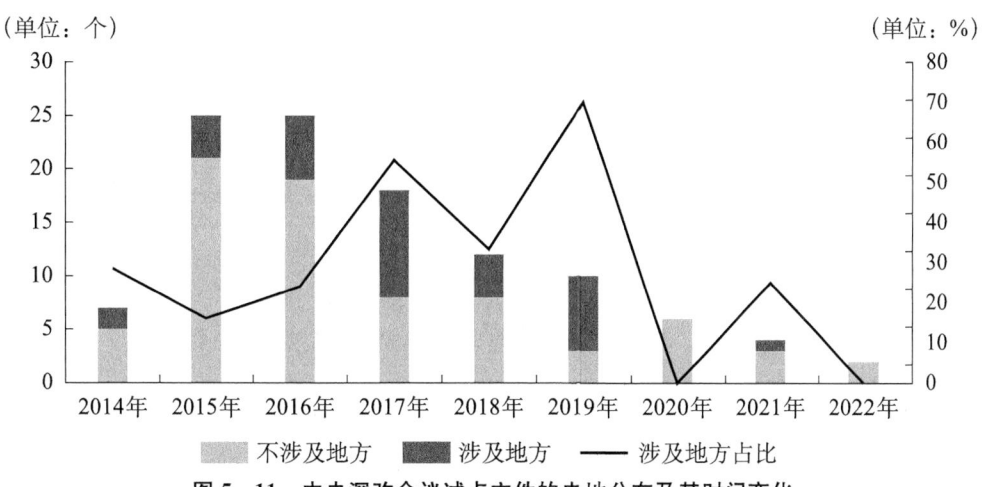

图5-11 中央深改会议试点文件的央地分布及其时间变化

（5）主次指导上全动态调节

以试点项目关联的会议试点文件个数为表征，可以观察中央深改会议以审议文件为主要方式对政策议题的注意力配置。绝大部分试点项目仅涉及1（70%）或2（16%）个文件（如图5-12所示），得到中央深改会议最高关注度的是"自由贸易试验区"这一议题，共涉及9个文件。进一步结合领域、目的等变量分析，发现高关注度项目（深改会议关注度≥4）主要分布在政法、区域、环保、财经等领域（如图 5 - 13 所示），以测试或探索为目的（如图 5 - 14 所示）。

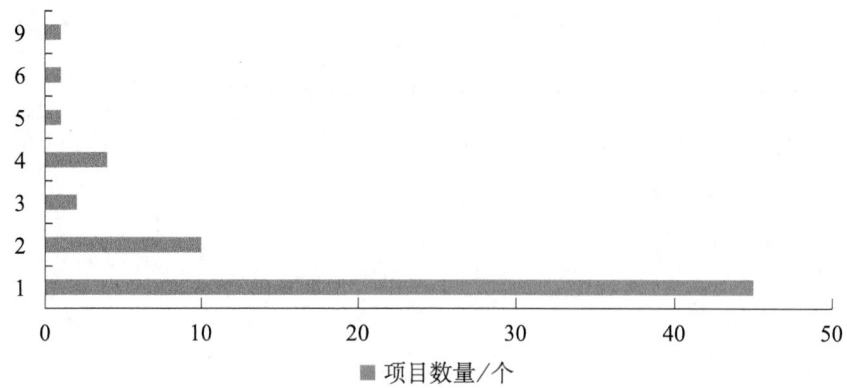

图 5 - 12　中央深改会议试点项目的关注度分布

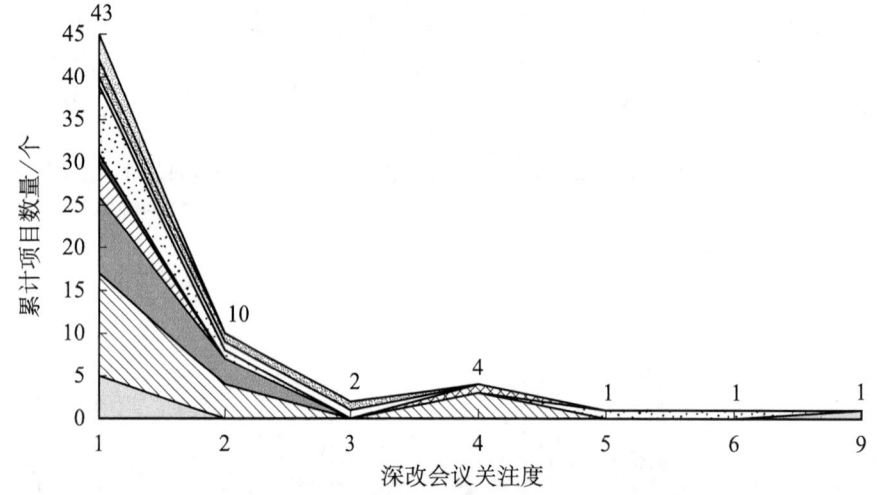

图 5 - 13　中央深改会议试点项目关注情况及其领域分布

对于涉及多个文件的试点项目，深改会议关注度也能在一定程度上结合时序因素反映政策议题的复杂性与变化量。央地关系理论和政策过程理论是政策试点研究最常见的两个视角，以试点文件的"性质"和"央地分布"为变量横纵构建框架，分析 8 个高关注度试点项目（深改委关注度≥4）的政策试点变迁路径（如图 5 - 15 所示）。分析发现，除国家公园体制试点、群团改革试点、公安机关人民警察职务序列改革试点几个项目仅局限于单一象限内，其他都有不同象限间的穿插反复，大体可分为三类：一如国家生态文明试验区，中央自上而下推动试点，在发布顶层设

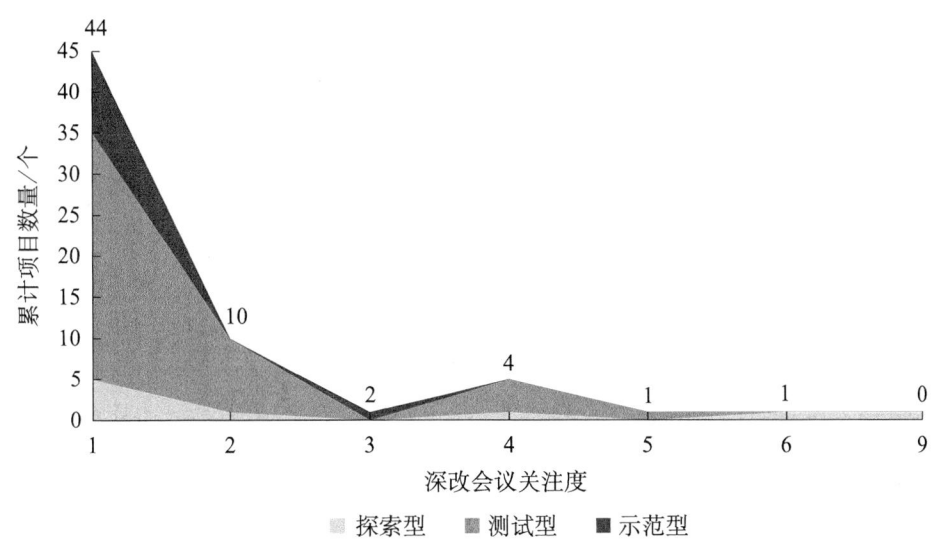

图 5 - 14　中央深改会议试点项目关注度情况及其目的分布

计意见后依次展开福建、江西、贵州、海南各地实施方案与先行试点地区福建建设情况报告的审议工作；二如空间规划（多规合一）改革试点，其属于自下而上将地

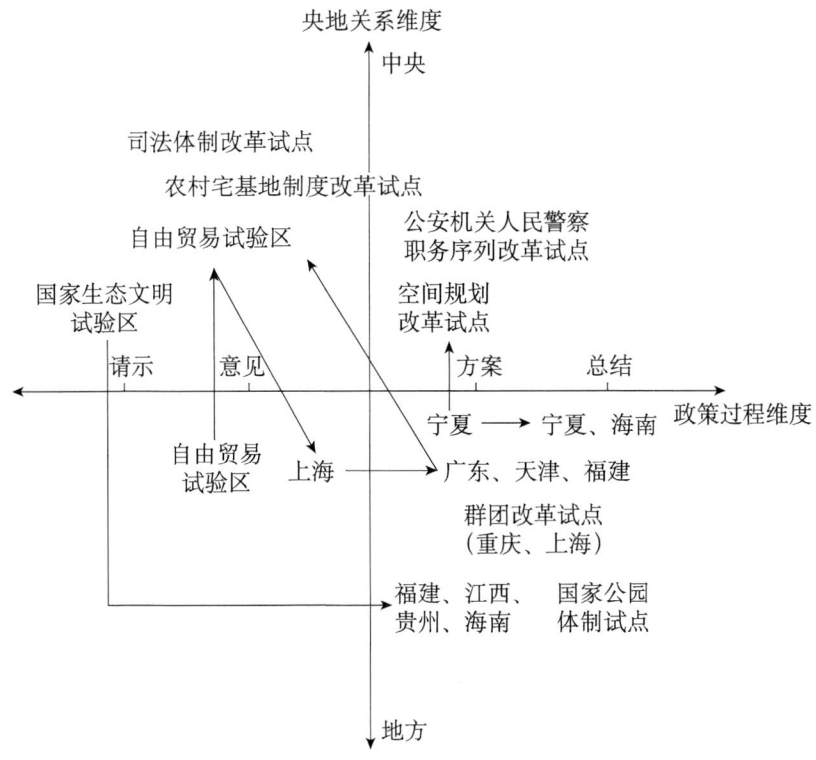

图 5 - 15　高关注度试点项目的二维变迁路径

方经验注入国家政策，中央在审议宁夏地区试点方案和海南地区试点情况报告后不久，便审议通过了《省级空间规划试点方案》这一顶层设计文件；三如自由贸易试验区，其由上海实践起步，依次完成了《加快实施自由贸易区战略的若干意见》《关于支持自由贸易试验区深化改革创新的若干措施》《关于推进自由贸易试验区贸易投资便利化改革创新的若干措施》等顶层制度设计，其间穿插上海、广东、天津、福建等地的深化改革方案及情况总结报告，可见中央顶层设计下的政策试点虽以中央控制为主导，但在决策与执行过程中仍存在多层级之间摇摆不定的互动行为，并在有远见的反复试验中不断实现自我完善升级，这体现了我国分级制政策试验背后地方积极性和中央决策之间的辩证关系及其强大势能。[①]

二、中央深改会议与政策试点研究综述

对于中央深改会议和政策试点这两个近年来中国国家治理实践中的关键议题，研究群体一直在热烈回应。前者主要从国家机构改革角度聚焦该组织的成立与变革，或以其审议通过的某项政策制度为对象展开研究，相比之下，对中央深改会议文本的系统研究较少，并且均以全面深化改革为核心，探讨其战略布局、逻辑路径、制度框架等问题。其中两篇文献用词频分析、语义网络分析的方法对文本总体进行挖掘，发现全面深化改革以全面、深化为核心特征，以制度、机制和体制为主要内容，以问题、矛盾、基层和利益为基本关切，高度重视改革的价值取向与落实情况，强调顶层设计和先行先试相结合。[②] 另外一篇则从制度分析角度有更加聚焦的视角框架，通过文本分析深入探讨了我国改革背后的制度供给及逻辑。[③] 后者则主要围绕政策试点的历史源流、概念、类型、特征、过程、功能等

---

① 塞巴斯蒂安·海尔曼：《中国异乎常规的政策制定过程：不确定情况下反复试验》，《开放时代》2009年第7期，第41页。

② 唐皇凤：《全面深化改革的战略布局：基于中央深改组19次全体会议报道的文本分析》，《湖南社会科学》2016年第3期，第1页；张文明：《全面深化改革的战略取向与逻辑路径——基于中央深改委（组）44次会议报道的文本大数据分析挖掘》，《宏观经济管理》2018年第12期，第68页。

③ 李文钊：《中国改革的制度分析：以2013—2017年全面深化改革为例》，《中国行政管理》2018年第6期，第18页。

展开，① 产生了分级制试验说②、选择性控制说③、双轨制试验论④等诸多本土性概念框架。其中，最核心的文献主题主要有三大类：一是聚焦政策试验的价值功能与制度背景，涉及全面深化改革、国家治理、中国特色等关键词，多采用一般理论演绎法；二是关注政策试验过程的具体展开，尤其是中央政府与地方政府、顶层设计与基层探索之间的种种互动，多采用个案分析法和政策文本分析；三是聚集政策试验在试点、扩散阶段的影响因素与运作机制，多采用多案例比较与量化分析方法。

综上可见，上述两方面文献已然十分丰富，但将中央深改会议和政策试点两个主题统合起来的研究作品还比较鲜见，且各自在研究视域和样本来源上存在局限，这在一定程度上削弱了对于深化改革行动的智力支持。

三、展望与分析：双重理性视域下新时代深化改革的顶层设计风格

（一）以国家主导型发展为指向的计划理性

在丰富的政策试点实践中，党中央作为倡导者和把关者，一直具有显著的主导和控制作用。⑤ 在自上而下改革模式占主导的全面深化改革时期，试点改革工作更加重视顶层制度设计，上述政策试点也更加集中地反映了顶层决策中枢的政策选择偏好，有助于透视顶层如何设计这一计划理性。分析发现，其维护政治权威秩序的原则意识始终存在，具体选择上明显强调要与国家大政方针战略及中央工作重心相契合，具有良好推广前景，即使该项试验因地方实际需要而生，也更多作为先行或示范样例受上述因素左右。也就是说，试点主要致力于探索具有普遍意义的战略性议题，而非单一、琐碎的具体问题。

进一步地，我们发现这种国家主导逻辑背后的发展指向。受全球化竞争、赶超

---

① 梅立润：《政策试验的国家治理定位与研究述评》，《理论研究》2016 年第 2 期，第 49 页；李壮：《中国政策试点的研究述评与展望——基于 CSSCI 数据库的分析》，《社会主义研究》2018 年第 4 期，第 141 页；刘金发、刘婕：《国内政策试点研究热点与发展态势——基于 CNKI 核心期刊的文献计量及可视化分析》，《南都学坛》2020 年第 2 期，第 91 页。

② 韩博天、石磊：《中国经济腾飞中的分级制政策试验》，《开放时代》2008 年第 5 期，第 31 页。

③ 刘培伟：《基于中央选择性控制的试验——中国改革"实践"机制的一种新解释》，《开放时代》2010 年第 4 期，第 59 页。

④ 杨宏山：《双轨制政策试验：政策创新的中国经验》，《中国行政管理》2013 年第 6 期，第 12 页。

⑤ 刘培伟：《基于中央选择性控制的试验——中国改革"实践"机制的一种新解释》，《开放时代》2010 年第 4 期，第 59 页。

压力以及"发展才是硬道理"经验的影响，国家的发展意愿仍很强烈，因而不断推进作为动力的改革事业，包括在全局化改革中发挥示范、突破、带动作用的政策试点。正如中央全面深化改革领导小组第十七会议提到的，要把接续推进改革同服务党和国家工作大局结合起来，围绕落实新发展理念、构建新发展格局、推动高质量发展等战略目标任务，推进创造性、引领性改革。① 客观来看，上述试点议题的时空分布也与发展理念及现状深度契合，时间变化上新发展理念的深入带来了更多具有深度的复合化改革实践，空间布局上则体现了我国省级区域差异化发展态势，尤其是部分沿海城市的先行者地位。

（二）以"摸着石头过河"为内核的实践理性

中央深改会议对试点方法的广泛应用还深刻体现了以"摸着石头过河"为内核的实践理性，既要从实践中来，把基层改革创新中发现的问题、解决的方法、蕴含的规律及时形成理性认识，推动面上的制度创新，② 又要到实践中去，坚持问题导向，解决好改革方案同实际相结合的问题。在这一过程中，决定政策试点命运的根本标准就是其面向实践的绩效表现，而不是其他什么主观意志。

一方面，顶层设计要贯彻实践理性的适应性逻辑，不能不接地气。任何一项试点工作，都需要中央依据不同改革试点情境，深入具体政策领域，通过不同功能定位、表现形式、实施单位、组织方法的系统性组合，广泛探索可复制可推广的经验做法，并在执行过程中基于实践反馈不断调整优化。另一方面，顶层设计要贯彻实践理性的渐进性逻辑，不能步伐过大。通过试点这种边试边改的安排，使政策变迁和体制过程保持在一个循序渐进、稳步前行的状态，③ 不仅试验成功者能通过绩效对比与示范效应进一步化解改革阻力、推动政策创新扩散，不成功者也因其局部决策意义能有效降低改革成本，进入风险缓冲空间，从而成为一种柔性化的容错纠错

---

① 《习近平主持召开中央全面深化改革领导小组第十七次会议强调 鼓励基层改革创新大胆探索 推动改革落地生根造福群众》，共产党员网，https://news.12371.cn/2015/10/13/ARTI1444726780995465.shtml。

② 《习近平主持召开中央全面深化改革领导小组第十七次会议强调 鼓励基层改革创新大胆探索 推动改革落地生根造福群众》，共产党员网，https://news.12371.cn/2015/10/13/ARTI1444726780995465.shtml。

③ 周望：《治国理政机制的延续与现代化——对全面深化改革实践中三个关键机制的分析》，《科学社会主义》2018年第1期，第92页。

机制。①

（三）"推动-汲取"式央地互动下的政策跃迁

只有在运用绩效调控工具实现政策测试与政策生成的循环发展后，适宜完备的政策制度才能得到正式落实。因此，政策试点最重要的目的不在于试点决策本身，而在于局部决策与完全决策之间的知识生成与检验成果。分析发现，顶层设计下的改革试点工作虽以制度创新为核心，但政策出台后的执行与评估阶段同样得到了重视。不论是中央主导下的因地制宜式执行，还是中央授权下的地方参与式创新，②以央地关系与政策过程为主要变动轴，政策试点在多层级互动交织的有远见的反复试验中不断实现自我升级跃迁。③

毋庸置疑，政策无法自己发展自己，它要依赖一定的主体，具体到这一顶层设计过程就在于中央和地方两个行为体及其互嵌关系、互动作用，以及与之关联的我国独特的治理体系逻辑与政治制度文化（如图 5-16 所示）。具体来看，一方面该过程具有自上而下的高位推动特征，中央深改会议审议通过的各项试点本就具有较强的制度化政治势能，④在具体推行过程中，还受以目标责任制为特征的地方政府间横向竞争激励和各级干部的纵向约束，以及以巡视督导为基础的压力传导约束，⑤通常有较好的执行推导效果。另一方面，该过程具有自下而上的收束汲取特征，中央在赋予地方先行先试的合法空间与资源优势后，要求地方以改革全局的高度探索可复制可推广的经验，并通过央地之间复杂的反馈调整机制及时把握地方分散试验中的各种经验、成果与问题，及时总结推广，从而实现了地方经验信息高效率的回流与集成，加快了制度创新与扩散。总之，在我国政策试点过程的多变、流动与混合之中，既有理论建构与经验汲取的交纵发展关系，⑥也有央地在平衡统一权威与

---

① 杨宏山、李沁：《政策试验的注意力调控与适应性治理》，《行政论坛》2021年第3期，第59页。

② 王厚芹：《如何摸着石头过河？——基于政策试验的中国政府渐进改革策略分析》，《中国行政管理》2021年第6期，第112页。

③ 塞巴斯蒂安·海尔曼：《中国异乎常规的政策制定过程：不确定情况下反复试验》，《开放时代》2009年第7期，第41页。

④ 贺东航、吕鸿强：《新时代中国共产党治国理政的政治势能》，《东南学术》2019年第6期，第1页。

⑤ 原超、赵勇：《规划国家：一个理解"中国之治"的概念性框架》，《广西师范大学学报》（哲学社会科学版）2021年第4期，第68页。

⑥ 陈红娟：《理性建构与经验汲取：中国特色社会主义理论体系发展的内在理路》，《学术论坛》2012年第10期，第14页。

分散创新中的深度耦合关系,① 这使得顶层设计在计划理性与实践理性之间持续保持着动态平衡。

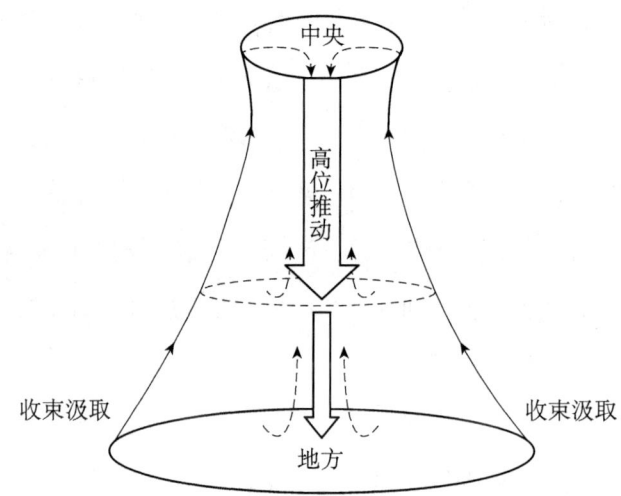

图 5-16 政策试点过程中的"推动-汲取"式央地互动

从中央深改会议试点看我国全局化改革图景,可以发现全面深化改革在近十年实践后有了进一步深度下沉:一方面原始变革冲动有所消解;另一方面改革所面临问题的综合性、复杂性与时滞性更强,利益固化程度或利益诉求冲突更严重。总体来看,目前改革仍以创新创造为重,政策制定与落实的精细化程度不足。因此,我们应坚定"改革永远在路上、改革之路无坦途"的信念决心,不断完善顶层设计,优化政策实践,以改革开放推动党和国家各项事业取得历史性成就、发生历史性变革的新局面持续深化,从而为实现中华民族伟大复兴的中国梦提供坚实的制度基础。

四、报告要点

第一,全面深化改革与改革试点工作持续向纵深发展。随着时间发展,尤其在党的十九大后,中央深改会议审议文件数和召开频次明显下降,原始变革冲动有所消解,但中央持续改革的决心和力度仍较强,试点继续作为重要任务及方法与国家

---

① 韩博天、奥利佛·麦尔敦、石磊:《规划:中国政策过程的核心机制》,《开放时代》2013 年第 6 期,第 8 页。

大的发展战略紧密结合，在改革布局中长期稳定存在。但是，目前改革仍以创新创造为重，政策制定与落实的精细化程度不足。

第二，顶层设计下政策试点呈现"靶向攻坚"行动逻辑。中央在对其原则、策略、方法作出统一规范的基础上，多聚焦事关战略全局的重要政策议题，要求地方为面上改革积极创造可复制可推广的经验。

第三，顶层设计下政策试点呈现系统、协调的布局逻辑。以全领域覆盖、全工具并行、全过程引领、全方位关照、全动态调节的"五格特质"为表征，适应于不同的实践情境，以中央为调度核心，顶层试点在形式、路径、阶段和地区分布上又呈现灵活多变、各有发展的局面。

第四，顶层设计下政策试点呈现权威引领的多维演进逻辑。拟合央地关系和政策过程两重视角，发现大部分试点项目在顶层视野下经历了不同象限的穿插反复，主要有三条路径：一是自上而下的实施路径，二是自下而上的整合路径，三是多层级反复的混合路径。在"推动-汲取"式央地互动过程下，顶层试点不断实现自我升级跃迁。

第五，新时代顶层试点呈现计划、实践相协调的理性逻辑。一方面维护政治权威秩序的原则意识始终存在，致力于探索具有普遍意义的战略性议题，体现以国家主导型发展为指向的计划理性。另一方面强调从实践中来、到实践中去，坚持试点的适应性、渐进性和有效性，体现以"摸着石头过河"为内核的实践理性。

（作者单位：中国人民大学公共管理学院，南开大学周恩来政府管理学院）

城市管理综合执法改革研究报告

杨书文

党的二十大报告提出，要继续深化行政执法体制改革，完善基层综合执法体制机制。推进城市管理综合执法改革是提高政府形象的重要途径，同时也是建成法治国家，推进依法行政的重要任务。

一、2021—2022 年城市管理综合执法改革现状

（一）城市管理综合执法的法制化进程

2021—2022 年我国持续推进城市综合执法的法制化进程，中央政府及各部门出台了一系列法律法规和规范性文件（如表 5-2 所示），在执法作风、执法方式、执法规范的建设上作出改进。2021 年 4 月，《住房和城乡建设部关于巩固深化全国城市管理执法队伍"强基础、转作风、树形象"专项行动的通知》发布。国务院办公厅分别在 2021 年 6 月和 2022 年 11 月发布了《国务院办公厅关于文化市场综合行政执法有关事项的通知》和《国务院办公厅关于市场监督管理综合行政执法有关事项的通知》，统筹配置行政执法职能和执法资源，切实解决多头多层重复执法问题，严格规范公正文明执法。

表 5-2　2021—2022 年中央政府发布的有关城市管理执法的法律法规和政策文件概况表

名称	发布部门	发文时间
《关于巩固深化全国城市管理执法队伍"强基础、转作风、树形象"专项行动的通知》	住房和城乡建设部	2021 年 4 月
《关于文化市场综合行政执法有关事项的通知》	国务院办公厅	2021 年 6 月

名称	发布部门	发文时间
《住房和城乡建设行政处罚程序规定》	住房和城乡建设部	2022 年 3 月
《房屋市政工程生产安全重大事故隐患判定标准（2022 版）》	住房和城乡建设部	2022 年 4 月
《关于市场监督管理综合行政执法有关事项的通知》	国务院办公厅	2022 年 11 月
《关于加强县级地区生活垃圾焚烧处理设施建设的指导意见》	国家发展改革委等部门	2022 年 11 月

　　地方政府层面也积极推进城市综合执法的法治化建设，出台了诸多地方法律法规和规范性文件（如表 5 - 3 所示）。相比之前，2021 年和 2022 年地方政府更加注重执法工作体制的建设和执法队伍的法治化建设。

表 5 - 3　2021—2022 年部分城市出台的城市管理执法法律法规和政策文件概况表

名称	城市	主要目标	时间
《排污许可管理条例》	昆明市	加强排污许可管理，规范企事业单位和其他生产经营者排污行为，控制污染物排放	2021 年 1 月
《关于印发〈南京市行政执法辅助人员管理办法〉的通知》	南京市	规范行政执法辅助行为，促进严格规范公正文明执法	2021 年 2 月
《关于开展市区市场监管综合执法工作的通告》	广州市	进一步深化市场监管综合行政执法改革	2021 年 4 月
《关于印发杭州市国家营商环境创新试点实施方案的通知》	杭州市	加快形成一系列可复制可推广的制度创新成果，为国家营商环境建设作出重要示范	2022 年 1 月
《上海市城管执法系统贯彻落实法治宣传教育第八个五年规划实施方案》	上海市	全系统普法工作体系更加健全，"谁执法谁普法"普法责任制得到有效落实	2022 年 2 月
《关于印发〈北京市"十四五"时期城市管理发展规划〉的通知》	北京市	城市管理领域各项事业取得长足发展，适应首都城市战略定位和国际大都市特点的城市治理体系初步形成	2022 年 3 月
《关于印发〈2022 年度银川市综合执法监督工作计划〉的通知》	银川市	全力推进"改进作风提升质效"专项行动，助推全市综合执法改革和执法规范年建设工作	2022 年 4 月
《关于加强全市街道综合行政执法规范化建设工作的通知》	武汉市	加快推进行政执法权限和力量向基层延伸和下沉，构建制度健全、管理规范、分工明确、运转高效的街道综合行政执法工作体制机制	2022 年 7 月

名称	城市	主要目标	时间
《关于印发天津市贯彻落实"十四五"市场监管现代化规划实施方案的通知》	天津市	推进市场监管体系完善和效能提升，推进市场监管现代化，不断提高依法行政能力和公正监管水平	2022年8月

（二）综合执法职责配置优化

2022年11月，市场监管总局发布了《市场监督管理综合行政执法事项指导目录》（如表5-4所示），明确划定了861项执法事项以及实施主体和第一责任层级，梳理规范市场监管领域依据法律、行政法规设定的行政处罚和行政强制事项，以及部门规章设定的警告、罚款的行政处罚事项，并将按程序进行动态调整，切实加强对市场监管领域行政处罚和行政强制事项的源头治理，稳定市场预期，激发市场主体活力。

表5-4　市场监管总局印发的《市场监督管理综合行政执法事项指导目录》（2022年版）摘录

职权类型	职权名称
行政处罚	对虚报注册资本，取得公司登记的行政处罚、对提交虚假材料或者采取其他欺诈手段隐瞒重要事实，取得公司登记的行政处罚等858条
行政强制	对有证据证明可能危害人体健康的药品、疫苗及其有关材料等的行政强制 《医疗器械监督管理条例》 第七十条　负责药品监督管理的部门在监督检查中有下列职权： （二）查阅、复制、查封、扣押有关合同、票据、账簿以及其他有关资料； （三）查封、扣押不符合法定要求的医疗器械，违法使用的零配件、原材料以及用于违法生产经营医疗器械的工具、设备； （四）查封违反本条例规定从事医疗器械生产经营活动的场所。 进行监督检查，应当出示执法证件，保守被检查单位的商业秘密。 有关单位和个人应当对监督检查予以配合，提供相关文件和资料，不得隐瞒、拒绝、阻挠 《化妆品监督管理条例》 第四十六条　负责药品监督管理的部门对化妆品生产经营进行监督检查时，有权采取下列措施： （四）查封、扣押不符合强制性国家标准、技术规范或者有证据证明可能危害人体健康的化妆品及其原料、直接接触化妆品的包装材料，以及有证据证明用于违法生产经营的工具、设备； （五）查封违法从事生产经营活动的场所

2022 年 6 月，北京市城市管理委员会发布了市城市管理委员会独自行使的权力清单和市、区城市管理委员会共同行使的权力清单（如表 5 - 5 所示），进一步明晰了市、区政府和各部门的权限以及责任。

表 5 - 5　北京市城市管理委员会独自行使的权力清单

职权名称	职权类型
新建管道通过区域受地理条件限制的防护方案	行政许可
对涉外垃圾清运费的征收	行政征收
供电企业、发电企业和用户执行有关法规监督检查	行政检查
对矿井瓦斯等级鉴定结果进行审批	行政确认
对煤矿核定生产能力进行审查确认	行政确认
对煤矿设计生产能力进行确认	行政确认

2022 年 4 月，杭州市综合行政执法办公室发布了《杭州市综合行政执法事项扩展目录》，包括了 11 个领域共 989 个执法事项，对实施区域和具体责任边界作出了明确的划分（如表 5 - 6 所示）。

表 5 - 6　《杭州市综合行政执法事项扩展目录》（2022 年）整理

领域	事项名称
发展改革	对被监察单位未按规定实施整改，或整改未达到要求的行政处罚、对重点用能单位违法未设立能源管理岗位，聘任能源管理负责人，并报管理节能工作的部门和有关部门备案的行政处罚等 13 项
教育	对学校或其他教育机构违反国家有关规定招收学生的行政处罚、对民办学校提交虚假证明文件或采取其他欺诈手段隐瞒重要事实骗取办学许可证的行政处罚等 14 项
民族宗教	对擅自设立宗教院校的行政处罚、对违反规定修建大型露天宗教造像的行政处罚等 8 项
民政	对社会团体侵占、私分、挪用资产或所接受的捐赠、资助的行政处罚、对社会团体违规设立下属机构或因管理不善造成严重后果的行政处罚等 73 项
人力资源社会保障	对职业中介机构提供虚假就业信息的行政处罚等 78 项
自然资源	对以欺骗手段取得规划资质证书从事规划活动的事业单位法人、企业法人的行政处罚等 6 项
生态环境	对排放环境噪声的单位拒绝噪声污染现场检查或检查时弄虚作假的行政处罚等 3 项

续表

领域	事项名称
建设	对中标人将中标项目转让给他人等行为的行政处罚、对未严格按专项施工方案组织施工或擅自修改专项施工方案的建筑施工企业的行政处罚等 662 项
水利	对水利工程建设项目招标人不按规定订立合同的行政处罚等 75 项
人防	对建设城市地下工程不兼顾人民防空需要的行政处罚等 6 项
林业	对未按规定建立、保存林草种子生产经营档案的行政处罚等 51 项

(三) 城市管理执法的专业化、规范化

1. 执法队伍专业化

2021 年 8 月，中共中央、国务院印发《法治政府建设实施纲要 (2021—2025 年)》，明确提出了要健全行政执法工作体系，全面推进严格规范公正文明执法，努力让人民群众在每一个执法行为中都能看到风清气正、从每一项执法决定中都能感受到公平正义。2022 年 3 月规划司发布的《"十四五"市场监管现代化规划》强调，要加强人才队伍建设，健全人才引进、培养、使用、评价、激励机制，统筹推进市场监管人才队伍建设，如表 5-7 所示。

表 5-7　2022 年部分城市发布的有关执法队伍专业化规范化建设的政策文件

城市	政策文件	发布时间
上海市	《上海市城管执法系统贯彻落实法治宣传教育第八个五年规划实施方案》	2022 年 2 月
上海市	《2022 年本市城管综合行政执法队伍规范化创建工作方案》	2022 年 6 月
重庆市	《重庆市生态环境保护综合行政执法队伍建设"十四五"规划 (2021—2025 年)》	2022 年 3 月
天津市	《天津市贯彻落实"十四五"市场监管现代化规划实施方案》	2022 年 8 月

2. 执法行为柔性化

2022 年全国多地进一步将柔性执法实践于城市综合管理中，体现以人民为中心的发展理念，让执法更有温度。诸多省市也颁布了"首违不罚"、免罚清单以及对轻微违法行为不予处罚的规定等政策法规以落实《中华人民共和国行政处罚法》。处罚与教育相结合，取代了"一罚了之"，做到包容审慎有"尺度"、柔性执法有"温度"、服务发展有"广度"，如表 5-8 所示。

表 5 - 8　2021—2022 部分省市政府关于柔性执法相关政策

名称	属地	时间
《天津市公安局对市场主体首次轻微行政违法行为免罚清单》	天津市	2021 年 4 月
《关于制定市级"不罚""轻罚"清单优化法治营商环境的通知》	青岛市	2021 年 5 月
《四川省市场监管领域"首违不罚"清单适用规则（试行）》	四川省	2021 年 11 月
《广州市生态环境违法当事人公开道歉承诺守法从轻处罚暂行规定》	广州市	2021 年 11 月
《浙江省应急管理系统轻微违法行为不予行政处罚事项清单（试行）》	浙江省	2022 年 3 月
《北京市城管执法部门对轻微违法行为不予行政处罚规定（试行）》	北京市	2022 年 12 月

3. 城市管理精细化

习近平总书记指出"城市管理应该像绣花一样精细"，作为生产空间、生活空间、生态空间的综合体，城市既要做好"面子"，更要提升"里子"。2021 年和 2022 年两年时间里，全国各地进一步提高城市精细化管理水平，制定和颁布了城市管理精细化发展方案和意见，如表 5-9 所示。

表 5 - 9　部分城市对城市精细化管理的探索

城市	具体措施
厦门市	精细制定标准规范，编制《厦门市城市精细化管理标准》和《厦门市城市管理指挥手册》，形成具有厦门特色的城市精细化管理标准，为"绣花式"城市管理提供翔实的操作指南
贵阳市	城市管理部门开发"贵阳百姓拍"App，营造城市管理"我参与、我共享、我快乐"的良好氛围，形成多元共治、良性互动的城市精细化管理新格局
沈阳市	努力构建常态长效管理机制，进一步完善以"路长制"为核心的区、街道、社区三级城市网格化管理体系，压实路长路队责任，打造城市精细化管理标杆
哈尔滨市	利用"网格化"管理模式对城市管理空间和管理对象进行细致的划分和纳入，责任落实到每一个细小的单元网格，消除管理盲点，提升细小作业管理水平

（四）地方政府城管综合执法模式的改革与创新

2022 年，部分省市政府探索和创新了许多值得参考的执法模式，如表 5-10 所示。

表 5-10 各地城管综合执法创新的成果

地区	创新成果	主要内容和成效
北京市	"多规合一"及"综合执法"	强调市级层面的"主导者"角色定位，突出"以城区为重点"的空间治理取向并进一步统筹全市域城乡治理空间
浙江省	大综合一体化改革	推进跨领域跨部门综合执法、整合精简执法队伍、进一步下沉执法权限与力量、全面推进执法数字化改革、推进严格规范公正文明执法
上海市	两张网＋执法	地面网格＋智慧云网络＋执法，推动执法模式数字化转型
深圳市	"不见面执法"新模式	推进平台建设、完善执法流程、开展线下活动推广
成都市	"以人民为中心"弹好城管柔性执法三部曲	紧紧围绕审慎包容监管服务和柔性执法方式创新突破，打破传统刚性执法的单一性、僵化性和机械性
青岛市	互联网＋规划执法	建立"规划执法智慧管理系统运行工作机制"，构建建设项目监督指挥和项目监管运行两个应用模块
沈阳市	"五清四控三维养二提升"	以市民关心关注的城市管理短板为突破口，积极营造"朝气蓬勃、攻坚突破、奋勇争先"的工作场景，全力打造"干净整洁、优美舒适、文明有序"的城市环境
合肥市	"城管＋"创新执法模式	"城管＋交警""城管＋园林"
福州市	"五位一体"城市管理体制机制	建立牵头管理、特色保护、智慧支撑、应急保障、综合执法"五位一体"城市管理体制机制
南通市	大数据＋指挥中心＋综合执法队伍	围绕依法赋权、数据赋能、机制赋责三大重点，构建"权责统一、监管到位、权威高效"的行政执法体系
桂林市	1＋2＋N	将城市管理与城区基层组织深度融合
济宁市	千线归一"网"小"巷"大治理	建立以街道、社区广大党员干部群众为主体，公安、交通、市场监管等多部门联动的协同治理模式
天津市滨海新区	一支队伍管执法，矛盾解决在基层	整合执法资源，下沉执法力量，聚焦新区违建治理、市容市貌整治
阿拉善联盟	智慧执法监督平台	拓展的行业应用系统，提升执法办案水平
兰考县	"1＋2＋12"模式构建基层综合执法新格局	建立执法权限下放、执法力量下沉、执法重心下移、执法队伍整合的综合执法新格局

（五）城管联合执法聚合力

2021 年 8 月中共中央、国务院印发的《法治政府建设实施纲要（2021—2025

年)》提出，大力推进跨领域跨部门联合执法，实现违法线索互联、执法标准互通、处理结果互认。2021—2022 年以来，全国各地城市管理的协同化治理得到进一步加强，有效整合了执法资源，打造了联合执法机制，形成了区域间、部门间的联动。特别是在长三角经济圈和京津冀经济圈，相继出台了系列关于联合执法的政策文件，如表 5-11 所示。

表 5-11　长三角地区、京津冀地区联合执法相关政策文件

地区	政策	时间
北京市、天津市、河北省	《"迎冬奥、优服务、保畅通"京津冀联合治超专项行动方案》	2021 年 10 月
北京市、天津市、河北省	《2022—2023 年度京津冀生态环境联合联动执法工作方案》	2022 年 3 月
江苏省、浙江省、上海市	《关于进一步支持长三角生态绿色一体化发展示范区高质量发展的若干政策措施》	2022 年 8 月
浙江省	浙江省推进长三角区域社会保障卡居民服务一卡通规定	2022 年 10 月
江苏省、浙江省、上海市	《长三角生态绿色一体化发展示范区跨省毗邻区域城管执法协作指导意见（试行）》	2022 年 11 月

（六）数字平台助力"一网统管"

2021 年底，住房和城乡建设部印发了《关于全面加快建设城市运行管理服务平台的通知》，决定在开展城市综合管理服务平台建设和联网工作的基础上，全面加快建设城市运行管理服务平台，推动城市运行管理"一网统管"。

1. 成都市：建设城市运行管理服务体系

成都市贯彻落实习近平总书记关于城市治理和"两张网"重要讲话精神，按照住房和城乡建设部"新城建"试点工作部署要求，围绕"一网统管"，大力推进城市运行管理服务平台建设，夯实云、网、数基础支撑，建设完善网络理政中心（城市大脑），聚焦城市运行管理服务领域，构建智慧应用场景，着力推进城市运行"一屏观全域、一网管全程、一体防风险"，初步形成全天候在线监测、分析预测、应急指挥的城市运行管理服务体系。

2. 太原市：加快建设城市运行管理服务平台，让信息化为城市管理赋能

2021 年，城市运管服务平台建设工作列入山西省委考核办年度考核工作项目，

太原市加快建设城市综合管理服务平台并将城市运行管理服务平台升级，探索城市运行"一网统管"，推进实现数据服务"一个库"、指挥协调"一张网"、行业应用"一张图"、业务运行"一平台"，打造符合太原实际的城市运行管理服务体系，推动城市治理体系和治理能力现代化。

3. 上海市：打造城市运行数字体征系统

2021 年 5 月，上海宣布打造全国首个城市运行数字体征系统，该系统将通过物联设备前端感知、云计算、大数据 3 项技术赋能超大城市精细化管理，并首次使用可视化大屏将"城市数字体征"的概念具象化，对城市生命体进行"24 小时×365 天"的"全时智慧体检"。下一步，数字体征系统将以全面支撑上海市、区、街镇城运系统"三级平台、五级应用"的快速行动响应为目标，依托市域物联网运营中心的建设，努力实现"态势全面感知、趋势智能研判、资源全面统筹、行动人机协同"的核心理念，如表 5 - 12 所示。

表 5 - 12　部分城市建设城市运行管理平台的措施

地区	具体措施	时间
青岛市	综合管理服务平台试运行，实现了城市管理纵向和横向的数据贯通，纵向上与国家平台、省级平台以及区（市）平台实现对接联通，横向上与城市综合管理领域行业部门实现协调联动	2021 年 2 月
广州市	创新打造"穗智管"城市运行管理平台，建成广州市智慧城市运行中心，一个"超级大脑"实现全方位赋能、全时域感知、全维度治理，实现超大型城市的全周期数字化治理	2021 年 10 月
重庆市江北区	全市率先出台《重庆市江北区智慧城市治理立案、处置及结案精细化管理标准》，依托城市运管服平台，明确细化了管理内容及标准	2021 年 11 月
杭州市	落实住建部城市运行管理服务平台建设、省市"大综合一体化"行政执法改革要求，加强对城市运行管理服务工作的统筹协调、指挥调度、监督考核、监测预警，提升城市运行管理"一网统管"水平	2022 年 7 月

二、2021—2022 年城市管理综合执法研究综述

本文在 CNKI 期刊数据库中以"城管执法"为主题，将 2021 年和 2022 年作为

时间范围节点进行检索，共找到 205 篇文献，其中筛除非学术研究领域的行政执法案例，新闻纪实等无关文献共 145 篇，确定 60 篇学术文献作为研究样本，并对研究内容进行分析，如表 5-13 所示。

表 5-13　2021—2022 年城管执法相关文献研究内容

研究角度	文献数量/篇	文献占比/%
城管执法现有机制体制研究	9	15
城管执法地方实践创新研究	17	28
城管执法精细化管理研究	11	18
现有问题梳理及其对策研究	23	39
总计	60	100

由表 5-13 可知，2021 年至 2022 年学术界对于城市管理综合执法的研究角度主要集中在城管执法现有机制体制研究、地方实践创新研究、城管执法精细化管理研究以及现有问题梳理及其对策研究 4 个方面。值得关注的是，城管执法地方实践创新中"数字化＋城管执法"模式成为 2021 年和 2022 年两年学术界研究的热点问题，文献数量在统计样本中所占比重较大。

（一）城管执法现有体制机制研究

当前，我国已进入以城市型社会为主体的新城市时代，城市管理的重要性日益凸显。原有的城市管理体制和运行机制以适应城市现代化需要为目标进行渐进式改革。但是在实践过程中仍面临着管理体制不顺、职责边界不清、服务意识不强、执法行为不规范等突出问题。

城管综合执法机制"联动化"认为传统的城管执法结构将城市管理与综合执法部门相分离，城市执法工作的综合性、整体性和协调性不强。各城市应强调管理、执法与服务的"三位一体"联动发展的思路，着手构建"综专结合、上下对应、协同联动、运转顺畅"的城市综合管理体制机制[①]，该体制为提升新时代城市精治共治法治水平提供了有力保证。城市管理与综合执法机构的联动设置，实现了真正意义上的统筹协调、密切配合、无缝衔接，构建起了完善的"大城管"工作格局，城

---

① 堵锡忠、李娟：《深化首都城市综合管理体制机制研究》，《城市问题》2021 年第 9 期，第 13 页。

管执法综合统筹、综合协调、综合创新能力得到提升。

（二）城管执法地方实践创新研究

随着城市管理体制机制的创新，近两年各地方政府相继出台了一系列城市管理综合执法办法。在城管综合执法发展过程中，执法者一直试图克服信息不畅、职责交叉、管理手段粗放、执法力量不足、执法监督不到位等问题，由于受到技术水平的制约，这些问题没有得到满意解决。[①]"数字化＋城管执法"治理模式及智慧治理为城市管理综合执法创新提供了必要条件，"非接触式"执法模式助力城管执法顺畅运行，解决城管执法事多人少的矛盾。由"智慧化"治理衍生的网格式半自动化执法模式能够提高行政效率，使城管在执法过程中由传统的"面对面"转变为现在的"键对键"，[②]突破了执法在结构、过程和情境等方面的限制，重新设定执法者与执法对象之间的互动方式。"智慧政府"建设要求加快新一代信息技术在城市管理领域的推广应用，整合云端数据和城管数字管理平台，扩大城管服务热线联通范围，推进智慧城管建设，多角度、多层次提升城市协调统筹能力、实施能力和信息传递效率，实现城市管理信息采集、指挥调度、督察督办等功能的全方位智能化管理。[③]

（三）城管执法精细化管理研究

党的十八大以来，我国城市管理体制改革进入"有主而治"治理阶段，[④]《中共中央 国务院关于深入推进城市执法体制改革 改进城市管理工作的指导意见》中对城管执法工作进行了战略部署，指出"城市管理应该像绣花一样精细"，彻底改变了以往注重建设轻视管理的现象，让城市治理更好地回应人民群众对美好生活的向往。

现阶段精细化管理模式主要包括以下三个方面：地理空间上的精细化管理，要求充分利用大数据技术对城市管理空间和管理对象进行细致的划分和纳入，将责任落实到每一个细小的单元网格，消除城市的治理盲点，提升基层人员细小作业管理

---

① 黎纯琴：《公共管理视角下城管执法行为失范及对策研究——以贵州省 A 市为例》，《中国管理信息化》2022 年第 19 期，第 226 页。
② 韩志明、张鹏举：《"面对面"与"键对键"：城管执法形态的比较及其适用性》，《学海》2022 年第 3 期，第 57 页。
③ 赵丽：《哈尔滨城市精细化管理高质量发展研究》，《学理论》2022 年第 8 期，第 87 页。
④ 林华东：《我国城管执法体制嬗变逻辑探析》，《城市发展研究》2022 年第 6 期，第 36 页。

水平；管控时间上的精细化管理，城市治理要求执法人员全天候、全年保持对城市运行工作信息的更新，具体落实到每一个社会组织、社区、街道等微小单元；管理制度上的精细化管理，通过对现有机制体制的分析研究，我国学者提出建立纵向到底、横向到边、全覆盖的系统管理体系，细化执法人员的自主行政裁量权，相对集中行使城市管理领域内市容和环境卫生、绿化设施、市政设施、路灯景观、城市道路等全部或部分的行政职权。[①]

（四）城管执法现有问题梳理

城市管理综合执法是行政管理体制改革探索和推进依法行政的产物，城管执法模式、体制以及机制的创新直接影响到政府治理效果。现有学者根据各地政策实践从理论视角总结出以下三点问题。一是城管执法环境"碎片化"。[②] 2022 年我国的城镇化率突破 65%，北京、上海、广州等一批城市已经迈进"超大型城市"的行列。中国社会结构越来越复杂，社会利益趋于多元，城管执法过程中面临大量的事实认定、程序选择、处罚裁量等事件，执法队伍有限的人力、财力及物力无法及时准确地深入到各个场域。在碎片化背景下，某些部门在执法处罚时，会出现推诿扯皮现象，并且只愿意参加由街道牵头的联合执法或实施一般性的行政检查、巡查、行政劝导等软性执法，由此导致没有执法权的街道办事处在牵头执法过程中执法效力大打折扣。二是城管执法"下移化矛盾"较为突出。城市执法"重心下移化"已成为社会关注的一个焦点，"权力下放"在某种程度上能够妥善处理好执法范围与执法效果、执法主体与规范执法、综合执法与专业执法、城市治理与城市执法、高层统筹与下移执法五大关系。[③] 但在执法权力下移过程中，执法机构职责目标与执法环境发生变化，内部易发生矛盾冲突，执法人员和执法能力结构性错配的问题时有发生。三是城管执法监督"互惠化"。街头治理是城市化进程中关注的重点问题，城管部门作为主要负责机构，承担着公众参与压力与机构改革压力，由于官僚制弊端以及政府人员传统官本位思想，"街头官僚"成为城管执法中日益突出的社会问

---

①　赵丽：《哈尔滨城市精细化管理高质量发展研究》，《学理论》2022 年第 8 期，第 87 页。
②　万方、叶思婷：《街头视角下的整体性治理与政府线上回应研究》，《领导科学》2022 年第 10 期，第 117 页。
③　辛方坤：《城管执法力量下沉的政策预期及其"衍射"研究》，《学海》2022 年第 3 期，第 67 页。

题。监督互惠化在"晋升锦标赛"以及被执行者和城管执法部门之间存在相互依赖性，城管执法部门所进行的一系列活动都是为了达成绩效考核目标，[①] 一旦实现这一目标，执法人员就可能会得以晋升，执法效果方面难以保障。为了实现利益双方的"反面共赢"，执法者与被执法者进行互惠交易，城管执法权力本身具有自由裁量性质，监督标准和治理能力在面对不同的互惠主体时也会有所差异。

（五）城管执法优化对策探索

为解决城市管理综合执法中存在的问题，从执法方式，执法资源，执法手段等方面提出意见建议。刘永深指出地方政府的治理范式和"国家-社会"关系都在发生转变，逐渐从计划经济时期强调"组织"和"动员"向"回应"和"善治"转变。[②] 除此之外，执法裁量精准化[③]成为解决问题的重要突破口。

在社会多元主体互动影响下，学者提出建立一种新型合作化治理模式。合作化模式发展主要分为两个阶段：第一阶段要求突破传统城管执法者与小商小贩的对立局势，将研究视角放在二者之间的隐形默契互动行为，此阶段与其说是合作，更像是治理客体对国家强制手段的服从；[④] 第二阶段中，将合作化视角转向城管执法者与城乡建设部两个主体，突出强调建立合作机制，加强制度顶层设计，根据委托人目标，制定实现目标信息有效和分散决策机制，[⑤] 可以有效解决城市管理综合执法的现实困境与冲突矛盾。

数字化、智慧化已经成为城管执法发展的新方向，城市管理综合执法实现精细化的重要条件就是技术手段的发展。新媒体技术运用到城管执法中后，城市管理新媒体形象面临了一个新的挑战，甚至存在负面标签扩大化趋势。[⑥] 因此在治理过程

[①] 李国豪：《全面推进城市管理综合执法改革的路径探析——基于国内研究的总结》，《领导科学论坛》2021年第3期，第78页。

[②] 韩志明、张鹏举：《"面对面"与"键对键"：城管执法形态的比较及其适用性》，《学海》2022年第3期，第57页。

[③] 王明珠：《新时代"城管进社区"实践模式研究》，《中国名城》2021年第9期，第1页。

[④] 李颖、杨豪：《基于镇海实践的城管综合执法问题分析与路径选择》，《宁波通讯》2021年第15期，第63页。

[⑤] 陈念平、庞明礼：《价值嵌入科层治理的过程与逻辑——以江西省A市和湖北省武汉市B区城管执法部门为例》，《地方治理研究》2022年第4期，第14页。

[⑥] 徐志虎、宁学敏：《城管执法新媒体形象困境分析与路径优化》，《上海城市管理》2022年第6期，第51页。

中，必须厘清城管执法者、公众和新媒体之间的关系，加强城管执法者自身建设、打造城管执法新媒体舆论阵地、建立舆情处置机制、推进城管执法"数字化"转型，塑造新媒体背景下城管执法的正面形象。

三、展望与分析：中国城市管理综合执法改革面临的问题与改革建议

（一）需要注意的问题

1. 城管执法监督机制不完善

在内部监督方面，城管部门的上下级之间多出现互相包庇、利益关联的问题，且没有有效的监督举措与配套的法律规章制度。利益关联、职能交叉使得城管部门很容易出现推诿扯皮、以权谋私等不良或不法行为，同时无法可依现状在极大程度上削减了上级对下级进行监督的积极性，甚至出现监督懈怠情绪。

在外部监督方面还存在两个方面的短板：一方面，民众与城管执法人员对于相关法律知识、政策规定方面存在信息不对称，在沟通过程中难以实现真正的平等，这也是执法过程中产生冲突的主要原因之一。另一方面，权力机关对执法部门进行监督的方式未能与时俱进，未充分利用新媒体等新兴媒介。

2. 城管执法"智慧化"改革受阻

2023 年 2 月，中共中央、国务院印发了《数字中国建设整体布局规划》，其中明确提出，到 2025 年，"政务数字化智能化水平明显提升""发展高效协同的数字政务""提升数字化服务水平"，但从当前各地执行情况来看，多地在进行城管执法"智慧化"改革过程中受到人、财、物方面的阻碍。

一方面，执法者对"智慧化"认识不足。多地对于大数据的应用局限于建设城市运行管理平台，未能将大数据融入城管执法的方方面面，例如，构建城管执法数据库、职能调整分配人才等。另一方面，城管执法"智慧化"改革受到技术水平的制约，经济相对欠发达的地区缺少相应的技术支撑。另外，城管执法的"智慧化"改革受到经济水平的制约。当前正在建设城市运行管理平台的城市主要集中于上海、成都等经济发达的大城市，经济相对落后的地方有的只是刚刚开始，有的甚至还未准备。

3. 城管执法环境"碎片化"

《中共中央 国务院关于深入推进城市执法体制改革 改进城市管理工作的指导意见》部署下发后，各城市着手构建"综专结合、上下对应、协同联动、运转顺畅"的城市综合管理体制机制，但成果并不显著。城管执法环境"碎片化"的本质特征就是部门分割、职能碎片化。城管执法是一项需要多个部门相互协作的综合性工作，执法者在执法过程中需要环保、市政等部门的协作，但是部门分割导致在联合执法过程中各部门权力配合不到位，执法过程不连贯，这大大降低了城管执法的效果。

执法环境"碎片化"的另一体现是执法利益的"碎片化"。对于同一部门来讲，上下级之间可能存在实际执行情况以及利益偏差，双方均从自己的立场出发，忽视了集体性。对于执法过程中涉及的不同部门来说，各部门都是以实现自身利益最大化为目标，所以在执法过程中会出现行动缓慢甚至是出现推诿扯皮的情况，这不仅降低了城管执法的效率，也浪费了公共资源。

4. 基层执法队伍的素质良莠不齐

我国的基层执法队伍人员构成复杂，学历、社会背景等参差不齐，导致执法队伍人员的素质有高有低。当前城管执法"智慧化"改革对基层执法者提出了新的要求，较为熟练地掌握数字技术将逐渐成为基层执法者的必备素养。基层执法人员如果没有充分掌握新兴的数字技术，不仅会降低城管执法的效率，而且会使被执法者对执法人员的专业性产生质疑，还有可能产生矛盾。

（二）未来改革建议

1. 建立健全城管执法的监督机制

完善城管执法的监督机制是保障执法高效化的重要举措，是城管执法过程中必不可少的环节。

（1）加强对城管执法的内部监督

强化上下级之间的制约监督，努力做到责任到岗、责任到人，避免无人监管情况的出现。明确监管部门的权责划分，使得监管活动能够做到及时有效，同时配套出台相应的监管制度，使监管活动有法可依，在一定程度上减少互相推诿扯皮现象的出现。

依托大数据，运用新型的技术手段，提升各地方的监管技术水平，实现对执法过程的实时监督。构建统一数据标准的城管执法数据库，落实执法全过程记录制度，将省内各地区的执法案件过程由执法记录设备形成电子化影音资料，按照统一数据格式在执法数据库中存档，并根据案件类型进行专项分类，以便由监管部门进行审查监督。

（2）加强对城管执法的外部监督

出台相关法律法规，提供法律依据。各地区根据中央出台的政策以及当地的经济发展水平，出台适合当前地区实际情况的规章制度，使对城管执法的监督工作有法可依，使监督工作更加规范。

保持社会监督的渠道通畅。定期开展关于城管综合执法相关执法知识的宣讲，提高居民对相关法律法规的了解程度对于城管执法的外部监督可采取线上线下相结合的方式，综合考虑各知识水平群体的需求，确保每个人都能行使监督权力。关注社会舆论监督，及时发现城管执法过程中存在的不足，必要时注重舆论引导。

2. 运用大数据提升城管执法数字化智能化水平

（1）构建大数据平台，整合与重构工作流程

依托综合执法大数据平台，转变城管执法人员的工作理念，整合执法过程中的工作流程，助力"一网统管"。努力构建覆盖城管执法全过程的大数据平台，既包括执法前的信息收集、执法全过程的一线办案、全流程管制，同时又包括执法结束后的评价体系，使得城管执法过程更加完整高效。

（2）建立统一的执法数据标准，构建基础数据库

通过搭建数字平台，整合综合执法的业务对象信息、执法审批要求等业务数据，实时监控执法进程，从而有效解决当前部门之间存在信息碎片化、不对称化的问题。基础数据库中的先前案例、相关处罚条例等信息以及部门之间的信息共享，可自动提示适用的相关法律法规，为执法主体提供更高质量的支持决策参考。

（3）运用大数据加强综合执法队伍建设

通过大数据可以将执法业务数量以及所需时间与当前数据库中的执法人员进行

比对，及时发现当前队伍中哪方面存在人才缺口，判断当前队伍配置中是否存在配置不合理的现象，政府相关部门根据研判结果及时调整人员，从而尽可能实现人力资源的最优化配置。

3. 依托大数据平台整合规划各部门

对城管执法各层级部门以及在城管执法过程中可能涉及的环保、市政等相关部门进行整合规划，明确各部门各层级的职责。同时依托大数据平台构建统一协调、自动分配的综合管理系统，提高城管执法的效率。

4. 建设高素质基层城管执法队伍

提升基层城管执法人员的招录标准，综合考虑资历与品德修养，各地区标准统一，规范人员编制，从而有效改善当前一线城管执法人员良莠不齐的困境，提升现有城管执法人员的综合素质。首先，要提升执法人员的政治素质，始终与党和国家的战略要求保持一致，始终与党和人民站在一起。可通过定期召开会议的方式，传达解读党中央新下发的政策。其次，要提高执法人员的职业道德，保证执法者在执法过程按规定办事、依法行政，同时还要培养执法者的服务意识。可将职业道德纳入平时的考核体系，以此起到监督的作用。

四、报告要点

第一，2021—2022 年我国城市管理综合执法改革主要围绕规范、高效、便民三大目标进行，同时加快构建数字型政府。在高效化方面，政府主要通过对行政体制进行重构，对流程进行再造，从而实现跨部门、跨层级、跨区域间的协调互动，打造联合执法机制，有效减少多查漏查情况的出现，提升城管执法的效能。在便民化方面，政府主要从柔性化执法和精细化管理两个方面入手。2021 年，《中华人民共和国行政处罚法》第一次为柔性执法中的"首违不罚"提供了法律依据，多地纷纷响应，通过出台对轻微违法行为不予行政处罚的规定，进一步将柔性执法实践于城市综合管理中，促进柔性执法理念的形成，让执法更有温度。在精细化方面，2021 年和 2022 年期间，全国多地深入贯彻落实习近平总书记关于"城市管理应该像绣花一样精细"的重要指示精神，进一步健全体制机制，制定和颁布了各市的城市管理精细化发展方案和意见。

第二，2021—2022 年城市管理综合执法领域的研究主题主要涉及城管执法体制机制研究，地方实践创新研究，城管执法精细化管理研究以及问题梳理及对策研究四个方面。其中，城管执法地方实践创新中"数字化＋城管执法"模式成为 2021 年和 2022 年两年学术界研究的热点问题，文献数量在统计样本中所占比重较大。

第三，2021—2022 年城市管理综合执法仍存在诸如城管执法监督机制不完善、城管执法"智慧化"改革受阻、城管执法环境"碎片化"、基层执法队伍的素质良莠不齐等亟待解决的现实问题。

第四，为进一步完善城管执法，本文认为应该在建立健全城管执法监督机制、提升城管执法数字化智能化水平、建设高素质基层城管执法队伍等方面加大改革力度。其中，提升城管执法数字化、智能化水平是未来一段时期城市管理综合执法改革的重要方向。

（作者单位：天津财经大学财税与公共管理学院）

地方政府政务公开研究报告

王　翔

政务公开，是当代政治理论与公共治理实践中一个经久不衰的议题。政务公开不仅关系着服务型政府与法治型政府的构建成效，还牵连着政府与民众之间的互动关系。党的二十大报告提出，"转变政府职能，提高行政效率和公信力"。在这一重要战略构想之下，政务公开不仅被视为政府的一项关键职能，更成为推动政府职能转变的有力工具和现代化治理的实践路径。

一、2021—2022 年地方政府政务公开的实践状况

在描述地方政府政务公开的现状时，本报告首先从顶层设计的角度出发，聚焦于 2021—2022 年政务公开方面的政策演变与发展趋势，分析在这一时期内政府信息公开的战略导向和制度框架。随后，基于这些政策的考量和方向，借助代表性的统计数据，对政务公开在实践中的发展状况进行分析。通过这一前后相继的分析结构，我们力图描绘一个从宏观战略到微观执行的全方位视野，使之能更全面地把握政府政务公开工作的复杂性和多维度特性，同时也为今后政府政务公开工作的改进提供有益的参考和启示。

（一）政务公开实践的政策图景

从中央政府的政策制定情况来看，表 5 - 14 给出了 2021—2022 年国务院发布的针对政务公开政策文件简况表。从文件的名称和内容看，这些文件多为政务公开的常态化文件，大致集中在未来工作的重点、规范、人事变动等方面。一般而言，国务院办公厅每年都会印发当年的工作要点，以对该年度的工作情况进行规划。从

2021 年的工作要点可以观察到，其内容在很大程度上是对"十四五"规划的回应，主要致力于在新的发展阶段中实施新的发展理念，构建新的发展格局，并推动高质量发展。政策文件强调了坚持以人民为中心深化政务公开的重要性，并突出了政务公开在建设法治政府和服务型政府方面的促进作用，为政府决策和管理服务的透明化和规范化加速了转型。2022 年的工作要点在继续强调上述主题的同时，还更加关注了市场发展、疫情防控、就业和平台建设等领域的问题，这一转变反映了新时期政府对于经济社会动态变化的敏感性和适应性。总体来说，这些文件为政府部门和公众提供了有关国家治理和发展方向的重要信息和引导。通过分析这些政策文件，我们可以更深入地理解国务院在政务公开方面的持续努力和方向。

表 5 - 14　2021—2022 年国务院发布的针对政务公开政策文件简况表

文件名称	核心要点	发布时间
《国务院办公厅关于调整全国政务公开领导小组组成人员的通知》	对全国政务公开领导小组组成单位和人员进行调整	2021 年 3 月 14 日
《国务院办公厅关于印发 2021 年政务公开工作要点的通知》	紧扣"十四五"开好局起好步深化政务公开；紧扣宏观政策落地见效深化政务公开；紧扣强基础抓基层深化政务公开；紧扣政府信息公开条例实施深化政务公开；紧扣抓保障促落实深化政务公开	2021 年 4 月 9 日
《中华人民共和国政府信息公开工作年度报告格式》	政府信息公开工作报告格式要求，做到报告统一化	2021 年 9 月 26 日
《国务院办公厅政府信息与政务公开办公室关于做好规章集中公开并动态更新工作的通知》	加强工作规范，提高规章集中公开的质量和实效	2021 年 10 月 25 日
《国务院办公厅关于印发 2022 年政务公开工作要点的通知》	以公开助力经济平稳健康发展；以公开助力保持社会和谐稳定；提高政策公开质量；夯实公开工作基础；强化工作指导监督	2022 年 4 月 11 日

表 5 - 15 汇集了 2021—2022 年部分地方政府所制定的政务公开政策文件概述，充分展现了各地政府如何依据自身具体环境和需求制定相应的政策。这些政策文件不仅反映了地方政府对其实际工作环境的响应，而且在完善和推动政务公开制度方面，展示了它们的积极努力和战略方向。综合考察这些政府文件，可以将其归纳为

三个主要类型，以更好地理解其背后的目标和功能。一是清晰职责型，此类文件的核心目的在于明确和规范公开主体的权责关系，以确保政务公开工作的正常运行。例如，《平湖市人民政府办公室关于印发 2022 年平湖市政务公开重点工作责任清单的通知》和《海宁市人民政府办公室关于印发海宁市 2021 年政务公开重点工作责任清单的通知》等，均属于此类。二是标准化规范型，此类文件主要着重于对常态化工作的制度化规范，以确保公开活动的合规、合法性。例如，《长沙市人民政府办公厅关于推进政务公开标准化规范化便利化的实施意见》和《三亚市人民政府办公室关于全面推进三亚市基层政务公开标准化规范化工作的通知》等，均可归入此类。三是常态化推进型，此类文件则作为对常态化工作的补充，旨在明确工作细节，使政务公开工作更加透明和可执行。例如，《绵阳市人民政府办公室关于印发 2022 年政务公开工作检查考核实施细则的通知》和《普陀区政务公开和政府信息公开实施细则》等，可以视为此类文件的代表。总结而言，地方政府的政策文件在促进政务公开方面不仅反映了实际需求和当地特色，而且通过系统化和标准化的努力，有效地推动了政务公开工作的进一步完善和实施。

表 5 - 15　2021—2022 年部分地方政府政务公开相关政策文件简况表

文件名称	发布者	发布时间
《博尔塔拉蒙古自治州人民政府关于印发自治州全面推进基层政务公开标准化规范化工作实施方案的通知》	博尔塔拉蒙古自治州人民政府	2021 年 1 月 25 日
《2021 年上海市政务公开工作要点》	上海市人民政府	2021 年 3 月 7 日
《张家口市政务公开工作社会评议办法》《张家口市政务公开工作责任追究办法》	张家口市人民政府	2021 年 5 月 1 日
《三亚市人民政府办公室关于全面推进三亚市基层政务公开标准化规范化工作的通知》	三亚市人民政府	2021 年 5 月 14 日
《重庆市人民政府办公厅关于印发贯彻落实国务院办公厅 2021 年政务公开工作要点任务分工的通知》	重庆市人民政府	2021 年 5 月 16 日
《新疆维吾尔自治区人民政府办公厅关于印发 2021 年政务公开工作要点的通知》	新疆维吾尔自治区人民政府	2021 年 5 月 18 日
《保山市人民政府办公室关于在政务公开工作中进一步做好政务舆情回应的通知》	保山市人民政府	2021 年 5 月 19 日
《大庆市人民政府关于进一步推进全市 2021 年政务公开工作的通知》	大庆市人民政府	2021 年 8 月 2 日

文件名称	发布者	发布时间
《2021年省大数据发展管理局政务公开规范清单（修订）》	贵州省大数据局	2021年8月18日
《葫芦岛市政务公开领导小组办公室关于加快推进26个国家试点领域基层政务公开标准化规范化工作的通知》	葫芦岛市政务公开领导小组	2021年8月23日
《长沙市人民政府办公厅关于推进政务公开标准化规范化便利化的实施意见》	长沙市人民政府	2021年11月10日
《海宁市人民政府办公室关于印发海宁市2021年政务公开重点工作责任清单的通知》	海宁市人民政府	2021年11月11日
《白银市政务公开工作考核办法（试行）》	白银市人民政府	2021年12月22日
《河北省人民政府办公厅关于进一步做好政务公开专区建设工作的通知》	河北省人民政府	2022年3月7日
《2022年省大数据局政务公开规范清单（修订）》	贵州省大数据局	2022年6月22日
《北京市深化政务公开促进政策服务工作办法》	北京市政务服务管理局	2022年6月29日
《开封市人民政府办公室关于印发开封市2022年政务公开工作要点任务分解意见的通知》	开封市人民政府	2022年6月30日
《大庆市人民政府关于进一步推进全市2022年政务公开工作的通知》	大庆市人民政府	2022年7月8日
《平湖市人民政府办公室关于印发2022年平湖市政务公开重点工作责任清单的通知》	平湖市人民政府	2022年7月13日
《普陀区政务公开和政府信息公开实施细则》	上海市普陀区人民政府	2022年8月3日
《长宁区政务公开和政府信息公开实施办法》	上海市长宁区人民政府	2022年8月31日
《绵阳市人民政府办公室关于印发2022年政务公开工作检查考核实施细则的通知》	绵阳市人民政府	2022年11月14日
《三亚市政务公开义务监督员制度》	三亚市人民政府	2022年12月1日

（二）政务公开的具体实施状况

从不同政府层级的公开情况来看，表5-16整理了政府信息公开年度工作报告的按时发布情况。从表格中明显可以观察到，县级政府（包括市、区）在所有政府层级中的公开率均位居首位，其中2021年达到了92.5%，2022年更是提高至94.96%。紧随其后的是国务院部门，其2021年的公开率为98%，2022年略有下降，为 95.92%。排在其后的是省级政府，而位列最末的则是较大的市政府。从整体年度分布情况来观察，可以发现国务院部门和省级政府在这两年间的公开率呈现下滑趋势，而较大的市政府和县级政府（包括市、区）的公开率则显现出稳步上升的态势。这一现象反映了不同层级政府在信息公开方面的不同倾向和效率，值得政府部门和社会各界进一步关注和分析。

表5-16　2021—2022年政府信息公开工作年报按时发布情况

（单位：%）

时间	国务院部门	省级政府	较大的市	县（市、区）
2021 年	98	96.8	89.8	92.5
2022 年	95.92	93.54	91.84	94.96

资料来源：根据《2022年政府信息公开工作年度报告发布情况评估快报》整理。

从我国地方政府的信息公开平台建设角度出发，目前已有55.49%的城市（涵盖直辖市、副省级以及地级行政区）成功上线政府数据开放平台。自2012年上海市和北京市等地率先探索并上线数据开放平台开始，全国范围内的城市平台数量便呈现稳步增长态势，至今已经达到187个。[1] 表5-17详细列示了2021—2022年新增上线的政府数据开放平台情况，从中可见，信息公开平台的推广和应用在全国范围内逐渐加强，各级政府对于信息透明化的重视也日益提高。这一进展不仅有助于增进政府间的协同效率，也促进了民众与政府之间的互动与信任建设。

表5-17　2021—2022年新增上线的政府数据开放平台

上线时间	上线城市
2021 年	重庆、阿坝、阿拉善、巴中、百色、北海、博尔塔拉、亳州、毕节、长治、郴州、池州、崇左、大庆、大同、德阳、鄂州、恩施、广安、贵港、哈密、贺州、河池、淮北、吉安、嘉兴、景德镇、荆州、兰州、凉山、来宾、娄底、眉山、那曲、攀枝花、十堰、宿州、随州、梧州、湘潭、新余、盐城、宜春、益阳、玉林、岳阳、镇江、自贡
2022 年	沈阳、鄂尔多斯、鹤壁、合肥、晋城、克孜勒苏、辽源、平凉、黔西南、朔州、锡林郭勒、阳泉、运城、昭通

资料来源：根据《中国地方政府数据开放报告（2022）》整理。

---

① 复旦大学、国家信息中心数字中国研究院：《中国地方政府数据开放报告（2022）》2022年。

从政务公开的具体事项来看，表 5-18 呈现了 2022 年度在基础指标项中公开率较高的项目。令人关注的是，这些公开率相对较高的事项主要集中在社会经济发展的关键领域内，例如，财政收支情况、税收概况、居民人均可支配收入等核心方面。此现象反映了政府对于经济及社会关键领域信息透明度的高度重视。通过提高这些领域的信息公开程度，不仅有助于促进政府管理的透明与公信力，同时也能为社会各界提供重要的决策参考依据，进而推动社会经济的健康和持续发展。

表 5-18　2022 年基础指标项公开情况（前 10 位）

公开事项	公开率/%
一般公共预算支出	99.33
一般公共预算收入	99.33
地区生产总值	98.99
农村居民人均可支配收入	98.65
城镇居民人均可支配收入	98.65
税收收入	95.96
邮政行业业务收入	95.62
普通小学在校学生数	94.61
医疗卫生机构数	92.26
城镇新增就业人数	92.26

资料来源：根据《中国城市政府治理与公共服务指数（CGI）年度报告（2022）》整理。

从政府公开的标准化角度来看，表 5-19 展示了 2022 年度在政府公开工作中标准化程度较高的关键指标项。尤其引人注目的是，一些与人们日常生活密切相关的项目，如个人所得税、企业所得税、增值税、城乡社区支出以及教育支出等，已经成为各大地方政府在信息公开方面表现活跃的重点领域。这些以标准化形式展现的信息，不仅增强了政府工作的透明度和可预见性，还加强了政府与民众间的沟通互动。通过公开这些与社会经济有密切关联的信息，各级政府展示了其对公民权益和社会公益的关切，同时也促进了政府决策的科学性和民众参与的积极性，进一步推动了社会治理的现代化进程。

表 5－19 2022 年政务公开中标准化程度较高指标项

标准指标名称	指标名称	公布城市数量/个
个人所得税	个人所得税	197
	个人所得税收入	2
	个人所得税（款）	1
企业所得税	企业所得税	208
	企业所得税收入	2
城乡社区支出	城乡社区支出	197
	城乡社区事务支出	12
	城乡社区	2
	城乡社区事务	1
	城乡社区和市政基础设施支出	1
	城乡社区投入	1
	城乡社区服务支出	1
增值税	增值税	199
	国内增值税	14
	增值税收入	2
	增值税地方部分	1
教育支出	教育支出	261
	教育资金	2
	教育事业支出	1
	教育投入	1
	教育经费总投入	1
	教育	1
	教育经费支出	1

资料来源：根据《中国城市政府治理与公共服务指数（CGI）年度报告（2022）》整理。

　　总体来看，政务公开已成为政府治理体系和治理能力现代化的关键组成部分，为提高政府透明度和公信力发挥着重要作用。自《政府信息公开条例》等一系列政策和法规陆续出台以来，从中央到地方的各级政府都在积极推进政务公开工作。在顶层设计方面，政府确立了明确的战略目标和工作框架，不仅设立了公开的基本原则和范围，还制订了配套的执行细则和操作指引，使政务公开在法制层面上得到了有力保障。国务院和地方政府也陆续发布了一系列政务公开目录和年度工作报告，强调了公开工作的重要性，并确立了具体任务和责任。在具体实施层面，政府部门着力推进了各项政策、法规、预决算、行政审批等信息的公开化。特别是在财政、税务、教育支出等与民众生活密切相关的关键领域，公开工作已取得显著进展。许多城市甚至建立了政府数据开放平台，推动了政府信息资源的整合和共享，进一步拓宽了公众参与政府决策的渠道。不可否认的是，政务公开工作仍存在一些值得关注的挑战。例如，部分政府部门发布的信息与民众的实际需求尚存在一定的脱节，一些地方政府的公开平台可用性和友好度有待提高，信息更新的及时性和准确性也时有疏漏。此外，一些基层政府在资源和技术支持方面相对薄弱，也影响了公开工作的深入推进。从长远角度看，政府应进一步完善政务公开的法治环境，加强顶层设计与实践操作之间的协同，促使政务公开工作真正落到实处。同时，政府还应积极倾听民众的声音，切实回应社会关切，确保公开内容与公民需求紧密相连。借助现代信息技术手段，提高政府公开平台的可用性和便捷性，也是未来工作的重要方向。

二、2021—2022 年地方政府政务公开的研究综述

政务公开是学界长期关注的问题，它不仅兼具理论性和实践性，还展现了一定的跨学科特质。在 2021—2022 年，政务公开的研究呈现出多元丰富的趋势。不同领域的学者们从多元化的理论视角和研究方法展开了卓有意义的探索，这些研究不仅拓宽了政务公开的理论边界，也为现实中的政府发展提供了有益的参考。

（一）政务公开的社会治理视角

政务公开有着非常重要的社会治理意义，它不仅关系到社会的发展和民众的信任度，而且涉及政府透明度、效率和公共参与等多个方面。近两年来，学界针对这个方向的实证研究呈现出前所未有的活跃态势，相关研究主要集中在将政务公开作为一个解释变量，与社会治理的诸多要素相互关联，进行深入的分析和探索。有实证研究对 111 篇实证文献进行了汇总分析，发现政务公开的政府信息可实现对公众、企业和政府三个利益相关者的赋能；赋能效果包括增强公众参与、公众政治信任、公众遵从、公众满意度，降低企业所感受的政策不确定性，影响财政治理、环

境治理和其他领域的治理活动等。① 具体而言，以下实证研究具有一定的代表性和典型性。

第一，政务公开之于环境治理。环境信息公开是否能缓解地方政府环保的"逐底竞争"？有研究以公众环境研究中心（IPE）和自然资源保护协会（NRDC）公布的污染源监管信息公开指数（PITI）作为外生冲击，构造了 2005—2012 年 282 个城市的准自然实验。研究发现，环境信息公开有效缓解了"逐底竞争"，降低了污染企业注册数量，提高了本地污染企业的研发投资和融资成本，对污染企业注册的影响因地理位置和资源禀赋而异。研究结果表明，畅通监督机制、保证公众参与是政府环境信息公开发挥作用的关键。②

第二，政务公开之于腐败治理。有研究以韩国李明博政府（2008—2012 年）和朴槿惠政府（2013—2017 年）执政期间的 375 个样本为对象，依托韩国政府机关权力指数和信息公开年度报告等统计数据，采用面板回归分析等方法进行研究，发现行政权力大小与政府清廉度显著负相关，信息公开程度与政府清廉度显著正相关。同时，信息公开程度发挥着调节作用，缓解了行政权力给清廉度所带来的负向影响。因此，在行政改革和廉政建设中，必须优先调整政府机关的职责类型，限制行政权力范围，规范权力运作，并积极推广运用信息公开制度，使之真正落到实处。③

第三，政务公开之于民主治理。有研究利用在新冠疫情防治期间开展的一项大规模网络调查实验，识别了政府公开疫情信息的质量对谣言和专业信息的信任度、对公众给予政府危机应对效度评价和对非理性集群行为的影响效应。研究发现，政府供给高质量的信息可以提升民众信息鉴别能力，抑制谣言信息扩散，塑造民众风险认知，并规避非理性集群行为，进而提升民众对政府信息满意度，强化政策遵从

---

① 李月琳、张泰瑞、李嗣婕：《基于系统性综述的政府信息公开影响因素及实践赋能》，《图书情报工作》2022 年第 18 期，第 114 页。

② 岳子航、张聪、陶然：《政府环境信息公开能否缓解环保"逐底竞争"？》，《公共管理与政策评论》2022 年第 5 期，第 75 页。

③ 倪星、许凤显：《行政权力、信息公开与政府清廉度——基于韩国中央政府机关的实证研究》，《理论与改革》2021 年第 3 卷，第 102 页。

度。[①] 中央政府信息公开以及接触更多官方媒体信息提高了公众的信息需求，但是地方政府信息公开却降低公众的信息需要；政府的信息公开有效降低公众的风险焦虑，进而维持社会秩序的稳定；政府信息公开切实提高公众对政府危机应对的满意度，接触更多官方媒体会大幅提升公众对于中央政府的满意度。[②]

第四，政务公开之于绩效治理。有研究以 1221 个地方政府的经验数据，检验了公务消费预算信息公开的治理绩效。研究发现公务消费信息公开制度有助于控制公务消费支出增长，公众的知情权意识和官员的晋升激励可以有效助力公务消费预算信息公开的治理绩效。为提升公务消费预算信息公开的制度绩效，必须深刻认识其制度建构特质，强化政府信息公开的数据质量意识，提升公众问责机制建设水平，将人民至上的政治理念融入具体的执行机制之中，助力国家治理体系和治理能力现代化建设。[③]

（二）政务公开的数字转型视角

在政府数字化转型的进程中，政务公开显得尤为关键，它与数字化转型的成效及公众信任紧密相连。信息时代赋予数据重要的战略地位，使其成为确保政府透明和负责任的核心要素。因此，众多研究致力于探索数字时代的数据开放问题。他们不仅关注数据开放的具体方式和方法，还积极探寻优化之路，主张政府应采用更加灵活透明的策略共享和管理数据。在这方面，相关研究主要表现在以下几个方面。

第一，数据开放中的信息壁垒。如何界定"信息"或"数据"权属，如何打破传统封闭行政管理模式对数据开放的壁垒，如何实现信息公开从"信息孤岛"到"数据开放共享"的转变，这些问题的解决亟待实现从行政管制到多元共治理念的转变，也需要构建预算信息公开与共享的多元监督机制。[④]

第二，数据开放中的原则建构。有学者认为，公共数据开放需遵循正面清单、

---

① 郑思尧、孟天广：《公共危机治理中的政府信息公开与治理效度——基于一项调查实验》，《公共管理与政策评论》2022 年第 1 期，第 88 页。

② 黄种滨、孟天广：《突发公共危机中的政府信息公开与危机应对》，《电子政务》2022 年第 6 期，第 63 页。

③ 李学：《公务消费预算信息公开能否有效助力支出增长控制？——基于地方政府公开数据的经验研究》，《东北大学学报》（社会科学版）2022 年第 3 期，第 51 页。

④ 王宏：《人工智能时代政府数据开放中的预算信息公开》，《上海师范大学学报》（哲学社会科学版）2021 年第 4 期，第 89 页。

免费和收费并行及基于场景的分类原则，采取直接开放与间接开放两条路径，其中直接开放包括完全授权和有限授权两种，间接开放则通过公私合作和特许经营向社会释放数据。① 宋烁认为，在开放原则上，遵循需求导向原则，同时关注政府治理目标需求和数据用户创新应用偏好。② 还有研究者认为，我国公共数据开放展现中央先行、国家立法滞后、地方立法全能化特征，受功能主义与功利主义影响导致立法多元化和制度张力。未来规范建构应在公共信托理论指导下，通过开放且规范的框架，寻求公共数据开放最优路径。③ 丁晓东认为，当前政府数据开放的原则应当重构。除了坚持政府数据开放的全面性、基础性、及时性、机器可读性以外，还应当坚持政府数据开放的公平性、便捷性与数据生态建构。④

第三，数据开放中的社会导向。在政府信息公开的治理逻辑中，保障公民知情权是其首要目标；在政府数据开放的治理逻辑中，促进公共数据开发利用才是其首要目标，政府通过扮演"数据要素供应方"这一新角色，响应"政府-市场-社会"关系变迁，实现公共产品的合作供给以及数据经济价值的释放。⑤ 在制度层面，政府数据开放可以从个人、政府、企业3个维度进行制度完善，对个体进行数据赋权、注重合理使用版权许可协议、积极调动企业的力量。政府应当将数据开放视为积极主动的平台服务，而非消极被动的数据公开。⑥ 还有研究认为，公共数据开放应注重公平使用而非权属。将"公共数据公平利用权"作为基础，以促进公平的数据利用。我国应重点构建符合公平要求的数据开放秩序，建立相应管理机制，而非

---

① 常江：《公共数据开放立法原则反思和开放路径构建》，《华东理工大学学报》（社会科学版）2022年第5期，第135页。

② 宋烁：《政府数据开放是升级版的政府信息公开吗？——基于制度框架的比较》，《环球法律评论》2021年第5期，第52页。

③ 黄贤达、高绍林：《论我国公共数据开放的双重路径与规范重塑》，《江西师范大学学报》（哲学社会科学版）2022年第3期，第62页。

④ 丁晓东：《从公开到服务：政府数据开放的法理反思与制度完善》，《法商研究》2022年第2期，第131页。

⑤ 胡业飞、孙华俊：《政府信息公开与数据开放的关联及治理逻辑辨析——基于"政府-市场-社会"关系变迁视角》，《中国行政管理》2021年第2期，第31页。

⑥ 丁晓东：《从公开到服务：政府数据开放的法理反思与制度完善》，《法商研究》2022年第2期，第131页。

仓促规定数据所有权。[①]

（三）政务公开的法治发展视角

政务公开的过程涉及诸多法治问题，这些问题的复杂性和多样性引发了广泛的关注和探讨。例如，信息公开度的问题不仅涉及其发布方式、流程、责任的法律规范，还需要解决如何在保障透明度的同时维护个人和企业的隐私权。正因为这些问题的重要性和复杂性，政务公开成为法政治学界长期关注且讨论活跃的领域。大量研究展开了颇有见地的论述，不仅推动了理论的深入发展，也对实际政策和法律实施提供了指导和启示。具体表现在以下几个方面。

第一，政务公开权责的规范化。在政务公开推进过程中，权力清单与责任清单被行政机关视为承载方式，成为实现透明度的工具。行政机关在履行职责时，在适用《政府信息公开条例》第 35 条之前，行政机关需了解申请人的基本情况，与其他机关充分交流，探寻申请背后的真实目的，以确保规范的准确适用。政府信息公开统一平台可便利这一交流过程。行政机关处理案件时，可通过系统内的提示、备注等方式记录案外情况，仅供行政机关内部查看，从而高效推进工作流程，确保公开信息的合规性和准确性。[②]

第二，依申请方式的规范化。政府信息公开中，任何公民可基于知情权申请，而防止滥用的方法不在于限制资格，而是完善程序并审查权利保护必要性。涉及个人信息应区分处理，隐名或匿名。权利人同意是公开的法定条件，不公开是否损害公共利益也需考虑。错误公开个人信息者，权利人可提起反公开诉讼。[③] 在司法实践的过程中，法院在信息公开行政诉讼中对"利害关系"的理解存在差异。现行判断标准虚置和混用问题明显。亟须明确狭义诉讼的利益概念，分离信息公开行政诉讼的利害关系，厘清实体与程序审查，避免审查混淆与偏差，解决实践问题。[④]

---

① 王锡锌、黄智杰：《公平利用权：公共数据开放制度建构的权利基础》，《华东政法大学学报》2022 年第 2 期，第 59 页。

② 董妍：《政府信息公开不当申请规制研究——兼论〈政府信息公开条例〉第 35 条的适用》，《河北法学》2022 年第 9 期，第 142 页。

③ 王锴、周锐恒：《论政府信息公开中依申请公开的对象范围》，《中南民族大学学报》（人文社会科学版）2022 年第 8 期，第 114 页。

④ 张又文、董妍：《信息公开行政诉讼中的"利害关系"——基于诉的利益否定的视角》，《理论探索》2022 年第 2 期，第 114 页。

第三，公开方式的规范化。肖卫兵认为，2019 年《政府信息公开条例》修订形成了完整的公开例外保护体系，设立了 5 种信息公开实体处理决定类型。通过 59 个国务院部门、31 个省及 13 个垂直系统的两年数据分析，发现虽增强法律确定性，提升可操作性，但"公开优先"特征效果不明显。未来需优化统计项目，提升公众知晓率，规范行政答复，增强实施效果。[①] 还有研究提倡合理分类政府数据，明确数据权利归属，并确认政府数据开放独立立法模式的合理性。从理念上应强调服务型政府和严格保护数据主体权益；程序上采取依职权和依申请开放方式；实体上根据数据类型设计开放方案，实现政府数据开放与数据主体权益的协调平衡。[②]

第四，隐私保护的规范化。随着数字化治理的推进，现有的《政府信息公开条例》在隐私权保护方面显得不够完善。为了加强政府信息中个人私密信息的保护，有研究认为可以从以下四个方面进行改进：一是确立包括个人私密信息在内的政府信息不得公开的原则；二是列举和规定个人私密信息可予公开的范围；三是在裁量公开程序中确保第三人的参与权；四是确立不同的征求意见程序，以便在保护个人私密信息与普通信息方面进行区分。这样的改革有助于平衡信息公开与个人隐私之间的关系，保障个人权益的同时促进政府透明度。[③] 有研究通过分析新冠疫情期间 45 个地方政府的流调报告和公众评论，探讨了隐私的情境性完整理论。发现个人信息公开受公共价值、敏感性和情境相关性影响，政府在不同阶段和城市间的公开程度存在差异，信息受众也是重要组成部分，且情境因素导致信息主体对隐私保护较弱。基于此，构建了个人信息公开的情境因素理论模型，丰富了隐私理论，同时提出了个人信息公开分类框架，为政府指导提供参考。[④]

三、展望与分析：地方政府政务公开的治理思路与发展前瞻

在一个越发复杂、互联互通的世界里，政府的透明度和响应能力不再是一个抽

---

① 肖卫兵：《我国政府信息公开处理决定类型化改革效果评析》，《理论与改革》2021 年第 6 期，第 66 页。

② 王东方：《政府数据开放规范的精细化构建——基于政府数据开放与政府信息公开的关系视角》，《电子政务》2021 年第 10 期，第 29 页。

③ 李卫华：《民法典时代政府信息公开中个人私密信息保护研究》，《政治与法律》2021 年第 10 期，第 14 页。

④ 王芳、郑雨欣、朱宏智：《政府信息公开中的个人隐私保护：基于重大突发公共卫生事件情境的研究》，《信息资源管理学报》2022 年第 5 期，第 25 页。

象的理念，而是民众期望与现实需求之间的桥梁。政府与公众之间的互动关系已演变为一个多层次、多维度的交织网络。政务公开的智能化、流程衔接、规范化构建成为推动社会进步、保障民众权益、维护国家安全的重要支柱。也正是在这样的意义上，我们将试图在目前政务公开现状的基础上，展望未来发展的前景，并试图提出可能的治理思路。这一过程不仅是对现有实践的批判和反思，更是对未来可能性的探索和设想。在这一探索中，我们将不仅关注政府自身的改革和创新，还将关注政府与社会之间的相互作用和相互影响。通过这一全方位的视角，我们希望能够探索出一条既切合现实，又富有前瞻性的政府发展之路。

（一）提高政务公开内容的纵深性，提升信息公开内容的质量

政务公开的内容和质量，直接涉及政府的透明度和公信力，影响着公民的知情权、参与权和监督权，未来政务公开建设应从以下四个方面优化和提升政府信息公开的内容和质量。其一，扩大政务公开的纵深范围是目前的紧迫任务。这一过程不仅要关注政府运作管理、公共资源配置、重点民生保障等主题领域的公开，更要追求公开的质量，促使公民的知情权、参与权、表达权、监督权得到充分保障。政务公开应遵循全面、准确、及时、便捷的原则，不仅涵盖政府的政策方向和实施情况，更要广泛涉及社会、经济、文化等多个方面，构建全方位、多层次的公开体系。其二，逐步扩大决策领域的过程公开工作至关重要。决策的过程公开，对于提高政策的科学性、合理性、有效性具有积极意义。涉及群众切身利益的重要改革方案、重大政策措施、重点项目的决策，应当普遍征求群众意见，强化公众参与机制，从源头上减少政策的盲目性和片面性，为政府决策提供更加全面和真实的社会反馈。其三，更加明确规范政府的职权范围、行使主体、依据和运行程序，以及行政裁量基准和范围，也是不可忽视的环节。一个明确的政府职权结构有助于杜绝权力滥用，保障行政公正和法治化。明确的职权界限和运行程序使政府各部门之间的协同和监督更为有序，进而提高行政效率，增强政府公信力。其四，不断提升结果的公开程度亦是重点之一。行政许可、行政处罚、行政收费、行政征收等执法行为的公开，不仅能增强政府决策的透明度，还有助于实现行政相对人权益的保护。对这些执法行为做到依据明确、结果可查，不仅能使政府行为接受人民群众的监督，也能提高行政效率和公正，为社会公平正义的实现提供有力保障。

（二）提高政务公开主体的协同性，优化政府内部协调机制

政府内部协调在推动政务公开中占据了核心地位，其重要性不仅体现在信息流通和资源共享上，还深刻反映了现代政府治理体系的复杂性与协同性。其一，从组织结构的角度来看，政府的不同部门、机构和层级之间必须建立和维护顺畅的信息共享机制。这不仅涉及技术问题，如建立共享的信息平台和保障数据的安全性，还包括制度层面的安排，确保各部门间有明确的信息共享协议和合作原则。其二，从组织文化的角度来看，政府内部的合作文化和共享价值观是推动部门间协同努力的基石。各级政府部门需要培育一种强调开放、透明和合作的工作文化，将跨部门协同作为组织目标和个人绩效的重要组成部分。其三，从组织协调的角度来看，政府内部协调机制的优化，需要更深入地涉及各个部门间的战略一致性、政策协同以及系统集成的高度优化。强化系统集成需要一个全方位、跨界的视野，通过构建统一的标准和协议，实现各部门数据和资源的精准对接，确保信息的一致性和实时性。政策协同则涉及更高层次的战略规划和组织协调。这需要政府部门之间在宏观战略和具体政策层面形成真正的协同效应，包括设立跨部门的战略协调小组、定期审查和互动，以确保政府整体政策的连贯性和一致性。其四，从组织监管的角度来看，政府还需要通过建立专门的监察机构和反馈机制，持续评估和优化协调工作，以增强政务公开的可持续性和有效性。这一环节不仅要求对协调效果的定量评估，更需要对可能出现的问题进行深入分析和及时纠正。借助于现代化的管理工具和先进的分析方法，政府能够确保协调机制的实时响应和持续优化，从而使政务公开真正成为推动政府透明度和公民参与的有效渠道。

（三）提高政务公开载体的智能性，加强统一信息公开平台建设

一个高效、可靠、透明的统一政务信息公开平台不仅对于政府自身的内部协调起到了至关重要的作用，还是向公众、企业和其他政府部门展现政府透明度和公信力的关键桥梁。为此可以考虑从以下四个方向上完善政务信息平台，提升政务公开能力：一是以人为本的用户体验。有效的信息公开平台应该站在用户角度，包括公民、企业和政府其他部门，全方位审视用户需求和行为习惯。设计的直观性和易用性成为关键，不仅涉及信息呈现的合理化，还包括跨平台的无缝整合与交互。人性化的设计将有助于提高信息的可达性和受众的满意度。二是循数治理的决策支持。

政府信息公开的核心并非仅在于信息的释放，更应关注如何以现代化手段，例如大数据和人工智能，提供综合的分析与决策支持。这不仅能够加强政府内部的协同效率，也能向外界呈现更全面、深刻的政策背景与影响分析。三是因时应变的迅捷反应。政务信息公开平台的公信力在很大程度上依赖信息更新和发布的及时准确。这需要政府内部建立敏捷的信息流通机制，涉及跨部门、跨层级的协同合作，确保重要信息能在第一时间得到准确反映。四是可靠信赖的安全保障。作为政府与民众互动的重要载体，信息平台必须确保技术层面的安全，同时要在法律和制度层面建立完备的隐私保护和合规机制。只有确保信息平台的稳定可信，才能赢得社会公众的信任。

（四）提高政务公开流程的衔接性，优化信息流转的过程机制

政府信息公开不仅是提高政府透明度和公信力的重要手段，更是涉及国家安全和信息安全的复杂议题。在这样的背景下，问责制与政府信息公开之间的融合必然成为一个动态性过程，需要精心设计和不断优化。要确保问责制与政府信息公开的深度融合，有必要调整当前问责实践中对结果的过分重视和对过程的忽视。具体地，政府信息公开的成功执行需要一套全过程的问责机制，这一机制从责任的明确开始，通过过程的监督和后续的责任追究，形成了一个完整的、有机相连的体系：第一，责任明确，筑基问责。在政府信息公开前的阶段，责任的明确成为首要任务。各级党组织和政府应积极推动责任分工，通过构建制度，确立明确的权力与责任清单。这一准备工作确保了每个参与主体了解自己的角色和职责，为整个信息公开过程打下坚实的基础。第二，过程监督，保障合规。政府信息公开不仅仅是一项任务，更是一个需要持续跟进和监督的过程。相关问责主体，特别是上级行政机关，应根据前期的责任划分，不断审查下级行政机关的执行情况。持续的监督与审查确保了信息公开的合理性和合规性，有助于维护整个公开过程的有效性和准确性。第三，后续追究，强化威慑。责任追究是问责机制的核心部分。在政府信息公开后，若出现问题，则必须通过具体的追究机制迅速找到责任所在。明确的责任追究，通过可操作的规则和条款，为整个问责机制增添了威慑力，确保每个责任主体都对自己的行为负责。

（五）提高政务公开行为的规范性，推动政务公开法治化建设

法治化是推动政务公开水平提升的关键途径，涵盖了从法规完善到诉讼体系构建，再到依法行政的全方位考量。其一，就法规层面而言，进一步完善和深化《政府信息公开条例》的实施是提升政府透明度的基础环节。这不仅涉及统一行政机关的答复行为、推广协商办理制度，而且强调了对公众申请的响应效率和信息获取的便捷性。法规的精细化有助于建立清晰、高效的信息申请和反馈流程，从而促进政府与民众的对话与信任。其二，就法律程序而言，应当进一步完善政府信息公开诉讼制度，这不仅要求制定合理的法律程序和机制，以确保公开与保密之间的平衡，而且要涉及更广泛的社会参与，如引入第三方评估和社会监督等，以保障诉讼的公正、透明和及时性。通过构建完整的诉讼体系，确保公民的合法权益得到充分保护，增强法律的公信力。其三，就行政执法而言，坚持依法行政的原则，是确保政府在行使职权时的合法性和正当性。这不仅要求政府部门严格遵守法律法规，而且要在政策制定和执行过程中确保透明度、公平性和问责性。依法行政为政务公开提供了必要的法律保障和道德支撑，有助于树立法治和公正的社会价值观。

总之，政务公开的实践进程揭示了一个多维度、交互复杂的治理体系。通过深入剖析以人为本的用户体验、循数治理的决策支持、因时应变的迅捷反应和可靠信赖的安全保障等关键要素，我们可以洞察到政务公开不仅局限于信息的释放，而是涉及整个政府内部的协同效率和外界政策背景的全方位展示。此外，从责任明确、过程监督到后续追究等问责流程，我们亦可观察到政府信息公开与问责制之间的深度融合和动态性过程。进一步地，法治化建设在推动政务公开水平提升方面的核心途径，也凸显了从法规完善到依法行政的全方位挑战与机遇。

四、报告要点

第一，从2021—2022年各级政府的政策制定情况来看，中央和地方政府均围绕着规范化、标准化和常态化的发展方向，积极颁布了一系列有力的政策文件，为政务公开工作提供了明确的导向和坚实的法治支撑。在实践层面，各地政府的政务信息公开展现出了良好的态势。首先，各地政府信息公开工作年报的发布不仅及时，而且反映了当地政府对政务公开工作的认真负责态度；其次，政府数据开放平台的建设成效显著,不仅增强了信息的透明度,还推动了政府与民众之间的互动与沟通;最后,公开内容的丰富和标准化水平的不断提高,更是显示了政府在提升公共服务质量和构建开放、透明的治理环境方面的努力。

第二,从 2021 年至 2022 年的学术研究发展趋势来看,政务公开方面的相关研究日益丰富和多元化。这些研究不仅跨越了不同的学科领域,而且展现出多元化的理论视角,反映出当前学术界对该主题的广泛关注和深入挖掘。更具体地说,现有研究主要聚焦于三个核心视角:一是社会治理视角,二是数字转型视角,三是法治发展视角。这些视角不仅为我们提供了全方位、多维度地理解政务公开的窗口,而且为学者和政策制定者提供了丰富的洞见和启示。它们共同提示了政务公开在现代社会治理体系中的核心地位和重要作用,进一步强调了继续深化该领域研究的迫切性和重要性。

第三,针对当前政务公开的复杂发展情况和挑战,本报告提出了相应的治理思路,不仅着重于改善当前的实践和弥补现有缺陷,还涵盖了对未来可能的变革和挑战的前瞻性规划,具体而言:其一,提高政务公开内容的纵深性,提升信息公开内容的质量;其二,提高政务公开主体的协同性,优化政府内部协调机制;其三,提高政务公开载体的智能性,加强统一信息公开平台建设;其四,提高政务公开流程的衔接性,优化信息流转的过程机制;其五,提高政务公开行为的规范性,推动政务公开法治化建设。

第四,本着学术研究服务于现实实践的思路,本报告认为以下五个方向将会是近期相关研究的主要学术生长点。其一,新技术融合。探索大数据、人工智能等新技术在政务公开中的应用,推动政务信息的实时、透明、全面公开。其二,隐私与安全平衡。在确保政务透明度的同时,找到合适的平衡点保护个人隐私和信息安全。其三,全球化视角下的协同。促进不同文化和法律体系下的政务公开合作,实现跨文化、跨地域的公共治理。其四,多元化主体参与机制。鼓励民间组织、企业、个人等多元化主体有效参与政务公开。其五,法治建设与规范化。通过法律手段规范政务信息的公开、使用和保护,促进政府治理的规范化和高效性。

(作者单位:南开大学周恩来政府管理学院)

"双碳"目标背景下政府生态环境保护职责研究报告

赵志远

生态环境是人类社会生产生活与发展的基础。随着工业文明的到来，生态环境问题日益凸显，如何保护与改善生态环境成为人类社会共同面临的重要课题，自然环境也"从天然意义上的公共物品变为由政府提供必要制度保障的公共物品"。① 生态环境保护职责作为政府一项重要与核心的职责，在内涵上经历了重要的变化；相对应地，环境保护部门与环境管理体制也经历了从无到有、从弱到强的演变与发展。改革开放以来，中国政府在不同阶段围绕环境保护、生态环境保护乃至现如今的生态文明建设，开展了一系列卓有成效的战略部署。② 2017 年 10 月 18 日，党的十九大报告指出："中国特色社会主义进入新时代，我国社会主要矛盾已经转化为人民日益增长的美好生活需要和不平衡不充分的发展之间的矛盾。"③ 这对新时期党和国家工作提出了许多新要求，生态环境保护职责的重要性也进一步提升。

2020 年 9 月 22 日，国家主席习近平在第七十五届联合国大会上宣布，中国力争 2030 年前二氧化碳排放达到峰值，努力争取 2060 年前实现碳中和目标。"双碳"目标的提出，是党和国家基于中华民族发展和推动构建人类命运共同体的责任担当

---

① 钱剑星：《环境保护：21 世纪政府的主要职能》，《国家行政学院学报》2002 年第 1 期，第 44 页。
② 任建兰：《从生态环境保护到生态文明建设：四十年的回顾与展望》，《山东大学学报》（哲学社会科学版）2018 年第 6 期，第 27 页。
③ 习近平：《决胜全面建成小康社会 夺取新时代中国特色社会主义伟大胜利——在中国共产党第十九次全国代表大会上的报告》，《人民日报》2017 年 10 月 19 日，第 2 版。

而作出的重大战略决策。[①] 本报告通过梳理"双碳"目标提出的历史背景、政府生态环境保护职责的演变与发展历程，以及对相关研究做梳理总结，意图在政府职能转变与政府职责体系优化的制度环境下对政府生态环境保护职责作分析，为地方政府在生态环保领域的职责转变与职责配置提供相应的政策建议。

一、"双碳"目标与政府生态环境保护职责发展现状综述

20世纪70年代初，在联合国世界环境大会的推动下，中国增设了环境保护部门。1987年，联合国在《我们的未来》报告中首次提出"可持续发展"的定义；1992年，联合国世界环境与发展会议于巴西里约热内卢市召开，再次强调"可持续发展"的概念及其内涵，并且明确了生态环境建设除控制污染外，同时也包含对生态环境的治理与建设等内容。此前，中国环境部门的主要职责始终集中于污染排放的控制等环境保护工作。2020年，中国基于推动实现可持续发展和构建人类命运共同体的责任担当，宣布了碳达峰和碳中和的愿景目标，将其纳入生态文明建设的整体布局。"双碳"目标的提出有着深刻的历史与制度背景，它不仅是对国内外发展需求的积极适应，更是中国政府生态环境保护职责持续变迁与发展的必然选择。

（一）"双碳"目标提出的历史背景

"双碳"目标的提出，标志着中国政府的生态环境保护职责正在实现新的变迁。环保职责与中国能源革命推进之间的关系逐步密切，使其内涵也得到了进一步的丰富。其提出具有深刻的历史背景。

第一，全球气候变化引发了国际社会的普遍关注。随着全球气温上升、极端天气事件频发，气候变化对于环境、经济乃至人类社会的稳定发展造成了更为普遍和显著的影响。这种情况下，国际社会逐渐意识到生态环境保护的重要性，对减少温室气体排放的呼声也不断提高，中国的气候谈判压力也持续增加。为了深度参与全球气候治理，提升我国在国际气候谈判中的主动权，加快建立清洁低碳、安全高效

---

① 高世楫、俞敏：《中国提出"双碳"目标的历史背景、重大意义和变革路径》，《新经济导刊》2021年第2期，第4页。

的现代能源体系成为必要之举。

第二，中国在《巴黎协定》的承诺。2015 年，《巴黎协定》通过，要求联合国气候变化框架公约缔约方各国的碳排放尽早达到峰值，在 21 世纪中叶碳排放净增量归零，以实现在 21 世纪末将全球地表温度相对于工业革命前上升的幅度控制在 2 摄氏度以内。各国纷纷承诺采取行动以限制全球变暖的幅度，并明确了碳中和的时间表。例如，芬兰确定为 2035 年，瑞典、奥地利、冰岛等国确定为 2045 年，挪威、加拿大、日本等国确定为 2050 年等。中国也积极参与国际气候合作，在协定中承诺要控制温室气体的排放，为全球应对气候变化作出贡献。

第三，国内生态环境压力持续增加。随着中国快速进入工业化与城市化阶段，能源消耗与碳排放的大幅增加已经在发展过程中出现了一定的负面效应，特别是在环境污染、生态破坏等方面的问题越发严重。这对政府采取积极的减排措施、转变政府职能积极干预生态环境领域发展，形成了较大的压力。

第四，可再生能源及其技术持续发展。随着技术的不断进步与发展，中国在可再生能源领域，特别是在风能和太阳能等新能源领域，取得了显著的进展，能源结构也得到了进一步调整。新兴能源技术的发展，为中国实现碳减排提供了技术基础与支持，是"双碳"目标得以提出的重要条件。同时，由于中国油气资源储量偏少、化石能源对外依存度高，减少对传统化石燃料的依赖，有助于提升中国的能源安全，在长期内降低经济对能源供应的脆弱性，这也成为"双碳"目标提出的重要动力。

第五，创新驱动发展。实施"双碳"目标需要持续不断地推动技术创新和产业升级，这不仅会推动中国的科技发展，同时也能够培育新的经济增长点。因此，科技创新也是"双碳"目标提出的重要动力之一。

基于以上背景不难看出，中国的"双碳"目标，是在全球气候变化关注加剧、国际承诺的压力，结合国内环境问题和可再生能源发展的机遇，以及经济和能源安全的考虑等综合影响因素下提出的。一方面，它以中国能源革命的持续推进为主线（如表 5 - 20 所示）；另一方面，它综合反映着新时期以来政府生态环境保护职责的内涵变化。

表 5-20　中国推进能源革命的发展历程

时间	事件	主要内容
2012 年 11 月	党的十八大报告	推动能源生产和消费革命,控制能源消费总量,加强节能降耗,支持节能低碳产业和新能源、可再生能源发展,确保国家能源安全
2014 年 6 月	中央财经领导小组第六次会议	就推动能源生产和消费革命提出了 5 点要求,形成了"四个革命、一个合作"的新能源安全新战略
2015 年 10 月	党的十八届五中全会	推进能源革命,加快能源技术创新,建设清洁低碳、安全高效的现代能源体系
2016 年 7 月	习近平总书记考察宁东能源化工基地	要着力推进绿色发展、循环发展、低碳发展,形成节约资源和保护环境的空间格局、产业结构、生产方式、生活方式
2016 年 12 月	习近平对神华宁煤煤制油示范项目建成投产作出重要指示	要不断扩大我国在煤炭加工转化领域的技术和产业优势,加快推进能源生产和消费革命,增强我国能源自主保障能力
2017 年 10 月	党的十九大报告	全面节约资源有效推进,能源资源消耗强度大幅下降。要推进绿色发展。推进能源生产和消费革命,构建清洁低碳、安全高效的能源体系
2018 年 10 月	习近平总书记向首届"一带一路"能源部长会议和国际能源变革论坛致贺信	共同促进全球能源可持续发展,维护全球能源安全
2020 年 9 月	习近平在第七十五届联合国大会一般性辩论上发表重要讲话	中国承诺在 2030 年前实现碳排放达峰、2060 年前努力实现碳中和
2020 年 12 月	习近平在气候雄心峰会上发表重要讲话	要在推动高质量发展中促进经济社会发展全面绿色转型,脚踏实地落实上述目标,为全球应对气候变化作出更大贡献
2021 年 3 月	《中华人民共和国国民经济和社会发展第十四个五年规划和 2035 年远景目标纲要》	要推进能源革命,建设清洁低碳、安全高效的能源体系,提高能源供给保障能力
2021 年 12 月	2021 年中央经济工作会议	要正确认识和把握碳达峰碳中和。深入推动能源革命,加快建设能源强国
2022 年 1 月	习近平总书记考察山西瑞光热电有限责任公司	要统筹抓好煤炭清洁低碳发展、多元化利用、综合储运这篇大文章,加快绿色低碳技术攻关,持续推动产业结构优化升级

资料来源:根据网络资料整理;参见刘华军等《新时代的中国能源革命:历程、成就与展望》,《管理世界》,2022 年第 7 期。

"十三五"期间，中国积极实施应对气候变化的国家战略，采取了调整产业结构、优化能源结构等一系列措施。相应工作取得了显著成效。例如，温室气体排放得到有效控制，相较于 2015 年，2020 年底碳排放强度下降 18.2％；规模以上企业单位工业增加值能耗下降超过 15％，大大节约了能源成本。自 2010 年以来，国家发展改革委综合考虑不同类型、不同发展阶段和不同产业特征等因素，分 3 批开展了 81 个低碳城市的试点工作；2018 年机构改革后气候变化监管等职能划转至新成立的生态环境部。生态环境部将对试点城市分 3 组进行评估，力图总结低碳试点城市建设的进展与成效，深挖低碳发展模式、制度建设等方面的经验做法，为城市推动绿色低碳发展提供参考。"双碳"目标提出后，各高校与地方也纷纷成立相应的研究机构。中国的能源革命与生态环境保护正在实现新的转型。

（二）政府生态环境保护职责的演进与实践

"双碳"目标的提出，使得生态环境问题的复杂性进一步增强。党的十八大将生态文明建设纳入中国特色社会主义事业"五位一体"总体布局，将生态环境保护与生态文明建设工作提升至前所未有的战略高度。党的十八届三中全会通过的《中共中央关于全面深化改革若干重大问题的决定》指出：加强中央政府宏观调控职责和能力，加强地方政府公共服务、市场监管、社会管理、环境保护等职责。[①] 其中，它首次分别表述了中央与地方政府职责；将"环境保护"职责单列在地方政府职责中。随后 2014 年 4 月，第十二届全国人民代表大会常务委员会第八次会议对《中华人民共和国环境保护法》进行了修订，整体上对中央和地方各级政府的环境保护职责作出了统筹规划与规定，政府环境职责也逐步靠近"角色责任-法定义务-法律责任"的逻辑体系。[②] 中国政府环境管理体制的变迁主要经历了四个阶段，部门机构的调整、相关立法的变化以及治理模式的发展都是重要表现。

1. 萌芽阶段（1973—1978 年）

1973 年 8 月国务院委托计委召开的第一次全国环境保护会议，是中国政府环境

---

① 《中共中央关于全面深化改革若干重大问题的决定》，《人民日报》2013 年 11 月 16 日，第 1 版。
② 李俊斌、刘恒科：《地方政府环境责任论纲》，《社会科学研究》2011 年第 2 期，第 72 页。

保护职责的开端。在机构层面，会议结束后国务院成立了环境保护领导小组及办公室，各省、直辖市和自治区以及国务院有关部门也成立了相应的环境保护机构。此后，相关机构也在各领域制定和实施了部分环保标准。在法律层面，1978 年《中华人民共和国宪法》第十一条首次明确规定"国家保护环境和自然资源，防治污染和其他公害"。这成为政府环保职责进一步发展的宪法基础。1979 年 9 月 13 日，中国第一部环境法律——《中华人民共和国环境保护法（试行）》颁布，标志着环境保护开始步入依法管理的轨道。值得注意的是，该法除了明确基本任务、方针政策以及一系列基本原则等，特别对环保机构的职责进行了比较详细的规定。这为政府环保职责的进一步发展打下了比较坚实的基础。

2. 成长阶段（1979—1988 年）

《中华人民共和国环境保护法（试行）》颁布后，中国的环境保护事业逐渐在政府机构层面走出了临时机构设置的阶段，污染控制和环境保护的制度建设有所进展。中央、省、市以及相当一部分县都依法建立了专门的环保部门，特别是 1982 年的机构改革，新的城乡建设环境保护部组建，内设环境保护局。随着各级环保机构的建立，专业环保工作人才队伍也迅速形成。[1] 1983 年，中国在召开的第二次全国环境保护会议上，把环境保护正式确立为中国两项基本国策之一。为促进环境保护和经济建设协调发展，1984 年 5 月 8 日，国务院作出《关于环境保护工作的决定》，成立国务院环境保护委员会。1984 年底，原本环境保护委员会办公机构所在的城乡建设环境保护部环境保护局，被升格为部委归口管理并自设 17 个处的国家环境保护局。截至 1985 年，全国环保系统工作人员已经超过 4.5 万人。[2] 1988 年的机构改革中，国家环保局进一步从部委归口管理的部门中独立，升格为副部级的国务院直属局。自此，中国环保部门基本进入了独立发展阶段，成为国务院直属领导的环境保护工作主管部门。

3. 快速发展阶段（1989—2018 年）

1993 年，中国制定《中国关于环境与发展问题的十大对策》这一纲领性文件，

---

① 曲格平：《中国环境问题及对策》，中国环境科学出版社 1989 年版，第 109 页。
② 国家环境保护局：《中国环境保护事业（1981—1985）》，中国环境科学出版社 1988 年版。

将可持续发展战略确立为国家战略。而 1996 年第四次全国环境保护会议颁布实施的《国务院关于环境保护若干问题的决定》和 2000 年的《全国生态环境保护纲要》则对行政领导负责制、强化监督管理等问题作出了具体规定。2002 年，《清洁生产促进法》出台，标志着中国环境污染治理模式由末端治理向全过程治理转变。① 在机构层面，第八届全国人民代表大会第一次会议决定增设全国人大环境保护委员会，1994 年更名为环境与资源保护委员会，从而全面统筹安排环保立法和执法监督工作。自 1995 年，全国人大常委会几乎每年都会开展环保执法大检查活动。1998 年的机构改革中，国家环保局再次升格为正部级的国家环境保护总局。2008 年 3 月，第十一届全国人民代表大会第一次会议通过《国务院机构改革方案》，正式组建环境保护部。在职能转变方面，改革取消和下放了部分行政审批事项，减少了技术性和事务性的工作，进一步强化了统筹协调、监督执法的工作。2015 年以来，为了改革环境治理基础制度，开始实行省以下环保机构监测监察执法垂直管理制度（如表 5-21 所示）。总体来说，环保部门的行政能力得到了进一步加强，② 环保领域已经基本形成统一监督管理（国务院环境保护部与地方各级环境保护局/厅）与分级分部门管理（包括国家海洋行政主管部门等各类管理部门）相互结合的体制。③ 此外，县级以上人民政府土地、矿产、林业、农业、水利部门也负责对自然资源保护实施监督管理的工作。④

表 5-21　省以下环保机构监测监察执法垂直管理制度改革

政府主体	改革措施
省级环保部门	直接管理市（地）县的监测监察机构，将现有市级环境监测机构调整为省级环保部门驻市环境监测机构。承担其人员和工作经费。上收市县两级环保部门的环境监察职能，由省级统一行使。可通过向市或跨市县区域派驻环境监察员

---

① 任建兰：《从生态环境保护到生态文明建设：四十年的回顾与展望》，《山东大学学报》（哲学社会科学版）2018 年第 6 期，第 27 页。

② 汪劲：《环保法治三十年：我们成功吗？中国环保法治蓝皮书（1979—2010）》，北京大学出版社 2011 年版。

③ 熊超：《环保垂改对生态环境部门职责履行的变革与挑战》，《学术论坛》2019 年第 7 期，第 136 页。

④ 黄喆：《论环境联合执法及其法律规制》，《广西大学学报（哲学社会科学版）》2016 年第 6 期，第 89 页。

政府主体	改革措施
市（地）级环保部门	实行以省级环保部门为主的双重管理体制。县级环境监测机构随县级环保部门上收到市级，主要职能调整为执法监测、支持配合属地环境执法，按照上级要求做好生态环境质量监测相关工作。市级环保部门负责属地环境执法，统一管理、统一指挥本行政区域内县级环境执法力量
县级环保部门	不再单设，作为市（地）级环保部门的派出机构，其执法人员和工作经费由市级承担。县级环保部门主要进行现场环境执法

资料来源：根据《中共中央关于制定国民经济和社会发展第十三个五年规划的建议》资料整理。

4. 深化推进阶段（2018 年至今）

2018 年，第十三届全国人民代表大会第一次会议通过《国务院机构改革方案》，组建了新的生态环境部。它以原环境保护部为主体，继承了原环境保护部的所有职责，同时吸收了其他 6 个部委在环境领域相关的职能。生态环境部的组建，不仅仅是机构名称的变化，更是强化了环境保护责任中生态的内涵。这不仅反映出政府环境保护职责正在向包含污染防治、生态环境保护，以及生态文明建设的多重内涵转变，同时也在实质上转变了以污染防治为主的环境管理模式。机构改革后，相对分散的污染防治职责与生态环境保护职责统一在一起，使得职责交叉重复、九龙治水的现象有所改善；同时，生态环境部的监管范围明显扩大，加强了环保部门的监管能力，丰富了其监管手段。生态环境部的成立，以及地方环保机构改革的展开，标志着"大环保"管理体制的正式形成。[①] 总体来看，2018 年以来，中国形成了具有中国特色的环境经济政策体系，包括环境财政政策、绿色税收政策、绿色价格政策等。同时，自上而下进行的环保督察，也在很大程度上集中解决了环境治理过程中的重点难点问题。

党的十九大报告提出"构建政府为主导、企业为主体、社会组织和公众共同参与的环境治理体系"。[②] 打造基于多元主体共同参与的新型环境治理模式为生态环境保护和生态文明建设提供了全新的思路。多元共治模式既强调以政府主导为中心，

---

① 王智睿、陈纪：《中国环境管理体制改革的历史脉络与发生机理——基于历史制度主义视角的考察》，《暨南学报》（哲学社会科学版）2022 年第 9 期，第 121 页。

② 习近平：《决胜全面建成小康社会 夺取新时代中国特色社会主义伟大胜利——在中国共产党第十九次全国代表大会上的报告》，《人民日报》2017 年 10 月 19 日，第 1 版。

又追求在政府主导的基础上多元主体之间的合作与互动，是一种兼具开放性、包容性和适应性的新型环境治理模式（如图 5 - 17 所示）。环境治理的多元共治模式首先强调政府监管的主导与基础性作用。这包括环境法规与相关政策的制定与执行，监管组织体系的完善与优化，以及相应的一系列制度设计与供给。目前，特别是"双碳"目标提出后，生态环境领域在监管层面还面临着监管规范的缺失、监管主体分散，以及监管方式单一[①]等不同层面的问题，这在一定程度上制约着"双碳"目标的达成与政府生态环境职责的履行。

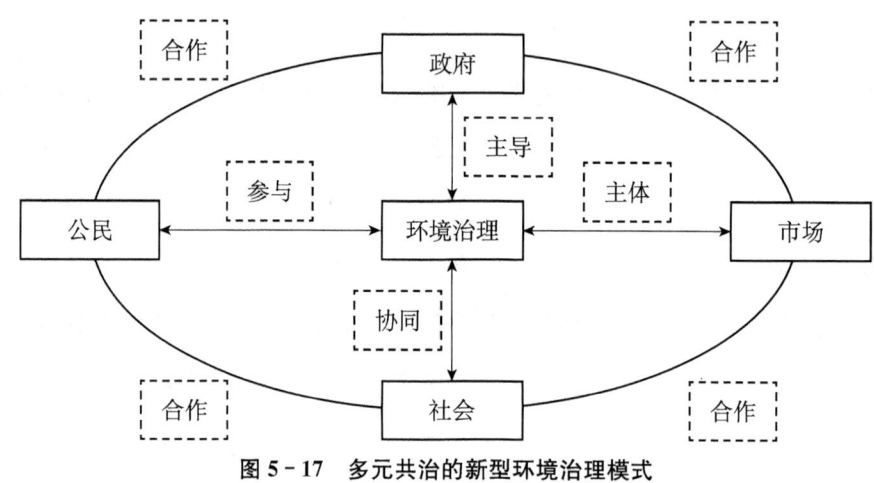

图 5 - 17　多元共治的新型环境治理模式

从中国政府在生态环境保护领域的管理体制与机构变迁来看，相关职能正在趋于完善，部门机构也在探索过程中逐步优化。这为政府职能转变背景下政府环保职责的实现创造了有利的条件。

（三）地方政府生态环保职责实践的典型案例

为了有效履行生态环境保护职责，地方政府在优化执法方式、健全督查与监管机制等方面，积累了大量经验。2021 年以来，地方政府在环保职责履行、优化执法方式等方面形成了一系列典型的实践案例。2021 年 1 月 7 日，生态环境部发布《关于优化生态环境保护执法方式提高执法效能的指导意见》（以下简称《指导意见》），要求地方政府相关部门做好明确执法责任、优化执法方式、完善执法机制、

---

① 康京涛：《"双碳"目标下环境监管的调适与创新》，《贵州师范大学学报》（社会科学版）2023 年第 3 期，第 123 页。

规范执法行为,全面提高生态环境执法效能。《指导意见》就以上四方面内容共提出 18 条具体意见。在明确执法职责方面:(1)建立执法事项目录;(2)完善履职责任制度;(3)强化现场检查计划制度。在优化执法方式方面:(4)完善"双随机、一公开"监管制度;(5)建立实施监督执法正面清单制度;(6)推行非现场监督方式;(7)完善区域交叉检查制度;(8)建立专案查办制度。在完善执法机制方面:(9)健全执法监测工作机制;(10)健全部门协调联动机制;(11)强化行政执法与刑事司法衔接机制;(12)完善举报奖励制度;(13)探索第三方辅助执法机制。在规范执法行为方面:(14)推行行政执法公示制度;(15)落实执法全过程记录制度;(16)规范行政处罚自由裁量权;(17)完善典型执法案例指导制度;(18)健全执法普法制度。

依据上述指导意见,生态环境部在 2021—2022 年,对各地总结报送的落实情况进行总结整理,通报表扬了 15 批共 96 个典型案例(如表 5 - 22、表 5 - 23 所示)。值得注意的是,自 2021 年第六批公布的案例开始,生态环境部采取了按不同专辑领域公布的方式,增强了案例宣传的针对性。

表 5 - 22　2021 年生态环境部公布生态环境优化执法典型案例

批次	公布时间	地区	主要内容
第二批	2021 年 5 月 18 日	四川省	利用视频监控系统查处超标排污和篡改、伪造自动检测数据违法行为
第二批	2021 年 5 月 18 日	保定市	通过分表计电系统精准打击未按照应急预案落实限产、停产措施的违法行为
第二批	2021 年 5 月 18 日	宁波市	利用奇偶时段干扰在线监测数据案
第二批	2021 年 5 月 18 日	温州市	利用"自动监控＋无人机"查获私设暗管排污案
第二批	2021 年 5 月 18 日	湖州市	利用自巡查系统破获企业超标排放水污染物、运营单位干扰在线监控设施案
第二批	2021 年 5 月 18 日	三明市	强化行刑衔接机制,专案查办危险废物非法倾倒涉嫌污染环境犯罪
第二批	2021 年 5 月 18 日	襄阳市	联合公检机关破获跨省非法处置废矿物油案
第二批	2021 年 5 月 18 日	黄石市	发挥第三方监测作用,执法帮扶并重
第三批	2021 年 7 月 6 日	舟山市	通过陆海统筹协同系统查获干扰自动监测设施案
第三批	2021 年 7 月 6 日	丽水市	通过信息化手段查获机动车检测机构出具虚假检验报告案

批次	公布时间	地区	主要内容
第三批	2021年7月6日	南平市	使用无人机查获三家非法排污企业
第三批	2021年7月6日	营口市	通过"高空视频"查处"散乱污"企业
第三批	2021年7月6日	苏州市	运用"用电监控预警"查处治污设施不正常运行案
第四批	2021年10月10日	晋江市	运用"河道哨兵"精准发现线索查处违法排放水污染物案
第四批	2021年10月10日	佳木斯市	严厉打击以逃避监管的方式排放水污染物案
第四批	2021年10月10日	常州市	严厉打击非法处置危险废物案
第四批	2021年10月10日	潜江市	未按规定设置危险废物识别标志不予处罚案件
第四批	2021年10月10日	温州市	对群众举报某加工点规避监管排放有毒有害物质案件实施奖励
第四批	2021年10月10日	克拉玛依市	对群众举报非法收集废机油案件实施奖励
第五批	2021年11月22日	福州市	查处未按排污许可证排放污染物案
第五批	2021年11月22日	宜昌市	查处非法转移危险废物案，有力震慑跨区域非法转移危险废物的违法行为
第五批	2021年11月22日	宝鸡市	查处不正常运行污染防治设施，私设暗管排放水污染物案
第五批	2021年11月22日	温州市	利用无人机查处非法洗砂点偷排废水废渣案
第五批	2021年11月22日	天津市	查处篡改、伪造监测报告案
第五批	2021年11月22日	青岛市	查处擅自倾倒、堆放工业固体废物案

资料来源：根据生态环境部官方网站公布资料整理。

表5-23 2021年第六批及2022年生态环境部按领域公布的生态环境优化执法典型案例

批次	公布时间	专辑或领域	地区
第六批	2021年12月3日	正面清单专辑	深圳市、桂林市、天津市、洛阳市、湖州市、宜昌市、重庆市、常州市
第一批	2022年1月12日	优化执法方式领域	大连市、大庆市、锡林郭勒盟、三明市、烟台市、南京市、南通市、杭州市、阿里地区、新余市
第二批	2022年4月11日	排污许可领域	嘉兴市、赣州市、苏州市、重庆市、肇庆市、海口市、双鸭山市、大连市
第三批	2022年5月6日	打击危险废物环境违法犯罪领域	衡水市、长治市、杭州市、福州市、濮阳市、佛山市、重庆市、安康市、银川市

批次	公布时间	专辑或领域	地区
第四批	2022 年 6 月 9 日	自动监控领域	天津市、保定市、杭州市、合肥市、六安市、泉州市、聊城市
第五批	2022 年 8 月 19 日	举报奖励领域	潍坊市、台州市、泉州市、大庆市
第六批	2022 年 8 月 26 日	环境影响评价管理领域	南京市、绵阳市、琼海市
第七批	2022 年 9 月 27 日	土壤环境违法、新化学物质领域	台州市、深圳市、长治市、天津市、河南省、重庆市
第八批	2022 年 11 月 18 日	打击危险废物环境违法犯罪领域	枣庄市、重庆市、漯河市、四川省、金华市、郴州市
第九批	2022 年 11 月 26 日	自动监控领域	天津市、泉州市、温州市、苏州市、泰安市、湖北省、攀枝花市
第十批	2022 年 11 月 30 日	优化执法方式领域	台州市、玉溪市、汉中市

除此之外，生态环境部官网分别于 2021 年 11 月 16 日和 2022 年 10 月 31 日对国务院第八次（共 48 项）和第九次大督查（共 60 项）发现的典型经验做法进行了通报表扬。实践工作经验正在逐步积累。随着改革的不断深入与"双碳"目标的提出，政府生态环境保护职责的内涵不断丰富，其职责边界也得到了进一步拓展。

二、政府生态环保职责研究综述

基于政府在生态环境保护领域实践的特殊性，环境治理的相关研究也呈现出相应的特点：一部分研究是基于环境治理模式、环保政策执行等案例，实则是研究中国政府的运行方式、政策执行模式等。这对于理解中国生态环境治理的有效性有着重要意义。另一部分研究则着眼于生态环保职责本身，分析其内涵、价值、具体内容及其配置、履行与监管等问题。2020 年国务院办公厅印发《生态环境领域中央与地方财政事权与支出责任划分改革方案》后，纵向间政府环保职责配置有了新的抓手，这对地方政府环保职责的优化有着特别的意义，也为相关研究提供了新的视角。综合上述两种方向的研究，近年来地方政府生态环保职责的相关研究文献主要可以分为以下两大类。

（一）政府生态环保职责的制度性研究

政府生态环保职责的制度研究是指以环保职责为主要研究对象，从相对宏观与中观的视角对其结构要素与结构关系进行研究，包括对其法律制度安排、层级与部门间关系、具体职责配置等方面的研究。相对而言，这类研究更加关注环境治理的结构性要素与制度背景，是从稳定性较强的制度性安排出发的。

在权责配置与履行方面，熊超对中国生态环境部门职责履行责任清单机制进行了研究。他认为中国生态环境部门存在非规范化担责的现象，主要表现为"尽职亦被追责""客观履职不能也被追责"的现象时常发生。而建立责任清单机制是重要的解决路径。生态环境部门应当依法划清自身职责范围、科学确定部门尽职要求、构建自身尽职免责体系，从而保障和激励部门职责的充分履行。[1] 这一研究充分指出了生态环保部门权责法定的重要性及其优化路径。

在环境管理体制方面，张则行等学者对党的十八大以来中国环境管理体制的变迁进行了研究，指出中国生态环境管理体制的重塑路径在权责配置方面正在实现横向的"扩权赋能"与纵向的"收权压责"、在激励机制方面正在实现生态环保"督政"强激励机制重构，以及在信息方面正在实现上下对称的环境信息渠道优化。他认为这一重塑过程正在渗透和融入中国开展的一系列生态环保制度创新与实践过程。[2] 最新的研究中也有学者指出，中央环保督察通过高规格督察主体、严格考核、常态化督察、社会参与等形式向地方政府传导压力，通过中央与地方政府的互动调适，这种压力得以保持在适度的水平并持续转换为动力，推动地方政府环境治理行为变革。[3]

在环境治理的多元主体关系方面，詹国彬等学者对环境治理实现多元共治模式的现实挑战与路径选择进行了研究，指出现实的制度安排上，多元共治面临着环境治理权力结构安排不尽科学合理、跨部门治理主体间信息共享和协调性差、政府监

---

① 熊超：《我国生态环境部门职责履行责任清单机制构建——以环保部门机构垂直管理改革为背景》，《学术论坛》2020年第5期，第43页。

② 张则行、何精华：《党的十八大以来我国环境管理体制的重塑路径研究——基于组织"内部控制"视角的分析框架》，《中国行政管理》2020年第7期，第22页。

③ 韩晓莉、韦夏菲：《环保督察如何促进地方政府环境治理行为改进——一个"压力-动力-变革"整合性分析框架》，《海南大学学报》（人文社会科学版）2023年第6期，第216页。

管的权威性和有效性不足、企业主体性作用发挥不够以及社会力量参与的有效性和有序化偏低等挑战，并针对其提出一系列改革措施。[1] 郑思尧等学者则对中央环保督察与公众参与两种监督机制间的关系进行了实证分析，得出中央环保督察这一制度安排，不仅不会排斥地方公众在环保工作中的参与，反而会发挥动员公众参与的效应，且动员效应随实践推移而逐步放大。[2] 这一研究对于理解国家制度安排对于公众参与的影响具有积极意义。

（二）政府生态环保职责的过程性研究

政府生态环保职责的过程性研究是指以地方环境治理为主要研究对象，从相对微观的视角对其行为过程与行为特点进行研究，包括对政策执行过程、多元互动主体行为等方面的研究。相对而言，这类研究更加关注环境治理的过程性要素与行为特点，是从灵活性较强的非制度性和行为要素出发的。

王仁和等学者采用混合研究方法，对 2017 年煤改气政策中 19 个煤改气城市进行过程追踪研究，从而解释作为环境政策执行偏差问题的超额执行导致意外的政策失败这一现象。[3] 它尝试从超额执行这一偏差行为出发，讨论中央政府在资源配套以及政策整体设计环节的缺位对地方环境政策执行结果的影响。

环境治理领域的运动式治理也是学界所集中讨论的话题。庄玉乙等学者对各地环保督察的运动式治理模式进行了考察，提出为何在中央明令禁止的情况下地方的一刀切行为仍屡禁不止、地方又是如何进行行为选择等问题分析得出，自身资源与具体环境任务治理难度，是地方政府在上级环保督察压力下选择一刀切关停还是集中整治方式的主要影响因素。[4] 这典型地反映了此类研究从地方政府的行为选择或行为特点出发，对环保职责的履行过程进行考察的研究逻辑。赵聚军等学者从职责同构的视角出发，对运动式环境治理模式常规化的形成与转型过程进行研究。研究

① 詹国彬、陈建鹏：《走向环境治理的多元共治模式：现实挑战与路径选择》，《政治学研究》2020 年第 2 期，第 65 页。
② 郑思尧、孟天广：《环境治理的信息政治学：中央环保督察如何驱动公众参与？》，《经济社会体制比较》2021 年第 1 期，第 80 页。
③ 王仁和、任柳青：《地方环境政策超额执行逻辑及其意外后果——以 2017 年煤改气政策为例》，《公共管理学报》2021 年第 1 期，第 33 页。
④ 庄玉乙、胡蓉：《"一刀切"抑或"集中整治"？——环保督察下的地方政策执行选择》，《公共管理评论》2020 年第 4 期，第 5 页。

认为，中央通过"控制-激励-谈判"三重路径开展自上而下的资源动员，为地方采取运动式治理提供了初始动力；而地方动员的方式也逐渐被贯穿于小组运作、会议召开、专项行动和经验总结过程中的治理技术所同化。同时，他们还得出运动式治理模式在取得一定成绩的同时会产生异化与扭曲现象的结论，并认为应当通过"确权""确责"的形式促使动员模式的合理转型。[①] 值得注意的是，这一研究在关注不同层级政府在环境治理过程中行为的同时，也对政府关系与职责同构的制度性要素给予了充分的重视。而对运动式环境治理模式所做的进一步的类型学划分，[②] 对于环保治理模式研究视角的开拓与研究方法的创新都是有益的。

三、展望与分析："双碳"政策背景下政府生态环保职责的优化方向

"双碳"目标的提出在为政府生态环保职责优化提出新挑战的同时，也创造了新的条件与契机。毋庸置疑，无论是中央还是地方政府对于生态环境保护与建设的重要性已经有了相当清晰的认识，实务界与学界也都在实践与研究层面取得了不同程度的进展。本报告根据实践梳理以及相关研究综述，对政府生态环保职责的发展提出如下展望与分析。

（一）坚持以政府职能转变为抓手优化环保职责

根据朱光磊教授提出的政府职能的"两层次"划分，[③] 政府职能转变的逻辑是通过优化政府职责，进而实现政府功能的调整与充分发挥，实现政府职能的转变。2007 年党的十七大报告首次提出要"健全政府职责体系"。政府环保职责作为政府职责体系中的重要组成部分，也是新时期政府职责调整的主要对象之一。

优化政府生态环境保护的职责，应当抓住政府职能转变这个核心，从以下三个方面进行调整。一是厘清权责边界。应当充分发挥权责清单制度在生态环境领域的作用，对政府权责进行全面梳理。在推进部门沟通与协调的基础上，明晰职责的分

---

① 赵聚军、王智睿：《职责同构视角下运动式环境治理常规化的形成与转型——以 S 市大气污染防治为案例》，《经济社会体制比较》2020 年第 1 期，第 93 页。

② 王智睿、赵聚军：《运动式环境治理的类型学研究——基于多案例的比较分析》，《公共管理与政策评论》2021 年第 2 期，第 62 页。

③ 参见朱光磊《现代政府理论》，高等教育出版社 2006 年版。

工与合作，强化职责整合与统筹。二是合理职责配置。应当在打破"职责同构"的基础上，对纵向间政府的环保职责进行差异化配置。特别是借助于财政事权和支出责任划分改革的契机，实现不同层级环保部门之间的职责划分与衔接。三是调整履职方式。履职方式是优化职责的重要内容之一。地方生态环保职责的优化，要充分重视履职方式的调整，积极推进流程再造，以履职方式的调整、工作机制的调整，带动职责整体的转变与优化。

（二）进一步规范环境监管体制机制

"双碳"目标的提出再次对中国政府的监管职能提出了挑战。要进一步规范与加强生态环境领域的监管职能，还需要从监管立法、监管主体以及监管方式三方面出发。

首先，在监管立法方面，应当发挥立法的硬性约束功能，促使相关职能的形式从政策驱动型转向立法监督型。此外，在软法约束方面，目前中国"双碳"的软法规范主要集中于政策层面，整体而言还缺乏规范性和层次性。应当建构多层次的政策体系、完善标准规范体系，从而实现硬法与软法的协同共治。其次，在监管主体方面，应当构建决策与执行相对分离的管理结构。一方面，要建立跨部门、综合性的统一议事协调机构。尽管我国已经成立了国家应对气候变化及节能减排工作领导小组，但作为一种阶段性工作机制的组织，还需进一步将其纳入法制轨道，固定其法定职能。另一方面，应当确立统一监管与多部门参与的治理结构。这不仅需要明确生态环境部统一监管职能，还需要理顺其他监管主体之间的事权划分，从而构建起信息共享、协调联动的综合执法与监管机制。最后，在监管方式方面，应当充分发挥硬性监管与激励诱导的双重功能。在硬性监管方面，应当明确硬性标准，增强执法力度，规范执法程序，从而实现监管的有效性。在激励诱导方面，应当逐步淡化行政命令的主导作用，科学设计激励机制，实现硬性监管与激励诱导的平衡发展，从而更好地发挥监管的效能。

（三）充分发挥数字技术在环保职责优化中的作用

现阶段，数字技术的应用已经在地方生态环保职责的优化过程中有所显现。环境监管技术手段正在不断创新。例如，各地方已经在执法过程中利用无人机、卫星遥感数据等现代化的技术手段对大气、河流、自然保护区等领域进行精准检测。同时，部分地区利用互联网、大数据等方式，向社会公开政府相关工作的进展及具体情况。社会组织、公众能够实施监督地方政府督查的整改情况。数字技术已经在环境监测、综合执法、信息公开等各个环节得到了相对比较广泛的应用。

但是，数字技术在优化政府环保职责的应用上还面临着一定程度的制度性障碍。例如，数字政府的建设还存在信息壁垒、地区发展不平衡、供需不匹配等问题。这些问题同样出现在地方政府环保职责的优化过程中。数字技术的发展往往同时带来正面和负面的效果。一方面，要尽量克服数字技术应用过程中出现的种种困难，充分利用现代科技的发展；另一方面，也要避免数字技术所带来的负面影响，避免数字技术对政府改革产生不良的价值导向，陷入"为数字服务"的误区。未来的环境治理改革，还应当依托于政府的数字化转型，积极推进"互联网＋政务服务"，提升政府在生态环境领域审批、监管与服务的精细化程度，真正实现数字技术为政府改革所用。

四、报告要点

本报告以政府生态环境保护职责为研究对象，梳理了"双碳"目标提出的历史背景、政府环保职责的发展与演进历程，以及2021—2022年实践领域的发展现状；同时以2021年为基点，对近年来相关领域的研究作出总结与评述。政府生态环境保护职责兼具长期性与复杂性。一方面，尽管生态环境问题是历史性的、长期性的，但是政府在这一领域的机构建设与职责优化的发展时间却还并不长，且经历了较多内涵与实质性的变化；另一方面，生态环境保护与生态文明建设是一个涉及多部门、政府多方面职能的复杂问题。"双碳"目标提出后，其战略意义与重要性进一步加强。政府环保职责研究应当进一步深化与细化。本报告的要点如下。

第一，"双碳"目标的提出为中国政府生态环境保护职责提出了新的挑战，也创造了新的条件、带来了新的契机。"双碳"目标的提出有其历史性和制度性的背景，这主要包括国际社会的普遍关注、《巴黎协定》的签订、国内生态环境压力持续上升、科学技术的不断发展以及科技创新所带来的动力。它标志着中国政府的生态环境保护职责正在实现新的变迁。特别是环保职责与中国能源革命推进之间的关系逐步密切，使其内涵也得到了进一步的丰富。随着环保职责由污染防治、环境保护不断丰富、转换为生态环境保护与生态文明建设，地方政府生态环境保护职责的优化也进入了新的阶段。

第二，中国政府的环保职责经历了四个主要的发展阶段。它们分别是 1973 年到 1978 年的萌芽阶段、1979 年到 1988 年的成长阶段、1989 年到 2018 年的快速发展阶段以及 2018 年至今的深化推进阶段。从中国政府在生态环境保护领域的管理体制与机构变迁来看，相关职能正在趋于完善，部门机构也在探索过程中逐步优化。这为政府职能转变背景下政府环保职责的实现创造了有利的条件。生态环境部成立后，加强了对地方相关部门执法责任、执法方式、执法机制等内容的指导，提出一系列指导意见，并在 2021 年到 2022 年间对各地总结报送的落实情况进行总结整理，通报表扬了 15 批共 96 个典型案例。

第三，中国政府环保职责研究主要可以分为两类。一类是对政府环保职责的制度性研究。它主要是指以环保职责为主要研究对象，从相对宏观与中观的视角对其结构要素与结构关系进行研究，包括对其法律制度安排、层级与部门间关系、具体职责配置等方面的研究。相对而言，这类研究更加关注环境治理的结构性要素与制度背景，是从稳定性较强的制度性安排出发的。一类是对政府环保职责的过程性研究，它主要是指以地方环境治理为主要研究对象，从相对微观的视角对其行为过程与行为特点进行研究，包括对政策执行过程、多元互动主体行为等方面的研究。相对而言，这类研究更加关注环境治理的过程性要素与行为特点，是从灵活性较强的非制度性和行为要素出发的。两类研究在发展过程中有相互弥补、相互促进的趋势。

第四，新时期，在"双碳"目标提出的背景下，中国政府环保职责的优化需要从以下三点出发。其一，坚持以政府职能转变为抓手优化环保职责。从厘清权责边界、合理职责配置及调整履职方式三方面出发，积极推进流程再造，以履职方式的调整、工作机制的调整，带动职责整体的转变与优化。其二，进一步规范环境监管体制机制。从监管立法、监管主体以及监管方式三方面进行改革，从而更好地发挥政府监管的效能。其三，充分发挥数字技术在环保职责优化中的作用。尽管各地方已经在执法过程中充分利用科技手段，在治理过程和政府信息公开方面也充分利用了数字技术。但数字技术在优化政府环保职责的应用上还面临着一定程度的制度性障碍。未来政府环保职责的优化，还应当克服数字技术应用中的困难，避免其带来的负面效应，充分利用数字技术所带来的治理优势。

（作者单位：南开大学周恩来政府管理学院）

PART 第六部分

地方政府发展能力
指数研究报告

中国地方政府发展能力指数报告（2021—2022）

南开大学课题组[①]

2022 年是课题组连续开展中国地方政府发展能力指数研究工作的第八年。课题组一方面选取 2021—2022 年两年公开发表的 6 部与政府能力评价有关的研究报告，对政府能力评价相关报告的研究特征进行系统分析，以期为课题组调查和研究工作开展提供有益参考；另一方面通过连续调查，课题组收集了大量数据并构建了数据库，为后期开展连续时间序列分析奠定了基础。

一、2021—2022 年地方政府能力相关评价报告的总体特征

从 2021 年到 2022 年公开出版的与地方政府能力有关的报告来看，数量总体增加较快，并且涉及领域日益丰富。基于典型性、持续性的筛选标准，本次共选择 6 部相关研究报告展开深入分析，入选报告如表 6-1 所示。

表 6-1　本研究选取的相关地方政府研究报告

报告名称	累计出版	研究依托单位	出版社	评价对象	选取版次
中国地方政府效率研究报告（2022）	12 部	北京师范大学政府管理研究院、江西师范大学管理决策评价研究中心	社会科学文献出版社	31 个省级、292 个地级市政府、1037 个县级政府	2022
政府电子服务能力指数报告	5 部	南京大学政务数据资源研究所	中国社会科学出版社	31 个省（自治区、直辖市）、334 个地级市、64 个部委	2022

[①]　课题组顾问：朱光磊。课题组成员：翟磊、李鑫涛、李晨光、许晓。

报告名称	累计出版	研究依托单位	出版社	评价对象	选取版次
中国数字政府发展研究报告（2021）	1部	清华大学数据治理研究中心	经济科学出版社	31个省级政府、101个市级政府	2021
中国地方政府互联网服务能力发展报告（2022）	6部	电子科技大学智慧治理研究院、成都市经济发展研究院、清华大学互联网治理研究中心等10家政府治理研究机构	社会科学文献出版社	4个直辖市和333个地级行政区	2022
中国法治政府评估报告	7部	中国政法大学法治政府研究院	社会科学文献出版社	4个直辖市、27个省府所在地市、5个经济特区、18个国务院批准的较大市、46个其他城市	2021—2022
中国政务热线服务能力发展报告	1部	北京师范大学政府管理学院服务型政府研究中心	海洋出版社	370条政务服务便民热线	2021

从2021—2022年度发布的政府能力相关评价报告来看，具有如下基本特征。

（一）对数字政府建设能力的评价日益受到重视

从2021—2022年公开出版的有关地方政府发展能力的评价报告来看，数字政府建设的专项报告呈现连续性强、增量显著的特点。这一特征一方面与信息技术的高速发展有关；另一方面也能更好地满足社会和公众对基于互联网的服务的需求。通过数字政府的建设，可以有效提升各类公共服务的精准度和时效性，同时也为政府科学决策提供了有效的依据。

连续发布的有关数字政府建设的报告包括《政府电子服务能力指数报告》《中国地方政府互联网服务能力发展报告》《省级政府和重点城市一体化政务服务能力调查评估报告（2021)》，还有2021—2022年首次发布的，例如清华大学数字治理研究中心发布的《中国数字政府发展研究报告（2021)》等。另外，《中国法治政府评估报告（2021—2022)》中也专门增加了"数字法治政府建设"作为一级指标。

这些报告共同将数字政府建设作为研究对象并非偶然，近年来数字化技术在公共管理与公共服务领域的应用，显著提升了公共服务组织的效率和服务的精准性、有效性，同时也大幅度提升了服务的范围和能力。大数据是数字时代的重要战略资源和核心创新要素，有效提升了政府收集数据、分析提取、形成有效决策的能力，成为信息化推进国家治理现代化的新理念和新手段。[①] 由于各层级、各地区政府的数字化建设能力、水平均存在较大差异，且很多领域尚处于持续探索推进的阶段，因此开展评估工作可以有效地帮助实践领域查找问题，探索最佳实践，从而促进相关工作的良性发展。

（二）各课题组均十分重视评价指标体系的动态调整

地方政府发展能力指标的动态调整，主要受三个因素影响。

一是相关法律法规的发布。例如，2021 年 8 月，党中央、国务院印发了《法治政府建设实施纲要（2021—2025）》，因此《中国法治政府评估报告（2021—2022）》结合新《纲要》提出的未来五年法治政府建设的新的阶段性任务对指标体系进行了系统化调适。

二是重要政策文件的发布。例如，2022 年国务院印发《关于加强数字政府建设的指导意见》，这是首部国家层面关于数字政府建设的系统性、指导性、改革性文件。因此《政府电子服务能力指数报告（2022）》基于上述指导意见提出的数字政府建设的新要求等，对指标体系进行了调整和优化，[②] 更加聚焦数字政府建设的重点难点，也更能反映政府互联网服务能力发展的实际情况。

三是经济社会发展阶段特征与重点任务的变化。以《中国地方政府效率研究报告（2022）》为例，与 2021 年相比，指标体系的设置突出强化了地方政府乡村振兴服务、经济发展服务、政务公开等方面的履职评价，[③] 进一步优化、调整了地方政府效率测度因素及指标。《政府电子服务能力指数报告（2022）》以"用户体验"为出发点，修正了政府电子服务能力指数体系。

① 孟天广、张小劲等：《中国数字政府发展研究报告（2021）》，经济科学出版社 2021 年版，第 4 页。
② 汤志伟、李金兆等：《政府互联网服务能力蓝皮书：中国地方政府互联网服务能力发展报告（2022）》，社会科学文献出版社 2022 年版，第 5 页。
③ 江西师范大学管理决策评价研究中心、北京师范大学政府管理研究院：《中国地方政府效率研究报告（2022）》，社会科学文献出版社 2023 年版，第 20 页。

（三）大数据技术有效提升了评估的高效性与科学性

随着信息技术的不断发展和我国各级政府数据平台的建设，各项评价在方法上也持续与时俱进，尤其是在人工智能、大数据等新兴技术的运用方面，取得了较大的进步。以《中国法治政府评估报告（2021—2022）为例，结合中国司法大数据研究院开发的中国司法大数据库，基于跨库的司法大数据对相关指标的法治政府评估数据进行筛选和清洗，通过反向验证的方式实质性提升了法治政府评估的可信度。《中国数字政府发展研究报告（2021）》采用百度指数大数据爬取方式获得了省级层面百度指数 800 余万条，城市层面百度指数 9100 余万条；[①] 通过人民网领导留言板大数据爬取，获得了各地网民发帖数和地方政府回帖数，从而测度治理效果的回应度。《中国地方政府互联网服务能力发展报告（2022）》采用了互联网全量数据抓取方式，对 135 个数据采集点位进行采集，运用了分布式网络爬虫、网页解析、机器模拟、图像识别、自然语言处理、知识图谱等技术获取文本、图片、文档数据，[②] 并通过数据清洗、数据校验等方式最终生成评民热线的宣传推广情况进行了全面数据采集，[③] 网站来源包括国务院门户网站、省级政府门户网站、地级政府门户网站、百度、中央新闻网站和部门商业媒体网站。

（四）地方政府的发展能力存在不均衡特征

基于本次重点分析的 6 本报告得出的评价结果可以发现三个方面的不均衡特征。一是地区发展不均衡，从各评估报告中排名前十的城市可以发现，中南地区、华东地区的地方政府发展能力总体较强，而各项排名的前十名中均没有东北地区的城市上榜。二是不同能力维度的发展不均衡，除了在地方政府发展领域具有传统优势的城市，例如北上广深等，不同报告中排名前十的城市差别总体较大，这也证明了地方政府发展能力本身的复杂性和对能力要求的多维度特征，各城市政府发力点不同可能带来其在某些维度的异军突起。三是每个城市政府在不同维度上的发展能

---

① 孟天广、张小劲等：《中国数字政府发展研究报告（2021）》，经济科学出版社 2021 年版，第 43 页。
② 汤志伟、李金兆等：《政府互联网服务能力蓝皮书：中国地方政府互联网服务能力发展报告（2022）》，社会科学文献出版社 2022 年版，第 8 页。
③ 黄国彬、陈亮、邓金花：《建设服务型政府——中国政务热线服务能力发展报告（2021）》，海洋出版社 2021 年版，第 71 页。

力具有不均衡性。以上海为例，其政府电子服务能力位居全国第一，但在法治政府评估中则位列第八，如表6-2所示。

表6-2 各评估报告中排名前十的城市

排名	中国地方政府效率研究报告（2022）	政府电子服务能力指数报告（2022）	中国数字政府发展研究报告（2021）	中国地方政府互联网服务能力发展报告（2022）	中国法治政府评估报告（2021—2022）	中国政务热线服务能力发展报告（2021）
1	珠海	上海	深圳	北京	北京	武汉
2	上海	北京	杭州	上海	杭州	合肥
3	广州	广州	广州	广州	南京	银川
4	北京	新余	上海	深圳	广州	济南
5	南京	安庆	宁波	绍兴	青岛	福州
6	杭州	黄山	北京	亳州	宁波	深圳
7	深圳	合肥	青岛	梅州	深圳	西宁
8	厦门	淮南	厦门	成都	上海	大连
9	无锡	滁州	贵阳	嘉兴	厦门	厦门
10	三亚	青岛	苏州	云浮	武汉	贵阳

二、研究方法的改进与探索

（一）研究框架的调整

基于2015—2020年6个年度的研究，2021—2022年度的调研框架总体保持了延续性，由调研员按照不同工作性质人群比例分布作为抽样框整体控制，再通过雪球抽样（snowball sampling）的方法开展网络问卷调查，获取主观指标的评价数据，按照满足问卷采样数量标准来确定研究样本，再通过统计年鉴、政府报告等资源获取客观数据，最后使用统计学方法确定指标权重，继而得到样本城市的地方政府发展能力指数。这一研究框架将定量和定性的研究方法进行了整合，力图进一步提升本研究的科学性和可靠性，如图6-1所示。

2022年度的总问卷数量为4226份，有效问卷3569份，问卷搜集有效率为84.5%，符合调查问卷有效数比例，也证明调查量表设计具备一定的合理性。运用

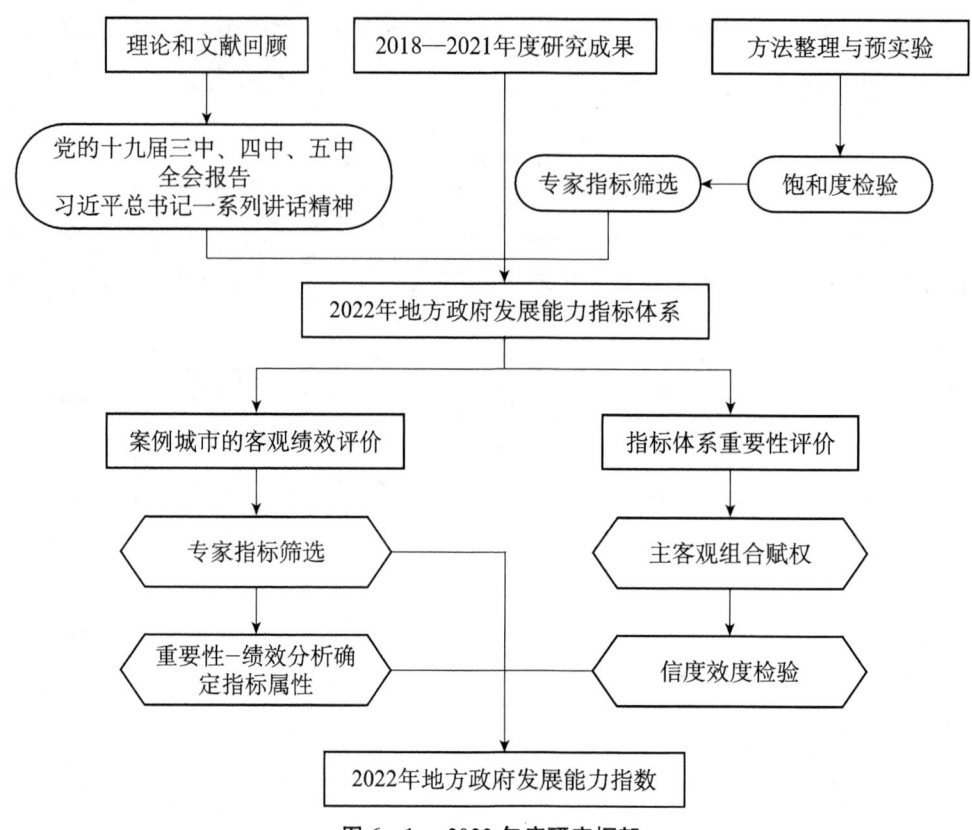

图 6-1   2022 年度研究框架

专家调查法与信度效度检验后，筛选分析研究样本数量分别是问卷 3343 份和城市 50 个，如表 6-3 所示。由于新冠疫情的影响（2020 年未做问卷调查）和网络调查问卷的可控性较弱，导致 7 个年度的有效问卷数量和样本城市数量差别较大，这也是本研究框架需要后期检验和进一步优化计算方法的重要影响因素。

表 6-3   2015—2022 年度有效问卷数量与研究样本数量

年度	有效问卷数量/份	样本城市数量/个	样本平均有效问卷数量/份
2015	574	23	25
2016	11756	119	99
2017	3903	62	63
2018	2851	32	89
2019	6159	65	95
2021	4196	37	113
2022	3343	50	67

基于选定的 50 个样本城市，课题组收集了相关案例城市的经济社会发展数据，

最终通过主客观组合赋权法确定指标权重，并通过计算回归系数法得到各样本城市的地方政府发展能力指数。

（二）测度指标体系的修正

Nelson R.、范柏乃等学者认为指标构建是测量制度化和规范化的基础，指标不仅要有理论基础，而且各指标均应得到客观性检验和实践性检验。[①②] 本次调整了之前的指标体系，有些指标之间存在一定的相关性，语义较为模糊，在实际操作中难以把握，有的辨别力偏低。需要运用定量评估的分析方法对该指标体系进行筛选和优化。因此，为确保评估的科学性与客观性，本文遵循丘吉尔（Churchill）[③]的量表开发程序，利用计算机质性分析软件 ATLAS.ti8 的分析功能对指标相互之间并列、功能、过程等关系进行分析，对已有指标进行进一步检验和修正，建立起了更适合中国特色的地方政府发展能力测度的量表，以期为各级政府的决策提供参考。

专家调查法是对某一特定主题，按照规定的程序，通过向专家调查、征询的方式来取得共识的方法，这样可以避免集体讨论时产生的"随声附和""固执己见"，同时也可以较快地收集各位专家的意见。模糊统计法是运用模糊集合理论解决实际问题的方法，其中隶属函数是对模糊概念的定量描述，一般是根据专家经验或统计进行确定，在解决和处理实际模糊信息的问题中可以做到"殊途同归"。因此，本研究采用专家调查法与模糊统计法相结合的方法来检验和筛选地方政府发展能力的指标体系。

一是选取了多年从事相关研究领域的 11 位专家，通过深度访谈和座谈会相结合的形式，邀请相关领域专家学者（来自高校、研究机构、政府机关、社会组织等机构）依据自身的学识与研究经验，选择其认为地方政府发展能力最重要的指标，以了解他们的观点与看法，并收集建设性的意见。此次专家筛选调查表共收回 11 份，有效 10 份，问卷回收率和有效率都在 90% 以上。

---

① 纳尔逊：《技术、制度和创新系统》，《研究政策》2002 年第 2 期，第 265 页。
② 范柏乃、单世涛、陆长生：《城市技术创新能力评价指标筛选方法研究》，《科学学研究》2002 年第 6 期，第 663 页。
③ 丘吉尔、拉柯布奇：《市场研究：方法论基础》，美国创造空间独立出版平台，2018 年版，第 13 页。

二是通过对专家给出的信息进行分析与提炼汇总，采用模糊统计分析剔除隶属度较低的题项后确定指标体系。具体操作是，将地方政府发展能力指标体系视为一个模糊集合：{R} 定义为指标集，把地方政府发展能力指标体系中的每个指标，作为该集合中的一个元素，运用专家调查法来进行指标隶属度分析，即计算得出地方政府发展能力指标的隶属度值，以确定是否将其保留在指标体系内。假设在第 i 个指标 R_i 上，各个专家确认的总次数为 Z'，即共有 Z_i 位专家确认 R_i 是评估地方政府发展能力的一项重要评价指标，测评的总人数为 10，其指标的隶属度为：

$$R_i = \frac{Z_i}{10}(i = 1,2,\cdots,10) \qquad (6-1)$$

测度指标 Z_i 的取舍取决于其隶属度 R_i 是大于还是小于临界隶属度，大于则增加或保留测度指标，小于则删除；其中，临界隶属度＝专家选择次数的临界值 $Z/10$。专家确认次数的临界值 Z 为：

$$Z = \varepsilon + \frac{D}{\sqrt{Z'}}x_{0.01} = 8.2 \qquad (6-2)$$

式 6-2 中，D 表示专家确认次数的标准差，ε 表示专家确认次数的期望值，Z' 表示专家确认总次数。通过数据计算分析得出，当专家确认次数的临界值 $Z＝8.2$ 时，临界隶属度为 81.3%。因此，当某个指标的隶属度小于 81.3% 时，表明该指标作为地方政府发展能力指标不具有统计显著性差异，应予以删除。

经过专家检验和修正后，建立了 2022 年度地方政府发展能力指标体系，如表 6-4 所示。该体系将地方政府发展能力逐级分解为 6 项一级指标（核心发展能力），15 项二级指标（分解发展能力）和 70 项三级指标（主、客观数据）。与 2020 年度相比，增加了 7 项三级指标。具体来看，在三级指标中，包括 40 项主观指标和 30 项客观指标。主观指标分为外部评价指标（20 项）和内部评价指标（20 项），分别通过针对当地居民和政府工作人员的调查问卷获取数据。客观指标则分为三类：一是常规统计数据，通过统计年鉴和政府网站等资源查询获取；二是非常规统计数据，通过调查问卷采集；三是综合数据，是由课题组定义的指数，根据第三方数据进行计算获得。

表6－4　地方政府发展能力指标类型、数据来源和隶属度情况

一级指标（核心能力）	二级指标（分解能力）	三级指标（主、客观数据）	指标类型	数据来源	隶属值/%
经济发展能力	保障生产能力	地区生产总值	客观指标	年鉴	92
		地区生产总值增长率	客观指标	年鉴	95
		地区货物进出口总额（新增）	客观指标	年鉴	85
		外商外资总额（新增）	客观指标	年鉴	87
		有效引导地方经济健康运行的能力	主观指标	居民调查问卷	86
		有效改善当地基础设施建设的能力	主观指标	居民调查问卷	84
	促进消费能力	城镇居民人均可支配收入增长率	客观指标	年鉴	93
		居民消费价格指数	客观指标	年鉴	95
		社会消费品零售总额	客观指标	年鉴	93
		稳定当地物价水平的能力	主观指标	居民调查问卷	87
		有效搭建消费平台的能力	主观指标	居民调查问卷	82
		提高家庭消费水平的能力	主观指标	居民调查问卷	93
	推动转型能力	第三产业比重	客观指标	年鉴	98
		规模以上工业企业利润（新增）	客观指标	年鉴	95
		促进产业升级的能力	主观指标	居民调查问卷	86
		促进民营企业发展的能力	主观指标	居民调查问卷	88
		促进科技创新的能力	主观指标	居民调查问卷	89
社会发展能力	推动发展能力	预期寿命	客观指标	年鉴	97
		当地生活的幸福感	主观指标	居民调查问卷	98
		参与公共事务的渠道	主观指标	居民调查问卷	96
		当地社会组织在公共事务中发挥的作用	主观指标	居民调查问卷	89
	秩序维护能力	城镇登记失业率	客观指标	年鉴	99
		城乡居民可支配收入比	客观指标	年鉴	88
		应急管理相关文件发布数（新增）	客观指标	政府网站	95
		对社会治安状况的评价	主观指标	居民调查问卷	97
		调节社会矛盾的能力	主观指标	居民调查问卷	86
		对个人发展机会公平的评价	主观指标	居民调查问卷	85

续表

一级指标 （核心能力）	二级指标 （分解能力）	三级指标 （主、客观数据）	指标类型	数据来源	隶属值 /%
服务提供能力	保障基本公共服务能力	千人口卫生技术人员数	客观指标	年鉴	92
		千人口医疗床位数	客观指标	年鉴	94
		政府在教育方面的财政支出占比	客观指标	年鉴	97
		就业、养老等公共保障制度建设	主观指标	居民调查问卷	97
		公共服务设施建设	主观指标	居民调查问卷	92
		教育、卫生等社会事业的发展	主观指标	居民调查问卷	99
	均等化区域公共服务能力	公共服务设施均等化程度	主观指标	居民调查问卷	95
		医疗服务均等化程度	主观指标	居民调查问卷	97
		教育资源均等化程度	主观指标	居民调查问卷	97
	环境保护能力	城市建成区绿地率	客观指标	年鉴	92
		城市空气质量达二级以上的天数	客观指标	年鉴	92
		城市污水处理率	客观指标	年鉴	94
		环境质量	主观指标	居民调查问卷	92
		环境治理能力	主观指标	居民调查问卷	92
资源利用能力	资源获取能力	税收收入增长率	客观指标	年鉴	96
		一般性公共服务支出占财政支出的比重	客观指标	年鉴	97
		财政收入增长率	客观指标	年鉴	98
		吸引外来人才的能力	主观指标	公务员调查问卷	97
		有效引进项目的能力	主观指标	公务员调查问卷	97
	资源整合能力	财政支出占 GDP 比重	客观指标	年鉴	95
		与智库展开有效合作的能力	主观指标	公务员调查问卷	95
		与媒体构建良好关系的能力	主观指标	公务员调查问卷	97
		与企业实施有效协作的能力	主观指标	公务员调查问卷	98
科学履职能力	政策制定能力	全年发布政策文件数量	客观指标	政府网站	90
		决策的科学性	主观指标	公务员调查问卷	98
		政策制定过程中公众参与的有效性	主观指标	公务员调查问卷	99

一级指标 （核心能力）	二级指标 （分解能力）	三级指标 （主、客观数据）	指标类型	数据来源	隶属值 /%
科学履职能力	政策执行能力	环境支持度指数	客观指标	课题组开发指标	94
		部门间协同能力	主观指标	公务员调查问卷	99
		政策执行效果	主观指标	公务员调查问卷	97
	政府机构运行能力	公众留言数量（新增）	客观指标	政府网站	96
		机构设置合理性	主观指标	公务员调查问卷	96
		各部门职位分工权责合理性	主观指标	公务员调查问卷	98
		依法依程序履职的能力	主观指标	公务员调查问卷	98
		各部门的工作效率	主观指标	公务员调查问卷	98
		工作人员服务态度	主观指标	公务员调查问卷	96
学习创新能力	主动学习能力	公务员年度参加培训次数	客观指标	公务员调查问卷	90
		公务员每年参加学习培训的天数	客观指标	公务员调查问卷	86
		激励公务员学习措施	主观指标	公务员调查问卷	89
		组织内部信息共享机制	主观指标	公务员调查问卷	92
	管理和服务的创新能力	技术吸收和创新能力——政府专利授权数量（新增）	客观指标	年鉴	93
		政府出台创新相关的政策数量（新增）	客观指标	政府官网	91
		政府对创新的重视程度	主观指标	公务员调查问卷	89
		政府的创新意识	主观指标	公务员调查问卷	83

三、城市地方政府发展能力指数分析

（一）数据收集的总体情况

由于三级指标中对地方政府发展能力的评价包含以市民为对象的外部评价和以政府公务员为对象的内部评价两部分，这种将内部评价和外部评价相结合的方式，决定了样本城市的选取必须同时满足两类问卷的数量要求。根据 2022 年度调查问卷的回收情况，共计回收 4226 份问卷，涵盖 206 个城市，按照每个样本城市至少包含 30 份以上有效问卷，而且至少 5 份有效问卷是由政府工作人员填写，确定了 50 个样本城市。如表 6-5 所示，共涵盖 4 个直辖市，2 个计划单列市，9个副省级城市，11个普通省会城市，24个普通地级市，纳入统计的有效问卷3343份。

表6-5　50个样本城市及调查问卷数量

城市等级	样本城市	总问卷数/份	城市等级	样本城市	总问卷数/份
直辖市	北京市	54	普通地级市	安庆市	40
	天津市	212		漳州市	37
	上海市	30		金昌市	44
	重庆市	83		陇南市	32
计划单列市	深圳市	33		东莞市	38
	厦门市	30		遵义市	146
副省级城市	杭州市	60		保定市	77
	广州市	52		邯郸市	49
	武汉市	43		南阳市	82
	哈尔滨市	44		周口市	61
	沈阳市	36		株洲市	47
	南京市	31		吉林市	37
	成都市	116		延边朝鲜族自治州	56
	西安市	39		淮安市	44
	济南市	58		景德镇市	141
普通省会城市	长沙市	68		宜春市	53
	贵阳市	30		赤峰市	138
	南宁市	55		菏泽市	31
	郑州市	196		晋城市	296
	合肥市	30		汉中市	50
	海口市	36		自贡市	88
	呼和浩特市	48		丽水市	150
	昆明市	68		温州市	30
	太原市	32		黑河市	40
	南昌市	31			
	石家庄市	30			

针对50个样本城市，进一步通过文献资料收集客观数据，具体渠道包括2022年出版的各类统计年鉴、官方网络数据平台、政府工作报告、公开发表的学术论文和研究报告及第三方权威评估成果等资源。对少数城市难以获得的数据，采用以下

方法依照优先级代替：一是该城市该指标近 3 年的平均值代替；二是该城市地理邻近的周边城市均值代替；三是该城市所在省份的该项指标均值代替。另外，有些数据非常重要，但又难以直接获得，因此，本研究团队专门开发了环境支持度指数，作为政策支持度的三级客观指标。环境支持度指数具体的操作方法为：选取城市级别、区位条件和资源禀赋 3 个综合指标作为环境支持度指数的核心指标，在权重设置上，城市级别占 40%，区位条件占 30%，资源禀赋占 30%。3 个指标的赋值标准是：第一，城市级别，直辖市 10 分，副省级市 8 分，省会城市 6 分，普通地级市 4 分；第二，区位条件，参照由 BBIC 发布的《中国各省资源禀赋及战略地位》的结论进行赋值；第三，资源禀赋，根据国务院公布的资源型城市分类名单赋值。其中，成熟型城市 10 分，成长型城市 8 分，再生型城市 6 分，非资源型城市 5 分，衰退型城市 4 分。

（二）地方政府发展能力评价结果的数据分析

基于地方政府发展能力指标体系和数据收集情况，最终获得的数据包括：受访者对样本城市地方政府发展能力的总体评价和总体满意度，6 项一级指标的重要性评价和绩效评价，15 项二级指标的重要性评价和绩效评价，40 项主观三级指标的绩效评价和 29 项客观三级指标的样本城市数据。

1. 地方政府发展能力总体评价和总体满意度

通过问卷调查获取数据时，问题的设定和表述方式可能会影响数据获取的结果。因此，在调查问卷中，分别采用了总体评价和总体满意度两种方式请调查对象就居住地的地方政府发展能力作出主观评价。50 个样本城市的统计结果如表 6 - 6 所示。

表 6 - 6　样本城市地方政府发展能力总体评价和总体满意度的基本情况

项目	极小值	极大值	均值	标准差
对当地政府发展能力的总体评价	3.11	4.67	3.8501	0.3957
对当地政府发展能力的总体满意度	3.03	4.58	3.8382	0.3913

通过配对样本 T 检验，比较两种提问方式的均值，可以发现，如表 6 - 7 所示，总体评价与总体满意度的相关系数达到 0.882，在统计上显著相关，而且并不存在

显著不同（$p=0.001$），因此，可以得到结论，即从统计学上来看，"对当地政府发展能力的总体评价"和"对当地政府发展能力的总体满意度"这两种提问方式，并不会对最终的结果产生显著影响。

表 6-7　两种提问方式的均值比较配对样本 T 检验

成对样本相对系数			
项目	样本数量	相关系数	显著性
对 1　总体评价 & 总体满意度	50	0.882	0.000

除非另行注明，bootstrap 结果将基于 1000 bootstrap samples

成对样本检验								
项目	成对差分					T 检验值	自由度	显著性
	均值	标准差	均值的标准误	差分95% 置信区间				
				下限	上限			
对 1　总体评价 & 总体满意度	−0.015	0.191	0.027	−0.068	0.038	−0.558	49	0.579

2. 核心发展能力（一级指标）评估数据分析

问卷调查获取了调查人对一级指标的重要性排序，按照排名第一得 5 分，第二得 4 分，第三得 3 分，第四得 2 分，第五得 1 分，第六得 0 分的标准，通过分值转化得到重要性得分，结果如表 6-8 所示。调查对象对 6 个指标的重要性排序依次为社会发展能力、提供服务能力、经济发展能力、资源利用能力、科学履职能力、学习创新能力。由此可见调查对象首先关注城市社会发展情况与公共服务，其次是经济发展，最后是对政府的实际运行情况。其原因在于，指标与调查对象之间关系的密切程度决定了其对指标重要性的判断。调查对象自身体会越强、关联越大的指标越会被排在相对重要的位置，而调查对象自身体会越弱、关联越小的指标则会被排在不重要的位置。在 50 个样本城市中，对科学履职能力的重要性排序差异性最大，标准差达到了 0.38，而对社会发展能力的重要性排序差异性最小，这也说明不同城市的居民对地方政府核心发展能力的重要性评价表现出了明显的差异性。

表6-8 样本城市一级指标重要性评估结果

项目	最大值	最小值	均值	标准差
经济发展能力	4.67	3.22	3.93	0.37
社会发展能力	4.64	3.25	3.97	0.36
服务提供能力	4.67	3.28	3.97	0.38
资源利用能力	4.69	3.28	3.93	0.37
科学履职能力	4.67	3.22	3.91	0.36
学习创新能力	4.61	3.19	3.89	0.38

问卷调查同步获取了被调查对象对一级指标的实际绩效评价，结果如表6-9所示，6个指标在不同城市中的最大值与最小值较为接近，且数据离散程度也较为接近。从具体的指标评价来看，服务提供能力在所有一级指标评价中的均值最高，达到3.87，这说明调查对象对城市地方政府的服务提供能力相对最为满意。经济发展能力的均值最低，为3.73，这说明调查对象认为城市地方政府的经济发展能力尚有较大提升空间。

表6-9 样本城市一级指标实际绩效评估结果

项目	最大值	最小值	均值	标准差
经济发展能力	4.73	2.98	3.73	0.43
社会治理能力	4.61	3.16	3.82	0.39
服务提供能力	4.55	3.00	3.87	0.35
资源利用能力	4.52	3.13	3.82	0.34
科学履职能力	4.64	3.03	3.81	0.40
学习创新能力	4.55	3.06	3.81	0.36

从标准差来看，经济发展能力的标准差最大，达到0.43，这说明不同城市间的调查对象对政府的经济发展能力评价的差异性较大，其可能的原因是由于我国经济发展存在着地区间的不平衡，造成调查对象对城市地方政府的经济发展能力的认知具有较大差异性。资源利用能力的标准差最低，为0.34，说明调查对象对政府资源利用的评价差异性较小。对于政府学习创新能力与提供服务能力这两项指标，调查对象的评估结果差异也相对较小，说明样本城市在以上三项能力上的差距总体较小。

3. 分解发展能力（二级指标）评估数据分析

问卷调查在获取调查对象对居住城市地方政府发展能力二级指标的实际绩效评

价和重要性评价中，均采用了五级李克特量表，结果如表 6 - 10 所示。

表 6 - 10 样本城市二级指标重要性-绩效评估结果

项目			最大值	最小值	均值	标准差
经济发展能力	保证生产能力	绩效	4.60	3.22	3.92	0.35
		重要性	4.58	3.20	3.87	0.38
	促进消费能力	绩效	4.62	3.20	3.87	0.37
		重要性	4.64	3.22	3.83	0.37
	推动转型能力	绩效	4.55	3.09	3.86	0.37
		重要性	4.52	2.88	3.69	0.39
社会发展能力	推动发展能力	绩效	4.67	3.25	3.91	0.38
		重要性	4.60	3.24	3.86	0.38
	秩序维护能力	绩效	4.60	3.16	3.98	0.36
		重要性	4.70	3.22	4.05	0.36
服务提供能力	保障基本公共服务的能力	绩效	4.56	3.22	3.96	0.35
		重要性	4.67	3.22	3.94	0.34
	均等化区域公共服务能力	绩效	4.56	3.22	3.90	0.37
		重要性	4.50	3.06	3.85	0.34
	环境保护能力	绩效	4.60	3.22	3.96	0.37
		重要性	4.80	3.22	3.95	0.36
资源利用能力	资源获取能力	绩效	4.60	3.16	3.90	0.36
		重要性	4.55	3.19	3.84	0.36
	资源整合能力	绩效	4.56	3.22	3.90	0.36
		重要性	4.66	3.08	3.79	0.40
科学履职能力	政策制定能力	绩效	4.67	3.19	3.90	0.36
		重要性	4.70	3.10	3.88	0.38
	政策执行能力	绩效	4.64	3.13	3.92	0.37
		重要性	4.60	3.10	3.86	0.38
	政府机构运行能力	绩效	4.67	3.16	3.92	0.37
		重要性	4.56	3.03	3.86	0.37
学习创新能力	主动学习能力	绩效	4.56	3.22	3.87	0.35
		重要性	4.67	3.03	3.84	0.38
	管理和服务的创新能力	绩效	4.70	3.13	3.89	0.38
		重要性	4.62	3.00	3.82	0.41

针对绩效评价进行分析，二级指标中的秩序维护能力（3.98）均值最高，说明样本城市的调查对象对城市地方政府在维护社会秩序与公平方面较为满意，而城市地方政府的推动转型能力（3.86）均值最低，说明调查对象高度重视城市转型问题，而推动转型能力则直接影响城市发展的未来潜力，因此城市地方政府在做好公共服务均等化的基础上，还要积极推动自身转型，加强区域合作与协同发展，为城市未来发展奠定基础。

从绩效评价标准差来看，推动发展能力、管理和服务创新能力的离散程度最高，标准差达到 0.38，其原因主要是 50 座样本城市的经济发展类型差异较大，结合其自身经济发展特点和地理优势所确定的转型方向存在较大差异，因此评价分数也具有较强的离散性。不同城市的调查对象对保证生产能力（0.35）、保障基本公共服务的能力（0.35）、主动学习能力（0.36）的评价相对较为集中，这说明在上述指标的绩效评价中，公众感知差异较小，也就是说城市地方政府在这些二级指标方面所采取的措施可能具有较高的同质性。

从表上的数据可以看出调查对象对二级指标的重要性排序依次为秩序维护能力、环境保护能力、保障基本公共服务的能力、政策制定能力、保证生产能力、推动发展能力、政策执行能力、政府机构运行能力、均等化区域公共服务的能力、资源获取能力、主动学习能力、促进消费能力、管理和服务的创新能力、资源整合能力、推动转型能力，这与各指标所属的一级指标的排序略有不同，调查对象认为秩序维护和环境保护能力的重要性较为突出，而推动转型和资源整合能力的重要性相对较低，说明调查对象在现阶段更注重政府在秩序维护和环境治理领域作用的发挥。调查对象除了重视政府的经济发展能力，如何得到更好的环境与公共服务也是市民考察城市地方政府的重要标准，城市地方政府应当在环境保护与公共服务方面给予足够的重视。

（三）地方政府发展能力综合绩效评价结果

考虑到数据之间量纲的差异和各地区经济发展水平的差异，研究对数据进行了 Z 值标准化处理。为了更直观地反映数据，用功效系数法将地方政府核心发展能力指标最终得分转换成分值分布区间为 5～95 的数据列。地方政府核心发展能力的综合绩效评价情况，如表6-11所示。

表6-11 地方政府核心发展能力得分概况表

项目	最大值城市	最小值城市	均值	标准差
经济发展能力	合肥市	自贡市	45.26	22.22
社会发展能力	合肥市	陇南市	53.32	21.31
服务提供能力	邯郸市	陇南市	49.12	22.96
资源利用能力	合肥市	陇南市	45.27	20.00
科学履职能力	邯郸市	陇南市	53.45	22.37
学习创新能力	邯郸市	海口市	45.87	19.19

在50个样本城市中，合肥市的地方政府核心发展能力指标表现最为突出，经济发展能力、社会发展能力和资源利用能力均排在首位，服务提供能力和科学履职能力排名第二，学习创新能力排名第五。值得注意的是，邯郸市在服务提供能力、科学履职能力和学习创新能力方面排名第一，其余各项能力均位列前五。

通过对50个城市核心发展能力得分的分布情况进行分析，社会发展能力、资源利用能力和学习创新能力较为接近正态分布，说明地方政府在这两项能力上的表现较为均衡。相对而言，地方政府在经济发展、服务提供和科学履职能力方面的表现均衡性较差，特别是经济发展能力，受疫情影响，得分普遍偏低，而服务提供能力和科学履职能力在疫情中得到了加强，得分高的城市占比较高，如图6-2所示。

表6-12显示了各项一级指标之间的相关程度，两个指标的相关系数越接近于1，则表明其联系越紧密。根据统计检验得出，一级指标之间的相关性通过了置信度为99%的显著性检验，且均为正相关。这表明不同指标在整体上呈同向变动，即政府经济发展、社会发展、服务提供、资源利用、科学履职和学习创新六项核心能力的提高可以相互促进。从政府总的发展能力角度来看，经济发展能力、社会发展能力和科学履职能力与其相关性最高，相关系数分别为0.983、0.979和0.971，说明在新冠疫情的大背景下，这三项能力的提升最有助于地方政府核心发展能力的增强。

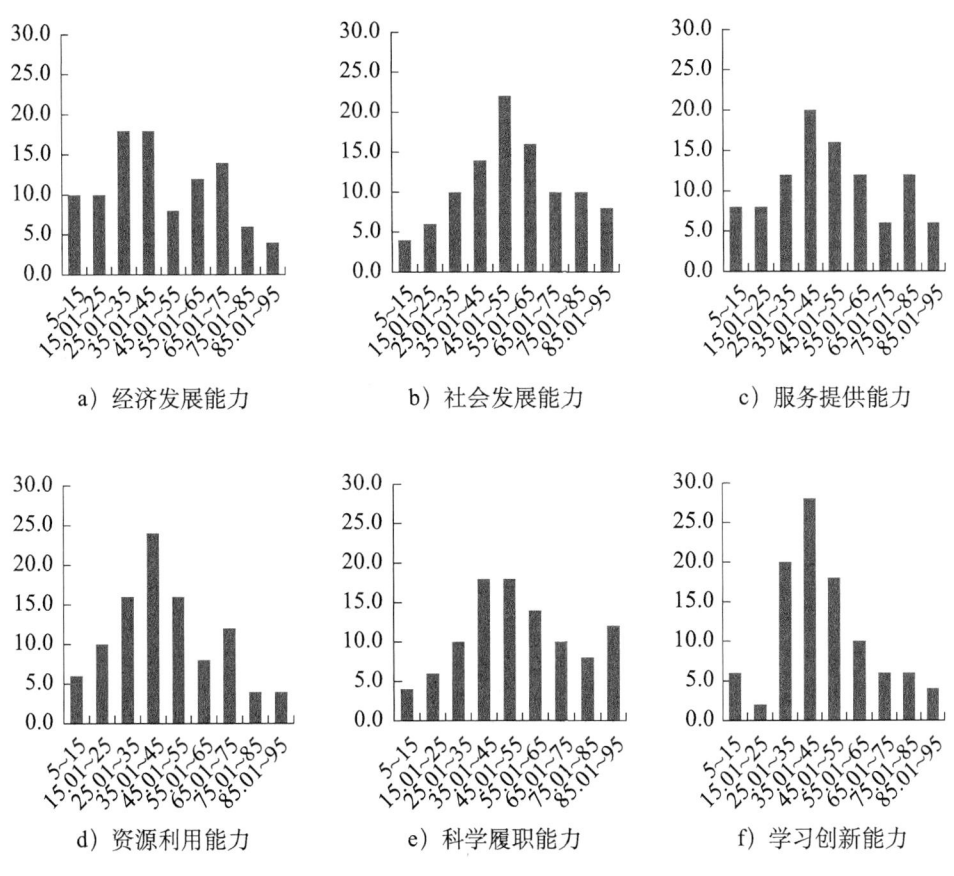

图 6 - 2　核心发展能力综合绩效分布

表 6 - 12　一级指标相关系数表

项目	地方政府发展能力	经济发展能力	社会发展能力	服务提供能力	资源利用能力	科学履职能力	学习创新能力
地方政府发展能力	1	0.983**	0.979**	0.960**	0.969**	0.971**	0.832**
经济发展能力	0.983**	1	0.953**	0.928**	0.970**	0.945**	0.776**
社会发展能力	0.979**	0.953**	1	0.952**	0.954**	0.935**	0.797**
服务提供能力	0.960**	0.928**	0.952**	1	0.935**	0.916**	0.723**
资源利用能力	0.969**	0.970**	0.954**	0.935**	1	0.921**	0.730**
科学履职能力	0.971**	0.945**	0.935**	0.916**	0.921**	1	0.795**
学习创新能力	0.832**	0.776**	0.797**	0.723**	0.730**	0.795**	1

注：* 号表示 1% 显著性水平

（四）地方政府发展能力指数评价结果

基于 50 个样本城市的数据，通过主客观综合赋权法，得到各级指标的权重，结果如表 6-13 所示。

表 6-13 地方政府发展能力各级指标权重

一级指标	权重	二级指标	权重	三级指标	权重
经济发展能力	0.27	保证生产能力	0.09	地区生产总值	0.0087
				地区生产总值增长率	0.004
				地区货物进出口总额	0.00007
				外商外资总额	0.0008
				有效引导地方经济健康运行的能力	0.069
				有效改善当地基础设施建设的能力	0.011
		促进消费能力	0.089	城镇居民人均可支配收入增长率	0.0083
				居民消费价格指数	0.00009
				社会消费品零售总额	0.0035
				稳定当地物价水平的能力	0.01
				有效搭建消费平台的能力	0.0296
				提高家庭消费水平的能力	0.0379
		推动转型能力	0.0925	第三产业比重	0.0002
				规模以上工业企业利润	0.007
				促进产业升级的能力	0.0391
				促进民营企业发展的能力	0.0382
				促进科技创新的能力	0.008
社会发展能力	0.11	推动发展能力	0.052	预期寿命	0.0042
				当地生活的幸福感	0.0026
				参与公共事务的渠道	0.0376
				当地社会组织在公共事务中发挥的作用	0.008
		秩序维护能力	0.058	城镇登记失业率	0.0004
				城乡居民可支配收入比	0.0026
				应急管理相关文件发布数	0.0005
				对社会治安状况的评价	0.0288
				调节社会矛盾能力	0.0052
				个人发展机会的公平性	0.0201

一级指标	权重	二级指标	权重	三级指标	权重
服务提供能力	0.17	保障基本公共服务能力	0.06	千人口卫生技术人员数	0.002
				千人口医疗床位数	0.005
				政府在教育方面的财政支出占比	0.001
				就业、养老等公共保障制度建设	0.04
				公共服务设施建设	0.01
				教育、卫生等社会事业的发展	0.0008
		均等化区域公共服务能力	0.05	公共服务设施均等化程度	0.03
				医疗服务均等化程度	0.002
				教育资源均等化程度	0.02
		环境保护能力	0.062	城市建成区绿地率	0.0022
				城市空气质量达二级以上的天数	0.0036
				城市污水处理率	0.0004
				环境质量	0.008
				环境治理能力	0.048
资源利用能力	0.12	资源获取能力	0.072	税收收入增长率	0.006
				一般性公共服务支出占财政支出的比重	0.001
				财政收入增长率	0.007
				吸引外来人才的能力	0.01
				有效引进项目的能力	0.048
		资源整合能力	0.048	财政支出占 GDP 比重	0.002
				与智库展开有效合作的能力	0.002
				与媒体构建良好关系的能力	0.02
				与企业实施有效协作的能力	0.024
科学履职能力	0.15	政策制定能力	0.043	全年发布政策文件数量	0.0009
				决策的科学性	0.03
				政策制定过程中公众参与的有效性	0.012
		政策执行能力	0.038	环境支持度指数	0.003
				部门间协同能力	0.023
				政策执行效果	0.012
		政府机构运行能力	0.068	公众留言数量	0.0004
				机构设置合理性	0.019

续表

一级指标	权重	二级指标	权重	三级指标	权重
科学履职能力	0.15	政府机构运行能力	0.068	各部门职位分工权责合理性	0.006
				依法依程序履职的能力	0.0286
				各部门的工作效率	0.011
				工作人员服务态度	0.003
学习创新能力	0.24	主动学习能力	0.155	公务员年度参加培训次数	0.041
				公务员年度参加学习培训的天数	0.002
				激励公务员学习措施	0.022
				组织内部信息共享机制	0.09
		管理和服务的创新能力	0.085	技术吸收和创新能力	0.003
				政府出台关于创新的法规和政策数量	0.013
				政府对创新的重视程度	0.0015
				政府的创新意识	0.0676

注：因单位进制原因，误差率控制在 0.06～0.1。

将样本城市的主客观数据（三级指标）标准化，再加权求和，可以得到分解发展能力（二级指标）、核心发展能力（一级指标）和地方政府发展能力指数。为了便于直观比较，本研究按照功效系数法将样本城市的标准化数值转换成 5～95 的数据列，转换公式如下：

$$Z_i = \frac{X_i - X_{\min}}{X_{\max} - X_{\min}} \times 90 + 5 \qquad (6-3)$$

Z_i：第 i 项三级指标的转化得分；

X_i：第 i 项三级指标的标准化得分；

$X_{\min}$：样本城市中该三级指标的最低标准化得分；

$X_{\max}$：样本城市中该三级指标的最高标准化得分。

根据最终结果，本年度 50 个样本城市中排名前 20 位的城市如表 6－14 所示：

表 6－14　50 个样本城市中地方政府发展能力指数排名前 20 位的城市

排名	地方政府所在地名称	地方政府发展能力指数	排名	地方政府所在地名称	地方政府发展能力指数
1	合肥市	95.00	2	深圳市	92.24

续表

排名	地方政府所在地名称	地方政府发展能力指数	排名	地方政府所在地名称	地方政府发展能力指数
3	邯郸市	92.11	12	武汉市	66.92
4	景德镇市	81.57	13	丽水市	64.23
5	南昌市	80.30	14	漳州市	62.74
6	厦门市	79.46	15	遵义市	62.15
7	南京市	76.03	16	淮安市	59.24
8	上海市	73.96	17	杭州市	57.74
9	石家庄市	72.10	18	天津市	55.77
10	北京市	72.04	19	成都市	55.28
11	温州市	69.89	20	郑州市	51.69

由于本研究所提出的地方政府发展能力具有综合性特点，既包括政府自身的发展能力，也包括对本地区经济社会发展的支持能力，既包括客观指标，也包括主观指标，因此城市政府在各项能力维度上发展的均衡性将对评价结果产生较大影响。并且从评价结果来看，主观指标的得分并不一定与客观指标成正比，客观指标总体较高，但主观评价一般的情况时有发生，其原因在于主观评价在很大程度上受到期望值的影响。换言之，虽然某城市总体发展情况良好，但民众的总体期望值更高，因此就会产生主观评价偏低的结果。

需要特别说明的是，排名并不是目的，而是为了发现最佳实践。本研究所得出的发展能力指数均为基于本年度主客观数据标准化后的结果，可以通过横向比较，并基于对最佳实践的分析，为其他城市政府的发展提出可供借鉴的思路与方法；也可以有针对性地分析某一城市政府发展能力的结构性缺陷等，目的是持续提升城市政府的发展能力。

（作者单位：南开大学周恩来政府管理学院，中国政府发展联合研究中心）

PART· 附　录

附录 A　2021—2022 年中国政府发展基础数据*

一、政府规模

表 A-1　中国与 OECD 国家成员国中央政府核心机构（内阁）部门设置情况比较

（单位：个）

国家	机构数	国家	机构数	国家	机构数	国家	机构数
澳大利亚	23	法国	16	韩国	18	斯洛文尼亚	20
奥地利	14	德国	15	卢森堡	24	西班牙	22
比利时	14	希腊	19	墨西哥	19	瑞典	10
加拿大	36	匈牙利	11	荷兰	12	瑞士	7
智利	24	冰岛	11	新西兰	20	土耳其	17
捷克	17	爱尔兰	16	挪威	15	英国	24
丹麦	22	以色列	27	波兰	18	美国	15
爱沙尼亚	12	意大利	24	葡萄牙	18	中国	26
芬兰	18	日本	12	斯洛伐克	14		

注：OECD 国家数据截至 2023 年 8 月。

资料来源：各国政府官方网站，中华人民共和国外交部网站，中国机构编制网。

表 A-2　中国与 OECD 国家财政供养人员数量占人口比例比较

（单位：%）

国家	2002 年	2003 年	2004 年	2005 年	2006 年	2007 年	2008 年	平均
中国	3.38	3.42	3.45	3.48	3.52	3.77	3.80	3.49
澳大利亚	4.63	4.77	5.00	5.26	5.41	5.54	5.53	5.13
奥地利	3.39	3.49	2.98	3.48	3.38	3.45	3.38	3.41
比利时	4.36	4.38	4.54	4.64	4.62	4.69	4.54	4.52

---

* 资料整理：刘亚强、陈璐。

续表

国家	2002 年	2003 年	2004 年	2005 年	2006 年	2007 年	2008 年	平均
加拿大	4.38	4.41	4.59	4.60	4.71	4.66	4.79	4.58
智利	1.84	—	—	—	—	—	—	1.84
捷克	2.98	2.80	2.86	2.87	3.10	3.18	3.20	2.97
丹麦	3.59	3.85	3.62	3.64	3.84	3.93	3.07	3.63
爱沙尼亚	5.12	5.16	5.46	5.71	6.18	6.19	5.93	5.56
芬兰	3.85	4.11	4.40	4.52	4.56	4.71	4.76	4.25
法国	—	3.24	3.29	3.33	3.34	3.47	3.54	3.37
德国	2.98	2.92	2.95	3.03	3.10	3.23	3.37	2.96
希腊	3.86	3.60	4.09	4.06	4.12	4.18	4.28	3.94
匈牙利	2.58	2.68	2.89	3.05	2.93	2.82	2.90	2.78
冰岛	4.41	3.67	4.06	4.09	4.70	5.37	5.39	4.40
爱尔兰	7.76	7.59	7.94	7.33	7.03	7.15	7.33	7.49
以色列	2.79	2.72	2.45	2.37	2.55	2.80	2.96	2.69
意大利	1.26	1.30	3.50	3.42	3.35	3.24	3.20	2.41
日本	—	—	—	—	—	—	—	—
韩国	1.20	1.25	1.20	1.19	1.18	1.15	1.12	1.15
卢森堡	—	—	—	—	—	—	—	—
墨西哥	0.83	0.77	0.79	0.88	0.86	0.86	0.81	0.84
荷兰	6.20	6.22	5.16	4.81	5.18	5.37	5.40	5.67
新西兰	6.09	6.02	5.96	6.16	6.45	6.70	7.01	6.30
挪威	3.83	3.72	3.55	3.27	3.13	2.99	3.15	3.48
波兰	2.09	2.15	2.24	2.26	2.43	2.54	2.61	2.32
葡萄牙	3.63	4.10	4.37	4.44	3.75	3.25	3.03	3.70
斯洛伐克	1.99	2.36	2.56	2.57	2.44	2.38	2.48	2.38
斯洛文尼亚	2.96	2.71	2.90	3.30	3.04	2.89	3.23	3.06
西班牙	3.02	3.05	3.11	3.03	3.26	3.37	3.42	3.15
瑞典	2.27	2.33	2.48	2.26	2.42	2.58	2.55	2.36
瑞士	3.31	3.39	3.37	3.33	3.43	3.50	3.66	3.36
土耳其	2.66	2.76	2.74	3.15	2.92	2.61	2.62	2.77
英国	6.63	6.83	6.91	7.06	7.25	7.25	7.53	6.98
美国	—	6.87	6.91	6.92	7.11	7.16	7.25	7.04

资料来源：根据 OECD 相关数据库、中华人民共和国国家统计局网站、中华人民共和国财政部网站数据整理计算而成。

二、预算主要指标

表 A－3　2021 年中央一般公共预算收入预算表

项目	2020 年执行数/亿元	2021 年预算数/亿元	预算数为上年执行数的比例/%
一、税收收入	79643.06	87450.00	109.8
国内增值税	28352.98	31600.00	111.5
国内消费税	12028.10	13305.00	110.6
进口货物增值税、消费税	14534.63	16060.00	110.5
进口货物增值税	13913.66	15370.00	110.5
进口消费品消费税	620.97	690.00	111.1
出口货物退增值税、消费税	－13628.98	－15500.00	113.7
出口货物退增值税	－13611.63	－15480.00	113.7
出口消费品退消费税	－17.35	－20.00	115.3
企业所得税	23257.57	25620.00	110.2
个人所得税	6940.91	7900.00	113.8
资源税	48.23	50.00	103.7
城市维护建设税	164.48	180.00	109.4
印花税	1773.65	1800.00	101.5
其中：证券交易印花税	1773.65	1800.00	101.5
船舶吨税	53.71	55.00	102.4
车辆购置税	3530.84	3630.00	102.8
关税	2564.20	2750.00	107.2
其他税收收入	22.74	—	—
二、非税收入	3128.02	2000.00	63.9
专项收入	199.42	195.00	97.8
行政事业性收费收入	419.12	415.00	99.0
罚没收入	143.71	140.00	97.4
国有资本经营收入	972.89	330.00	33.9
国有资源（资产）有偿使用收入	1281.99	810.00	63.2
其他收入	110.89	110.00	99.2
中央一般公共预算收入	82771.08	89450.00	108.1

续表

项目	2020 年执行数/亿元	2021 年预算数/亿元	预算数为上年执行数的比例/%
中央财政调入资金	8880.00	1935.00	21.8
从预算稳定调节基金调入	5300.00	950.00	17.9
从政府性基金预算调入	3002.50	1.00	—
从国有资本经营预算调入	577.50	984.00	170.4
支出大于收入的差额	27800.00	27500.00	98.9

注：中央一般公共预算支出大于收入的差额＝支出总量（中央一般公共预算支出＋补充中央预算稳定调节基金）－收入总量（中央一般公共预算收入＋中央财政调入资金）

资料来源：中华人民共和国财政部网站。

表 A-4 2022 年中央一般公共预算收入预算表

项目	2021 年执行数/亿元	2022 年预算数/亿元	预算数为上年执行数的比例/%
一、税收收入	88942.53	93070.00	104.6
国内增值税	31752.66	31450.00	99.0
国内消费税	13880.70	14965.00	107.8
进口货物增值税、消费税	17316.36	18190.00	105.0
进口货物增值税	16596.44	17430.00	105.0
进口消费品消费税	719.92	760.00	105.6
出口货物退增值税、消费税	−18157.69	−18350.00	101.1
出口货物退增值税	−18137.24	−18328.00	101.1
出口消费品退消费税	−20.45	−22.00	107.6
企业所得税	26605.34	28610.00	107.5
个人所得税	8395.95	9250.00	110.2
资源税	57.84	65.00	112.4
城市维护建设税	211.92	215.00	101.5
印花税	2478.02	2150.00	86.8
其中：证券交易印花税	2478.02	2150.00	86.8
船舶吨税	55.70	55.00	98.7
车辆购置税	3519.87	3550.00	100.9
关税	2805.87	2920.00	104.1
其他税收收入	19.99	—	—
二、非税收入	2494.63	1810.00	72.6
专项收入	463.58	180.00	38.8
行政事业性收费收入	427.67	290.00	67.8

续表

项目	2021 年 执行数/亿元	2022 年 预算数/亿元	预算数为上年执行数 的比例/%
罚没收入	274.01	210.00	76.6
国有资本经营收入	235.14	250.00	106.3
国有资源（资产）有偿使用收入	854.52	780.00	91.3
其他收入	239.71	100.00	41.7
中央一般公共预算收入	91437.16	94880.00	103.8
中央财政调入资金	1931.10	12665.00	655.8
从预算稳定调节基金调入	950.00	2765.00	291.1
从政府性基金预算调入	—	9000.00	—
从国有资本经营预算调入	981.10	900.00	91.7
支出大于收入的差额	27500.00	26500.00	96.4
新疆生产建设兵团体制性收入	—	446.78	

注：1. 中央一般公共预算支出大于收入的差额＝支出总量（中央一般公共预算支出＋补充中央预算稳定
调节基金）－收入总量（中央一般公共预算收入＋中央财政调入资金）

2. 自 2022 年起，新疆生产建设兵团预算由汇入中央本级调整为汇入地方预算。为了体现中央财政收
入的完整性，增列"新疆生产建设兵团体制性收入"反映新疆生产建设兵团在中央转移支付外取
得的收入。由于新疆生产建设兵团上述收入已经计入地方，不再重复计作中央收入。

资料来源：中华人民共和国财政部网站。

表 A - 5 2021 年中央一般公共预算支出预算表

项目	2020 年 执行数/亿元	2021 年 预算数/亿元	预算数为上年执行数 的比例/%
一、中央本级支出	35072.20	35015.00	99.8
一般公共服务支出	1711.93	1470.25	85.9
外交支出	514.06	504.14	98.1
国防支出	12691.68	13553.43	106.8
公共安全支出	1837.19	1850.92	100.7
教育支出	1663.21	1663.44	100.0
科学技术支出	3226.80	3227.10	100.0
文化旅游体育与传媒支出	250.24	188.52	75.3
社会保障和就业支出	1133.06	964.69	85.1
卫生健康支出	342.69	226.40	66.1
节能环保支出	344.26	228.60	66.4
城乡社区支出	77.25	70.06	90.7

续表

项目	2020年 执行数/亿元	2021年 预算数/亿元	预算数为上年执行数 的比例/%
农林水支出	480.69	407.65	84.8
交通运输支出	1165.93	732.67	62.8
资源勘探工业信息等支出	308.56	246.75	80.0
商业服务业等支出	47.16	35.31	74.9
金融支出	639.04	641.87	100.4
自然资源海洋气象等支出	262.19	203.81	77.7
住房保障支出	603.49	627.03	103.9
粮油物资储备支出	1224.57	1224.73	100.0
灾害防治及应急管理支出	429.83	401.95	93.5
其他支出	527.21	494.81	93.9
债务付息支出	5538.95	5998.24	108.3
债务发行费用支出	52.21	52.63	100.8
二、中央对地方转移支付	83338.67	83370.00	100.0
一般性转移支付	69580.60	75018.34	107.8
专项转移支付	7765.92	8351.66	107.5
特殊转移支付	5992.15	——	——
三、中央预备费	——	500.00	——
中央一般公共预算支出	118410.87	118885.00	100.4
补充中央预算稳定调节基金	1040.21	——	——

注：1. 为便于比较，对本表中2020年执行数进行了同口径调整：一是根据政府收支分类科目调整、中央与地方财政事权和支出责任划分等情况，对相关科目执行数作了相应调整；二是根据中央与地方财政事权和支出责任划分等情况，对一般性转移支付执行数作了调整。

2. 2021年中央一般公共预算支出预算数为118885亿元，加上使用以前年度结转资金1270.61亿元，2021年中央一般公共预算支出为120155.61亿元。具体情况见中央本级支出、中央对地方转移支付预算表及说明。

资料来源：中华人民共和国财政部网站。

表 A-6　2022年中央一般公共预算支出预算表

项目	2022年 执行数/亿元	2023年 预算数/亿元	预算数为上年执行数 的比例/%
一、中央本级支出	34220.65	35570.00	103.9
一般公共服务支出	1536.63	1507.82	98.1
外交支出	490.96	502.66	102.4

续表

项目	2022 年执行数/亿元	2023 年预算数/亿元	预算数为上年执行数的比例/%
国防支出	13546.69	14504.50	107.1
公共安全支出	1862.72	1949.93	104.7
教育支出	1525.70	1525.78	100.0
科学技术支出	3187.26	3187.27	100.0
文化旅游体育与传媒支出	201.45	171.46	85.1
社会保障和就业支出	756.75	799.72	105.7
卫生健康支出	181.13	209.65	115.7
节能环保支出	263.24	125.43	47.6
城乡社区支出	21.50	2.98	13.9
农林水支出	313.17	221.16	70.6
交通运输支出	782.42	486.64	62.2
资源勘探工业信息等支出	307.26	295.74	96.3
商业服务业等支出	30.00	28.72	95.7
金融支出	618.54	392.48	63.5
自然资源海洋气象等支出	279.12	251.41	90.1
住房保障支出	620.99	617.54	99.4
粮油物资储备支出	1110.52	1136.47	102.3
灾害防治及应急管理支出	425.35	419.11	98.5
其他支出	250.77	803.13	320.3
债务付息支出	5867.69	6382.00	108.8
债务发行费用支出	40.79	48.40	118.7
二、中央对地方转移支付	83016.71	97975.00	118.0
一般性转移支付	75530.69	82138.92	108.7
专项转移支付	7486.02	7836.08	104.7
支持基层落实减税降费和重点民生等专项转移支付	—	8000.00	—
三、中央预备费	—	500.00	—
中央一般公共预算支出	117237.36	134045.00	114.3
补充中央预算稳定调节基金	3540.90	—	—
向政府性基金预算调出资金	90.00	—	—
新疆生产建设兵团体制性支出	—	446.78	—

注：1. 为便于比较，根据政府收支分类科目调整等情况，对相关科目 2022 年执行数作了相应调整。

2. 2023年中央一般公共预算支出预算数139015亿元，加上使用以前年度结转资金1751.49亿元，2023年中央一般公共预算支出为140766.49亿元。具体情况见中央本级支出、中央对地方转移支付预算表及说明。

3. 从2022年起，新疆生产建设兵团参照地方编制预算，预算由汇入中央本级调整为汇入地方预算。为完整反映中央财政收支，本表中增列"新疆生产建设兵团体制性支出"反映新疆生产建设兵团在中央对地方转移支付之外通过自有财力安排的支出。新疆生产建设兵团上述支出已经计入地方支出，不再重复计作中央支出。

资料来源：中华人民共和国财政部网站。

表 A-7　中国与OECD国家政府最终消费支出（现价美元）

（单位：10亿美元）

国家	2015年	2016年	2017年	2018年	2019年	2020年	2021年	2022年
澳大利亚	257.94	239.73	262.93	284.16	282.07	288.51	346.28	368.84
奥地利	75.48	77.79	81.32	87.99	86.52	91.70	104.19	96.67
比利时	109.18	110.74	115.80	125.73	123.47	129.19	142.79	139.91
加拿大	324.97	321.61	341.45	356.82	360.31	375.76	437.54	448.87
智利	32.96	35.76	40.48	43.89	42.43	40.69	46.42	43.36
捷克	35.57	37.22	41.01	48.32	49.47	53.54	60.44	58.81
丹麦	77.09	77.87	81.08	86.62	83.60	87.96	96.77	86.97
爱沙尼亚	4.48	4.75	5.18	5.86	6.07	6.51	7.37	7.38
芬兰	57.19	56.99	58.26	63.14	62.26	65.94	72.95	68.28
法国	580.72	586.89	613.60	649.50	627.19	658.04	717.27	658.88
德国	661.17	690.54	732.28	790.23	787.17	854.36	943.23	893.41
希腊	40.41	39.81	40.95	41.93	41.27	43.18	46.48	42.28
匈牙利	24.68	25.67	28.90	31.62	32.94	33.53	37.98	36.17
冰岛	4.10	4.78	5.85	6.34	6.07	6.07	7.06	7.21
爱尔兰	36.49	38.18	41.45	46.34	47.98	54.92	61.79	59.51
以色列	66.46	70.64	79.07	84.20	88.80	96.28	107.96	108.95
意大利	350.99	357.14	369.41	394.97	374.48	392.11	417.58	391.24
日本	872.00	983.59	957.16	986.18	1020.79	1060.12	1072.49	空缺
韩国	221.09	228.62	250.39	276.87	282.03	296.62	328.87	311.93
卢森堡	9.59	9.75	10.66	11.93	12.04	13.60	14.93	14.31
墨西哥	144.34	129.53	134.63	141.44	144.58	136.37	150.20	162.30
荷兰	191.23	193.53	202.77	222.74	224.04	237.05	265.31	252.27
新西兰	32.94	34.27	37.01	38.62	40.15	43.56	53.38	空缺
挪威	89.66	89.84	95.64	101.65	98.52	96.08	113.18	107.77
波兰	85.97	84.37	92.83	103.92	107.42	114.22	127.73	125.56

续表

国家	2015 年	2016 年	2017 年	2018 年	2019 年	2020 年	2021 年	2022 年
葡萄牙	35.59	36.31	38.04	41.14	40.79	43.45	47.73	45.02
斯洛伐克	16.49	16.98	18.08	19.79	20.70	22.36	25.05	23.80
斯洛文尼亚	8.11	8.52	8.97	9.89	9.96	11.08	12.75	11.68
西班牙	233.46	235.62	245.10	266.06	263.00	281.38	305.91	286.91
瑞典	129.90	135.95	140.79	144.75	137.49	144.63	164.31	146.96
瑞士	80.08	79.21	80.01	81.73	81.91	89.82	97.14	94.09
土耳其	119.32	128.13	123.52	114.32	117.29	109.29	106.96	107.35
英国	572.47	516.54	499.38	531.44	543.21	609.12	698.97	646.48
美国	2608.98	2663.11	2726.56	2866.93	3008.78	3138.38	3353.73	空缺
中国	1793.95	1838.19	2009.67	2297.64	2394.82	2516.03	2817.08	空缺

资料来源：根据 OECD 数据库相关数据整理而成。

附录 B 2021—2022 年政府发展重要政策法规及大事记[*]

1. 2021 年 1 月 6 日，《关于国务院办公厅进一步优化地方政务服务便民热线的指导意见》，要求各地区抓紧制定具体工作方案，优化 12345 热线运行机制，做好政务服务便民热线归并。

2. 2021 年 1 月 10 日，中共中央印发《法治中国建设规划（2020—2025 年)》，统筹推进法治中国建设各项工作。

3. 2021 年 1 月 12 日，中共中央办公厅、国务院办公厅印发《关于全面推行林长制的意见》，进一步压实地方各级党委和政府保护发展森林草原资源的主体责任。

4. 《中华人民共和国行政处罚法（2021 修订)》：中华人民共和国第十三届全国人民代表大会常务委员会第二十五次会议于 2021 年 1 月 22 日修订通过，自 2021 年 7 月 15 日起施行。

5. 2021 年 2 月 10 日，《国务院办公厅关于贯彻实施〈政府督查工作条例〉进一步加强和规范政府督查工作的通知》，要求各地区各部门加强条例实施情况的监督指导，运用法治思维和法治手段不断加强和规范政府督查工作，推动党中央、国务院决策部署落地见效。

6. 2021 年 3 月 24 日，中共中央办公厅、国务院办公厅印发《关于进一步深化税收征管改革的意见》，深入推进税务领域"放管服"改革，完善税务监管体系，更好服务市场主体发展。

---

   * 资料整理：黄雅卓，王智睿。

7. 2021 年 4 月 15 日，《国务院办公厅关于服务"六稳""六保"进一步做好"放管服"改革有关工作的意见》，要求各地区各部门坚持以企业和群众的获得感和满意度作为评判改革成效的标准，切实做到放出活力、管出公平、服出效率。

8.《医疗保障基金使用监督管理条例》：国务院第 117 次常务会议通过，自 2021 年 5 月 1 日起施行。

9. 2021 年 5 月 10 日，《国务院办公厅关于全面加强药品监管能力建设的实施意见》，全面加强药品监管能力建设，更好保护和促进人民群众身体健康。

10. 2021 年 6 月 2 日，李克强总理在全国深化"放管服"改革着力培育和激发市场主体活力电视电话会议上发表重要讲话，强调要培育壮大市场主体，激发市场活力和社会创造力，持续推动我国经济稳中加固稳中向好。

11. 2021 年 6 月 3 日，国务院印发《关于深化"证照分离"改革进一步激发市场主体发展活力的通知》。自 2021 年 7 月 1 日起，在全国范围内实施涉企经营许可事项全覆盖清单管理，对所有涉企经营许可事项按照直接取消审批、审批改为备案、实行告知承诺、优化审批服务四种方式分类推进审批制度改革，同时在自贸试验区进一步加大改革试点力度。

12.《中华人民共和国数据安全法》：中华人民共和国第十三届全国人民代表大会常务委员会第二十九次会议于 2021 年 6 月 10 日通过，自 2021 年 9 月 1 日起施行。

13.《中华人民共和国安全生产法（2021 修正）》：根据 2021 年 6 月 10 日第十三届全国人民代表大会常务委员会第二十九次会议《关于修改〈中华人民共和国安全生产法〉的决定》第三次修正。

14. 2021 年 6 月 25 日，文化和旅游部印发《文化市场综合行政执法事项指导目录（2021 年版）》，统筹配置行政执法职能和执法资源，切实解决多头多层重复执法问题，严格规范公正文明执法。

15. 2021 年 7 月 11 日，《中共中央、国务院关于加强基层治理体系和治理能力现代化建设的意见》，加强党对基层治理的全面领导，夯实国家治理根基。

16. 2021 年 8 月 11 日，中共中央、国务院印发《法治政府建设实施纲要

(2021—2025 年)》，为在新发展阶段持续深入推进依法行政，全面建设法治政府提供目标遵循。

17. 2021 年 9 月 3 日，国务院印发《关于推进自由贸易试验区贸易投资便利化改革创新的若干措施》，提出了共计 19 项措施，加快对外开放高地建设，推动加快构建新发展格局。

18. 2021 年 9 月 5 日，中共中央、国务院印发《横琴粤澳深度合作区建设总体方案》，为横琴粤澳深度合作区建设勾勒蓝图。合作区实施范围为横琴岛"一线"和"二线"之间的海关监管区域，总面积约 106 平方公里。

19. 2021 年 9 月 6 日，中共中央、国务院印发《全面深化前海深港现代服务业合作区改革开放方案》。前海合作区总面积由 14.92 平方公里扩展至 120.56 平方公里，将打造粤港澳大湾区全面深化改革创新试验平台，建设高水平对外开放门户枢纽。

20. 2021 年 11 月 12 日，国务院办公厅印发《全国一体化政务服务平台移动端建设指南》，进一步加强和规范全国一体化政务服务平台移动端建设，推动更多政务服务事项网上办、掌上办。

21. 2021 年 11 月 25 日，国务院印发《关于开展营商环境创新试点工作的意见》，部署在北京、上海、重庆、杭州、广州、深圳 6 个城市开展营商环境创新试点，聚焦市场主体关切，加快建成市场化法治化国际化的一流营商环境，希望能形成一系列可复制可推广的制度创新成果，为全国营商环境建设作出重要示范。2022 年 10 月 31 日，《国务院办公厅关于复制推广营商环境创新试点改革举措的通知》，决定在全国范围内复制推广一批营商环境创新试点改革举措。

22. 2021 年 12 月 21 日，中共中央办公厅、国务院办公厅印发《关于更加有效发挥统计监督职能作用的意见》，加快构建系统完整、协同高效、约束有力的统计监督体系。

23. 2022 年 1 月 21 日，国务院办公厅印发《"十四五"城乡社区服务体系建设规划》，以满足村（社区）居民生活需求、提高生活品质为目标，构建以公共服务、便民利民服务、志愿服务为主要内容的服务网络和运行机制。

24. 2022 年 1 月 27 日，国务院印发《"十四五"市场监管现代化规划》，对推进我国市场监管现代化作出全面部署，围绕"大市场、大质量、大监管"一体推进市场监管体系完善和效能提升。

25. 2022 年 2 月 14 日，国务院印发《"十四五"国家应急体系规划》，对"十四五"时期安全生产、防灾减灾救灾等工作进行全面部署，深入推进应急管理体系和能力现代化。

26. 2022 年 3 月 1 日，国务院印发《关于加快推进政务服务标准化规范化便利化的指导意见》，对进一步优化政务服务作出系统设计和工作部署，更好满足企业和群众办事需求。

27. 2022 年 3 月 5 日—11 日，第十三届全国人民代表大会第五次会议在京召开。会议审议通过了《全国人民代表大会关于修改〈中华人民共和国地方各级人民代表大会和地方各级人民政府组织法〉的决定》，自 2022 年 3 月 12 日起施行。

28. 2022 年 3 月 25 日，《中共中央　国务院关于加快建设全国统一大市场的意见》发布，要求加快建设高效规范、公平竞争、充分开放的全国统一大市场，作为构建新发展格局的基础支撑和内在要求。

29. 2022 年 5 月 6 日，中共中央办公厅、国务院办公厅印发《关于推进以县城为重要载体的城镇化建设的意见》，明确了工作要求和发展目标。

30. 2022 年 5 月 20 日，国务院总理李克强发布中华人民共和国国务院令，任命李家超为中华人民共和国香港特别行政区第六任行政长官，于 2022 年 7 月 1 日就职。

31. 2022 年 5 月 25 日，国务院办公厅印发《深化医药卫生体制改革 2022 年重点工作任务》，推动优质医疗资源加快下沉。

32. 2022 年 6 月 13 日，《国务院办公厅关于进一步推进省以下财政体制改革工作的指导意见》，按照深化财税体制改革和建立现代财政制度的总体要求，进一步理顺省以下政府间财政关系，建立健全权责配置更为合理、收入划分更加规范、财力分布相对均衡、基层保障更加有力的省以下财政体制。

33. 2022 年 6 月 21 日，《国家发展改革委关于印发"十四五"新型城镇化实施方案》，明确"十四五"时期深入推进以人为核心的新型城镇化战略的目标任务和政策举措。

34. 2022年6月23日，《国务院关于加强数字政府建设的指导意见》，就主动顺应经济社会数字化转型趋势，充分释放数字化发展红利，全面开创数字政府建设新局面作出部署。

35.《中华人民共和国反垄断法（2022修正）》：根据2022年6月24日第十三届全国人民代表大会常务委员会第三十五次会议《关于修改〈中华人民共和国反垄断法〉的决定》修正。

36. 2022年7月11日，国务院同意建立由国家发展改革委牵头的数字经济发展部际联席会议制度。联席会议由国家发展改革委分管负责同志担任召集人，中央网信办、工业和信息化部分管负责同志担任副召集人，其他成员单位有关负责同志为联席会议成员。

37. 2022年8月16日，中共中央政治局常委、国务院总理李克强在深圳主持召开经济大省政府主要负责人座谈会，强调在经济稳定恢复中承担经济大省应有责任，保市场主体，稳就业稳物价保障基本民生。

38. 2022年8月17日，《国务院办公厅关于进一步规范行政裁量权基准制定和管理工作的意见》，就进一步规范行政裁量权基准制定和管理工作有关事项提出明确要求。这是我国首次从国家层面对建立健全行政裁量权基准制度作出全面、系统的规定。

39. 2022年8月29日，国务院总理李克强在第十次全国深化"放管服"改革电视电话会议上发表重要讲话，部署持续深化"放管服"改革，推进政府职能深刻转变，加快打造市场化法治化国际化营商环境，着力培育壮大市场主体，稳住宏观经济大盘，推动经济运行保持在合理区间。

40. 2022年9月28日，国务院办公厅印发《关于扩大政务服务"跨省通办"范围进一步提升服务效能的意见》，要求"扩大'跨省通办'事项范围"提升"跨省通办"服务效能，加强"跨省通办"服务支撑。

41. 2022年10月16日—22日，中国共产党第二十次全国代表大会在京召开，习近平代表第十九届中央委员会向大会作了题为《高举中国特色社会主义伟大旗帜 为全面建设社会主义现代化国家而团结奋斗——在中国共产党第二十次全国代表大 会上的报告》。会议审议通过了《中国共产党章程（修正案）》，选举产生了党的第 二十届中央委员会和中央纪律检查委员会。

42. 2022 年 10 月 28 日，国务院办公厅印发《全国一体化政务大数据体系建设 指南》，绘制了我国政务大数据体系建设的"工程图纸"和"任务清单"，为如何充 分发挥政务数据在提升政府履职能力、支撑数字政府建设以及推进国家治理体系和 治理能力现代化的重要作用指明了方向。

43. 2022 年 11 月 14 日，市场监管总局印发《市场监督管理综合行政执法事项 指导目录》，为明确市场监管综合行政执法职能提供法律依据。

44.《中华人民共和国对外贸易法（2022 修正）》：根据 2022 年 12 月 30 日第十 三届全国人民代表大会常务委员会第三十八次会议《关于修改〈中华人民共和国对 外贸易法〉的决定》第二次修正。

附录 C　2021—2022 年政府发展研究概览

（一）2021—2022 年国家社科基金重大项目和教育部重大课题攻关项目选目

1. 2021—2022 年国家社科基金重大项目

序号	首席专家	项目名称	责任单位	获批年份
1	方匡南	国家治理能力现代化的测度理论、方法与进展评价研究	厦门大学	2021 年
2	张维群		西安财经大学	2021 年
3	江志斌	重大突发公共卫生事件区域医疗资源协同应急机制及调度优化方法研究	上海交通大学	2021 年
4	孔繁斌	社会科学影响公共政策的历史、机制与中国路径研究	南京大学	2021 年
5	马海群	面向数字化发展的公共数据开放利用体系与能力建设研究	黑龙江大学	2021 年
6	郑磊		复旦大学	2021 年
7	宋英华	我国突发公共卫生事件应急防控精准感知体系与能力建设研究	武汉理工大学	2021 年
8	谭海波	数字技术赋能公共服务高质量发展研究	湖南大学	2021 年
9	吴建南	特大城市社会治理数字化转型的机制与优化路径研究	上海交通大学	2021 年
10	臧国全	政府数据的隐私风险计量与保护机制创新研究	郑州大学	2021 年
11	张贤明	坚持和完善人民当家作主制度体系研究	吉林大学	2021 年
12	戴茂堂	珠海校区社会治理共同体构建的伦理基础与实践路径研究	北京师范大学	2022 年

---

* 资料整理：申程仁。

续表

序号	首席专家	项目名称	责任单位	获批年份
13	单志广	智慧城市智能数据治理创新机制研究	国家信息中心	2022 年
14	郜亮亮	统筹推进县域城乡融合发展的理论框架与实践路径研究	中国社会科学院农村发展研究所	2022 年
15	朱玉春		西北农林科技大学	2022 年
16	贺雪峰	农村社区治理创新问题研究	武汉大学	2022 年
17	黄如花	我国政府信息公开到数据开放的理论创新与实践路径研究	武汉大学	2022 年
18	李文钊	超大城市治理的理论和路径研究	中国人民大学	2022 年
19	彭勃	超大城市治理的理论逻辑与数字化转型路径研究	上海交通大学	2022 年
20	徐玖平	重大突发公共卫生事件背景下城市韧性治理体系研究	四川大学	2022 年
21	臧雷振	互联网发展与国家治理体系和治理能力现代化研究	中国农业大学	2022 年
22	周飞舟	乡村振兴战略下县域城乡融合发展的理论与实践研究	北京大学	2022 年
23	孙九霞		中山大学	2022 年
24	朱春阳	国家治理现代化进程中的数字沟通与共识构建的中国路径研究	复旦大学	2022 年

2. 研究阐释党的十九届五中全会精神国家社科基金重大项目

序号	首席专家	项目名称	责任单位	获批年份
1	姜晓萍	"高质量"导向下城乡社区治理和服务体系建设的有效性研究	四川大学	2021 年
2	李辉	完善党和国家权力监督理论体系与制度创新研究	复旦大学	2021 年
3	刘硕	完善党和国家监督体系研究	中国纪检监察学院	2021 年
4	王建文	优化市场化法治化国际化便利化营商环境研究	南京航空航天大学	2021 年
5	吴晓林	大数据驱动的特大城市治理中的风险防控研究	南开大学	2021 年
6	郑路	新发展理念下中国城乡社区治理与服务体系研究	清华大学	2021 年
7	郑风田	健全城乡融合发展的体制机制研究	中国人民大学	2021 年

3. 研究阐释党的十九届六中全会精神国家社科基金重大项目

序号	首席专家	项目名称	责任单位	获批年份
1	陈国权	新时代党和国家监督体系的理论建设与制度完善研究	浙江大学	2022 年
2	董少平	数字时代总体国家安全观的理论深化与实践逻辑研究	中南财经政法大学	2022 年
3	方雷	百年来党加强基层政治建设的实践与经验研究	山东大学	2022 年
4	李卫东	健全互联网领导和管理体制研究	华中科技大学	2022 年
5	吕本富		浙江清华长三角研究院	2022 年
6	李燕凌	加强国家应急管理体系和能力建设研究	湖南农业大学	2022 年
7	马宝成		中共中央党校（国家行政学院）	2022 年
8	刘鲁宁	大数据赋能共建共治共享的社会治理制度建设研究	哈尔滨工业大学	2022 年
9	秦前红	新时代完善党和国家监督体系研究	武汉大学	2022 年
10	王禄生	智能技术赋能政法领域全面深化改革研究	东南大学	2022 年
11	赵晓峰	建设共建共治共享的社会治理制度研究	西北农林科技大学	2022 年

4. 2021—2022 年教育部哲学社会科学研究重大课题攻关项目

序号	首席专家	项目名称	责任单位	获批年份
1	董克用	促进我国多层次养老保险体系发展研究	清华大学	2021 年
2	黎四奇	科学构建数据治理体系研究	湖南大学	2021 年
3	王欢明	构建高质量社会领域公共服务体系研究	大连理工大学	2021 年
4	文宏	重大突发公共卫生事件背景下的城市治理研究	华南理工大学	2021 年
5	侯猛	百年中国政法体制演进的经验与模式研究	中国人民大学	2022 年
6	王敬尧	县域城乡融合发展与乡村振兴研究	四川大学	2022 年
7	岳经纶	促进困难群体共同富裕的社会政策体系建设研究	中山大学	2022 年

（二）2021—2022 年政府改革与发展领域重要学术会议

序号	会议名称	举办单位	会议时间
1	"全球风险社会下的公共治理：挑战与应对"国际学术研讨会	主办：厦门大学 承办：厦门大学公共事务学院和公共政策研究院	2021 年 4 月
2	第五届数字政府治理高峰论坛	主办：中国行政管理学会、中国行政管理杂志社 承办：贵州省行政管理学会、贵州财经大学公共管理学院	2021 年 5 月
3	第十七届海峡两岸暨港澳地区公共管理学术研讨会	东北大学文法学院、跨文化战略研究院	2021 年 5 月
4	"政府创新与高效能治理"国际学术研讨会	北京大学国家治理研究院、哈佛大学肯尼迪政府学院阿什研究中心	2021 年 10 月
5	第五届地方政府与区域治理学术研讨会	主办：南开大学周恩来政府管理学院、南开大学中国政府发展联合研究中心 承办：南开大学周恩来政府管理学院行政管理系 协办：南开大学亚洲研究中心	2021 年 11 月
6	2021（第十六届）中国电子政务论坛暨首届数字政府建设峰会	中共中央党校（国家行政学院）、广东省人民政府	2021 年 11 月
7	第一届南方治理论坛暨"数字时代的政府创新"研讨会	主办：广州大学南方治理研究院 协办：《公共管理学报》期刊编辑部、《南方治理评论》辑刊编辑部	2021 年 11 月
8	第十四届公共治理青年论坛	主办：华东师范大学经济与管理学部 承办：华东师范大学公共管理学院	2021 年 12 月
9	中国行政管理学会 2021 年会暨"学习贯彻党的十九届六中全会精神不断完善国家行政体系加快转变政府职能"研讨会	中国行政管理学会	2021 年 12 月
10	第二届国家空间治理与行政区划学术研讨会	主办：华东师范大学中国行政区划研究中心、崇明生态研究院 协办：中国地理学会城市地理专业委员会、华东师范大学城市与区域科学学院、华东师范大学中国现代城市研究中心	2021 年 12 月

序号	会议名称	举办单位	会议时间
11	第七届政府绩效管理与绩效领导国际学术会议	兰州大学中国政府绩效管理研究中心/管理学院、美国波特兰州立大学马克·汉菲尔德政府学院、泰国孔敬大学地方政府学院	2021 年 12 月
12	中国公共管理学术年会（2021）暨第七届公共管理青年学者论坛	主办：中国管理现代化研究会公共管理专业委员会、中国管理现代化研究会青年工作委员会 承办：北师大珠海校区、政府管理学院和政府治理研究中心	2021 年 12 月
13	中国科学院大学第四届公共治理与创新发展高峰论坛暨2021 年全国公共管理学术年会	中国科学院大学公共政策与管理学院、中国科学学与科技政策研究会	2021 年 12 月
14	第十八届海峡两岸暨港澳地区公共管理学术研讨会	青海民族大学政治与公共管理学院、天津大学管理与经济学部、天津大学人文社科处	2022 年 9 月
15	第三届国家空间治理与行政区划学术研讨会	主办：华东师范大学中国行政区划研究中心、华东师范大学未来城市实验室、中国地理学会城市地理专业委员会 协办：华东师范大学城市与区域科学学院、华东师范大学中国现代城市研究中心	2022 年 10 月
16	泰山学术论坛——数字时代国家治理现代化专题	主办：山东省教育厅、山东省行政管理学会 承办：山东财经大学	2022 年 11 月
17	首届"城市治理与政治发展"年度学术论坛	主办：清华大学政治学系、南开大学周恩来政府管理学院 承办：清华大学数据治理研究中心、南开大学中国政府发展联合研究中心	2022 年 11 月
18	2022 年中国互联网大会数字政府论坛	主办：工业和信息化部、深圳市人民政府 承办：中国互联网协会、广东省通信管理局、深圳市工业和信息化局等	2022 年 11 月
19	城市与地方治理国际研讨会	南开大学周恩来政府管理学院、南开大学中国政府发展联合研究中心	2022 年 11 月

续表

序号	会议名称	举办单位	会议时间
20	第十一届中国城市管理高峰论坛	中山大学中国公共管理研究中心、政治与公共事务管理学院、广州国际城市创新研究中心	2022 年 11 月
21	第五届公共治理与创新发展高峰论坛暨 2022 年全国公共管理学术年会	中国科学院大学公共政策与管理学院、中国科学院科技战略咨询研究院和中国科学学与科技政策研究会	2022 年 11 月
22	第六届公共管理研究生学术论坛	华侨大学研究生院、华侨大学政治与公共管理学院、华侨大学公共管理硕士（MPA）教育中心、泉州市人口学会	2022 年 11 月
23	中国公共管理学术年会（2022）暨第八届公共管理青年学者论坛	主办：中国管理现代化研究会公共管理专业委员会、中国管理现代化研究会青年工作委员会 承办：南京大学政府管理学院 支持：清华大学公共管理学院	2022 年 12 月
24	首届新京报数字政府论坛暨"2022 数字政府建设优秀案例"发布活动	主办：新京报社、中国人民大学国家发展与战略研究院、北京师范大学中国教育与社会发展研究院、南开大学周恩来政府管理学院、千龙网等 承办：新京智库	2022 年 12 月
25	中国行政管理学会 2022 年会暨"深入学习贯彻党的二十大精神转变政府职能完善政府治理体系"学术研讨会	中国行政管理学会、中国政法大学	2022 年 12 月